今注本二十四史

晋書

六

志〔四〕

唐 房玄齡等 撰
梁滿倉 主持校注

中国社会科学出版社

晋書　卷一八

志第八

律曆下

魏尚書郎楊偉表曰:[1]“臣覽載籍，斷考曆數，時以紀農，月以紀事，其所由來，遐而尚矣。乃自少昊，則玄鳥司分;[2]顓頊、帝嚳，則重黎司天;[3]唐帝、虞舜，則羲和掌日,[4]三代因之，則世有日官。日官司曆，則頒之諸侯，諸侯受之，則頒於境内。夏后之世，羲和湎淫，廢時亂日，則《書》載《胤征》。由此觀之，審農時而重人事，歷代然之也。逮至周室既衰，戰國横騖，告朔之羊,[5]廢而不紹，登臺之禮，滅而不遵，閏分乖次而不識，孟陬失紀而莫悟，大火猶西流，而怪蟄蟲之不藏也。是時也，天子不協時，司曆不書日,[6]諸侯不受職，日御不分朔，人事不恤，廢棄農時。仲尼之撥亂於《春秋》，託褒貶糾黜,[7]司曆失閏，則譏而書之，登臺頒朔，則謂之有禮。自此以降，暨於秦漢，乃復以孟冬爲歲首，閏爲後九月，中節乖錯，時月紕繆，加時後天，蝕不在朔，累載相襲，久而不革也。至武帝元封七年，始乃悟其繆焉，於是改正朔，更曆數，使大才通人，更造《太初曆》，校中朔所差，以正閏分；課中星得度，以考疏密。[8]以建寅之月爲正朔，以黄鍾之月爲曆初。[9]其曆斗分太多，後遂疏闊。[10]至元和二年，復用《四分曆》，施而行之，至於今日，考察日蝕，率常在晦，是則斗分太多，故先密後疏而不可用也。[11]是以臣前以制典餘日，推考天路，稽之前典，驗之以蝕朔，詳而精之，更建密曆，則不先不後，古今中天。[12]以昔在唐帝，協日正時，允厘百工，咸熙庶績也。欲使當今國之典禮，凡百制度，皆韜合往古，[13]鬱然備足，乃改正朔，更曆數，以大吕之月爲歲首，[14]以建子之月爲曆初。臣以爲昔在往代，則法曰《顓頊》，[15]曩自軒轅，則曆曰《黄帝》，暨至漢之孝武革正朔，更曆數，改元曰太初，因名《太初曆》。今改元爲景初，宜曰《景初曆》。臣之所建《景初曆》，法數則約要，施用則近密，治之則省功，學之則易知。雖復使研桑心算，隸首運籌，重黎司晷，羲和察景，[16]以考天路，步驗日月，究極精微，盡術數之極者，皆未能並臣如此之妙也。是以累代曆數，皆疏而不密，自黄帝以來，常改革不已。”

[1]《晋書·律曆志下》專載《景初曆》，共分表文、推氣朔閏、推交會、推五星四部分。卷首載楊偉論曆的表文。

[2]玄鳥司分：《左傳·昭公十七年》載郯子説：少昊氏是他的祖先，知道以鳥名官的道理。少昊摯初接位時，適有鳳鳥飛至，

所以以鳥紀官，使鳳鳥氏爲曆正，四時的分至啓閉也各有專司，使玄鳥氏司分。表文所言，當出自這個典故。

[3]重黎司天：《史記·曆書》說："顓頊受之，乃命南正重司天以屬神，命火正黎司地以屬民。"重黎爲管理天地事務的官員，即天文曆法官員。

[4]羲和掌日：《尚書·堯典》曰："乃命羲和，欽若昊天，曆象日、月、星辰。"即羲和爲三代的日官，觀測日、月、星辰以定時節的曆官。少昊以玄鳥司分，顓頊重黎司天，唐堯羲和掌日，闡釋了華夏民族在聯盟初期，不同氏族集團掌權者所使用的曆官名稱。少昊爲南方鳥民族，顓頊爲南方苗蠻民族，唐堯爲西方虎民族。三代均以羲和爲日官，象徵着華夏集團逐步走向民族大一統的開始。

[5]告朔之羊：經近世研究，已掌握三代以來曆法發展的大概綫索。大約西周中期以前，以朏日即初見新月之日爲月首，西周中期以後，即懂得推算日月同經之日和時刻，這一天稱之爲朔日，即改以朔日爲月首，並要每月舉行一次登臺頒朔儀式，以羊進行祭祀，以示對天的崇敬。春秋中期以後，曆法仍在不斷進步，推算日月合朔的方法已不再神秘莫測，而是變得習以爲常，王侯不再重視頒朔儀式，故仲尼嘆息失禮。

[6]司曆不書日：書，原本、宋本、殿本作"協"，據中華本改。

[7]託褒貶：託，原本、宋本、殿本作"説"，據中華本改。

[8]"校中朔所差"至"以考疏密"：校即考校，中即中氣，朔即合朔。即測定準確的中氣和朔日日期，用以調整閏分。課即測量，中星即季節的昏旦中星。即測定各個節氣的昏旦中星的昏明度數，用以考校曆法所定季節閏餘的疏密程度。

[9]以建寅之月爲正朔，以黄鍾之月爲曆初：爲正朔，即爲正月。黄鍾之月，即建子之月。曆初，即曆元。言《太初曆》以寅月爲正月，以冬至所在之子月即冬至朔旦爲曆元。原本、宋本"曆"

上衍“律”字，殿本無，據殿本删。

[10]其曆斗分太多，後遂疏闊：三國以前的曆法家不懂歲差，以歲天合一，太陽循天運行一周便爲一歲，故以 $365\frac{1}{4}$ 日爲一歲，也以 $365\frac{1}{4}$ 度爲一周天。由天、曆首在冬至，而冬至點有後漢《四分曆》改以斗宿二十一度，故其餘分也在斗，其餘分 1/4 稱爲斗分。因發現這個分數值作爲回歸年的餘數太大，故稱“斗分太多”。回歸年值大了，使用年久之後，曆面就必然後天，故稱“後遂疏闊”。

[11]先密後疏：制訂曆法時，由於曆元觀測得精密合天，故儘管各天象周期如回歸年值不精確，當時使用時也是合天的，但以後推算起來，由於誤差的積累，致使疏闊。

[12]不先不後，古今中天：是説其所制訂的曆法，其曆元測定準確，所用天文數據精密，故能長期使用之後，既不先天，也不後天，無論往前推算或往後推算，所得結果均能密合天象。

[13]韜：殿本作“蹈”。

[14]大吕之月爲歲首：歲首，紀歲之首日首月。由於紀日總是從初一開始，故歲首决定於何者爲正月。此以大吕之月即丑月爲正月，説明《景初曆》以丑月爲正月。《疇人傳·楊偉傳》説：“魏尚書郎楊偉，於明帝景初元年，改定曆數，以建丑之月爲正，改其年三月爲孟夏四月……三年正月帝崩，復用夏正。”故此丑正衹用了一年多。

[15]法曰《顓頊》：曰，原本、宋本、殿本作“日”，據中華本改。下文“曆曰《黄帝》”同。

[16]研桑心算，隸首運籌，重黎司晷，羲和察景：是説儘管古代這些天文曆法家作了精密觀測和推算，其結果都不如我楊偉的曆法精妙。研、桑，研是指計研，一名計然，越國人，越王勾踐和范蠡均曾師事他。桑是指桑弘羊，爲漢武帝理財大臣。隸首爲黄帝

臣，受命定度量衡。重黎前注已及。晷即日晷，景即日影。言重黎、羲和皆以觀日影定季節爲要務。

壬辰元以來，至景初元年丁巳歲，[1]積四千四十六，算上。[2]

此元以天正建子黄鍾之月爲曆初，元首之歲，夜半甲子朔旦冬至。[3]

元法，萬一千五十八。

紀法，千八百四十三。

紀月，二萬二千七百九十五。[4]

章歲，十九。

章月，二百三十五。[5]

章閏，七。[6]

通數，十三萬四千六百三十。

日法，四千五百五十九。[7]

餘數，九千六百七十。

周天，六十七萬三千一百五十。[8]

紀歲中，十二。[9]

氣法，十二。[10]

没分，六萬七千三百一十五。

没法，九百六十七。[11]

月周，二萬四千六百三十八。[12]

通法，四十七。[13]

會通，七十九萬百一十。[14]

朔望合數，六萬七千三百一十五。[15]

入交限數，七十二萬二千七百九十五。[16]

通周，十二萬五千六百二十一。
周日日餘，二千五百二十八。
周虛，二千三十一。[17]
斗分，四百五十五。[18]
甲子紀第一
　　紀首合朔，月在日道裏。
　　交會差率，四十一萬二千九百一十九。
　　遲疾差率，十萬三千九百四十七。
甲戌紀第二
　　紀首合朔，月在日道裏。
　　交會差率，五十一萬六千五百二十九。
　　遲疾差率，七萬三千七百六十七。
甲申紀第三
　　紀首合朔，月在日道裏。
　　交會差率，六十二萬一百三十九。
　　遲疾差率，四萬三千五百八十七。
甲午紀第四
　　紀首合朔，月在日道裏。
　　交會差率，七十二萬三千七百四十九。[19]
　　遲疾差率，一萬三千四百七。
甲辰紀第五
　　紀首合朔，月在日道裏。[20]
　　交會差率，三萬七千二百四十九。
　　遲疾差率，十萬八千八百四十八。[21]
甲寅紀第六

紀首合朔，月在日道裏。[22]

交會差率，十四萬八百五十九。

遲疾差率，七萬八千六百六十八。[23]

[1]景初元年：宋本無“景”字。

[2]算上：殿本作“算止”。

[3]“此元以天正”至“夜半甲子朔旦冬至”：古以農曆十一月爲天正，十二月爲地正，正月爲人正。黄鍾之月即子月。此句之義，是説本曆曆元時，正逢建子之月的夜半，且在甲子日的合朔時刻。

[4]紀月，二萬二千七百九十五：《景初曆》以1843歲爲紀法，6紀爲1元，故6×1843＝11058爲元法。《景初曆》仍以19年爲1章，19年中設7個閏月。由於《景初曆》1紀等於97章，故12×1843+7×97＝22795爲紀月。

[5]章月，二百三十五：三，原本、宋本、殿本作“四”，據中華本改。

[6]章閏，七：這是沿用古曆19歲7閏法。規定19年中有7個閏月。

[7]日法，四千五百五十九：《景初曆》以通數134630、日法4559來判定朔望月的數值：$134630 \div 4559 = 29\frac{2419}{4559} = 29.53060$日，故精度比《四分》《乾象》等曆法已有很大提高。

[8]五十：原本、宋本“十”下衍“一”字，殿本無，據殿本删。《景初曆》以673150爲周天，以周天除以紀法，$673150 \div 1843 = 360\frac{9670}{1843} = 365\frac{455}{1843} = 365.24688$（日），爲回歸年日數，比《乾象曆》稍疏。

[9]紀歲中，十二：中華本校勘記：“《占經》一〇五無‘紀’

字。古曆法無‘紀歲中’之名，‘紀’字當删。”今注按：是。《開元占經》引《景初曆》無“紀”字。二十四節氣分十二中氣、十二節氣，故有歲中十二之名。

［10］氣法，十二：爲每氣日數小分之分母。見後“求次氣”節。

［11］周天/餘數 = 673150/9670 = 没分/没法 = $69\frac{592}{967}$（日）。按古曆没日定義，每月 30 天，一歲 12 月 360 日，其餘 5 日有餘稱没日，將没日平均分配於 360 日内，則每隔 $69\frac{592}{967}$日得一個没日。

［12］月周，二萬四千六百三十八：據前所述，一章歲有朔望月 254 月，那麼，一紀的月數即爲 254×97 = 24638 月，即稱爲月周。

［13］紀法 = 97×19，日法 = 97×47，故日法/紀法 = 47/17 = 通法/章歲。

［14］會通，七十九萬一百一十：這個數的概念較爲複雜。漢代交食周期，135 個月中有 23 次交食的周期，那麼，135/23 = $5\frac{20}{23}$，即不足 6 個朔望月有一次交食。由會通 790110/通數 134630 = $5\frac{11696}{13463}$，此二式的的物理量相當，即通數和日法的組合，通數表示月法；通數與會通組合，又表示會率。即意味着經過 790110 個月而得交食 134630 次。這就是交會之率。而月數與一月之日數相乘，即$\frac{790110}{134630}\times\frac{134630}{4559}$ = 會通/日法 = $173\frac{1403}{4559}$，此式表示，凡經過 173 日多將有一次日食發生。

［15］朔望合數，六萬七千三百一十五：由於朔望合數（又稱朔望之會）67315 = $\frac{1}{2}\times$（通數），那麼，朔望合數/日法 = $14\frac{3489}{4559}$ = 半個朔望月，故日食在朔望之會以下，朔則日食，望則月食；若在

以上，望則月食，後月朔則日食；又食日和望日相距等於朔望之會，則日食既；食日等於朔望之會，則月食既。此即朔望之會名稱的由來。

［16］入交限數，七十二萬二千七百九十五：由入交限數 722795/日法 4559 = $158\frac{2473}{4559}$（日），食日若小於此數，則不發生日食，這便是入交限數之由來。七十二萬，原本、宋本作“七十三萬”，殿本作“七十二萬”，據殿本改。

［17］通周，十二萬五千六百二十一。周日日餘，二千五百二十八。周虚，二千三十一：通周 125621/日法 4559 = $27\frac{2528}{4559}$（日），爲近點月日數，分子 2528 稱爲周日日分。$1-\frac{2528}{4559}=\frac{2031}{4559}$，其分子 2031 稱爲周虚。

［18］斗分四百五十五：據前注［8］，周天除以紀法得 $365\frac{455}{1843}$，其中分子稱爲斗分。劉洪悟《四分曆》斗分太過，始減斗分，得回歸年爲 365.24618 日，韓翊以爲減斗分太過，造《黄初曆》，得回歸年爲 365.24678 日，楊偉聽取韓翊意見，得回歸年值爲 365.24688，均比《乾象》粗疏。

［19］四十九：四，原本、宋本、殿本作“三”，據中華本校勘記改。

［20］月在日道裏：中華本校勘記：“依曆理‘裏’當作‘表’。”今注按：是。

［21］十萬：十，原本、宋本、殿本作“一”，據中華本改。

［22］月在日道裏：中華本校勘記：“依曆理‘裏’當作‘表’。”今注按：是。甲辰紀、甲寅紀月應在日道表，詳見下段文之注［3］。

［23］七萬八千：七，原本、宋本、殿本作“十”，據中華本

改。自“甲子紀”至“甲寅紀”，共曆 6×1843 年，適爲一元年數。第一紀的第一日爲甲子，第二紀爲甲戌，至甲寅紀以後復得甲子，周而復始。術文“紀首合朔，月在日道裏”，即黄道以北，這是由推算得到的，故《乾象曆》並未追求理解上元。

交會紀差十萬三千六百一十。求其數之所生者，置一紀積月，以通數乘之，會通去之，所去之餘，紀差之數也。[1]以之轉加前紀，則得後紀。[2]加之未滿會通者，則紀首之歲天正合朔月在日道裏；滿去之，則月在日道表。加表，滿在裏；加裏，滿在表。[3]

［1］“交會紀差”至“紀差之數也”：每經過近 6 個朔望月，發生一次交食，每經過半個交點年，且因日月合朔同度，月的位置也和日對應，因有比例式：會通/通數：日食一次 = 紀月：x 次，故

$$x=\frac{\text{紀月}}{\text{會通/通數}}=\text{通數}\times\text{紀月}/\text{會通}=3068890850/790110=3884\frac{103610}{790110}$$

。此式表示，日行經過一紀的月數，進行半個交周 3884 次又 790110 分之 103610 次。但太陽每經過半個交周，其運行狀況皆同，故需棄去其運行次數的整數，此即術文“會通去之”之義。剩餘分數之分子 103610，便稱爲交會紀差。

［2］以之轉加前紀，則得後紀：每完成一紀之後，都剩餘有交會差率，將其與一紀所積差率相加，便爲下紀差率。例如，甲子紀紀首時，差率爲 412919，求下紀甲戌紀首的差率時，須加 103610，故得交會差率爲 516529。“則得後紀”，原本、宋本、殿本無“紀”字，據中華本校勘記補。

［3］上式的整數部分，爲偶數 3884 次，故甲子紀首月在日道裏，以下各紀以次相加，若分子均小於分母時，其紀首之月道，均

在日道裏；若分子數大於分母時，進位後，其交會紀差之整數便爲奇數，便由日道裏而轉爲日道表。其甲午紀交會差率爲723749，加一紀交會差率103610後，得827359，分母爲790110，大於分母，故須進一位，運行次數便由偶數轉爲奇數，故甲辰紀、甲寅紀月應在日道表。

遲疾紀差三萬一百八十。求其數之所生者，置一紀積月，以通數乘之，通周去之，餘以減通周，所減之餘，紀差之數也。以之轉減前紀，則得後紀。[1]不足減者，加通周。[2]

[1]則得後紀：原本、宋本、殿本無“紀”字，據中華本校勘記補。

[2]通數爲一個月的日法分，通周爲一個近點月的日法分。通數/通周＝1+9009/125621，爲一個朔望月等於若干近點月的值。那麼，經過一紀的月數，其近點月當爲1：$(1+\frac{9009}{125621})=22795:x$，故$x=22795\times1\frac{9009}{125625}=24429\frac{95441}{125621}$，爲一紀内所行近點月數。它與原出發點相距爲：1－95441/125621＝30180/125621，分子稱作遲疾紀差。前紀之差率減去此差率，始得後紀差率。

求次元紀差率，轉減前元甲寅紀差率，餘則次元甲子紀差率也。求次紀，如上法也。[1]

[1]王應偉指出，此二元之差率轉求，術文前當佚失“用交會，遲疾紀差，轉加減前元甲寅紀差率”。（參見王應偉《中國古曆通解》，遼寧教育出版社1997年版，第1—45頁）

推朔積月術曰：置壬辰元以來，盡所求年，外所求，以紀法除之，所得算外，所入紀第也，餘則入紀年數也。以章月乘之，如章歲而一，爲積月，不盡爲閏餘。閏餘十二以上，其年有閏。閏月以無中氣爲正。[1]

[1]設積年爲 K，則（K−1）/紀法 = 整紀數+剩餘/紀法。其剩餘即入紀年數。入紀年數×章月 235/章歲 19 = 積月+不盡數/19，由於每歲有閏分 7，故術文言“閏餘十二以上，其年有閏”。

推朔術曰：以通數乘積月，爲朔積分。如日法而一，爲積日，不盡爲小餘。以六十去積日，餘爲大餘。大餘命以紀，算外，所求年天正十一月朔日也。[1]

[1]以上求出的積月，與每月日數通數/日法相乘，得積日+不盡數/日法，積日減去 60 的倍數，得大餘，即爲所求年十一月朔日。

求次月，加大餘二十九，小餘二千四百一十九，小餘滿日法從大餘，命如前，次月朔日也。小餘二千一百四十以上，其月大也。

推弦望，加朔大餘七，小餘千七百四十四，小分一，小分滿二從小餘，小餘滿日法從大餘，大餘滿六十去之，餘命以紀，算外，上弦日也。又加，得望、下弦、後月朔。其月蝕望者，[1]定小餘如在中節者定小餘如所近中節間限數、限數以下者，[2]算上爲日。望在中節前後各四日以還者，視限數；望在中節前後各五日以上者，視間限。[3]

[1]其月蝕望者：月，原本、宋本、殿本作“日”，據中華本改。

[2]中節者定小餘如所近中節間限數、限數以下者：此十八字，據中華本校勘記，應作“所近中節間限、限數以下”。今注按：是。

[3]本段文字，四等分一月日數，$29\frac{2419}{4559}\div4=7\frac{1744\frac{1}{2}}{4559}$，與朔日遞次相加之即得上弦，望及下弦以及後月朔。視分子之分數，即可知“小分滿二從小餘”之含義。

推二十四氣術曰：置所入紀年，外所求，以餘數乘之，滿紀法爲大餘，不盡爲小餘。大餘滿六十去之，餘命以紀，算外，天正十一月冬至日也。[1]

[1]求冬至日干支的方法，（入紀年-1）×回歸年＝（入紀年-1）×（360+餘數/紀法）＝60 整數倍+（入紀年-1）×餘數/紀法。60 的整數倍對求干支無用，即棄去。故（入紀年-1）×餘數/紀法＝大餘+小餘/紀法，其大餘減去 60 的若干倍，即得所求紀算外十一月冬至日。

求次氣，加大餘十五，小餘四百二，小分十一，小分滿氣法從小餘，小餘滿紀法從大餘，命如前，次氣日也。[1]

[1]以 24 節氣除一歲日數得 $15\frac{402\frac{11}{12}}{1843}$，即術文所言各數。

推閏月術曰：以閏餘減章歲，餘以歲中乘之，滿章閏得一月；餘滿半法以上，亦得一月。數從天正十一月起，算外，閏月也。閏有進退，以無中氣御之。[1]

[1]由（章歲−閏餘）$/\frac{章閏}{歲中}=12\times$（章歲−閏餘）/章閏＝月數+不盡數。月數從11月起算，其不盡數大於章閏二分之一亦作一月。因爲盡數以章閏爲分母，故規定不盡數1/2以上亦爲閏月。

大雪十一月節	限數千二百四十二	間限千二百四十八
冬至十一月中	限數千二百五十四	間限千二百四十五
小寒十二月節	限數千二百三十五[1]	間限千二百二十四
大寒十二月中	限數千二百一十三	間限千一百九十二
立春正月節	限數千一百七十二	間限千一百四十七
雨水正月中	限數千一百二十二[2]	間限千九十三[3]
驚蟄二月節	限數千六十五[4]	間限千三十六[5]
春分二月中	限數千八	間限九百七十九
清明三月節	限數九百五十一	間限九百二十五
穀雨三月中	限數九百	間限八百七十九
立夏四月節	限數八百五十七	間限八百四十
小滿四月中	限數八百二十三	間限八百一十二[6]
芒種五月節	限數八百	間限七百九十九
夏至五月中	限數七百九十八	間限八百一[7]
小暑六月節	限數八百五	間限八百一十五
大暑六月中	限數八百二十五	間限八百四十二[8]
立秋七月節	限數八百五十九	間限八百八十三
處暑七月中	限數九百七	間限九百三十五

白露八月節	限數九百六十二[9]	間限九百九十二[10]
秋分八月中	限數千二十一	間限千五十一
寒露九月節	限數千八十	間限千一百七
霜降九月中	限數千一百三十三[11]	間限千一百五十七
立冬十月節	限數千一百八十一	間限千一百九十八
小雪十月中	限數千二百一十五	間限千二百二十九[12]

[1]千二百三十五：三，原本、宋本、殿本作“四”，據中華本改。

[2]一百二十二：二十二，原本、宋本、殿本作“二十九”，據中華本校勘記改。

[3]千九十三：三，原本、宋本、殿本作“二”，據中華本改。

[4]六十五：五，原本、宋本、殿本作“七”，據中華本改。

[5]三十六：三，原本、宋本、殿本作“四”，據中華本校勘記改。

[6]八百一十二：二，原本、宋本、殿本作“三”，據中華本校勘記改。

[7]間限八百一：殿本無“一”字。

[8]八百四十二：二，原本、宋本、殿本作“五”，據中華本改。

[9]六十二：二，原本、宋本、殿本作“三”，據中華本改。

[10]九十二：二，原本、宋本、殿本作“三”，據中華本改。

[11]十三：三，原本、宋本、殿本作“二”，據中華本改。

[12]千二百二十九：二十九，原本、宋本、殿本作“三十九”，據中華本改。　此表爲《景初曆》專供推算月食使用的。早在西漢之際，天文學家已用十二辰記時，以子正爲日界之起點。但人們按通常的習慣，又將整個夜間作爲白天的同一天。也即後半夜與前半夜作爲同一天計算。表中的限數就是這麽一個量。粗略説

來，它等於一天的四分之一，蒙影時刻還除外。但夜刻冬夏不同，故不同節氣的限數不同。冬至的限數由下式求得：100 刻：$\frac{55}{2}$刻 = 4559：x，x = 1254。其中 4559 爲日法，100 刻爲一晝夜之刻數，55/2 爲減去晨昏蒙影之後半夜刻數。其他限數類推。間限爲兩節間之平均限數。

推没滅術曰：因冬至積日有小餘者，加積一，以没分乘之，以没法除之，所得爲大餘，不盡爲小餘。大餘滿六十去之，餘命以紀，算外，即去年冬至後没日也。[1]

[1]没日的定義已見前注。冬至小餘，爲冬至夜半時冬至加時，今將冬至小餘作一日計，使合計爲入紀以來積日，有如下關係：没分：没法 = x：入紀以來積日。x = 没分×積日÷没法 = 整數日+小餘/没法，整數日棄去 60 倍數，即爲所求冬至後没日。

求次没，加大餘六十九，小餘五百九十二，小餘滿没法得一，從大餘，命如前。小餘盡，爲滅也。[1]

[1]由於每隔 69 $\frac{592}{967}$日得一没日，故有如術文之數。又：因 1 没 = $\frac{没分}{没法}$（日），故由術文“小餘盡爲滅也”，則有：1 滅 = 没法（日）。

推五行用事日：立春、立夏、立秋、立冬者，即木、火、金、水始用事日也。[1]各減其大餘十八，小餘四百八十三，小分六。餘命以紀，[2]算外，各四立之前，土用事日也。大餘不足減者，加六十；小餘不足減者，減大餘一，加紀法；小分不足減者，減小餘一，加氣法。[3]

[1]木：殿本作“本”。

[2]餘命以紀：原本、宋本、殿本無“餘”字，據中華本校勘記補。今注按：此處應爲“大餘命以紀”，此術計算包含大、小餘及小分，用來確定土用事日之日名干支，衹有大餘，故當補。

[3]此術爲以四立爲首日，將春夏秋冬分爲四季，各配以木火金水，以一歲日數 $365\frac{455}{1843}\div 5$ 得 $73\frac{91}{1843}$ 日，四等分，得 $18\frac{483\frac{6}{12}}{1843}$，加入四立之前，爲四季之土用事之日。此五行之推算法作爲相關之曆注使用。

推卦用事日：因冬至大餘，六其小餘，即《坎》卦用事日也。加小餘萬九十一，滿元法從大餘，即《中孚》用事日也。[1]

[1]《易》六十四卦用事值日的方法，爲京房首創。規定《坎》《離》《震》《兑》用事，在二至、二分之首，各得73/81日，餘卦皆 $6\frac{7}{80}$。其中惟《頤》《晋》《井》《大畜》四卦，皆 $5\frac{14}{80}$日，比它卦少73/80，它就是《坎》《離》《震》《兑》的用事數。因小餘用元法爲分母，元法爲紀法6倍，故術文言“六其小餘”，將其加入冬至大餘，得《坎》卦用事。等到73/80日即10091/11058日

經過時，便得《中孚》卦用事之日。

求次卦，[1]各加大餘六，小餘九百六十七。其四正各因其中日，六其小餘。[2]

［1］求次卦：次，原本、宋本作“坎”，殿本作“次”，據殿本改。

［2］求次卦日，加入$6\frac{967}{11058}=6\frac{7}{80}$，與術文相合。對二分二至四正卦，當然要6×小餘，而因其中日。

推日度術曰：以紀法乘朔積日，滿周天去之，餘以紀法除之，所得爲度，不盡爲分。命度從牛前五起，宿次除之，不滿宿，則天正十一月朔夜半日所在度及分也。[1]

［1］朔積日爲朔小餘以外的積日。紀法×朔積日=朔積日的紀法分，周天即一周天度數的紀法分，故朔積日×紀法−周天的若干倍=小於周天的剩餘數，單位爲紀法分，故由剩餘數/紀法=度數+不盡數。“牛前五”，即斗21度也，爲冬至日所在。

求次日，日加一度，分不加，經斗除斗分，分少，退一度。[1]

［1］退一度：原本、宋本、殿本“退”前衍“進”字，據中華本校勘記刪。　以日行1度計，故求次日行度，日加1度，不加分。由於一周天365度以外的餘數即斗分計在斗宿，即斗末牛前，

故言“經斗除斗分，分少，退一度”。

推月度術曰：以月周乘朔積日，滿周天去之，餘以紀法除之，所得爲度，不盡爲分，命如上法，則天正十一月朔夜半月所在度及分也。[1]

[1]由月周/紀法＝13.368度，知爲月亮一日之平行度。故月周是月亮一日行度的紀法分。以月周×朔積日＝朔積日内月亮所行總度數的紀法分。故月周×朔積日－周天的若干倍＝小於周天積度的紀法分，故由小於周天的積度分/紀法＝度數+剩餘分，與牛前5度相加即得。

求次月，小月加度二十二，[1]分八百六；大月又加一日，度十三，分六百七十九；分滿紀法得一度，則次月朔夜半月所在度及分也。其冬下旬，月在張、心署之。[2]

[1]小月加度二十二：原本無“月”字，宋本、殿本有，據宋本、殿本補。

[2]月在張、心署之：月，原本、宋本、殿本作“夕”，據中華本校勘記改。　月亮每天行$13\frac{7}{19}$，按29天計爲$13\frac{7}{19}\times 29=387\frac{1261}{1843}$，减去周天度$365\frac{455}{1844}$得$22\frac{806}{1843}$，故術文言“加度二十二，分八百六”。若爲大月30天，再加月一日平引$13\frac{679}{1843}$，得次月朔夜半月所在度分。

推合朔度術曰：以章歲乘朔小餘，滿通法爲大分，不盡爲小分。以大分從朔夜半日度分，[1] 分滿紀法從度，[2] 命如前，則天正十一月合朔日月所共合度也。[3]

［1］以大分從朔夜半日度分：度，原本、宋本、殿本作“夜”，據中華本校勘記改。

［2］分滿紀法從度：原本、宋本、殿本無“分”字，據中華本補。

［3］朔小餘爲夜半至合朔加時的日餘，以日法爲分母，要改以紀法爲分母，由比例式：朔小餘/日法 = x /紀法，x = 紀法×朔小餘/日法 = 章歲×朔小餘/通法 = 大分 + 小分/通法，與朔日夜半度分相加即得，爲合朔時日月共度。

求次月，加度二十九，大分九百七十七，小分四十二，小分滿通法從大分，大分滿紀法從度，經斗除其分，則次月合朔日月所共合度也。[1]

［1］日一月平行 $29\frac{2419}{4559}$度，將其改以 1843 爲分母表示，得 $29\frac{977\frac{42}{47}}{1843}$度，正合術文所言。

推弦望日所在度：加合朔度七，大分七百五，小分十，微分一，微分滿二從小分，小分滿通法從大分，大分滿紀法從度，命如前，則上弦日所在度也。又加，得望、下弦、後月合也。[1]

［1］將一月日數四等分，其分數之分母改以 1843 表示，即得以上術文各數。

推弦望月所在度：加合朔度九十八，大分千二百七十九，小分三十四，[1]數滿命如前，即上弦月所在度也。又加，得望、下弦、後月合也。[2]

［1］小分三十四：三，原本、宋本、殿本作“四”，據中華本改。

［2］將改以 1843 表示分母的$\frac{1}{4}$月日數 $7+\left(705+\frac{10\frac{1}{2}}{47}\right)\div1843$，乘以月亮每日平行度 $13\frac{7}{19}$，得 $98\frac{1279\frac{34}{47}}{1843}$，將其遞加於合朔時月度，即得上弦、望、下弦月度。

推日月昏明度術曰：日以紀法，月以月周，乘所近節氣夜漏，二百而一，爲明分。日以減紀法，月以減月周，餘爲昏分。各以分加夜半，[1]如法爲度。[2]

［1］各以分加夜半：加，原本、宋本、殿本作“如”，據中華本改。

［2］每天之昏分和明分相等，將半夜漏改以紀法表示：$\frac{1}{2}$夜漏/100 刻＝昏明分/紀法。求日行再以紀法減去明分，與朔日夜半日所在度相加，即得所求。求月度，將上式紀法改以月周相求即得。

推合朔交會月蝕術曰：置所以入紀朔積分，以所入紀下交會差率之數加之，以會通去之，餘則所求年天正十一月合朔去交度分也。[1]以通數加之，滿會通去之，餘則次月合朔去交度分也。以朔望合數各加其月合朔去交度分，滿會通去之，餘則各其月望去交度分也。朔望去交分，如朔望合數以下，入交限數以上者，朔則交會，望則月蝕。[2]

[1]餘則所求：求，原本、宋本作“水”，殿本作“求”，據殿本改。

[2]由入紀積分+入紀交會差率-會通的若干倍=小於會通的剩餘數。這個剩餘數即自月道和日道兩交點中任一點至合朔的去交度分。所以，術文稱之爲“天正十一月合朔去交度分”。又因爲通數爲一個月日數的積日分，所以去交度分+通數，滿會通即去之，等於次月合朔去交度分。又以朔望合數+其月合朔去交度分=各月望時去交度分。如果朔望去交分小於朔望合數，而大於入交限數，便有日食或月食發生。

推合朔交會月蝕月在日道表裏術曰：置所入紀朔積分，以所入紀下交會差率之數加之，[1]倍會通去之，餘不滿會通者，紀首表，天正合朔月在表；紀首裏，天正合朔月在裏。滿會通去之，表滿在裏，裏滿在表。[2]

[1]以所入紀：原本、宋本、殿本“以”字下衍“前”字，據《宋志》及中華本删。

[2]裏滿在表：原本、宋本無“滿”字，殿本有，據殿本改。

以通數除會通得 $5\frac{11696}{13463}$，這個值與太陽自日月一個交點行至另一交點之月數相應。太陽由出發點行 2×會通，便回至原出發點，所以，減餘小於會通時，出發點在表仍還至表，在裏則還至裏。如減去 2×會通若干倍以後，其餘數尚大於會通時，還應棄去一個會通值，則裏表相反。

求次月，以通數加之，滿會通去之，加裏滿在表，加表滿在裏。先交會後月蝕者，朔在表則望在表，朔在裏則望在裏。先月蝕後交會者，看蝕月朔在裏則望在表，朔在表則望在裏。交會月蝕如朔望合數以下，則前交後會；如入交限數以上，則前會後交。其前交後會近於限數者，則豫伺之；[1] 前會後交近於限數者，則後伺之。[2]

[1] 則豫伺之：中華本校勘記："《校文》：《宋志》'之'下有'前月'二字。"今注按：是。

[2] 則後伺之：中華本校勘記："《校文》：《宋志》'之'下有'後月'字。"今注按：是。

求去交度術曰：其前交後會者，今去交度分如日法而一，所得則却去交度分也。其前會後交者，以去交度分減會通，餘如日法而一，所得則前去交度也。餘皆度分也。去交度十五以上，雖交不蝕也，十以下是蝕，十以上，虧蝕微少，光晷相及而已。虧之多少，以十五爲法。[1]

[1]當前交後會時，稱爲今去交度分，即去交度的日分法。故由去交度分/日法=去交度+剩餘/日法。當前會後交時，由（會通一去交度分）/日法=前去交度+剩全/日法。本曆規定去交度以15度爲限，如大於15，雖交不食。如在10度以下，則一定能見到食象。10度以上則虧食微少。食分的大小，以15爲標準推算。

求日蝕虧起角術曰：其月在外道，先交後會者，虧蝕西南角起；[1]先會後交者，虧蝕東南角起。其月在内道，先交後會者，虧蝕西北角起；先會後交者，虧蝕東北角起。虧蝕分多少，如上以十五爲法。會交中者，蝕盡。月蝕在日之衝，虧角與上反也。[2]

[1]虧蝕西南角起：原本、宋本、殿本“蝕”下有“而”字，據中華本校勘記删。

[2]月在外道是月居日下，月在内道是月居日上，故在交點前發生日食，一在西南，一在西北。王應偉在解釋“先會後交者，虧食東南角”，“先會後交者，虧食東北角”時説：“如在交點後發生日食，則人目見日月由相離近處而漸趨於遠，故虧食在東南角。”此解似與實際不合。（參見王應偉《中國古曆通解》，第28—29頁）。

月行遲疾度	損益率	盈縮積分	月行分
一日十四度十四分	益二十六	盈初	二百八十
二日十四度十一分	益二十三	盈積分一十一萬八千五百三十四[1]	二百七十七

三日十四度八分	益二十	盈積分二十二萬三千三百九十一[2]	二百七十四
四日十四度五分	益十七	盈積分三十一萬四千五百七十一	二百七十一
五日十四度一分	益十三	盈積分三十九萬二千七十四	二百六十七[3]
六日十三度十四分	益七	盈積分四十五萬一千三百四十一	二百六十一
七日十三度七分	損[4]	盈積分四十八萬三千二百五十四[5]	二百五十四
八日十三度一分	損六	盈積分四十八萬三千二百五十四[6]	二百四十八
九日十二度十六分	損十	盈積分四十五萬五千九百	二百四十四
十日十二度十三分	損十三	盈積分四十一萬三百一十	二百四十一
十一日十二度十一分	損十五	盈積分三十五萬一千四十三[7]	二百三十九
十二日十二度八分	損十八	盈積分二十八萬二千六百五十八	二百三十三[8]
十三日十二度五分	損二十一	盈積分二十萬五百九十六	二百三十三
十四日十二度三分	損二十三	盈積分十萬四千八百五十七	二百三十一
十五日十二度五分	益二十一	縮初	二百三十三

十六日十二度七分	益十九	縮積分九萬五千七百三十九	二百三十五
十七日十二度九分	益十七	縮積分十八萬二千三百六十	二百三十七
十八日十二度十二分	益十四	縮積分二十五萬九千八百六十三	二百四十
十九日十二度十五分	益十一	縮積分三十二萬三千六百八十九	二百四十三[9]
二十日十二度十八分	益八	縮積分三十七萬三千八百三十八[10]	二百四十六
二十一日十三度三分[11]	益四	縮積分四十一萬三百一十[12]	二百五十
二十二日十三度七分[13]	損[14]	縮積分四十二萬八千五百四十六	二百五十四
二十三日十三度十二分	損五	縮積分四十二萬八千五百四十六	二百五十九
二十四日十三度十八分	損十一	縮積分四十萬五千七百五十一	二百六十五
二十五日十四度五分	損十七	縮積分三十五萬五千六百二[15]	二百七十一[16]
二十六日十四度十一分	損二十三	縮積分二十七萬八千九十九	二百七十七

二十七日十四度十二分[17]	損二十四	縮積分十七萬三千二百四十二[18]	二百七十八
周日十四度十三分有小分六百二十六[19]	損二十五有小分六百二十六	縮積分六萬三千八百二十六[20]	二百七十九有小分六百二十六[21]

[1]三十四：三，原本、宋本、殿本作“四”，據中華本改。

[2]九十一：一，原本、宋本、殿本作“二”，據中華本改。

[3]六十七：七，原本、宋本、殿本作“九”，據中華本改。

[4]損：原本、宋本、殿本“損”下衍“一”字，據中華本删。

[5]二百五十四：二，原本、宋本、殿本作“三”，據中華本改。

[6]二百五十四：二，原本、宋本、殿本作“三”，據中華本改。

[7]三十五萬一千四十三：原本、宋本、殿本作“四十五萬一千四十二”，據中華本改。

[8]二百三十三：三十三，原本、宋本、殿本作“三十六”，據中華本改。

[9]二百四十三：三，原本、宋本、殿本作“一”，據中華本改。

[10]三十七萬三千八百三十八：原本、宋本、殿本作“四十七萬三千八百四十八”，據中華本改。

[11]十三度：三，原本、宋本、殿本作“二”，據中華本改。

[12]四十一萬三百一十：原本、宋本、殿本作“三十一萬三百二十”，據中華本改。

[13]十三度：三，原本、宋本、殿本作“二”，據中華本改。

［14］損：原本、宋本、殿本下衍“一”字，據中華本删。

［15］六百二：二，原本、宋本、殿本作“三”，據中華本改。

［16］二百：二，原本、宋本作“一”，殿本作“二”，據殿本改。

［17］十二分：二，原本、宋本、殿本作“一”，據中華本校勘記改。

［18］四十二：原本、宋本、殿本無“二”字，據中華本校勘記補。

［19］十三分：原本、宋本、殿本無“分”字，據中華本補。

［20］萬三千八百：三，殿本作“二”。

［21］此爲月行遲疾曆即近點月表。表中第一縱欄，是一個周期内的月亮每天運行的遲疾度。例如，一日下的14度14分。其中14分以章歲19爲分母。以下的小分，是以周日的日餘2526爲分母。第二縱欄是損益率，一日下益率爲26，因每日月平行13$\frac{7}{19}$度，二數相加得14$\frac{14}{19}$，這便是第一日節一縱欄數的來歷。第三縱欄是盈縮積分，是逐日損益遞加數的日法分。例如，二日盈積分118534=一日益率26×日法，三日盈積分223391等於一、二日益率遞加數（26+23）×日法。第四縱欄是月行分，滿章歲19得1度，例如，一日下的月行分爲280，若用19去除它，便得14$\frac{14}{19}$度。

推合朔交會月蝕入遲疾曆術曰：置所入紀朔積分，以所入紀下遲疾差率之數加之，以通周去之，餘滿日法得一日，不盡爲日餘，命日算外，則所求年天正十一月合朔入曆日也。[1]

[1]遲疾差率，是紀首合朔時，月亮在黄道南或北的位置上，月亮距月近地點的距離，所以，將這個差率加入入紀朔積分，則表明該遲疾差率以近地點爲起算點。故入紀朔積分+所入紀遲疾差率-通周的若干倍=小於通周的剩餘，那麽，剩餘/日法=日數+不盡數。這個日數及餘，從近點月第一日起算。將其與天正十一月平朔相加減，即得定朔時刻。

求次月，加一日，日餘四千四百五十。求望，加十四日，日餘三千四百八十九。日餘滿日法成日，日滿二十七去之。又除餘如周日餘，日餘不足除者，減一日，加周虚。[1]

[1]朔望月日數爲 $29\frac{2419}{4559}$，近點月日數爲 $27\frac{2528}{4559}$，相減得 $1\frac{4450}{4559}$日，將此數加入近點月日數，即得此月定朔；折半加入半個朔望月日數，得定望。

推合朔交會月蝕定大小餘：[1]以入曆日餘乘所入曆損益率，[2]以損益盈縮積分，爲定積分。以章歲減所入曆月行分，餘以除之，所得以盈減縮加本小餘。[3]加之滿日法者，交會加時在後日；減之不足者，交會加時在前日。月蝕者，隨定大小餘爲日加時。入曆在周日者，以周日日餘乘縮積分，[4]爲定積分。以損率乘入曆日餘，又以周日日餘乘之，以周日日度小分并之，以損定積分，餘爲後定積分。以章歲減周日月行分，餘以周日日餘乘之，[5]以周日度小分并之，[6]以除後定積分，所得以加本小餘，如上法。[7]

[1]月蝕：蝕，原本、宋本、殿本作“餘”，據中華本校勘記改。

[2]以入曆日餘：原本、宋本、殿本無“入”字，據中華本補。

[3]本小餘：本，原本、宋本、殿本作“大”，據中華本校勘記改。

[4]周日日餘：原本、宋本闕一“日”字，據中華本補。

[5]周日日餘：原本、殿本作“周日月餘”，宋本作“周日日餘”，據宋本改。

[6]以周日度小分并之：王應偉指出，此句話有脱文，應改爲“以入曆日餘，乘周日日度小分，并之”。（參見王應偉《中國古曆通解》，第34—36頁）

[7]這段文字，利用前月行遲疾曆數表，借助於兩個比例算法，求出合朔交會及月蝕的大小餘數。

推加時：以十二乘定小餘，滿日法得一辰，數從子起，算外，則朔望加時所在辰也。有餘不盡者四之，如日法而一爲少，二爲半，三爲太。又有餘者三之，如日法而一爲强，半法以上排成之，不滿半法廢棄之。[1]以强并少爲少强，并半爲半强，并太爲太强。得二强者爲少弱，以之并少爲半弱，以之并半爲太弱，以之并太爲一辰弱。以所在辰命之，則各得其少、太、半及强、弱也。其月蝕望在中節前後四日以還者，[2]視限數；在中節前後五日以上者，視間限。定小餘如間限、限數以下者，以算上爲日。[3]

[1]不滿半法廢棄之：原本、宋本、殿本無“半”字，據中華本校勘記補。

[2]其月蝕望在中節前後四日以還者：原本、宋本、殿本“月”下有“餘”字，“還”下有“日以上”三字，據中華本校勘記刪。

[3]這段文字，是將交食小餘换以十二時辰表示，故有交食時刻＝定本餘/$\frac{日法}{12}$＝12×定小餘/日法＝辰數+不盡數/日法。在兩漢及南北朝時，整數後的餘數，有以少、半、太並各配以强、弱表示的，即以 12 等分之，有强、少弱、少、少强、半弱、半、半强、太弱、太、太强、一辰弱、一辰，計十二等分表示法。

斗二十六分四百五十五　牛八　女十二　虚十　危十七　室十六　壁九

北方九十八度分四百五十五

奎十六　婁十二　胃十四　昴十一　畢十六　觜二　參九

西方八十度

井三十三　鬼四　柳十五　星七　張十八　翼十八　軫十七

南方百十二度

角十二　亢九　氐十五　房五　心五　尾十八　箕十一

東方七十五度[1]

[1]這是一份二十八宿各宿所占赤道廣度表，它基本沿襲西漢落下閎所定《太初》星距。衹是與《三統》《四分》斗分不同而斗

下分略有差异。其又將二十八宿分爲四方，注意每方所占廣度不同。

中節	日行所在度[1]	日行黄道去極度[2]	日中晷影	晝漏刻	夜漏刻	昏中星	明中星
冬至十一月中[3]	斗二十一少[4]	百一十五度	丈三尺[5]	四十五	五十五	奎六弱	亢二少强
小寒十二月節	女二少[6]	百一十三强	丈二尺三寸	四十五八分	五十四二分	婁六半强[7]	氐七强
大寒十二月中	虚五半弱[8]	百一十太弱[9]	丈一尺	四十六八分	五十三二分[10]	胃十一太强[11]	心半
立春正月節	危十太弱	百六少弱	九尺六寸	四十八六分	五十一四分	畢五少弱	尾七半弱
雨水正月中	室八太强[12]	百一强	七尺九寸五分	五十八分[13]	四十九二分	參六半弱	箕半[14]
驚蟄二月節	壁八强	九十五强	六尺五寸[15]	五十三三分	四十六七分	井十七少弱	斗初少[16]
春分二月中	奎十四少强	八十九少强	五尺二寸五分	五十五八分	四十四二分	鬼四	斗十一弱
清明三月節	胃一半	八十三少弱	四尺一寸五分	五十八三分	四十一七分	星四太	斗二十一半
穀雨三月中[17]	昴二太[18]	七十七太强	三尺二寸	六十五分	三十九五分	張十七	牛六半[19]

立夏四月節	畢七	七十三少弱[20]	二尺五寸二分	六十二四分	三十七六分	翼十七太	女十少弱
小滿四月中[21]	参四少弱	六十九太	尺九寸八分	六十三九分	三十六一分	角太弱	危太弱
芒種五月節	井十半弱[22]	六十七少弱	尺六寸八分	六十四九分	三十五一分	亢五太	危十四强
夏至五月中	井二十五半强[23]	六十七强	尺五寸	六十五	三十五	氐十二少弱	室十二强
小暑六月節	柳三太强[24]	六十七太强	尺七寸	六十四七分	三十五三分	尾一太强	奎二太强
大暑六月中	星四强	七十	二尺	六十三八分	三十六二分	尾十五半强	婁三太
立秋七月節	張十二少	七十三半强	二尺五寸五分	六十二三分[25]	三十七七分[26]	箕九太强	胃九太弱[27]
處暑七月中	翼九半	七十八半强	三尺三寸三分	六十二分[28]	三十九八分	斗十少	畢三太
白露八月節	軫六太	八十四少强	四尺三寸五分[29]	五十七八分	四十二二分[30]	斗二十一强	参五少强
秋分八月中	角五弱	九十半强	五尺五寸[31]	五十五二分	四十四八分	牛五少	井十六少强
寒露九月節	亢八少弱	九十六太强	六尺八寸五分	五十二六分	四十七四分	女七太	鬼三少强
霜降九月中	氐十四少强	百二少强	八尺四寸	五十三分	四十九七分	虚六太	星三太

立冬十月節	尾四半强	百七少强	丈[32]	四十八二分	五十一八分	危八强	張十五太
小雪十月中	箕一太强	一百一十一弱	丈一尺四寸	四十六七分	五十三三分	室三半弱[33]	冀十五太
大雪十一月節	斗六[34]	百一十三太强	丈二尺五寸六分	四十五五分	五十四五分	壁半强	軫十五少强[35]

[1]日行所在度：原本、宋本、殿本無“所”字，據李鋭《四分術注》及中華本補。

[2]黄道去極度：去，宋本作“夫”。

[3]十一月中：原本、宋本作“十一月”，無“中”字，殿本有，據李鋭《四分術注》及殿本改。

[4]斗二十一少：原本、宋本、殿本無“一”字，據李鋭《四分術注》及中華本校勘記補。

[5]丈三尺：原本、宋本、殿本“尺”下衍“四寸”二字，據李鋭《四分術注》及中華本删。

[6]女二少：原本、宋本、殿本無“少”字，據李鋭《四分術注》及中華本補。

[7]婁六：原本、宋本、殿本無“六”字，據李鋭《四分術注》及中華本改。

[8]虚五半弱：原本、宋本、殿本作“虚半强”，據李鋭《四分術注》及中華本校勘記改。

[9]百一十太弱：原本、宋本、殿本作“百一十一太强”，據李鋭《四分術注》及中華本校勘記改。

[10]五十三：三，原本、宋本、殿本作“二”，據李鋭《四分術注》及中華本改。

[11]胃十一太强：中華本校勘記：“當作‘胃十一半强’。”今注按：是。

[12]太强：原本、宋本、殿本作“太弱”，據李鋭《四分術注》及中華本校勘記改。

[13]八分：原本、宋本作“六分”，殿本作“八分”，據李鋭《四分術注》及殿本改。

[14]箕半：中華本校勘記：“《宋志》上作‘半弱’，據核算，當作‘半强’。”今注按：是，即作“箕半强”。

[15]六尺五寸：原本、宋本、殿本“五寸”下衍小字“五分”二字，據李鋭《四分術注》及中華本校勘記删。

[16]斗初少：原本、宋本、殿本無“初”字，據李鋭《四分術注》及中華本補。

[17]三月中：中，原本、宋本作“節”，殿本作“中”，據李鋭《四分術注》及殿本改。

[18]昴二太：太，原本、宋本、殿本作“大”，據李鋭《四分術注》及中華本改。

[19]牛六半：牛，原本、宋本、殿本作“斗”，據李鋭《四分術注》及中華本校勘記改。

[20]少弱：原本、宋本、殿本作“少强”，據李鋭《四分術注》及中華本改。

[21]四月中：中，殿本作“節”。

[22]井十半弱：十，原本、宋本、殿本作“少”，據李鋭《四分術注》及中華本校勘記改。

[23]井二十五半强：强，原本、宋本、殿本作“弱”，據李鋭《四分術注》及中華本校勘記改。

[24]柳三太强：强，原本、宋本、殿本作“弱”，據李鋭《四分術注》及中華本改。

[25]三分：原本、宋本、殿本作“二分”，據李鋭《四分術注》及中華本改。

[26]七分：原本、宋本、殿本作“八分”，據中華本改。

[27]胃九太弱：弱，原本、宋本、殿本作“强”，據李鋭《四

分術注》及中華本校勘記改。

［28］六十二分：原本、宋本、殿本“十”下衍“三”字，據李鋭《四分術注》及中華本删。

［29］四尺三寸：三，原本、宋本、殿本作“二”，據中華本改。

［30］二分：殿本作“三分”。

［31］五尺五寸：原本、宋本、殿本“五寸”下衍小字夾文“二分”二字，據李鋭《四分術注》及中華本校勘記删。

［32］丈：原本、宋本、殿本作“丈八寸二分”，據李鋭《四分術注》及中華本校勘記删“八寸二分”四字。

［33］室三半弱：中華本校勘記：“‘半弱’當作‘太强’。”今注按：是。

［34］斗六：斗，宋本作“十”。

［35］軫十五少强：原本、宋本、殿本作“翼十五太”，據中華本改。另中華本校勘記：“軫十五少强：‘少强’當作‘少’。”今注按：是。　這是一份用二十四節氣爲間隔表示的日行數據表。據具體計算可知，其中大部分數據，都是由後漢《四分曆》改編而來。第二欄日行所在度，由 $360\frac{9670}{1843}/24=15\frac{402\frac{11}{12}}{1843}=15$ 度少，自冬至日在斗 $21\frac{455}{1843}$ 度爲起算點，借助於 28 宿分度表求得。第三欄黄道去極度以《四分曆》求得。第四欄日中晷影，也由《四分曆》换算而得。第五、第六晝漏和夜漏，則根據黄道去極度推算而得。

此表的價值在於，可用於推算各節氣的日度、安排晝夜漏刻、推算交食位置等。

右中節二十四氣，如術求之，得冬至十一月中也。加之得次月節，加節得其月中。[1] 中星以日所在爲正，置所求年二十四氣小餘，四之，如法得一爲少；不盡少，三之，如法爲强；所得以減其節氣昏明中星各定。[2]

[1]月中：原本、宋本、殿本無“中”字，據《宋志》及中華本補。

[2]所得以減其節氣昏明中星各定：中華本校勘記：“‘定’下疑脱‘數’字。”今注按：是。 這段文字，是説明二十四節氣分配於各月的方法。即按照每月日至其初爲節，至其中爲中，而得各月應分配的中節。每年的冬至日情況特殊，是據術文獨立推算出來的，其餘則據 $15\frac{402\frac{11}{12}}{1843}$ 度遞次推得。

推五星術

五星者，木曰歲星，火曰熒惑星，土曰填星，金曰太白星，水曰辰星。凡五星之行，有遲有疾，有留有逆。曩自開闢，清濁始分，則日月五星聚於星紀。發自星紀，並而行天，遲疾留逆，互相逮及。星與日會，同宿共度，則謂之合。從合至合之日，則謂之終。各以一終之日與一歲之日通分相約，終而率之，歲數歲則謂之合終歲數，歲終則謂之合終合數。[1]二率既定，則法數生焉。以章歲乘合數，爲合月法。以紀法乘合數，爲日度法。以章月乘歲數，爲合月分；如合月法爲合月數，[2]合月之餘爲月餘。以通數乘合月數，如日法而一，爲大餘。以六十去大餘，餘爲星合朔大餘。[3]大餘之餘爲朔小餘。以通數乘月餘，以合月法乘朔小餘，并之，以日法乘合月法除之，所得星合入月日數也。餘以通法約之，[4]爲入月日餘。[5]以朔小餘減日法，餘爲朔虚分。以曆斗分乘合數，爲星度斗分。木、火、土各以合數減歲數，[6]餘以周天乘之，如日度法而一，所得則行星度數也，餘則度餘。金、水以周天乘歲數，如日度法而一，所得則行星度數也，餘則度餘也。[7]

[1]歲數歲則謂之合終歲數，歲終則謂之合終合數：中華本校勘記：“依文義，當作‘歲則謂之合終歲數，終則謂之合終合數’。”今注按：是。

[2]合月數：原本、宋本、殿本無“數”字，據中華本補。

[3]餘爲：原本、宋本、殿本無“餘”字，據中華本補。

[4]餘以通法約之：原本、宋本、殿本“通”上衍“朔”字，據中華本删。

[5]爲入月日餘：原本、宋本、殿本無“餘”字，據中華本補。

[6]減歲數：原本、宋本、殿本無“數”字，據中華本補。

[7]以上衹是步五星的概論，先從天地開辟，日、月、五星聚於星紀説起，然後給星與日合下定義，宿度相同謂之合。從合至合間的日數稱爲終，1終即1個會合周期的長度。各星所需周期不同，爲了推算各星行度，需先將終與歲通分，然後便引出一些數據的專有名詞，並介紹推算内行星和外行星的方法不同。各星具體推算方法，由下面逐次介紹。

木：

合終歲數，一千二百五十五。

合終合數，一千一百四十九。

合月法，二萬一千八百三十一。[1]
日度法，二百一十一萬七千六百七。
合月數，一十三。
月餘，一萬一千一百二十二。
朔大餘，二十三。
朔小餘，四千九十三。
入月日，一十五。
月餘[2]，一百九十九萬五千六百六十四。
朔虚分，四百六十六。
斗分，五十二萬二千七百九十五。
行星度，三十三。
度餘，一百四十七萬二千八百六十九。[3]
火：
合終歲數，五千一百五。
合終合數，二千三百八十八。[4]
合月法，四萬五千三百七十二。
日度法，四百四十萬一千八十四。[5]
合月數，二十六。
月餘，二萬三。[6]
朔大餘，四十七。
朔小餘，三千六百二十七。
入月日，一十三。
日餘，三百五十八萬五千二百三十。[7]
朔虚分，九百三十二。[8]
斗分，一百八萬六千五百四十。[9]

行星度，五十。
度餘，一百四十一萬二千一百五十。
土：
合終歲數，三千九百四十三。
合終合數，三千八百九。
合月法，七萬二千三百七十一。
日度法，七百一萬九千九百八十七。[10]
合月數，一十二。
月餘，五萬八千一百五十三。
朔大餘，五十四。
朔小餘，一千六百七十四。
入月日，二十四。
日餘，六十七萬五千三百六十四。
朔虚分，二千八百八十五。
斗分，一百七十三萬三千九十五。
行星度，一十二。
度餘，五百九十六萬二千二百五十六。
金：
合終歲數，一千九百七。
合終合數，二千三百八十五。
合月法，四萬五千三百一十五。
日度法，四百三十九萬五千五百五十五。[11]
合月數，九。
月餘，四萬三百一十。
朔大餘，二十五。

朔小餘，三千五百三十五。

入月日，二十七。[12]

日餘，十九萬四千九百九十。

朔虚分，一千二十四。

斗分，一百八萬五千一百七十五。[13]

行星度，二百九十二。[14]

度餘，十九萬四千九百九十。

水：

合終歲數，一千八百七十。

合終合數，一萬一千七百八十九。

合月法，二十二萬三千九百九十一。

日度法，二千一百七十二萬七千一百二十七。

合月數，一。

月餘，二十一萬五千四百五十九。

朔大餘，二十九。

朔小餘，二千四百一十九。

入月日，二十八。

日餘，二千三十四萬四千二百六十一。[15]

朔虚分，二千一百四十。[16]

斗分，五百三十六萬三千九百九十五。

行星度，五十七。

度餘，二千三十四萬四千三百六十一。[17]

[1]合月法，二萬一千八百三十一：原本、宋本、殿本“月”下衍“度”字，“三十一”作“四十一”，據中華本校勘記删、改。

[2]月餘：月，原本、宋本、殿本作“日”，據中華本改。

［3］這些是木星運行一個會合時的各個法數。先從歲數和合數説明其由來。後面術文内有“凡一終，三百九十八日，百九十九萬五千六百六十四分”，這個分數，以日度法爲分母。以算式表示，即爲 $398\frac{1995664}{日度法}$日，爲前合和後合相距日數。由此可得一歲日數與一合日數之比：$398\frac{1995664}{1149\times1843}$：$365\frac{455}{1843}=1255$：$1149=$合終歲數：合終合數，即一歲日數對於一合日數之比，等於合終合數對於合終歲數的比。次求合月法，因一合年數爲 1255/1149，一年月數爲章月/章歲，即 235/19，故一合月數 $=1255\times235/19\times1149=$合月分/合月法。這便是合月法和合月分的由來。而日度法 $=1149\times1843=2117607=$紀法×合數。因爲合月分/合月法 $=13+\frac{11122}{21831}$，故術文言“合月數，一十三，月餘，萬一千一百二十二”。今求一合的日數，因一月的日數通數/日法 = 134630/4559，故一合日數 $=\left(13+\frac{11122}{21831}\right)\times\frac{134630}{4559}=\frac{13\times134630}{4559}+\frac{11122\times134630}{21831\times4559}$。上式右邊第一項爲 $383\frac{4093}{4559}$，將整數部分減去 60 的倍數即得大餘 23，將分數部分與第二項分數相加，通分即得 $\frac{(23\times4559+4093)\times21831+11122\times134630}{4559\times21831}=$（月餘×通數+朔小餘×合月法）/合月法×日法 $=15+1995664/97\times$合月法。其第一項就是入月 15 日，第二項是日餘 1995664，而 97×合月法爲日度法，所以，日餘是以日度法爲分母的。又朔虚分＝日法－朔小餘 $=4559-4093=466$，星斗分＝曆斗分×合數 $=455\times1149=522795$。要計算星的行度，由一合年數×周天－周天的若干倍＝小於周天的度數。對於木星，其行度則爲 $\frac{1255}{1149}\times\frac{673150}{1843}-\frac{673150}{1843}=33+\frac{1472869}{日變法}$，其第一項爲行星度三十三，第二項是度餘一百四十七萬

二千八百六十九。

[4]二千三百：二，原本、宋本、殿本作“三”，據中華本改。

[5]四百四十萬一千八十四：原本、宋本、殿本作“四百三十萬一千百一十四”，據中華本改。

[6]二萬三：三，原本、宋本、殿本作“二”，據中華本改。

[7]二百三十：三，原本、宋本、殿本作“四”，據中華本改。

[8]九百三十二：二，原本、宋本、殿本作“三”，據中華本改。

[9]五百四十：四，原本、宋本、殿本作“三”，據中華本改。

[10]一萬九千九百：原本、宋本、殿本無“九千”二字，據中華本補。

[11]五百五十五：殿本作“五百五十四”。

[12]二十七：七，原本、宋本、殿本作“五”，據中華本校勘記改。

[13]一百七十五：一，原本、宋本、殿本作“二”，據中華本校勘記改。

[14]二百九十二：二，原本、宋本作“三”，殿本作“二”，據殿本改。

[15]六十一：六，原本、宋本、殿本作“九”，據中華本改。

[16]二千一百四十：原本、宋本、殿本無“一百四十”四字，據中華本補。

[17]火、土、金、水四星各種法數的計算，均與木星相同。僅火星的行星度，須用：1合年數×周天−2×周天，這樣計算，纔與本文所言相合。依本文計算，即由 $\left(\frac{5105}{2388}-1\right)\times\frac{673150}{1843}=\frac{1828948550}{4401084}=415\frac{2498690}{\text{日度數}}$度。再將其減去周天度 $365\frac{1086540}{\text{日度法}}$，得 $50\frac{1412150}{\text{日度法}}$度。至於金、水二星，它的一合年數，均小於一年，例如，金星的

行星度爲$\frac{1907}{2385}\times\frac{673150}{1843}=292\frac{194990}{日度法}$度。水星的行星度及度餘，算法與金星相同。

推五星術曰：置壬辰元以來盡所求年，以合終合數乘之，滿合終歲數得一，名積合，不盡名爲合餘。以合終合數減合餘，得一者星合往年，得二者合前往年，無所得，合其年。餘以減合終合數，爲度分。金、水積合，偶爲晨，奇爲夕。[1]

[1]它的算法是，從壬辰元以來的所有年數，作比例式，合終歲數：合終合數=積年：相當積合 x，故 x =合終合數×積年/合終歲數=積合+合餘，合餘，是以合終歲數爲分母的。另一方面，由於合餘小於合終歲數，屬減剩年數的合數分，故：合餘/合終合數=K，K 爲星最後合至所求年冬至所距年數，若 K=1，則最後合在所求年的前一年，若 K=2，則最後合在所求年的前二年，若 K<1，則最後合在所求年。對木、土二星，K 的最大值可等於 1+剩餘，對火星，則可等於 2+剩餘，這剩餘當然是以合數爲分母，而小於合數，故合數−剩餘=所求年冬至後年餘的合數分，特稱它爲度分，因爲後面求星合度項目計算的簡單化。對於金、水二星，因爲合數大於歲數，以合數除以歲數，則金得 1，水得 6，即一歲間，金可得一合至二合，水可得六合或七合，即其最後合當在所求年。又因金、水是内行星，在地球上觀測它時，以二合爲一終，一爲晨合，一爲夕合，若壬辰元從夕合起算，則積合當然是奇爲晨合，偶爲夕合。

推五星合月：以月數、月餘各乘積合，餘滿合月法從月，[1]爲積月，不盡爲月餘。以紀月除積月，所得算外，所入紀也，餘爲入紀月。副以章閏乘之，[2]滿章月得一爲閏，以減入紀月，餘以歲中去之，餘爲入歲月，命以天正起，算外，星合月也。其在閏交際，以朔御之。[3]

[1]餘滿合月法從月：原本、宋本、殿本“法”字上衍“滿”字，據中華本刪。

[2]副以章閏乘之：中華本校勘記：“‘副’字疑衍。”今注按：是。

[3]因爲一合所需月數＝合月數+月餘/合月法，故置壬辰元以來的積合，利用比例法，可得壬辰以來的積月＝（合月數+月餘/合月法）×積合＝積月數+不盡數/合月法。更作比例式，紀月：1紀＝積月數：x紀，故x＝積月數/紀月＝所入紀+入紀月/紀月。由章月：章閏＝入紀月：相當閏數x'，故x'＝入紀月×章閏/章月＝入紀月所含閏數，故入紀月－所含閏數＝無閏的入紀月數，更由無閏的入紀月－歲中12的若干倍＝小於12的月數，即爲入歲月數，加起始之月11，可得星合月。若遇星合月在閏月交界處，是否在閏月，則以朔爲進退，實際這時星、月均在日下不見。

推合月朔：以通數乘入紀月，滿日法得一，爲積日，不盡爲小餘。以六十去積日，餘爲大餘，命以所入紀，算外，星合朔日也。[1]

[1]將入紀月，用一月日數乘，即爲入紀月×134630/4559＝積日+不盡數/日法，其不盡數即小餘。由積日減60的若干倍得大餘，以所入紀爲起算點命大餘，算外，即得星合朔日。

推入月日：以通數乘月餘，合月法乘朔小餘，并之，通法約之，所得滿日度法得一，則星合入月日也，不滿爲日餘。[1]命日以朔，算外，入月日也。[2]

[1]不滿爲日餘：原本、宋本、殿本無“爲”字，據中華本補。

[2]依術文，（通數×月餘+合月法×朔小餘）÷（通法×日變法），此處通法×日變法=日法×合月法。命日以朔爲起算點外，即得星合入月日。

推星合度：以周天乘度分，滿日度法得一爲度，不盡爲餘。命以牛前五度起，算外，星所合度也。[1]

[1]將求得的度分除以合數，等於所求年冬至後的年餘，由 $\frac{673150}{1843}\times\frac{度分}{合數}$=度數+不盡數，不盡數用日度法除，將其與牛前與度相加，即得星合度。要求後合月的星合度，則由以上推五星合月項内，求得入歲月，再加月餘/合月法，求得入歲月，加月餘/合月法。再由五星各法數計算内，求得合月數，加餘/合月法。將兩個求得的數相加，即入歲月+合月數=總月數，（月餘+餘）/合月法=月小餘/合月法。如小餘大於合月法，則得一個整月，餘數仍爲月小餘。如加得的總月數，在十二個月以下（如遇閏月時，則在十三個月以下），則星合度即在所求年；若在以上，則減去十二，而星合度則在所求年的後一年；若仍在以上，則仍減去十二，星合度則在所求年的後二年。金水二星的星合度法前已解釋。

求後合月：以月數加入歲月，以餘加月餘，餘滿合月法是一月。[1]月不滿歲中，即在其年；滿去之，有閏計焉，餘爲後年；再滿，在後二年。金、水加晨得夕，加夕得晨也。

[1]餘滿合月法是一月：原本、宋本、殿本作“餘滿合法得一月”，據中華本改。

求後合朔：以朔大、小餘數加合朔月大、小餘，其月餘上成月者，又加大餘二十九，小餘二千四百一十九，小餘滿日法從大餘，命如前法。[1]

[1]由於推得的星合月的朔日均按60甲子干支順序命名，故求後合朔時，祇需將法數中某星經遇一會所得大小餘，加前合朔的大小餘即可。這是因爲前合至後合，期間所經日數，均已按60倍數棄去，剩下僅爲法數中的朔大小餘，所以本術言“以朔大、小餘數加合朔月大、小餘”而得後合朔。其言“其月餘上成月者”，就是其月餘得一月的意思。

求後入月日：[1]以入月日、日餘加入月日及餘，餘滿日度法得一。其前合朔小餘滿其虚分者，去一日；後小餘滿二千四百一十九以上，[2]去二十九日；不滿，去三十日，其餘則後合入月日，命以朔。[3]求後合度，以度數及分，[4]如前合宿次命之。[5]

[1]求後入月日：中華本校勘記：“‘後’下當有‘合’字。”今注按：是。

[2]一十九：殿本作“九十一”。

[3]其餘則後合入月日，命以朔：據王應偉《中國古曆通解》意見，“命以朔”三字爲衍文，當删。（參見王應偉《中國古曆通解》，第53頁）今注按：此三字應保留。

[4]求後合度，以度數及分：原本、宋本、殿本無“度以”二字，據中華本校勘記補。

[5]前所推五星法數，均爲它一合的相應值；今由前合推後合，不可不將這一合的相應值，加入於前合的各值。换句話説，就是由前合的合月數各法數，再加入一合的相應各法數，即得後合的相應值。在現在的問題中，則爲由前入月日日餘，加上法數中入月日，而得後入月日及餘，所以本術首句有“以入月日、日餘，加入月日及餘”的話。兩日餘相加後，滿日度法得一度。若前合朔小餘，在今所得的虚分以上，則前後兩個朔小餘相加，大於日法。照通常看來，後合所入月，應爲大月，但這兩個朔所命的月份，不是接連的，這大月應歸入前月，所以，於後合入月日内，應减去一日。若兩入月日及日餘相加後，在整月日數以上，則後合朔小餘大於2419時，再加上一個月的小餘2419，後合所入月應爲大月，前月應爲小月，所以應减29日；若後朔小餘小於2419，則前月應爲大月，所以，應减30日，均减後始得後合入月日。

木：晨與日合，伏，順，十六日九十九萬七千八百三十二分行星二度百七十九萬五千二百三十八分，[1]而晨見東方，在日後。[2]順，疾，日行五十七分之十一，五十七日行十一度。順，遲，日行九分，五十七日行九度而留。不行二十七日而旋。[3]逆，[4]日行七分之一，八十四日退十二度而復留。二十七日復遲，[5]日行九分，五十七日行九度而復順。疾，日行十一分，五十七日行十一度，在日前，夕伏西方。順，十六日九十九萬七千八百三十二分行星二度百七十九萬五千二百三十八分，而與日合。[6]凡一終，三百九十八日百九十九萬五千六百六十四分，[7]行星三十三度百四十七萬二千八百六十九分。[8]

[1]十六日九十九萬七千八百三十二：三十二，原本、宋本、殿本作“四十二”，據中華本改。

[2]以上可看作五星相對於太陽的觀測記録。“木，晨與日合”，即黎明時，木與日同宿共度。並以此爲推算的起點。星爲日光所掩稱爲伏。順，是順日而行，即與太陽沿着相同的方向運行，日永遠都沿着逆時針方向自西向東順行。經過16日又997832分，這個分數稱爲日餘，是以木星的日度法爲分母的。行星2度又1795238分，該分數是度餘，也是以日度法爲分母的。星所行的2度有奇，是對日而言的，日每日東行1度，16日有奇，東行16度有奇，二者相減，得星離日13度奇，這個時候，黎明時晨見東方。

[3]由於木星運行得慢，雖與日同時向東順行，但間距越來越大，故經16日後，木星落在日後。順疾，即順日疾行。由於57日行11度，故每天行57分之11。這時，日共行16奇+57=73度奇，木星行2度奇+11度=13度奇。星與日相距約60度。自此以後，木星仍順日慢行，經57日，行9度，即每日行57分之9度。至此，木星停而不動，計27日，但這兩個階段，太陽已行57+27=84度，星僅行9度。故星又離日75度。總計星離日135度奇。旋，即反轉方向。

[4]逆：背向而行稱爲逆。

[5]復遲：復，原本、宋本、殿本作“後”，據中華本改。

[6]十六日九十九萬七千八百三十二：三十二，殿本作“四十二”。木星經逆行84日，留27日，復順遲行57日，疾行57日，至日前而夕伏西方。伏後仍順行16日而與日相合，完成了一周。

［7］三百九十八日百九十九萬：原本、宋本、殿本“日”下衍“九”字，據中華本删。

［8］凡一周所經過的時日，及星行宿次度數，稱爲一終。綜前所述，日共東行 398 度奇，故得 398 日奇。星行 54 度奇（相對於日），再减去退行 13 度奇，故共東行 330 度奇。

火：晨與日合，伏，七十二日一百七十九萬二千六百一十五分行星五十六度百二十四萬九千三百四十五分，[1]而晨見東方，在日後。順，日行二十三分之十四，一百八十四日行百一十二度。更順，遲，日行十二分，九十二日行四十八度而留。不行十一日而旋。逆，日行六十二分之十七，六十二日退十七度而復留。十一日復順，遲，日行十二分，九十二日行四十八度而復疾。日行十四分，百八十四日行百一十二度，在日前，夕伏西方。順，七十二日百七十九萬二千六百一十五分行星五十六度百二十四萬九千三百四十五分，而與日合。凡一終，七百八十日三百五十八萬五千二百三十分，行星四百一十五度二百四十九萬八千六百九十分。[2]

［1］四十五分：四，原本、宋本、殿本作“三”，據中華本改。

［2］日東行 780 度奇，得一周共 780 日奇。火星共行 432 度奇，其中减去逆行 17 度，行星行 415 度左右。

土：晨與日合，伏，十九日三百八十四萬七千六百七十五分半行星二度六百四十九萬一千一百二十一分半，而晨見東方，在日後。順行百七十二分之十三，[1]

八十六日行六度半而留。不行三十二日半而旋。逆，日行十七分之一，[2]百二日退六度而復留。[3]不行三十二日半復順，日行十三分，八十六日行六度半，在日前，夕伏西方。順，十九日三百八十四萬七千六百七十五分半行星二度六百四十九萬一千一百二十一分半，而與日合。凡一終，三百七十八日六十七萬五千三百六十四分，行星十二度五百九十六萬二千二百五十六分。[4]

[1]順行：中華本校勘記："'順'下當有'日'字。"今注按：是。

[2]日行十七分之一：原本、宋本、殿本無"十"字，據中華本校勘記補。

[3]百二日退六度而復留：原本、宋本、殿本"日"下衍"半而"二字，據中華本校勘記删。

[4]術文與木、火相同。木、火、土三星，同以兩留之間爲對稱點，在對稱點前後，行星順逆及遲疾所經的日數及度數均相等。故五星總論説："木、火、土各以合數減歲數，餘以周天乘之，如日度法而一，所得則行星度數也。餘則度餘。"

金：晨與日合，伏，六日退四度，而晨見東方，在日後而逆。遲，日行五分之三，十日退六度。留，不行七日而旋。順，遲，日行四十五分之三十三，四十五日行三十三度而順。疾，日行一度九十一分之十四，九十一日行百五度而順。益疾，日行一度九十一分之二十一，九十一日行百一十二度，在日後，而晨伏東方。順，四十二日十九萬四千九百九十分行星五十二度十九萬四千九百九十分，[1]而與日合。一合，二百九十二日十九萬四千九百九十分，[2]行星如之。

[1]四千九百九十分：原本、宋本無“九百”二字，殿本有，據殿本、中華本校勘記補。

[2]二百九十二日十九萬四千九百九十分：二日，原本、宋本、殿本作“三日”，原本、宋本、殿本無“九百”二字，據中華本校勘記改、補。

金：夕與日合，伏，順，四十二日十九萬四千九百九十分行星五十二度十九萬四千九百九十分，[1]而夕見西方，在日前。順，疾，日行一度九十一分之二十一，九十一日行百一十二度而更順。[2]遲，日行一度十四分，九十一日行百五度而順。[3]益遲，日行四十五分之三十三，四十五日行三十三度而留。不行七日而旋。[4]逆，日行五分之三，十日退六度，在日前，夕伏西方。逆，六日退四度，而與日合。凡再合一終，[5]五百八十四日三十八萬九千九百八十分，[6]行星如之。

[1]四十二日十九萬：原本、宋本、殿本“日”下有“百”字，據中華本删。

[2]九十一日：九，殿本作“六”。

[3]行百五度而順：原本、宋本、殿本無“百”字，據中華本校勘記補。

[4]不行七日而旋：原本、宋本、殿本無“而”字，據中華本校勘記補。

[5]凡再合一終：原本、宋本、殿本無“凡”字，據中華本補。

[6]九千九百八十分：原本、宋本無“九百”二字，殿本“九百”作“八百”，據《宋志》及中華本補。

水：晨與日合，伏，十一日退七度，而晨見東方，在日後。逆，疾，一日退一度而留。[1]不行一日而旋。順，遲，日行八分之七，八日行七度而順。疾，日行一度十八分之四，十八日行二十二度，在日後，晨伏東方。順，十八日二千三十四萬四千二百六十一分行星三十六度二千三十四萬四千二百六十一分，而與日合。凡一合，五十七日二千三十四萬四千二百六十一分，[2]行星如之。

[1]一日退一度：一度，殿本作“二度”。

[2]三十四萬：殿本作“二十四萬”。

水：夕與日合，伏，十八日二千三十四萬四千二百六十一分行星三十六度二千三十四萬四千二百六十一分，而夕見西方，在日前。順，疾，日行一度十八分之四，十八日行二十二度而更順。遲，日行八分之七，八日行七度而留。[1]不行一日而旋。逆，一日退一度，在日前，夕伏西方。逆，十一日退七度，而與日合。凡再合一終，百一十五日千八百九十六萬一千三百九十五分，行星如之。[2]

[1]八日行七度而留：原本、宋本、殿本“八”字上衍“十”字，據中華本校勘記删。

[2]金、水二星屬内行星，它與木、火、土三星的視運動狀態，有着很大的不同，但金、水二星，却有着許多共同之處。它們與木星等，共同從晨合開始，但隨後並不是順行，而直接由逆行開始。逆行16日，行10度，又停留7日而返。計23日，則日行23度，星逆行10度，星日相距33度，星轉順行，歷時45日，行33度。再疾行，歷91日行105度，再經91日而行112度。在這時期，日共行227度，星共行250度，加前日行23度，星退10度，得日共行250度，星共行240度，星離日10度而晨始伏。星又伏行42日奇，而星行52度奇，正與日合。共292日奇，星行292度奇。故曰“行星如之”。之後夕合記録完全與晨合相同，而順序相反。再合後總計歷584日奇，又回復原處。水星的運動狀態完全與金星對應，僅一終日數各不相同。

五星曆步術

以法伏日度餘加星合日度餘，餘滿日度法得一從全，[1]命之如前，得星見日及度餘也。[2]以星行分母乘見度分，[3]如日度法得一，分不盡，半法以上亦得一，而日加所行分，分滿其母得一度。[4]逆順母不同，以當行之母乘故分，如故母而一，當行分也。[5]留者承前，逆則減之，伏不盡度，除斗分，[6]以行母爲率。分有損益，前後相御。[7]

[1]餘滿日度法得一從全：全，原本、宋本、殿本作“金”，據中華本改。

[2]度餘：原本、宋本、殿本作“餘度”，據中華本改。　這段文字，是解説求“星見日”及“星見度”的文句。中間則是叙述計算的次序，但由於文字過簡，解讀十分困難，今不得不逐句解

釋如下。“伏日度餘”，是指星在伏而不見時所經過的日數和日餘，及星行的度數和度餘。“加星合日度餘”，是加入星合日和日餘及星合度和度餘。也就是前文所説以日加日、以度加度、以餘加餘。這加得的餘，如滿日度法便得 1 度，所以術文言“滿日度法得一”。其星合月及星合度，均見前文“推星合入月日”“推星合度”各條。文首有“以法”二字，就是説用上所述的方法，求出星見日及餘、星見度及餘。但星見日、星見度及二者之餘，到底是什麽項目呢？在前文“推入月日”及“推星合度”時，已知這個日就是星與日合的日，這個度，就是星與日合的度。所以，在這個條件下，加入伏時星所需日數和星行的度，例如木星伏 16 日及餘，行星 2 度及餘，而始晨見東方。故所謂“星見”，乃是晨見東方時的日、度、餘。緊接着下一句中的“見度分”，就是若干分的日餘和度餘。

[3]星行分母：例如，木順行時，以 58 爲分母。“以星行分母乘見度分，如日度法得一”，是欲將以日度法爲分母的見度分，改爲以行分母爲分母的見度分，命之以 x，即見度分：日度法 = x：行分母，x =行分母×見度分/日度法。滿日度/法若干時，即得若干分，其除不盡數，若在日度法的 1/2 以上，則命爲 1 分，以下則棄去。

[4]分滿其母得一度：原本、宋本、殿本無“分”字，據中華本補。

[5]“日加所行分”至“當行分也”：“日加所行分”，例如，木順行，則每日加 11 分。“分滿其母得一度”，如木順行，則積滿 58 分得 1 度。“逆順母不同”，如木逆行，則以 7 爲母，順行則 58 爲母。以當行之母乘故分，如故母而一，當行分也”，如木逆行，則以 7 爲當行之母，以前所命的 57 爲故母，其初不滿 57 的，是故分。當行母×故分/故母，即爲表示要將以故母爲分母的故分，改爲以當行母爲分母的當行分。

[6]伏不盡度，除斗分：中華本校勘記：“‘盡’當作‘書’。‘除斗分’依文義，當作‘經斗除斗分’。”今注按：是。

［7］“留者承前”至“前後相御”：“留者承前，逆者減之”，如木順行而後留，留而後逆行，留時仍承前順行度數。至逆行時，需將逆行度與順行度相減。“伏不盡（書）度”，如術文不書伏時所在宿度。“除斗分，以行母爲率”，如經斗除 455 分，這 455 分，本以紀法 1843 爲分母，今要將其改爲 455×行母/1843 了。“分有損益，前後相御”，如滿半以上得一爲益，不滿半棄去爲損。“相御”，是説前益則後損，前損則後益。

武帝侍中平原劉智，以斗曆改憲，推《四分法》，三百年而減一日，以百五十爲度法，三十七爲斗分。推甲子爲上元，至泰始十年，歲在甲午，九萬七千四百一十一歲，上元天正甲子朔夜半冬至，日月五星始於星紀，得元首之端。飾以浮説，名爲《正曆》。[1]

［1］阮元《疇人傳》卷六曰：“劉智，字子房，平原高唐人也。歷遷侍中、尚書、太常，以斗曆改憲，推《四分法》三百年而減一日，推甲子爲上元，至泰始十年，歲在甲午，九萬七千四百一十一歲，上元天正甲子朔夜半冬至，日、月、五星始於星紀斗二十一，得元首之端。章歲十九，章閏七，紀日一百四萬九百五十三，交會通六百一十萬九千一百七十四，紀歲二千八百五十，紀月三萬五千二百五十，余一萬八千七百三，名爲《正曆》。”阮元論曰：“《開元占經》載正術之數如此，《晋志》稱智術以百五十爲度法，三十七爲斗分者，以十九約紀歲二千八百五十，得百五十即度法，以十九約紀日一百四萬九百五十三，得五萬四千七百八十七，以度法除之，得三百六十五，餘三十七，即斗分也。一百五十年，有五萬四千七百八十七日，倍之即三百年有十萬九千五百七十四日，於《四分術》三百年當有十萬九千五百七十五日，故曰三百年而減一日也。”

當陽侯杜預著《春秋長曆》，説云：[1]

日行一度，月行十三度十九分之七有奇，[2]日官當會集此之遲疾，以考成晦朔，以設閏月。[3]閏月無中氣，[4]而北斗邪指兩辰之間，所以异於他月。積此以相通，四時八節無違，乃得成歲，其微密至矣。得其精微，以合天道，則事叙而不愆。故《傳》曰："閏以正時，時以作事。"然陰陽之運，隨動而差，差而不已，遂與曆錯。故仲尼、丘明每於朔閏發文，蓋矯正得失，因以宣明曆數也。

劉子駿造《三正曆》以修《春秋》，[5]日蝕有甲乙者三十四，而《三正曆》惟得一蝕，比諸家既最疏。[6]又六千餘歲輒益一日，凡歲當累日爲次，而故益之，此不可行之甚者。[7]

自古已來，諸論《春秋》者多述謬誤，或造家術，或用黄帝已來諸曆，以推經傳朔日，皆不諧合。日蝕於朔，此乃天驗，《經》《傳》又書其朔蝕，可謂得天，而劉、賈諸儒説，皆以爲月二日或三日，公違聖人明文，其弊在於守一元，不與天消息也。

余感《春秋》之事，嘗著《曆論》，極言曆之通理。其大指曰：天行不息，日、月、星辰各運其舍，皆動物也。物動則不一，雖行度有大量可得而限，累日爲月，累月爲歲，以新故相涉，不得不有豪末之差，此自然之理也。故《春秋》日有頻月而蝕者，曠年不蝕者，理不得一，而算守恒數，故曆無不有先後也。始失於毫毛，而尚未可覺，積而成多，以失弦望晦朔，則不得不改憲以從之。《書》所謂"欽若昊天，曆象日、月、星辰"，《易》所謂"治曆明時"，言當順天以求合，[8]非爲合以驗天者也。推此論之，春秋二百餘年，其治曆變通多矣。雖數術絶滅，遠尋《經》《傳》微旨，大量可知，時之違謬，則《經》《傳》有驗。學者固當曲循《經》《傳》月日、日蝕，以考晦朔，以推時驗。而皆不然，各據其學，以推《春秋》，此無异於度己之迹，[9]而欲削他人足也。[10]

余爲《曆論》之後，[11]至咸寧中，善算者李修、卜顯，依論體爲術，名《乾度曆》表上朝廷。其術合日行四分數而微增月行，[12]用三百歲改憲之意，二元相推，七十餘歲，承以强弱，强弱之差蓋少，而適足以遠通盈縮。時尚書及史官，以《乾度》與《泰始曆》參校古今記注，《乾度曆》殊勝《泰始曆》，上勝官曆四十五事。今其術具存。又并考古今十曆以驗《春秋》，知《三統》之最疏也。[13]

《春秋》大凡七百七十九日，三百九十三《經》，三百八十六《傳》。其三十七日蝕。[14]三無甲乙。[15]

《黄帝曆》得四百六十六日，一蝕。

《顓頊曆》得五百九日，八蝕。

《夏曆》得五百三十六日，十四蝕。

《真夏曆》得四百六十六日，一蝕。

《殷曆》得五百三日，十三蝕。

《周曆》得五百六日，十三蝕。

《真周曆》得四百八十五日，一蝕。

《魯曆》得五百二十九日，十三蝕。

《三統曆》得四百八十四日，一蝕。

《乾象曆》得四百九十五日，七蝕。

《泰始曆》得五百一十日，十九蝕。

《乾度曆》得五百三十八日，十九蝕。

今《長曆》得七百四十六日，[16]三十三蝕。[17]

失三十三日，《經》《傳》誤。四日蝕，[18]三無甲乙。

漢末，宋仲子集七曆以考《春秋》，案其夏、周二曆術數，皆與《藝文志》所記不同，故更名爲《真夏》《真周曆》也。[19]

［1］《疇人傳》卷六曰："杜預，字元凱，京兆杜陵人也。晋泰始中守河南尹，拜度支尚書，以時曆差舛，不應晷度，奏上上元《乾度曆》行於世。著《春秋長曆》。"以下大段文字，均杜預所言。

［2］十九分：九，原本、宋本、殿本作"七"，據中華本改。

［3］以設閏月：設，原本、宋本作"投"，殿本作"設"，據殿本改。

［4］閏月無中氣：原本、宋本、殿本無"氣"字，據中華本補。

［5］《三正曆》：中華本校勘記："'三正曆'當作'三統曆'，下同。"今注按：是。

［6］比諸家：比，原本作"此"，宋本、殿本作"比"，據宋本、殿本改。

［7］劉子駿，即劉歆，子駿爲其字。杜預對其《三統曆》的否定最爲嚴厲，云“比諸家既最疏”，“此不可行之甚者”。是因《四分曆》之歲實已比實際大很多，《三統》比《四分》還要大，故確實疏闊。

［8］順天以求合：以，殿本作“之”。

［9］無异於：原本、宋本、殿本無“無”字，據中華本補。

［10］《疇人傳》阮元論曰：“征南作《長術》，校勘《春秋》日月，特以意排成，於推步之法殊無當也。然其論謂‘當順天以求合，非爲合以驗天’，此則於千古步算之要，概括無遺，所謂之言不朽者，當如是矣。”

［11］曆論：原本、宋本、殿本“曆”下衍“諸”字，據中華本删。

［12］月行：行，原本、宋本、殿本作“術”，據中華本改。

［13］與杜預同時代的善算者李修、卜顯，於咸寧中曾造《乾度術》，杜預曾見有《乾度術》資料，而史官也以《乾度》與《泰始曆》參校，《乾度》殊勝《泰始》。惜《乾度術》法數具失不存。

［14］三十七：三，原本、宋本、殿本作“四”，據中華本改。

［15］此處所言“《春秋》大凡七百七十九日，三百九十三《經》，三百八十六《傳》，其三十七日蝕，三無甲子”，是指《春秋》經傳，共載有年月日干支的記事779條，日蝕37次，其中有三次日蝕不載干支。

［16］四十六日：四，原本、宋本、殿本作“三”，據中華本改。

［17］三十三蝕：原本、宋本、殿本作“三十日蝕”，據中華本改。

［18］四日蝕：原本、宋本、殿本誤刻爲大字，據中華本校勘記改爲小字注文。

［19］古六曆爲《黄帝》《顓頊》《夏》《殷》《周》《魯》，此處所言《真夏曆》《真周曆》，其曆元與古六曆之《夏曆》《周曆》

不同，蓋爲漢代好事者所爲。清顧觀光著《六曆通考》，可以參見。

穆帝永和八年，著作郎琅邪王朔之造《通曆》，以甲子爲上元，積九萬七千年，四千八百八十三爲紀法，千二百五爲斗分，[1]因其上元爲開闢之始。[2]

[1]千二百五：二，原本、宋本、殿本作“三”，據中華本校勘記改。

[2]據本志載，晋除沿用《黄初曆》外，時人還造《景初曆》，又杜預造《春秋長曆》，李修、卜顯造《乾度曆》，穆帝永和八年王朔之造《通曆》，另外，後秦姜岌造《三紀甲子元曆》。王朔之所造《通曆》未及行用，法也不存，唯此見載曆元法數。

後秦姚興時，當孝武太元九年，歲在甲申，天水姜岌造《三紀甲子元曆》，其略曰：“治曆之道，必審日月之行，然後可以上考天時，下察地化。一失其本，則四時變移。故仲尼之作《春秋》，日以繼月，月以繼時，時以繼年，年以首事，明天時者人事之本，是以王者重之。自皇羲以降，暨於漢魏，各自制曆，以求厥中。考其疏密，惟交會薄蝕可以驗之。然書契所記，惟《春秋》著日蝕之變，自隱公訖於哀公，凡二百四十二年之間，日蝕三十有六，考其晦朔，不知用何曆也。班固以爲《春秋》因《魯曆》，《魯曆》不正，故置閏失其序。魯以閏餘一之歲爲蔀首，檢《春秋》置閏不與此蔀相符也。《命曆序》曰：孔子爲治《春秋》之故，退修殷之故曆，使其數可傳於後。如是，《春秋》宜用《殷曆》

正之。今考其交會，不與《殷曆》相應，以《殷曆》考《春秋》，月朔多不及其日，又以檢《經》，率多一日，《傳》率少一日。但《公羊》經傳异朔，於理可從，而《經》有蝕朔之驗，《傳》爲失之也。服虔解《傳》用太極上元，太極上元乃《三統曆》劉歆所造元也，何緣施於《春秋》？於《春秋》而用《漢曆》，於義無乃遠乎？《傳》之違失多矣，不惟斯事而已。襄公二十七年冬十有一月乙亥朔，日有蝕之。《傳》曰：'辰在申，司曆過，再失閏也。'考其去交分，交會應在此月，而不爲再失閏也。案歆曆於《春秋》日蝕一朔，其餘多在二日，因附《五行傳》，[1]著朓與側匿之說云：春秋時諸侯多失其政，故月行恒遲。歆不以曆失天，而爲之差說。日之蝕朔，此乃天驗也，而歆反以己曆非此，冤天而負時曆也。杜預又以爲周衰世亂，學者莫得其真，今之所傳七曆，皆未必是時王之術也。今誠以七家之曆，以考古今交會，信無其驗也，皆由斗分疏之所致也。《殷曆》以四分一爲斗分，《三統》以一千五百三十九分之三百八十五爲斗分，《乾象》以五百八十九分之一百四十五爲斗分，今《景初》以一千八百四十三分之四百五十五爲斗分，疏密不同，法數各异。《殷曆》斗分粗，故不施於今。《乾象》斗分細，故不得通於古。《景初》斗分雖在粗細之中，而日之所在乃差四度，日月虧已，皆不及其次，假使日在東井而蝕，以月驗之，乃在參六度，差違乃爾，安可以考天時人事乎？[2]今治新曆，以二千四百五十一分之六百五爲斗分，日在斗十七度，天正之首，上可以考合於《春秋》，下可以取驗於今世。以之考《春秋》三十六蝕，正朔者二十有五，蝕二日者二，蝕晦者二，誤者五，凡三十三蝕，其餘蝕經無日諱之名，無以考其得失。[3]圖緯皆云'三百歲斗曆改憲'。以今新曆施於春秋之世，日蝕多在朔。春秋之世，下至於今，凡一千餘歲，交會弦望故進退於三蝕之間，此法乃可永載用之，豈三百歲斗曆改憲者乎？"[4]

[1]《五行傳》：宋本無"行"字。

[2]以上是姜岌借助於《春秋》曆日和日食記録的考驗，提出對古今曆法疏密得失的評價。

[3]其餘蝕經無日諱之名，無以考其得失：原本、宋本、殿本第一個"無"字作"元"，據中華本改；第二個"無"字，原本、宋本作"元"，殿本作"無"，據殿本改。

[4]姜岌總結其所制新曆，定冬至曆元在斗 17 度，上可考合於《春秋》，日食多在朔，下可取驗於今世，今曆不僅合於"三百歲斗曆改憲"之説，乃可永載用之。術文"凡三十三蝕"，孫人龍《晋書考證》曰："正朔者二十五，二日者二，晦者二，誤者五，共三十四食。此方三十三食，必有誤字。"經校核，《三紀曆》法數在章歲以下還有多處錯誤，詳見下文具體校正。

甲子上元以來，至魯隱公元年己未歲，凡八萬二千七百三十六，至晋孝武太元九年甲申歲，凡八萬三千八百四十一，算上。

元法，七千三百五十三。[1]

紀法，二千四百五十一。[2]

通數，十七萬九千四十四。

日法，六千六十三。

月周，三萬二千七百六十六。[3]

氣分，萬二千八百六十。

元月，九萬九百四十五。

紀月，三萬三百一十五。

没分，四萬四千七百六十一。

没法，六百四十三。[4]

斗分，六百五。[5]

周天，八十九萬五千二百二十。[6]一名紀日。

章月，二百三十五。

章歲，十九。

章閏，七。[7]

歲中，[8]十二。

會數，四十七。日月八百九十三歲，凡四十七會，分盡。

氣中，十二。

甲子紀，交差，九千一百五十七。

甲申紀，交差，六千三百三十七。[9]

甲辰紀，交差，三千五百一十七。[10]

周半，一百二十七。

朔望合數，九百四十一。[11]

會歲，八百九十三。

會月，萬一千四十五。

小分，二千一百九十六。[12]

章數，一百二十九。[13]

小分，二千一百八十三。

周閏大分，七萬六千二百六十九。

曆周，四十四萬七千六百一十。[14]半周天。

會分，三萬八千一百三十四。[15]

差分，一萬一千九百八十六。[16]

會率，一千八百八十二。[17]

小分法，二千二百九。

入交限，一萬一百四。

小周，二百五十四。

甲子紀，差率，四萬九千一百七十八。

甲申紀，差率，五萬八千二百三十一。[18]

甲辰紀，差率，六萬七千二百八十四。

通周，十六萬七千六十三。[19]

周日日餘，三千三百六十二。[20]

周虚，二千七百一。

五星約法，據出見以爲正，不繫於元本。然則算步究於元初，約法施於今用，曲求其趣，則各有宜，故作者兩設其法也。[21]岌以月蝕檢日宿度所在，爲曆術者宗焉。又著《渾天論》，以步日於黄道，駁前儒之失，並得其中矣。[22]

[1]七千三百五十三：原本、宋本、殿本無最後之“三”字，據中華本校勘記補。

[2]姜岌曆法，以上元甲子至晋太元九年甲申（384），積83841算上。以2451年爲紀法，其三倍7353爲元法，故稱“三紀甲子元曆”。《三紀》紀首朔旦、冬至、歲名、日名齊同。一紀爲甲子，二紀爲甲申，三紀爲甲辰。

［3］三萬二千：二，原本、宋本作“一”，殿本作“二”，據殿本改。

［4］八百四十三：四十三，原本、宋本、殿本作“三十三”，據中華本校勘記改。

［5］斗分，六百五：原本、宋本、殿本此五字附於上條“没法”下，作小字注文，今依前文述曆體例及中華本改爲單行文。

［6］八十九萬：原本、宋本無“八”字，殿本有，據殿本補。

［7］《三紀元曆》以 19 年 7 閏爲法，以 129 章爲一紀。歲實 = 紀日/紀法 = $365\frac{605}{2451}$，故以 605 爲斗分。朔策 = 紀日/紀月 = $29\frac{3217}{6063}$，故《三紀曆》以 6063 爲日法。

［8］歲中：歲，殿本作“章”。

［9］三十七：三，原本、宋本、殿本作“四”，據中華本校勘記改。

［10］五百：原本、宋本、殿本作“一百”，據中華本校勘記改。

［11］朔望合數，九百四十一：原本、宋本、殿本其下尚有一段文字“周天八十萬五千二百二十”，重出，據中華本删。

［12］小分，二千一百九十六：原本、宋本、殿本作“日分法二千五百”，據中華本校勘記改。

［13］一百二十九：九，原本、宋本、殿本作“七”，據中華本校勘記改。

［14］四十四萬：原本、殿本作“四十萬”，宋本作“四七萬”，據中華本改。

［15］三十四：三，原本、宋本、殿本作“四”，據中華本校勘記改。

［16］差分，一萬一千九百八十六：原本、宋本、殿本此句上有“月周三萬二千七百六十六”一行，據中華本校勘記删。

［17］八十二：二，原本、宋本、殿本作“三”，據中華本改。

［18］三十一：原本作“四十”，宋本、殿本作“四十一”，據中華本校勘記改。

［19］六十三：十，原本、宋本、殿本作“百”，據中華本改。

［20］六十二：二，原本、宋本、殿本作“三”，據中華本改。

［21］朱文鑫《曆法通志》説：“《三紀曆》推交食法，與《乾象》同。其推五星約法云：‘據出見爲正，不繫於元本，然則步算究於元初，約法施於今用，曲求其趣，則各有宜，故作者兩設其法也。’惟其所測五星實録，不見於史志。”（朱文鑫：《曆法通志》，商務印書館1934年版，第108頁）

［22］朱文鑫《曆法通志》曰：“古測昏旦夜半中星，以定日之所在，惟測候中星，全持精密時刻，當時所用壺漏，未能十分準確，見時刻稍誤，中星即差，以檢日度，更難密合。姜岌以月食所冲，爲日之所在，所得更爲準切，後世曆家，皆取法也。姜岌作《渾天論》，載在《隋書・天文志》，與近世蒙氣差學理，若合符節。其論曰：‘參伐初出，在旁則其間疏，在上則其間數，以渾驗之，度則均也。旁之與上，理無殊也，夫日者，純陽之精，光明外曜，以眩人目，故人視日如小，及其初出，地有游氣，以厭日光，不眩人目，即日赤而大也。無游氣則色白，大不甚矣。地氣不及天，故一日之中，晨夕日色赤，而中時日色白。’蒙氣差能升卑爲高，映小爲大，其差愈近地平則愈大，漸高則漸小，至天頂而無。故日出入時近地平，比中天爲大，星出入時近地平，比中天爲廣也。”（朱文鑫：《曆法通志》，第108—109頁）

晋書　卷一九

志第九

禮上

夫人含天地陰陽之靈，有哀樂喜怒之情。乃聖垂範，[1]以爲民極，[2]節其驕淫，[3]以防其暴亂；崇高天地，虔敬鬼神，列尊卑之序，成夫婦之義，然後爲國爲家，可得而治也。《傳》曰：[4]“一日克己復禮，天下歸仁。”若乃太一初分，[5]燧人鑽火，[6]志有暢於恭儉，情不由乎玉帛，而酌玄流於春澗之右，[7]焚封豕於秋林之外，[8]亦無得而闕焉。軒頊依神，[9]唐虞稽古，[10]逮乎隆周，其文大備。或垂百官之範，置不刊之法；或禮經三百，威儀三千，[11]皆所以弘宣天意，雕刻人理。叔代澆訛，[12]王風陵謝，事睽光國，[13]禮亦愆家。[14]趙簡子問太叔以揖讓周旋之禮，[15]對曰：“蓋所謂儀而非禮也。”天經地義之道，自兹尤缺。哀公十一年，[16]孔子自衛反魯，迹三代之典，[17]垂百王之訓，時無明后，道噎不行。[18]

[1]乃聖垂範：於是聖人便垂示典範。乃，副詞，於是。

[2]以爲民極：以爲百姓中正的準則。極，中正的準則。《詩·商頌·殷武》："商邑翼翼，四方之極。"鄭玄箋："極，中也。商邑之禮俗翼然可則傚，乃四方之中正也。"

[3]節：節制，約束。

[4]《傳》：古代指著作，尤其是聖賢著作。"一日克己復禮，天下歸仁焉"爲孔子在《論語·顔淵》中所言，則此處之《傳》爲《論語》。

[5]太一：古人指天地未分之前的混沌狀態。

[6]燧人：又稱燧人氏，傳说中的古帝王，鑽木取火的发明者。

[7]酌玄流於春澗之右：春天在深澗中酌飲清泉。玄流，清泉之水。

[8]焚封豕於秋林之外：秋日在林中燒烤獵物。封豕，大猪，此指獵物。

[9]軒頊：軒轅和顓頊。軒轅即黄帝。顓頊，上古帝王，姬姓，號高陽氏，黄帝後裔。

[10]稽古：以古代之事爲根據。

[11]禮經三百，威儀三千：傳説周文王所制定的禮儀。《周易正義·卷首》："《禮稽命徵》曰：'文王見禮壞樂崩，道孤無主，故設禮經三百，威儀三千。'其三百、三千，即周公所制《周官》《儀禮》，明文王本有此意，周公述而成之，故繫之文王。"

[12]叔代澆訛：時代衰落，風氣浮薄詐僞。

[13]事睽光國：違背光大國勢的事情。

[14]禮亦愆家：違背興旺家族宗旨的禮儀。

[15]趙簡子：春秋末晋國大夫，名趙鞅，又名志父、趙孟。趙景叔子。趙國建立的奠基人。趙簡子問太叔揖讓周旋之禮的記載，詳見《左傳·昭公二十五年》。

[16]哀公：即魯哀公，春秋時魯國國君，名將，魯定公之子，公元前494至前468年在位。

[17]迹三代之典：迹，殿本作“述”。

[18]道噎不行：形勢暗昧，不能實行。

若夫情尚分流，[1]隄防之仁是棄；澆訛異術，[2]洙泗之風斯泯。[3]是以漢文罷再期之喪，[4]中興爲一郊之祭，[5]隨時之義，不其然歟！而西京元鼎之辰，[6]中興永平之日，[7]疏璧流而延冠帶，[8]啓儒門而引諸生，兩京之盛，於斯爲美。及山魚登俎，[9]澤豕睽經，[10]禮樂恒委，浮華相尚，而郊禋之制，[11]綱紀或存。[12]魏氏光宅，憲章斯美。王肅、高堂隆之徒，[13]博通前載，三千條之禮，十七篇之學，各以舊文增損當世，豈所謂致君於堯舜之道焉。世屬雕墻，[14]時逢秕政，[15]周因之典，務多違俗，而遺編殘册猶有可觀者也。景初元年，營洛陽南委粟山以爲圓丘，[16]祀之日以始祖帝舜配，[17]房俎生魚，陶樽玄酒，非搢紳爲之綱紀，[18]其孰能與於此者哉！

[1]若夫情尚分流：如果把人情的任意發展放在首位。

[2]澆訛異術：浮薄詐僞的旁門左道。

[3]洙泗之風斯泯：儒家的醇厚之風泯滅。洙泗，洙水和泗水，孔子講學之地。泛指儒家。

[4]漢文：漢文帝，名劉恒，劉邦之子，公元前 180 至前 157 年在位。在位期間輕徭薄賦，與民休息，削弱諸侯，社會穩定，經濟增長，有文景之治美譽。其死前遺诏说：“其令天下吏民，令到出臨三日，皆釋服。無禁取婦嫁女祠祀飲酒食肉。”即不許守三年之喪。　再期：三年之喪。

[5]中興爲一郊之祭：西漢宣帝每隔一年祭祀一次后土。《通典》卷四五《禮五》：“至宣帝，修武帝故事，間歲正月一日，至河

東祠后土。”

［6］西京元鼎之辰：西漢武帝元鼎年間。

［7］中興永平之日：東漢明帝永平年間。

［8］疏璧流而延冠帶：疏通碧池流水延攬禮學之士。即振興儒學。

［9］及山魚登俎：山野之魚被盛進祭祀的禮器。喻儒家禮儀制度被褻瀆。

［10］澤豕睽經：野猪矚目經書。喻儒家禮儀制度遭到毀壞。

［11］郊禋：祭天大禮。

［12］綱紀或存：儒家禮儀制度可能不存在了。或，表示推測，可能有，也可能無。此處意思爲可能不存。

［13］王肅：三國魏東海郯（今山東省郯城縣北）人，字子雍。著名經學家，司馬昭岳父。歷任散騎黄門侍郎、散騎常侍、領秘書監、崇文觀祭酒、廣平太守等職。　高堂隆：三國時泰山平陽（今山東省新泰市西北）人，字升平。東漢建安中任曹操丞相軍議掾，曹魏明帝時任給事中、駙馬都尉、陳留太守、散騎常侍等職。通四經三禮、天文曆法。

［14］世屬雕墻：世遭奢靡之風。

［15］時逢秕政：時政污濁。

［16］委粟山：位於今河南省洛陽市東。　圓丘：祭天圓形高壇。清秦蕙田《五禮通考》：

“蕙田案：‘禮莫重於祭，祭莫大於天。天爲百神之君，天子爲百姓之主，故惟天子歲一祭天。《周禮》冬日至祀昊天上帝於圜丘，冬至取陽生，南郊取陽位，圜丘取象天，燔柴取達氣，其玉幣牲牢尊俎樂舞車旗之屬，各以象類，雖一名一物之微，莫不有精意存於其間。故曰：郊所以明天道。又曰：明乎其義，治國其如示諸掌乎。自禮經不明，章句之儒群言淆亂，朝堂之上議論紛，拏六天始於康成，合祭起於新莽，排擊者不遺餘力。然行之數千百載而未已，大都沿注疏者失之愚，因前代者失之陋，樂簡便者失之怠，皆非所以交於旦明之義也。兹輯祀天門以經爲斷，以史爲案，經傳爲之綱領，疏解爲之條貫，正其紕繆，一其異同，而歷代典禮之得失，廷臣建議之是非，洞若觀火。議禮家可考覽焉。'

……

"《禮經會元》：'大司樂冬日至地上圜丘之制則曰禮天神，夏日至澤中方丘之制則曰禮地祇。圜丘禮天方丘禮地，則天地分祭明矣。蓋冬至陽生，天屬陽，故冬至於圜丘陽位以禮天神。夏至陰生，地屬陰，故夏至於方丘陰位以祭地祇。此天神地祇之祭必求諸陰陽之義，亦如禮東方則以立春禮青帝於東郊，禮南方則以立夏禮赤帝於南郊，禮西方則以立秋禮白帝於西郊，禮北方則以立冬禮黑帝於北郊，此則有分祭之禮也。先儒以爲合祭者，徒見所言"《昊天有成命》，郊祀天地也"，則曰郊祀無天地之分。不知詩人但見郊祀天地皆歌此詩，何嘗言其合祭也。况《周禮》掌次王大旅上帝，則張氈案設皇邸，司裘爲大裘，以共王祀天之服，皆言天而不及地。《宗伯》六器則以蒼璧禮天，黄琮禮地，是天地之禮玉有别也。典瑞則以四圭祀天，兩圭祀地，是天地之祀玉不同也。《小宗伯》言五帝且兆於四郊，而不言與昊天上帝同郊祀，况可與后土地祇合祭乎！愚故謂郊丘分合之説，當以《周禮》爲定。'

"陳氏《禮書》：'祀天於南郊而地上之圜丘者，南郊之丘也，丘圜而高所以象天，此所謂爲高必因丘陵也。祭地於北郊而澤中之方丘者，北郊之丘也，丘方而下所以象地，此所謂爲下必因川澤也。泰壇，南郊之壇也，以之燔柴泰折北郊之坎也，以之瘞埋。言壇則知泰折之爲坎，言折則知泰壇之爲圓，言泰則大之至也，言壇折則人爲之也。祭祀必於自然之丘，所以致敬；燎瘞必於人爲之壇折，所以盡文。宗廟之禮，瘞埋於兩堦之間，則壇必設於圜丘之南，坎必設於方丘之北矣。燔柴以升烟，瘞埋以達氣，則燔必於樂六變之前，瘞必於樂八變之前矣。先王燔瘞於郊丘，其牲角繭栗，其牲體全脅，其羹太羹，其器犧尊，疏布冪樿杓豆登鼎俎簠簋匏陶之類，其藉蒲越藁秸，其歌樂黄鍾太蔟，奏大吕應鐘，其舞雲門咸池，其鼓雷鼓靈鼓，其車玉路素車，其旆太常，其服大裘衮冕，其搢執大圭鎮圭，其位則神南面王北面，示北面王南面而日月從祀，則日居東月居西。古者郊祀大略如此而已。'

……

"蕙田案：'南郊北郊、天地分合祭，千古聚訟。考分祭見於《周禮》之圜丘方澤，《禮記》之泰壇泰折，厥有明文合祭則無之也。而後人以北郊不見經傳爲疑。案《漢書志》載匡衡張譚議，有祭天於南郊，瘞地於北郊，及翟方進等引《禮記》南郊定天位，北郊就陰位之語去古未遠，其言必有所本，固不特注疏爲然，是不得謂之無據也。合祭自王莽始，後之君臣圖宴安憚勞費，於是曲爲附會，往往以召誥用牲於郊牛二，謂經文無北郊，及昊天有成命，《詩》歌天不歌地爲辭。夫《周禮》稱圜丘方澤亦未嘗有南郊之名，《郊特牲》之變圜丘爲南郊亦猶祭法之言，泰壇同實而異名耳。且言南正以别於北，而經之泛言郊者，皆統天地可知，何必以無北郊之文爲疑也。至宋蘇軾以《詩序》郊祀天地，謂"《詩》終篇言天而不及地，未有歌其所不祭，祭其所不歌者。今祭地於北郊獨歌天而不歌地，豈有此理"，是不知圜丘方澤正須兩用，故言天地若合爲一祭，則但云郊祀足矣，不必標舉天地也。孔疏云："經不言地，序知其因此二祭而作，故具言之，其意甚明。"若謂歌天而不歌地，考《詩》詞"昊天有成命，二后受之"意謂我周受命而爲天子，當主天地之祭，此猶言其命維新，天作高山云爾，非專指天之功德而歌頌之也。是終篇雖未嘗歌地，並亦何嘗歌天，蘇氏乃指一天字以爲歌天不歌地，過矣！夫此詩唯不稱所祭之功德而成王不敢，康以下但言主祭之基命宥密，則用之祀天可，用之祭地亦可，固不得據爲合祭之證也。考天地之祭，漢時或分或合，後唯魏文帝之太和、周武帝之建德、隋高祖之開皇、唐玄宗之開元、宋神宗之元豐、元文宗之至順、明世宗之嘉靖特主分祭，餘皆主合祭。其間廷臣建議惟宋紹聖中黄復言："南郊合祭自古無有，止因王莽謟事元后，遂躋地位合席同牢。逮乎先帝始釐正之，陛下初郊，大臣以宣仁同政，復用王莽私意合而配之，瀆亂典禮。”此言深悉合祭病根。明嘉靖時，夏言疏駁霍韜“《周禮》莽賊僞書不足據”曰：“合祭以后配地，實自莽始。莽果僞爲是書，何不削去圜丘方澤之制，天地神祇之祭而自爲一説耶！”此言足明分祭之確據，兩議可爲萬世定論矣。夫自漢以來，盈庭集議，主合祭者往往不能奪分祭之理，可見人心之不可泯；而主分祭者往往不能屈合祭之勢，可見人欲之不易克。觀明世宗南北郊之制甫定，神宗萬歷三年，閣臣張居正進郊禮圖册，仍以孟春合祭爲説，其言曰：“冬至極寒而裸獻於星露之下，夏至盛暑而駿奔於炎歊之中。時義爲戾。”夫身爲大臣不以敬天勤民相儆勖，而以便安逸豫爲逢迎，隱微深痼，前後一轍良可慨也。’”

[17]以始祖帝舜配：《宋書》卷一六《禮志三》：“曹氏世系，出自有虞氏，今祀圜丘，以始祖帝舜配，號圜丘曰皇皇帝天。”

[18]搢紳：通學大儒。

宣景戎旅，未遑伊制。太康平吴，九州共一，禮經咸至，樂器同歸，於是齊魯諸生各携緗素。[1]武皇帝亦初平寇亂，意先儀範。其吉禮也，則三茅不翦，[2]日觀停瑄；[3]其凶禮也，則深衣布冠，[4]降席徹膳。明乎一謙三益之義，[5]而教化行焉。元皇中興，事多權道，遺文舊典，不斷如髮。是以常侍戴邈詣闕上疏云：[6]“方今天地更始，萬物權輿，[7]蕩近世之流弊，創千齡之英範。是故雙劍之節崇，[8]而飛白之俗成；[9]挾琴之容飾，而赴曲之和作。[10]”其所以興起禮文，勸帝身先之也。穆哀之後，王猷漸替，[11]桓温居揆，[12]政由己出，而有司或曜斯文，增暉執事，主威長謝，[13]臣道專行。《記》曰“苟無其位，不可以作禮樂”，[14]豈斯之謂歟！

［1］緗素：原指用於書寫的淺黄色絲絹，後泛指書卷、書籍。

［2］三茅不翦：不使用茅草。三茅，江淮間産的一種茅草。莖有三棱。亦名菁茅。古代以爲祥瑞，多用於祭祀。

［3］日觀停瑄：封禪之禮不用大型玉璧。

［4］深衣：色彩單一、上下相連綴的一種服裝。

［5］一謙三益：一分謙虚收穫三分益處。

［6］常侍：官名，散騎常侍、散騎中常侍、通直散騎常侍、員外散騎常侍等官的簡稱。三品。此"常侍"疑爲"侍中"，因常侍與戴邈身份不符。　戴邈：字望之，本書卷六九有傳。

［7］權輿：新生。

［8］雙劍之節崇：崇尚武力。

［9］飛白之俗成：飛白，比喻刀光劍影。

［10］赴曲：應和曲調的節奏旋律；合拍。

［11］王猷漸替：王道漸漸衰落。

［12］桓温居揆：桓温居宰相之位。桓温，字元子，本書卷九八有傳。

［13］主威長謝：主，宋本作"王"。

［14］"《記》曰"至"禮樂"：《記》，《禮記》，儒家經典之一。《禮記·中庸》："雖有其位，苟無其德，不敢作禮樂焉。雖有其德，苟無其位，亦不敢作禮樂焉。"

晋始則有荀顗、鄭冲裁成國典，[1]江左則有荀崧、刁協損益朝儀。[2]《周官》五禮，吉凶賓軍嘉，[3]而吉禮之大，莫過祭祀，故《洪範》八政，[4]三曰祀。祀者，所以昭孝事祖，通于神明者也。漢興，承秦滅學之後，制度多未能復古。歷東、西京四百餘年，故往往改變。魏氏承漢末大亂，舊章殄滅，命侍中王粲、尚書衛覬草創朝儀。[5]及晋國建，文帝又命荀顗因魏代前事，撰爲新禮，參考今古，更其節文，羊祜、任愷、庾峻、應貞並共刊定，[6]成百六十五篇，奏之。太康初，尚書僕射朱整奏付尚書郎摯虞討論之。[7]虞表所宜增損曰：[8]

臣典校故太尉顗所撰《五禮》，[9]臣以爲夫革命以垂統，帝王之美事也，隆禮以率教，邦國之大務也，是以臣前表禮事稽留，求速訖施行。又以《喪服》最多疑闕，[10]宜見補定。又以今禮篇卷煩重，宜隨類通合。事久不出，懼見寢嘿。[11]蓋冠婚祭會諸吉禮，其制少變；至於《喪服》，世之要用，而特易失旨。故子張疑高宗諒陰三年，[12]子思不聽其子服出母，[13]子游謂異父昆弟大功，[14]而子夏謂之齊衰，[15]及孔子没而門人疑於所服。此等皆明達習禮，仰讀周典，俯師仲尼，漸漬聖訓，講肄積年，及遇喪事，猶尚若此，明喪禮易惑，不可不詳也。況自此已來，篇章焚散，去聖彌遠，喪制詭謬，固其宜矣。是以《喪服》一卷，卷不盈握，而争説紛然。三年之喪，鄭云二十七月，[16]王云二十五月。[17]改葬之服，鄭云服緦三月，[18]王云葬訖而除。繼母出嫁，鄭云皆服，[19]王云從乎繼寄育乃爲之服。無服之殤，[20]鄭云子生一月哭之一日，王云以哭之日易服之月。如此者甚衆。《喪服》本文省略，必待注解事義乃彰；其《傳》説差詳，[21]世稱子夏所作。鄭王祖《經》宗《傳》，[22]而各有異同，天下並疑，莫知所定。而顗直書古《經》文而已，盡除子夏《傳》及先儒注説，其事不可得行。及其行事，故當還頒異説，一彼一此，非所以定制也。臣以爲今宜參采《禮記》，[23]略取《傳》説，補其未備，[24]一其殊義。可依準王景侯所撰《喪服變除》，[25]使類統明正，以斷疑争，然後制無二門，咸同所由。又此禮當班於天下，[26]不宜繁多。顗爲百六十五篇，篇爲一卷，合十五餘萬言，臣猶謂卷多文煩，類皆重出。案《尚書·堯典》祀山川之禮，惟於東岳備稱牲幣之數，陳所用之儀，其餘則但曰"如初"。《周禮》祀天地五帝享先王，[27]其事同者皆曰"亦如之"，文約而義舉。今禮儀事同而名異者，輒别爲篇，卷煩而不典。皆宜省文通事，隨類合之，事有不同，乃列其異。如此，所減三分之一。

虞討論新禮訖，以元康元年上之。所陳惟明堂五帝、二社六宗及吉凶王公制度，[28]凡十五篇。有詔可其議。後虞與傅咸纘續其事，[29]竟未成功。中原覆没，虞之《决疑注》，是其遺事也。逮于江左，僕射刁協、太常荀崧補緝舊文，[30]光禄大夫蔡謨又踵修其事云。[31]

[1]荀顗：字景倩，本書卷三九有傳。　鄭冲：字文和，本書卷三三有傳。

[2]江左：江東。因自北方視之，江東在左，江西在右，故稱。　荀崧：字景猷，本書卷七五有傳。　刁協：字玄亮，本書卷六九有傳。刁，原本作"刀"，宋本、殿本作"刁"，據宋本、殿本、本傳改。本卷下同。

[3]吉：祭祀之禮。　凶：荒政喪葬之禮。　賓：接待賓客、

朝覲禮儀。　軍：治理軍隊的禮儀制度。賓軍，殿本乙作“軍賓”。　嘉：飲食、昏冠、賓射、饗燕、脤膰、賀慶等禮儀制度。清秦蕙田《五禮通考》：“《虞書》：‘舜典修五禮。’《皋陶謨》：‘天秩有禮，自我五禮有庸哉。’《通典》：‘自伏羲以來，五禮始彰，堯舜之時五禮咸備。’以五禮防萬民之僞而教之中。吉禮之别十有二：禋祀、實柴、槱燎、血祭、貍沈、疈辜、肆獻、祼饋、食祠、禴、嘗、烝。凶禮之别五：喪、荒、吊、襘、恤。賓禮之别八：朝、宗、覲、遇、會、同、問、視。軍禮之别五：大師、大均、大田、大役、大封。嘉禮之别六：飲食、昏冠、賓射、享燕、脤膰、賀慶。《春官·大宗伯》之職，掌建邦之天神人鬼地祇之禮，以佐王建保邦國。以吉禮事邦國之鬼神祇；以凶禮哀邦國之憂；以賓禮親邦國；以軍禮同邦國；以嘉禮親萬民。《小宗伯》之職掌五禮之禁令與其用等。凡國之大禮佐大宗伯，凡小禮掌事如大宗伯之儀。”

[4]《洪範》八政：一曰食，二曰貨，三曰祀，四曰司空，五曰司徒，六曰司寇，七曰賓，八曰師。

[5]侍中：官名，東漢建安中與給事黄門侍郎出入禁中，省尚書事。曹魏時爲門下之侍中省長官，常侍衛皇帝左右，掌顧問應對、諫諍糾察、平議奏事、駁奏異議等，權力甚重。三品。　王粲：東漢末山陽高平（今山東省鄒城市西南）人，字仲宣。“建安七子”之一，善詩賦。任曹操丞相掾、侍中。　尚書：官名，東漢尚書臺六曹各置尚書，魏晋出爲朝官，分掌尚書省諸曹，品秩提高。三品。　衛覬：三國時河東安邑（今山西省夏縣西北）人，字伯儒。以才學著稱，歷任曹魏尚書、侍中等職。好古文，善鳥篆、隸草。

[6]羊祜：字叔子，本書卷三四有傳。　任愷：字元褒，本書卷四五有傳。　庾峻：字山甫，本書卷五〇有傳。　應貞：字吉甫，本書卷九二有傳。

[7]尚書僕射：官名，秦漢爲尚書令副貳，東漢建安四年（199）分置左、右，爲尚書省次官，三品。　朱整：西晋人，歷任

尚書、尚書右僕射，精通嘉禮。　尚書郎：官名。東漢之制，取孝廉中之有才能者入尚書臺，在皇帝左右處理政務，初入臺稱守尚書郎中，滿一年稱尚書郎，滿三年稱侍郎。魏晋以後尚書各曹有侍郎、郎中等官，綜理職務，通稱爲尚書郎。六品。　摯虞：字仲洽，本書卷五一有傳。

［8］增損：殿本乙作“損增”。

［9］太尉：官名，曹操爲丞相後，太尉府屬官歸相府，晋時太尉雖爲八公之一、三公之首，實爲名譽宰相，多爲大臣加官。一品。

［10］《喪服》：《禮記》中的一篇。清皮錫瑞《經學通論》：“古禮最重喪服，禮經十七篇，有子夏《喪服傳》一篇在内，《小戴禮記》四十九篇，有《曾子問》，《喪服小記》，《雜記》上、下，《喪大記》，《喪服大記》，《奔喪問》，《喪服問》，《間傳》，《三年問》，《喪服四制》十一篇。《别録》皆屬喪服，《檀弓》亦多言喪禮，大功廢業，或曰大功誦可也。《疏》云：‘録記之人，必當明禮應事無疑，使後世作法。今檢《禮記》多有不定之辭，仲尼門徒，親承聖旨，子游裼裘而吊，曾子襲裘而吊。又小斂之奠，或云東方，或云西方，同母異父昆弟，魯人或云爲之齊衰，或云大功。其作記之人，多云蓋多云或曰皆無指的，並設疑辭者，以周公制禮，永世作法，時經幽厲之亂，又遇齊晋之强，國異家殊，樂崩禮壞，諸侯奢僭，典法訛舛。是以普天率土，不閑異教，故子思聖人之允，不喪出母；隨武子晋之賢相，不識殽烝。作記之人，隨後撰録，善惡兼載，得失備書，但初制禮之時，文已不具。略其細事，舉其大綱，况乃時經離亂，日月縣遠，數百年後，何能曉達，記人所以不定，止爲失禮者多，推此而論，未爲怪也。’錫瑞案，孔疏所言極其通達，記文所以不定者，一則制禮之初，細數不能備具，一則亂離之後，故籍復不盡存，喪服更糾紛難明，故後儒尤多聚訟。漢人禮書最早，而略傳於今者，有大戴《喪服變除》十七篇禮經，馬融獨於《喪服》有注，鄭君亦有《喪服變除》，其後則有王

肅《喪服經傳注》《喪服要記》，射慈《喪服變除圖》，杜預《喪服要集》，《袁准喪服經傳注》，孔倫集注《喪服經傳》，陳銓《喪服經傳注》，劉智《喪服釋疑》，蔡謨《喪服譜》，賀循《喪服要記》，謝徽《喪服要記注》，葛洪《喪服變除》，裴松之集注《喪服經傳》，雷次宗略注《喪服經傳》，崔凱《喪服難問》，周續之《喪服注》，王儉《喪服古今集記》，王逡之《喪服世行要記》，見玉函山房輯本《釋文敘録》。有蔡超、田僧之、劉道拔皆不傳。自漢魏至六朝諸儒，多講禮服，《通典》所載，辨析同異，窮極深微。朱子謂六朝人多精於禮，當時專門名家有此學，朝廷有禮事，用此等人議之。顧炎武《日知録》云，唐開元四部書目，《喪服傳義疏》有二十三部。昔之大儒，有專以喪服名家者，故蕭望之爲太傅，以《禮服》《論語》授皇太子。宋元嘉末徵隱士雷次宗詣京邑，築室於鐘山西巖下，爲皇太子諸王講《喪服》經。齊初何佟之爲國子助教，爲諸王講《喪服》。陳後主在東宫，引王元規爲學士，親授《禮記》《左傳》《喪服》等義。魏孝文帝親爲群臣講《喪服》於清徽堂。而《梁書》言始興王憺薨，昭明太子命諸臣共議，從明山賓、朱異之言，以慕悼之辭宜終服月。夫以至尊在御，不廢講求喪禮，異於李義府之言，不豫凶事而去《國恤》一篇者矣。案六朝尚清言習浮華之世，講論服制，如此謹嚴，所以其時期功去官，猶遵古禮，除服宴客，致眭彈章，足見江左立國，猶知明倫理，重本原，故能以東南一隅，抗衡中原百餘年也。”

［11］寢嘿：止而不言，沉默。《後漢書》卷四五《袁安傳》："蓋事以議從，策由衆定，闇闇衎衎，得禮之容，寢嘿抑心，更非朝廷之福。"

［12］子張疑高宗諒陰三年：子張，春秋末陳國陽城（今河南省登封市）人，顓孫氏，名師，字子張，孔子學生。孔子死後居於陳，其後學成爲儒家一派，稱子張之儒。高宗，殷王武丁。子張疑高宗諒陰三年事見《論語・憲問》：子張曰："《書》云：'高宗諒陰，三年不言。'何謂也?"子曰："何必高宗，古之人皆然。君薨，

百官總己以聽於冢宰三年。”

[13]子思不聽其子服出母：子思，孔門有二個子思，一爲原憲，春秋末魯國人，名憲，字子思，孔子學生，以安貧樂道著稱。二爲孔子之孫孔伋。此處子思爲孔伋，爲其出母服喪之事見《禮記·檀弓上》：“子上之母死而不喪，门人問諸子思曰：‘昔者子之先君子喪出母乎？’曰：‘然。’‘子之不使白也喪之，何也？’子思曰：‘昔者吾先君子無所失道，道隆則从而隆，道污則从而污。伋則安能？为伋也妻者，是爲白也母。不爲伋也妻者，是不爲白也母。’故孔氏之不喪出母，自子思始也。”

[14]子游謂異父昆弟大功：子游，春秋末吴國人，言氏，名偃，字子游，孔子得意門生。其後學成爲儒家分派之一，稱子游之儒。子游謂異父昆弟大功之事見《禮記·檀弓上》。大功，五種喪服之一，服期九個月。其服用熟麻布做成，較齊衰稍細，較小功爲粗，故稱大功。舊時堂兄弟、未婚的堂姊妹、已婚的姑、姊妹、侄女及衆孫、衆子婦、侄婦等之喪，都服大功。已婚女爲伯父、叔父、兄弟、侄、未婚姑、姊妹、侄女等服喪，也服大功。清秦蕙田《五禮通考》引諸經學家對大功制度的論述說：

“楊氏復曰：‘斬衰冠繩纓，齊衰冠布纓，齊衰以下不見所用何纓。又案《雜記》云，緦冠繰纓。注云繰當爲澡麻，帶絰之澡謂有事其布以爲纓，以此條推之，則自緦而上，亦皆冠布纓而未澡，而緦始澡其纓耳。’

“郝氏敬曰：‘不言冠帶屨與疏衰同，不言月數或七或九，具各條無受者，七月九月即本齊衰絰，終限不以既葬易，輕服情重也。’

“張氏爾岐曰：‘此降服大功衰七升，冠十升。’

……

“敖氏繼公曰：‘言子又言女子子以殊之，是經之正例。凡言子者，皆謂男子益可見矣。此子之殤服不分適庶，但俱從本服而降者，以齊衰服重，不宜用之於殤也。經言男女爲殤之節，如此則是古者男女必二十乃冠笄明矣。’

“郝氏敬曰：‘殤，傷也。夭死曰殤。父母爲男女期，童幼未可齊衰，故降服大功。’

“盛世佐曰：‘案《小記》云：丈夫冠而不爲殤，婦人笄而不爲殤，二十而冠笄，禮之常也。其有早笄者因事而禮之耳。《雜記》云女子十有五年許嫁，笄而字。女子之笄猶男子之冠也。故注云許嫁不爲殤，然則古無幼而許嫁者矣。’

“華氏學泉曰：‘或問殤服可去乎？曰：如之何其可去也？夫殤服，聖人之所重也。長殤中殤降一等，下殤降二等，以其未成人故降之也。而其降有差，十九至十六爲上殤，十五至十二爲中殤，十一至八歲爲下殤。其丈夫爲殤之服者，齊衰之殤中從上，大功小功之殤中從下。其婦人爲夫之黨服者，齊衰之殤中從上，大功小功之殤中從下。聖人所以差而等之，酌乎其情而遞殺之。若是，其弗敢有所過也。然而重哀之矣。夫聖人制服，其重者以漸而即輕，故大功三月受以小功，小功三月受以緦麻，獨於殤無受。傳之者曰喪，成人者其文縟喪，未成人者其文不縟也，而未盡然也。蓋一降不容再降，既已降其重而即輕，而更受之以輕，將齊衰下殤夷於緦麻，聖人之所不忍也。且夫喪莫重於三年，而小功緦麻得變三年之葛，終殤之月算而返，聖人豈重小功緦麻之殤，而輕父母之三年哉！誠以小功緦麻之殤皆從齊衰大功之親而降，情有所不容已也。是故小功卒哭可以冠娶妻，而下殤之小功則不可。小功不稅降，而在緦小功則稅之。凡降服皆重於正服者何也？緦小功之殤既皆齊衰大功之親，恩情本重，故一降不容再降，聖人所爲權輕重之中，使合乎人情，當乎天理也。夫再降且不可，況從而去之乎？自周公制禮迄明洪武以前，二千餘年莫之有改也。洪武以後始去，今之制乃明洪武之制也。’

……

“程子曰：‘無服之殤更不祭。下殤之祭，父母主之，終父母之身。中殤之祭，兄弟主之，終兄弟之身。上殤之祭，兄弟之子主之，終兄弟之子之身。若成人而無後者，兄弟之孫主之，亦終其

身。凡此皆以義起也。'

"劉氏敞曰：'以日易月者，假令長子也，其本服三年，以日易月則殤之二十五日。餘子也，其本服期，以日易月則殤之十三日。'

"黄氏榦曰：'此章子夏傳文通言爲殤之義，不專爲子、女子子而言也。今以其舊文在此，不敢輒易。'

"敖氏繼公曰：'文謂禮文也。"樛"當作"繆"。《檀弓》曰"齊衰而繆絰"，正謂此也。繆，絞也。絰謂首絰也。垂者其纓也。殤絰之有纓者不絞，其纓而散之，此亦異於成人者，故以證之。無服之殤，以日易月，惟用於凡有齊斬之親者。自大功之親以下則否，蓋齊斬之長殤、中殤、大功、下殤、小功，以次言之，則七歲以下猶宜有服，但以其不入當服之限，是以略之。然其恩之輕重與殤之在緦麻者相等，故不可不計日而哭之。若滿七歲者，哭之八十四日，則亦近於緦麻之日月矣。是其差也。知大功以下之親則否者，大功之下殤在緦麻，則七歲者自無服，故不必以日易月哭之也。子生三月則父名之者，三月天時一變，故名子者法之。未名則不哭者，子見於父，父乃名之。未名則是未之見也。未見則未成父子之恩，故不哭也。其他親之哭與否，亦以此爲節。此義與婦之未廟見而死者相類。'

"郝氏敬曰：'繁文曰縟，既葬易衰受冠乃所謂縟文也。情直禮簡，故無受。"樛"作"絞"，猶"校庠"作"膠庠"。大功以上，小斂襲絰散帶，成服後絞。殤麻，雖成服不絞。未成人禮簡，亦不受之類。以日易月應服七月者，哀傷不過七日。應服九月者，哀傷不過九日。如不飲酒不作樂之類。'

"盛世佐曰：'案經，敖云首絰是也。木下曲曰樛，喪成人者以絰圍繞髮際有餘，因垂之於項後，如木之下曲，然其文縟也。殤服之絰僅足以繞額而已，不下曲而垂之，亦簡略之一事，故引以爲不縟之證。以日易月如注説，則哭之日數太多。如郝氏説又失之太少。劉氏之言庶得其中乎？説者謂漢文短喪，以日易月，其言蓋出於此。然漢文以二十七月之喪更制爲三十六日之服，實非以日易月

之比也。又案劉説原本於馬融、王肅，而惟據“齊斬之親不兼大功以下者”言，則勝於舊矣。’

……

“黄氏榦曰：‘妾服見《大功章》大夫之妾爲君之庶子條。’

“敖氏繼公曰：‘《小功章》云昆弟之子、女子子、夫之昆弟之子、女子子之下殤，則此服亦夫妻同也。是章中不見昆弟之子、女子子，今以下章例之，復考其尊卑親疏之次，則知亦當有此七字。蓋傳寫者以其文同而脱之耳。’

……

“敖氏繼公曰：‘公亦有爲適子長殤之服，則國君之世子亦必二十而後冠，如衆人矣。’

……

“敖氏繼公曰：‘纓絰謂纓其絰也。纓即絰之垂者，此大功之纓。絰亦右本在上，其異於成人者散而不絞爾。纓絰止於大功九月，故此七月者，亦有大功而不纓絰，所以見其差輕也。此絰雖不纓，猶以麻之有本者爲之，以其爲大功之服也。’

“郝氏敬曰：‘長殤九月，中殤七月，不言下殤降在小功也。成人大功，首絰不屬，皆有纓結項後。中殤大功七月，首絰加環無纓，殺也。’

“盛世佐曰：‘纓，冠纓也。絰，要絰也。喪成人者其文縟，故其著冠也。通屈一條繩爲武，垂下爲纓。齊衰以下以布爲之，又有要絰以象大帶，皆儀文之繁縟者。長殤首絰，不樛垂，略於成人矣。而有纓有絰，與成人同。中殤則並此二者而無之，不縟之甚也。’

……

“敖氏繼公曰：‘齊衰以上，其絰皆不言絰纓，故於此成人大功言之，乃因輕以見重，且明有纓者之止於此也。受以小功衰者説，大功布衰裳，而以小功布衰裳受之也。即葛，脱麻絰帶就葛絰帶也。三月而變衰葛，九月而除之。婦人異於男子者，不葛帶耳。小功亦然。《檀弓》曰“婦人不葛帶”。此章特著受月者，以承上經無受之後，嫌與之同，亦且明受衰之止於此也。此三月受服，上下同之。章内有君爲姑姊妹、女子子嫁於國君者，而《服問》又言君主適婦之喪，是諸侯雖無大功而於其尊同者。若所不可得而絶者，亦服此服也。其姑姊妹、女子子之嫁於國君者爲外喪，君之受服固不視其卒哭之節。適婦雖内喪而其禮則比於命婦，但三月而葬。故君亦惟三月而受服也。’

“盛世佐曰：‘案，絰兼在首、在要者言。纓，冠纓。布帶象大帶者，言布於纓帶之間，明是二者皆以布爲之也。即葛，謂首絰、要絰也。去麻服葛，無葛之鄉則用潁帶。本用布至是則以輕細者易之，其輕重之差如衰。’

……

“敖氏繼公曰：‘大功布三等，受布二等，此於大功與受布各見一等者，但以其一一相當者言也。觀此則其上二等之受布，亦可見矣。’

“張氏爾岐曰：‘大功，卒哭後各以其冠爲受，或受十升，或受十一升。受十升者降小功之布，受十一升者正小功之布也。今傳據大功而言，故注云受之。下引間傳者證大功葛絰，大小之制也。’

“盛世佐曰：‘案大功布七升，若八升，若九升。傳惟云九升，舉其輕者而重者可知也。小功布十升，若十一升，若十二升。傳惟云十一升，見大功三等之衰，其受同也。初喪之衰各異，而受衰同者，以其冠同也。冠同者明其情有隆殺而服則同科也。斬衰受以齊衰之下，齊衰受以大功之上。大功受以小功之中，禮貴相變也。大功必受以中者，蓋欲以小功之下十二升者爲大功之受，冠而然也。受服至是而窮矣，故小功以下無受。’

……

“敖氏繼公曰：‘《不杖期章》不特著，爲此親在室者之服者，以此條見之。蓋經之例然也。其他不見者放此。’

“郝氏敬曰：‘姑、姊、妹、女四者已嫁，死皆大功，在室皆期

可知。故不杖期條不及。’

……

“敖氏繼公曰：‘以出者降其本親之服，故此亦降之也。’

……

“敖氏繼公曰：‘世叔父之子謂之從父昆弟者，言此親從父而别也，故以明之。從祖之義亦然。’

……

“敖氏繼公曰：‘其姊妹在室亦如之。’

……

“盛世佐曰：‘不云報者，於《不杖期章》爲人後者爲其父母已言之矣，故此略之。’

……

“敖氏繼公曰：‘孫言庶者，對適立文也。孫於祖父母本服大功，以其至尊，故加隆而爲之期。祖父母于庶孫以尊加之，故不報而以本服服之也。’

“陳氏銓曰：‘自非適孫一人皆爲世孫也。’

“郝氏敬曰：‘庶孫爲衆孫，異於無父繼祖之適孫也。孫於祖皆期，祖於孫皆大功，尊卑之殊也。’

……

“蔡氏德晋曰：‘天子諸侯爲適子之婦亦大功，唐初加爲期年，後代因之。’

“敖氏繼公曰：‘亦加隆之服爲之大功，非不降之謂也。婦從其夫而服舅姑期，舅姑以正尊而加尊焉。故例爲之小功。此異其爲適，故加一等也。’

……

“敖氏繼公曰：‘昆弟云衆，對爲父後者立文也。是亦主言父殁者之禮矣。禮女子子成人而未嫁，或逆降其旁親之期服。此言已適人者乃爲其昆弟，大功則是其旁親之期，服之不可以逆降者，惟此耳。’

“盛世佐曰：‘案衆昆弟凡不爲父後者皆是。《不杖期章》云：“女子子適人者爲其昆弟之爲父後者。”爲父後者，父之適長子也。不云適昆弟而云爲父後者，容立庶子及族人爲後也。此與大夫之庶子爲適昆弟期同，是應降而不降，重其繼世故也。不必父没乃爲之服期。’

“盛世佐曰：‘此與上節經文亦宜合爲一節。言女子子適人者爲此四等之親服，而此四等之親亦以是服報之也。大夫，男昆弟及侄也，婦人，女昆弟及侄女也，此等皆期親，降在大功。云婦人者，明其不以女昆弟及侄女之出嫁而又降也。姑姊妹適人者之服已見上文。於是復云報者，上主爲丈夫言，此則兼言婦人，故復云報以明之。’

……

“朱子曰：‘古人不謂兄弟之子爲侄，但云兄之子弟之子孫亦曰兄孫耳。二程子非不知此，然從俗稱侄者，蓋亦無害於義理也。《喪服》兄弟之子猶子也，猶字不是稱呼，是《記禮》者之辭，古人無云猶子者。夫之祖父母、世父母、叔父母，疏以其義服，故次在此。’

“敖氏繼公曰：‘不言夫之世父母、叔父母報，文略也。’

“郝氏敬曰：‘夫之祖父母、伯叔父母，夫爲服期，則妻從夫服降一等，爲大功。’

……

“何氏晏曰：‘男女相爲服，不有骨肉之親，則有尊卑之異也。嫂叔親非骨肉，不異尊卑，恐有混交之失，故推使無服也。’

“魏氏徵曰：‘嫂叔之不服，蓋推而遠之也。禮“繼父同居則爲之周，未嘗同居則不爲服”。又“從母之夫，舅之妻，二人不相爲服”。或曰“同爨緦”。然則繼父之徒，並非骨肉，服重由乎同爨，恩輕在乎異居，故知制服雖繼於名，亦緣恩之厚薄也。或有長年之嫂，遇孩童之叔，劬勞鞠養，情若所生，分饑共寒，契闊偕老，譬同居之繼父，方他人之同爨，情義之深淺，寧可同日哉！在其生也，愛之同於骨肉；及其死也，則推而遠之。求之本源，深所未喻。若推而遠之爲是，不可生而共居，死同行路，重其生而輕其死，厚其始而薄其終，稱情立文，其義安在？且事嫂見稱載籍非一，鄭仲虞則其見必冠，孔伋則哭之爲位。此躬踐教義，仁深孝友，察其所行之旨，豈非先覺者歟？但於時上無哲王，禮非下之所議，遂使深情，鬱乎千載，至理藏於萬古。今屬欽明在辰，聖人有作，五禮詳洽，一物無遺，詳求厥中，申明聖旨。謹按嫂叔舊無服，今請小功五月。'

"《程子語録》:'問:"叔嫂古無服，今有之，何也?"曰:"《禮記》曰：推而遠之也。此説不是古之所以無服者，衹爲無屬。其夫屬乎父道者，妻皆母道也。其夫屬乎子道者，妻皆婦道也。今上有父有母，下有子有婦。叔父、伯父，父之屬也，故叔母伯母之服與叔父伯父同。兄弟之子子之屬也，故兄弟之子之婦服與兄弟之子同，若兄弟則己之屬也，難以妻道屬其嫂，此古者所以無服，以義理推不行也。今之有服亦是，豈有同居之親而無服者?"'

"朱子曰:'嫂叔之服，先儒固謂雖制服亦可，則徵議未爲失也。又問:"嫂叔無服而程先生云後聖有作，須爲制服。"曰:"守禮經舊法，此固是好纔説起，定是那箇不穩，然有禮之權。處父道母道，亦是無一節安排着。推而遠之便是合有服，但安排不得，故推而遠之。若果是鞠養於嫂恩義不可已，是他心自住不得，又如何無服得?"'

"黄氏榦曰:'先師朱文公親書藁本下云：今案《傳》意，本謂弟妻不得爲婦，兄妻不得爲母，故反言以詰之曰:"若謂弟妻爲婦則是兄妻亦可謂之母矣，而可乎?"言其不可爾。非謂卑遠弟妻而正謂之婦也。注疏皆誤。今論於此而頗刊定其疏云。貞觀十四年，太宗謂侍臣曰:"同爨尚有緦麻之恩，而叔嫂無服。宜集學者詳議。"侍中魏徵等議，請小功五月報。制可。至二十年，中書令蕭嵩奏:"依貞觀禮爲定。今服制令爲兄弟妻，爲夫之兄弟，小功五月。"'

“敖氏繼公曰：‘爲夫之祖父母、世叔父母，大功皆從夫之期服者也。夫爲其昆弟亦期，妻若從而服之亦當大功。今乃無服，故因而發。《傳》母道、婦道，謂世叔母及昆弟之子婦之類也。此據男子所謂服者而言，故繼之曰謂弟之妻婦者，是嫂亦謂之母乎！蓋以當時有謂弟妻爲婦者，故引而正之，以言其不可也。《傳》之意蓋謂男子爲婦人來嫁於己族者之服，惟在母婦之行者則可，若尊不列於母，卑不列於婦，則不爲之服，以其無母婦之名也。故爲昆弟之妻無服。經之此條主於妻爲其夫之黨，《傳》以從服釋之，是也。又云夫之昆弟何以無服？亦據妻不從夫而服其昆弟發問，亦是也。顧乃以男子不服昆弟之妻爲答，此不惟失所問之意，又與夫之昆弟所以無服之義相違，蓋婦人於夫之昆弟當從服而乃不從服，其無服之義生於婦人，而非起於男子也。《檀弓》曰“嫂叔之無服”也，蓋推而遠之，彼似善於此矣。《爾雅》曰：“弟之妻爲婦。”’

“顧氏炎武曰：‘“謂弟之妻婦者，是嫂亦可謂之母乎？”蓋言兄弟之妻不可以母子爲比。以名言之，既有所閡而不通；以分言之，又有所嫌而不可以不遠。《記》曰“嫂叔之無服也”，蓋推而遠之也。夫外親之同爨猶緦，而獨兄弟之妻不爲制服者，以其分親而年相亞，故聖人嫌之。嫌之故遠之，而大爲之坊，不獨以其名也，此又傳之所未及也。存其恩於娣姒，而斷其義於兄弟，夫聖人之所以處此者精矣。嫂叔雖不制服，然而曰：“無服而爲位者惟嫂叔。”子思之哭嫂也爲位，何也？曰：“是制之所抑，而情之所不可闕也。”然而鄭氏曰：“正言嫂叔，尊嫂也。若兄公與弟之妻，則不能也。”此又足以補《禮記》之不及。’

“盛世佐曰：‘案弟之妻爲婦，文見《爾雅》，故鄭君爲之説曰：“謂弟之妻爲婦者，卑遠之，故謂之婦。”然非傳義也。朱子駁之當矣。’

“華氏學泉曰：‘或問：“禮嫂叔無服推而遠之，何也？”曰：“以厚別也。”《傳》曰：“其夫屬乎父道者，妻皆母道也；其夫屬乎子道者，妻皆婦道也。”以尊卑爲服也。兄弟之妻與己同列無尊卑，故居則不相接見，死不爲之制服，明有别也。或曰：“不嫌於塗人視之乎？”曰：“《戴記》無服而爲位者，唯叔嫂。斷之以義，故無服；親之以仁，故袒免。爲位而哭，未嘗不情義之兼盡也。”’

“敖氏繼公曰：‘大夫於士爲異爵，故其喪服例降其旁親之爲士者一等。雖世叔父母亦降之，所以見貴貴之意勝也。《不杖期章》爲此親之爲大夫，命婦者云“大夫之子”，此云大夫，互見其人，以相備也。’

“華氏學泉曰：‘或問：“大夫之降其期以下服，何也？”曰：“先王制服，尊尊親親之義並重。曰尊尊則自天子以至公侯卿大夫統此矣。尊不敵親，故雖天子不敢降其正期。親不敵尊，故雖大夫得降其旁期。”或曰：“天子諸侯之貴，其於諸父昆弟有君臣之分矣。故族人不得以其戚戚君，宜也。大夫於諸父昆弟無君臣之分，其所以必詘其親，以伸其貴，何也？”曰：“古者諸侯之封不過百里，大夫之仕於其國，其父兄宗族之爲士者皆其所統也。不使之衆著於尊尊之義，不可以爲治。後世士大夫之仕者離其鄉數千里，故雖入爲公卿出爲牧伯，而五服之親不聞有所降殺，其時義宜爾也。”“大夫之子以大夫而降，何也？”曰：“此亦從尊尊之義推之也。國無二君，家無二尊，父之所不服，子亦不敢服。故大夫以尊降，大夫之子及公之子以厭降，公之昆弟即公子也，以先公之餘尊降。大夫無餘尊，故大夫没，大夫之子不降。”’

……

“汪氏琬曰：‘戴德《喪服變除》曰：“天子諸侯之庶昆弟、大夫之庶子爲其母，大功，哭泣，飲食思慕猶三年。”賀循《喪服要記》：“凡降服既降心，喪如常月。劉智謂小功以下不税，乃無心喪。”又陳沈洙議：“元嘉立義，心喪以二十五月爲限，惟王儉《古今集記》終二十七月爲王逡所難。”何佟之《儀注》亦用二十五月，無復心禫云云，是則心禫可廢，心喪不可廢也。宋服制，凡如適孫祖在爲祖母爲人後者，爲其所生父母之類，皆許解官申心喪三年。蓋猶遵用前代制也。自明以來此禮不行久，當亦士大夫所宜講

求者。'

……

"敖氏繼公曰：'厭爲厭其所爲服者也，不得過大功謂使服之者不得過比而伸其服也。國君於旁期而下皆以尊厭而絶之，此三人者皆君所絶者也。尊者之子必從其父而爲服，故君在則公子於昆弟無服，而爲母。若妻於五服之外君没矣，其死者猶爲餘尊之所厭，是以公子爲此三人止於大功也。'

"顧氏炎武曰：'尊尊親親，周道也。諸侯有一國之尊，爲宗廟社稷之主，既没而餘尊猶在，故公之庶子於所生之母，不得伸其私恩爲之大功也。大夫之尊不及諸侯，既没，則無餘尊，故其庶子於父卒，爲其私親，並依本服如邦人也。親不敵尊，故厭；尊不敵親，故不厭，此諸侯、大夫之辨也。'

……

"敖氏繼公曰：'大夫之子從乎大夫而降謂尊降之義，在大夫而不在已也。大夫於所服者或以尊加之而降一等，亦謂之厭。此三人者皆大夫之所降者也。其子亦從其父而降之一等爲大功，與公子父没之禮同。大夫没子乃得伸其服，以其無餘尊也。此傳言公之昆弟、大夫之庶子是服之所以同者，備矣。而諸侯大夫尊厭、輕重、遠近之差亦略於是乎見焉。推而上之則天子之所厭又可知矣。先儒乃以天子之子同於公子之禮，似誤也。'

……

"敖氏繼公曰：'……大夫公之昆弟於此親，則尊同也。大夫之子於此親，則亦以其父之所不降者也。故皆服其親服。《春秋傳》曰"公子之重視大夫"，公之昆弟降其昆弟之爲公子者不降，其從父昆弟之爲大夫者，則知先君餘尊之所厭，止於上三人耳。'

"郝氏敬曰：'大夫之庶子以大夫之期皆降，故從之也。苟父之所不降，如世叔父與昆弟彼此皆大夫，則皆大功，貴同也。如從父昆弟爲士，則降爲小功矣。……'

……

“陳氏銓曰：‘婦人者，夫之昆弟之子婦也。子者，夫之昆弟之女子子適人者也。此是二人，皆服大功。先儒皆以婦人子爲一人，此既不辭，且夫昆弟之子婦，復見何許耶。’

“敖氏繼公曰：‘是服夫妻同也。上經不言夫爲之者，其文脱與？或言女子子，或言婦人子，互文以見其同耳。’

“吕氏枏曰：‘婦人爲夫之旁親，上何以從夫降一等，下何以從夫不降也？曰：“上焉者夫之所尊也，下焉者夫之所親也。夫之所尊，先我而有者也，我自外入也，可降也。夫之所親，後我而有者也，彼自内出也，可不降也。”’

……

“盛世佐曰：‘不云女子子而云婦人子，敖以爲互文，是也。陳氏分婦人及子適人者爲二，亦可備一解。姜説非。’

……

“蕙田案：‘婦人子適人者，陳氏以爲二人，恐非。以婦人二字代子婦二字，翻欠明白。敖氏以爲與女子子互文，義疏以爲旁親無不報之例，己可推見其説尤長。’

“王氏肅曰：‘大夫之妾爲他妾之子大功九月，自諸侯以上不服。’

“敖氏繼公曰：‘此服亦從乎其君而服之也。大夫爲庶子大功，女子子在室亦如之，妾爲君之長子亦三年，自爲其子期。經於妾爲君之黨服皆略之，惟著大夫之妾，以見其異。則士之妾不言可知矣。’

“郝氏敬曰：‘妾謂夫爲君，謂嫡爲女君，庶子女子子皆夫君之血屬，不言長子。長子三年，大夫不降，適也。必言君明非妾親生子也。’

“盛世佐曰：‘案庶子謂適妻所生第二以下及他妾之子也。女子子在室與嫁於大夫者亦存焉。惟適長子及已所生則異於是。’

……

“敖氏繼公曰：‘此著其降之之節異於他親也。在室而逆降，正言此七人者蓋世父母、叔父母與姑之期，爲旁親之加服。姊妹之期雖本服，然以其外成也。故並世父以下皆於未嫁而略從出降，明其異於父母昆弟也。此服無爲妻爲妾之異。經惟以嫁爲言者，約文以包之耳。又前經見姊妹適人者及爲夫之昆弟之婦人子適人者，此世叔父母而下爲凡女子子之降服也。其服唯以適人爲節，以此見逆降之服無報禮也。'

"盛世佐曰：'案女子子在室爲此七人皆期服，其嫁者因出降也。不云適人而云嫁者，見其雖貴爲大夫妻不再降也。大夫妻尊與大夫同，禮宜降其旁親而不降其世叔父者，以其與己之祖若父爲一體，而其妻又與世叔父爲一體，皆旁親之最尊者，今既以出降在此矣。若又以尊降爲小功，毋乃太薄乎？故不敢也。姑姊妹亦不降者，指成人而未嫁者言也。未成人當降爲殤服，若適士當降爲小功。下文言大夫之妻爲姑姊妹，爲命婦者大功，則其不爲命婦者降可知矣。大夫妻得以尊降其姑姊妹者，婦人外成，比世叔父爲少殺也。女子子未嫁者曷爲亦降其旁親乎？曰逆降也。逆降之義奈何？曰昏姻之時，男女之正，王政之所重也。女子二十而嫁，有故二十三年而嫁，謂父母喪也。聖人權於二者之間，以父母之喪較之昏姻之時，則服重而時輕，故使之遂其服。以世叔父諸喪較之昏姻之時，則服輕而時重，故使之遂其時。此逆降之禮所由設也。女子子所逆降者，惟此七人耳，以其皆期服故也。若大功以下可以無妨於時，則不須逆降矣。其不云在室而云未嫁者，女子子在室與男子同，禮之常也。唯其年已及笄，故雖未嫁而得從出降之例，所以通其變也。傳以成人而未嫁者釋之，得經意矣。'

……

"欽定義疏：'逆降之説，後人多疑之者。疏謂女子子年十九明年二月當嫁，今年遭世父以下之喪，若依本服期，過明年二月不得及時，逆降在大功。大功之末可以嫁子，則於二月得及時而嫁。或駁之以爲女子子雖降大功，其父固期，未可嫁子。且古人昏期未必定拘二月，若拘以二月，則過此又需一年，以是爲愆期耳。服闋之後四時皆可昏，何靳此三月耶！論者固爲有理，然經以嫁者、未嫁者連文，則逆降之法未可謂無之。蓋未嫁者其已許嫁者也。婦道外成，已許嫁則義繫於夫家，於本宗之旁親，情固殺矣。古者女子將嫁，或於公宫，或於宗室，教之三月喪服，不可以往也。故逆降三月以爲教之之候，而後其昏也乃得及時焉。若然，父母昆弟之喪既除必更閱三月而後可嫁也。若無逆降之法，則上經已著適人者爲衆昆弟之條矣，曷不與之連文，而另出此乎？'

"黄氏榦曰：'先師朱文公親書稿本云：《傳》先解嫁者未嫁者，而後通以上文君之庶子，並以妾與女君同釋之，乃云下言爲世父母以下而以自服私親釋之，文勢似不誤也。又批云：此一條舊讀正得傳意，但於經例不合。鄭注與經例合，但所改傳文似亦牽强。人未見妾爲己之私親本當服期者，合著何服？疏言十一字是鄭所置，今詳此十一字中包爲世至姊妹十字，若無上下文即無所屬。未詳其説，可更考之。又有問大夫之妾，章先生云此段自鄭注時已疑，傳文之誤。今考女子子適人者爲父母及昆弟之爲父後者，已見於《齊衰期章》，爲衆兄弟又見於此《大功章》，惟伯叔父母姑姊妹之服無文而獨見於此，則當從鄭注之説無疑矣。此條内妾爲君之黨服得與女君同，夫黨服通用。'

"敖氏繼公曰：'傳者以此經合於上，謂皆大夫之妾爲之，故其言如此。何以大功怪其卑賤而服之降否，如尊者然也。妾爲君之黨服得與女君同，釋所以大功之意，言大夫於此庶子女子子或以尊降之，或以其尊同而不降，皆在大功。妻體其夫，服宜如之，若妾則不體君而此服亦大功者，以是三人者皆君之黨已。因君而服之，故其降，若否亦視君以爲節而不得不與女君同，固無嫌於卑賤也。然此但可以釋爲君之庶子之文，若並女子子未嫁者言之，則不合於經。蓋經初無爲女子子未嫁者之禮，且凡云嫁者皆指凡嫁於人者，而言非必謂行於大夫而后爲嫁也。又謂爲世父母已下皆妾爲私親之服，亦不合於經。蓋此乃適人者之通禮，經必不特爲此妾發之。又此妾爲私親大功者，亦不止於是也。《傳》説俱失之詳。傳者之意蓋失於分句之不審，又求其爲嫁者大功之説而不可得，故强生嫁於大夫之義，以自傅會。既以女子子嫁者未嫁者屬於上條，則爲世父母以下之文無所屬。又以爲亦大夫之妾爲之，遂使一條之意析而爲二，首尾衡决，兩無所當，實甚誤也。考此傳文，其始蓋截大夫之妾至未嫁者之經文而釋之，故已釋其所謂本條者之旨，復以下言云云，並釋下經。今在此者乃鄭氏移之爾。案注云《齊衰三月章》曰“女子子嫁者未嫁者爲曾祖父母，經與此同，足以明之矣”者，謂二經之文同，足以明其不當如舊説也。’

“郝氏敬曰：‘大夫女嫁於大夫爲大功不降，未嫁無屬。降期爲大功，君之黨即大夫庶子與女子女君同，大夫服妾同女君服也。世父母以下，妾私親皆大功如常，妾不體君得自遂也。案此節文義甚明，鄭謂有錯簡，非也。彼以大夫之妾爲君，庶子别爲一條，安得不疑爲錯簡乎？鄭以《傳》爲不足信，世儒纂禮，欲並傳棄之，鄭始作俑矣。’

“張氏爾岐曰：‘舊讀與傳文甚協，鄭君必欲破之，不知何故。且女子未嫁而逆降旁親，於義亦自可疑，兩存其説可也。’

“萬氏斯大曰：‘此條言大夫之妾當服大功者，在君之家有君之庶子及女子子嫁者、未嫁者，在私家有其世叔父母、姑姊妹，經傳甚明，而鄭氏不從其解，非經誣傳，莫此爲甚。大凡妾爲君黨之服皆從乎女君，但大夫之庶子父母降服大功，妾從女君而服，此禮甚明。傳特恐人疑於女子之嫁者同於未嫁者，故特著曰“嫁於大夫者也”，明其因尊同而不降也。又特著曰“未嫁者，其成人而未嫁者也”，明其惟成人，故大功，否則又當降爲殤服也。更恐疑於爲世叔父母姑姊妹何以亦爲君黨之服，又特著曰“妾自服其私親也”。詞義有何可疑，而妄疑《傳》爲脱爛？故特正之。’

“姜氏兆錫曰：‘舊讀兩爲字對看甚明，而注乃拆。“大夫之妾爲君之庶子”爲一條，“女子子嫁者、未嫁者”合下“爲世叔父母等”爲一條。又以未嫁者例不得降，故又爲逆降旁親欲其及時而嫁之説以通之，其説與經傳殊别。據引《齊衰三月章》女子嫁者未嫁者爲曾祖父母條以謂經例正同。然考經，大夫及大夫之妻爲姑姊妹嫁於大夫者大功，爲適士者小功，則其妻服君之黨，而爲其嫁于大夫者大功，適士者小功，經例亦甚明也。竊謂萬氏發明深切此條合從。舊讀即如鄭義，亦可從互文省文之例以類推其説。若必駁馬讀以駁原傳，則非西河傳禮有誤而其論禮實固耳。朱子稱馬讀爲得傳義，而於注則有疑詞，有以哉。'

……

"蕙田案：'此條馬鄭不同。馬氏依傳文合全節，皆以大夫之妾貫下。鄭氏駁傳文而分大夫之妾爲君之庶子爲一條，分女子子至姑姊妹另爲一條，而以未嫁爲逆降。朱子於親，書稿本《内則》從馬氏舊讀，於語録則從鄭注，亦未畫一，以致後儒罔所適從。如王志長、郝敬、汪琬、徐乾學、張爾岐、姜兆錫、萬斯大，則從馬義賈疏。敖繼公、盛世佐、欽定義疏則從鄭義。今依義疏分節，而《傳》文下言爲世父母二句廿一字當是注文而《傳》寫者誤大書，以連於傳爾。'

……

"敖氏繼公曰：'大夫公之昆弟爲此服則尊同也。大夫之子則亦從乎大夫而爲之也。大夫之妻爲此，女子子其義亦然。若爲姑姊妹又但爲本服耳。蓋婦人之嫁者，於其兄弟惟有出降而已。姑姊妹雖不爲命婦，猶爲之大功也。經言大夫、大夫之子爲服者多矣，於是乃著大夫之妻者，以惟此條可與之相通，故因而見之也。凡妻爲夫之族類於其姊妹與其在父列以上者，率降於夫。於其昆弟之列者又無服惟在子列而下，乃與夫同之耳。又考公之昆弟爲姊妹，惟在出降之科，則是先君餘尊之所厭，亦不及於其嫁出之女也。若先君於其姊妹與其孫，此不厭之固矣。'

"盛世佐曰：'案大夫之妻爲姑姊妹嫁於大夫者之服，在此則其適士者當降在小功可知矣。此亦命婦以尊降旁親之證也。章内女子子爲姑姊妹之服凡三見，首云女子子適人者，爲衆昆弟侄丈夫婦人報，衆昆弟婦人即姊妹也，侄婦人侄女也，侄婦人報之則姑也。此指皆適士者而言也。次云女子子嫁者、未嫁者爲世父母叔父母姑姊妹，此謂其嫁於大夫及成人而未嫁者，爲姑姊妹之成人而未有所適者也。嫁於大夫者，禮宜降其旁親。而於世叔父母仍服大功者，以世叔父母旁親之最尊者，故有出降有逆降，而無尊降也。姑之尊亞於世叔父而親又殺焉。姊妹則親而不尊矣，故其成人而未有所適者，大夫妻猶爲之大功，若適士則降爲小功。此其異於世叔父母者也。至是又言其皆嫁於大夫者尊同不降之禮。合斯三者觀之，則於尊尊親親貴貴之義銖兩不爽，如是而説者多謬爲之解，致聖人之精意不白於天下，豈非講經者之責哉！'

……

"敖氏繼公曰：'尊同謂君於爲夫人者，大夫公之昆弟於爲命婦者也。夫人命婦雖非有爵者，然此三人以其與已敵者齊體之故，亦例以尊同者祖之，而如其出嫁之服不敢絶之降之也。此一節釋經之文義。'

……

"楊氏復曰：'子夏傳云："自卑别於尊"。是以子孫之卑自别於祖之尊，此義爲是。自尊别於卑，乃以子孫之尊自别於祖之卑，此説於理有害。而鄭注遂以爲因國君以尊降其親而説此義，則愈非禮意。蓋國君以尊降其親謂降其旁親，其正統之服不降。爲祖期爲曾祖、高祖齊衰三月是未嘗降其祖也。鄭注蓋惑於自尊别卑之説，乃以封君之不祖公子爲以尊降其親，而不知公子爲别子繼别爲宗，謂之大宗，百世不遷。大宗或無後則爲之立後，世世不絶，而常以公子爲祖矣。若公子之子孫有封爲國君者，則後世子孫祇得祖封君而不得祖公子，以紊其别。子之宗非是以封君之尊别於公子之卑而不祖之也。子夏之説既已失之，鄭注沿襲謬誤，愈差愈遠，蓋失而又失者也。'

"敖氏繼公曰：'卑謂爲臣者也，尊謂爲君者也。言身爲人臣則其廟不可上及於爲君者，身爲國君則其廟不可上及於爲臣者，是謂别之者。别於尊者，所以塞僭上之原；别於卑者，所以明貴貴之義。聖人制禮之意然也。此言封君之後，世世祖封君不祖公子，則是封君之時其祖考之廟在，故家自若也，不復更立而立一虛廟於公宫左之最東，以爲行禮之所。及封君没則於馬祀之，謂之大廟，而爲百世之祖也。祖封君而不祖公子，如晋不祖桓叔而祖武公是其事也。’

“欽定義疏：‘案果如敖説，則封君之志荒矣，良由誤解自字耳。立虛廟于公宫左之最東，求之經傳亦無證佐。’

“郝氏敬曰：‘諸侯之子下，因以尊降親之義，推廣言之，見尊尊親親並行不悖也。諸侯之公子亦庶子之爲大夫者，父廟曰禰，祖是人謂子孫以始受封者爲始祖也。’

“張氏爾岐曰：‘凡此者皆以著尊卑之别也，自，由也，由其位之或卑或尊各自爲别也。’

“盛世佐曰：‘案此以下於經無所釋，特因尊降之義而推言之，見聖人制禮，尊卑之分截然不可亂如此也。爲子孫者無自尊而卑其祖之理，當從張氏訓自爲由，蓋制禮者爲之分别也。必爲之分别者，以始封之君化家爲國，有功德於人，後世子孫理宜奉之以爲太祖，在不祧不毁之例。若仍以别子爲祖，則此始封之君反爲所壓而不得伸其尊，故不得不舍别子而祖是人矣。是禮也，因封君之子孫尊崇其太祖而生，不生於封君之身也。自封君以及其元孫止有四親廟而無太祖廟，直至來孫封君親盡當遷乃立太祖廟以居之，太祖之廟不可以人臣居之也。此皆理之至當而不可易者，楊氏非之似過矣。注云國君以尊降其親者，謂降其旁親之服耳。楊云以封君之不祖公子爲以尊降其親，亦非注意。’

……

“朱子曰：‘始封之君所以不臣諸父昆弟者，以始封君之父未嘗臣之，故始封之君不敢臣也。封君之子所以不臣諸父而臣昆弟者，以封君之子所謂諸父者，即始封君謂之昆弟，而未嘗臣之者也，故封君之子亦不敢臣之封君之子。所謂昆弟者，即始封君之子，始封君嘗臣之者也，故今爲封君之子者亦臣之。封君之孫，所謂諸父昆弟者，即始封君之子所臣之昆弟及其子也，故封君之孫亦臣之。故下文繼之以君之所不服子亦不敢服也，君之所爲服子亦不敢不服也。’

“敖氏繼公曰：‘此因上云公子之子孫有封爲國君者而言之也。’

“郝氏敬曰：‘卑别於尊，尊别於卑，此見尊尊之爲大也。始封不臣諸父昆弟，再世不臣諸父，此見親親之爲大也。封君之孫已下，明尊親相爲輕重，而服之升降所以生也。’

“盛世佐曰：‘案不臣者以本服服之，不絶並不降也。所不臣者爲此始封之君，若子服亦如之。疏云當服斬，恐非是。臣之則臣服斬，而君絶服矣。’

……

“蕙田案：‘君之所爲服，子亦不敢不服。傳文自明，義理甚精。疏繼世至孫漸爲貴重，似非經義。其雖不臣，亦服斬之説，盛氏及義疏辨之明矣。’

“《朱子語類》：‘問：“喪祭之禮，至周公然後備。夏商而上，想甚簡略。”曰：“然。親親長長，貴貴尊賢。夏商而上，大概衹是親親長長之意。到得周來則又添得許多貴貴底禮數。如始封之君不臣諸父昆弟，封君之子不臣諸父而臣昆弟。期之喪，天子諸侯絶，大夫降。然諸侯大夫尊同，則亦不絶不降。姊妹嫁諸侯者，則亦不絶不降。此皆貴貴之義。上世想皆簡略，未有許多降殺貴貴底禮數。凡此皆天下之大經，前世所未備。到得周公搜剔出來，立爲定制，更不可易。”’

“敖氏繼公曰：‘言此者，以其與上文意義相類也。謂公子之服與否，皆視其君而爲之。此專指公子之公在者言也。若公没，則向之所謂不敢服者，今則皆服之矣。但其爲先君餘尊所厭者乃降之，如爲母妻昆弟大功是也。不敢不服之意，與前傳所謂不敢降者同，後放此。’

“盛世佐曰：‘案此言公子之服與否皆從乎公而爲之也，與上文“父之不臣子亦不敢臣，父之所臣子亦臣之”之意相類，故引以爲證。前傳云“父之所不降，子亦不敢降”亦是此意。彼主爲大夫，故言降與不降。此主爲諸侯，故言服與不服。以諸侯有絶而無降也。’

……

“蕙田案：‘臣與不臣皆指爲君者言，非指公子言。似不必如敖氏分公在公没爲説。’”

［15］子夏謂之齊（zī）衰：子夏，春秋末晉國温（今河南省温縣西南）人，卜氏，名商，字子夏，孔子學生。孔子死後，到魏國西河講學，李悝、商鞅、吴起皆其門人。其後學成爲儒家分派之一，稱子夏之儒。子夏謂之齊衰事見《禮記·檀弓上》。齊衰，喪服名。五服之一。服用粗麻布製成，以其緝邊縫齊，故稱“齊衰”。服期有不同，爲继母、慈母服三年；孫爲祖父母、夫爲妻服一年，稱“齊衰期”；爲曾祖父母服五個月；爲高祖父母服三個月。

［16］鄭云二十七月：鄭玄認爲是二十七個月。

［17］王云二十五月：王肅認爲是二十五個月。清秦蕙田《五禮通考》引諸家論曰：

“姜氏兆錫曰：‘經云“父卒則爲母”，不云“父服卒則爲母”，而疏乃以臆亂經，此大惑也。夫女子二十而嫁，有故則二十三而嫁，此約計父母三年之喪而言也。喪所以謂之三年者，据大祥則二十五月，据禫則二十七月，其時固已閲三年矣。此所以謂之三年而二十有故不嫁，則以二十三年而嫁約之也。且如以父喪遭母喪者言之，其父以二月女將嫁之前正月卒，而其女於初喪即遭母喪，則所云二十三而嫁者，亦猶約詞也。或明年小祥遭母喪，亦猶二十三而嫁也。又或其後年將終喪遭母喪，則二十四而嫁也。故所云二十三而嫁者，乃約計父母三年之喪而非如疏者之惑也。’

“汪氏琬曰：‘戴德《喪服變除》曰：“天子諸侯之庶昆弟、大夫之庶子爲其母大功，哭泣飲食思慕猶三年。”賀循《喪服要記》：“凡降服，既降，心喪如常月。”劉智謂小功以下不稅乃無心喪。又陳沈洙議，元嘉立義心喪以二十五月爲限，惟王儉《古今集記》終二十七月，爲王逡所難。何佟之儀注亦用二十五月，無復心禫云云，是則心禫可廢，心喪不可廢也。宋服制凡如適孫祖在爲祖母爲人後者，爲其所生父母之類，皆許解官，申心喪三年。蓋猶遵用前代制也。自明以來此禮不行久，當亦士大夫所宜講求者。'"

[18]服緦：喪服名。五服中之最輕者，孝服用細麻布製成，服期三月。清秦蕙田《五禮通考》引諸家論曰：

"敖氏繼公曰：'輕服，既葬即除之，故但三月也。不别見殤服者，以其服與成人無異也。齊衰三月不言繩屨，大功不言冠布纓，小功不言布帶，緦麻不言衰絰服，彌輕則文彌略也。'

……

"敖氏繼公曰：'十五升者，將爲十五升布之縷也。抽其半而爲布，則成布七升有半也。此比於他服之布爲稍疏，比於他布之縷爲最細。細者，所以見其爲輕喪，疏者所以明其非吉布。若布縷之或治或否，其意亦猶是也。曰緦者，蓋治其縷，則縷細如絲，故取此義而名之。亦以異於錫衰也。此布七升有半，乃在小功之下者，以其縷細也。凡五服之布皆以縷之粗細爲序，其粗者則重，細者則輕，故升數雖多而縷粗猶居於前，如大功在繐衰之上是也。升數雖少而縷細猶居於後，如緦麻在小功之下是也。'

……

"姜氏兆錫曰：'十五升抽其半者，謂十四升有半，而縷計一千一百有六十也。疏家乃謂十五升中去其七升有半而六百縷，是亂經文也。考斬衰三升，齊衰則殺而爲四升、五升、六升，大功則又殺而爲七升、八升、九升，小功則更殺而爲十升、十一升、十二升，若以例降殺，則緦麻固應殺而爲十三升、十四升、十五升之差矣。其所以無三等之差者，先王制禮之義。禮之至重者與其雖輕而猶重者，其禮皆從詳而文，而其至輕者其禮皆從略而質。夫自斬至小功所以遞有升數之不同者，斬衰有正服義服二等，正服三升，義服三升有半，皆如其服之二等以爲升數之二等。其齊衰、大功、小功，皆有降服、正服、義服三等，齊衰降服四升，正服五升，義服六升。大功小功三等之差亦如之。凡此斬齊固皆重服，其下遞差至大功小功，猶皆三月。後受服即葛，則雖輕猶重也。故其禮皆從詳而文。若緦麻之服不過三月，既葬即釋，而五服之輕者至此極矣。故其服從略而質。雖有降、正、義三等之服制，而升數之三等則無之也，所以必用十四升有半者。制禮之義，以輕從輕，不以輕從重。緦麻服之至輕也，如斬齊功之例本應降服十三升，正服十四升，義服十五升，而既以輕服而無三等升數之差矣。今使以義從正，以正從降，是爲逆而從重。以降從正，以正從義，是爲順而從輕。其輕者乃十五升也，而十五升又爲朝服之服制，不可用，故去其半升而用之。斬衰之義服三升有半者，以其下則齊衰四升也。緦衰之諸服十四升有半者，以其下則朝服十五升也。若以十五升去其半升之制而亂爲，十五升去其七升有半之制，則以五服中緦服之至輕逆而從重，不但加於三等小功之上，而且直居三等大功中正服之上。先王制禮當不如是也。且即以經傳各文義推之，《雜記》云朝服十五升去其半而緦，是猶以朝服相比而言也。則謂於朝服十五升之數去其七升有半之數，猶可言也。若《儀禮·喪服》傳喪服記，若《禮記》間傳皆但云十五升去其半而緦並無“朝服”二字，是固不以朝服相比而言矣。則苟爲七升有半之制，亦直云七升有半而已，否則或云八升去其半而已。而謂懸舉十五升之布而去其中之七升有半，是不但於禮制不合，而於言亦不順矣。是尚可通乎？或曰緦麻雖七升有半，而縷細如朝服，是固不嫌重也。喪服繐衰治其縷如小功而布則四升有半，緦衰當亦如之。且小功以上皆生縷生布，而緦麻有事，其縷無事，其布爲熟縷生布，則不啻輕矣。曰：“是未之考也。”五服縷質之粗細，其與升數之多寡本相權，緦服升本宜多縷本宜細，不得謂縷細而升可疏例，以繐衰之制也明矣。《儀禮》繐衰者五服以外之制也，其服繐衰裳、牡麻絰，既葬除之。諸侯之大夫以時接見於天子者服之也。夫諸侯之大夫以接見天子而服繐衰三月，其服本輕而其升數則四升有半者，注蓋謂細其縷者，其恩輕而升數少者，明爲至尊服也。由此推之，繐裳乃五服以外之權制，故縷與升之輕重互相備，而緦麻五服之正之極輕，非其比也。緦衰祖小功以上，由重入輕，故縷分生熟。而凡縷與布之生熟亦皆與升數相權，故緦衰者十五升抽其半，而有事其縷，無事其布者也。錫衰者亦十五升抽其半，而無事其縷，有事其布者也。錫衰視緦衰哀深而服較輕，故《周禮》“王爲三公服”而注謂之哀在內。緦衰視錫衰，哀淺而服稍重，故王爲諸侯服而注謂之哀在外。二制縷與布互有生熟，然其以服輕而升密，升密而熟治則一也，又豈得謂細縷熟治而升可疏乎？’

“盛世佐曰：‘十五升抽其半謂其縷之粗細如朝服，而但去其半升耳。治其縷而不治其布，亦異於吉者也。吉服縷與布皆治之。下記云三升有半，又云四升有半，半者皆謂半升也。以此證之，姜氏之言信矣。’

“蕙田案：‘斬衰三升、三升有半，凡二等。齊衰四升、五升、六升。大功七升、八升、九升。小功十升、十一升、十二升，皆三等緦麻，至輕惟有一等。經云十五升抽其半者，謂十四升有半也。大夫相吊錫衰，其升數與此同。若如舊説以爲七升有半，是比之大功正服反加重矣。姜氏盛氏説足正相沿之誤。’

……

“黄氏榦曰：‘曾祖父據期斷本應五月，曾祖之昆弟既疏一等，故緦。曾祖爲曾孫三月，兄弟曾孫以無尊降之，故亦緦。族曾祖父者，曾祖父之兄弟也，其子謂族祖父，又其子謂族父，又其子謂族昆弟，凡四世。以曾祖祖父已旁殺之義推之，皆當服緦。’

“敖氏繼公曰：‘以從父從祖者差之，則此乃從曾祖之親也。變言族者明親盡於此也。凡有親者皆曰族，《記》曰三族之不虞是也。’

“盛世佐曰：‘爲族曾祖父者，昆弟之曾孫也。爲族祖父者，從父昆弟之孫也。爲族父者，從祖昆弟之子也。自族父母而上皆反服不云報者，省文也。族父母爲從祖昆弟之子服，見下文。以是推之，則族父母之父若祖可知矣。族昆弟同出於高祖者也。’

……

“庶孫之婦，（賈公彦）疏：‘以適子之婦大功，庶子之婦小功，適孫之婦小功，庶孫之婦緦，是其差也。’

“馬氏融曰：‘祖父母爲嫡孫之婦小功，庶孫婦降一等，故服緦。’

“敖氏繼公曰：‘庶孫之婦緦，則適孫之婦小功也。《小功章》不見之者，文脱耳。祖父母於庶孫之婦，其本服當小功，以别於適孫之婦。故亦降一等而在此。’

……

“庶孫之中殤，（鄭玄）注：‘庶孫者，成人大功，其殤，中從上。此當爲下殤，言中殤者，字之誤爾。又諸言中者，皆連上下也。’

“馬氏融曰：‘成人大功，長殤降一等，中下殤降二等，故服緦也。言中則有下，文不備，疏者略耳。’

“王氏肅曰：‘此見大夫爲孫服之異也。士爲庶孫大功，則大夫爲之小功。降而小功者，則殤中從上，故舉中以見之。’

“盛世佐曰：‘案殤《小功章》傳云，大功之殤中從上。此鄭所據以改經也。馬説與傳例不合，王解與經例又舛矣。經凡言大夫服，則必特書大夫以别之。’

“敖氏繼公曰：‘云報者，謂亦既適人乃降之也。《小功章》已不著嫁者、未嫁者之服，又以此條徵之，則女子之逆降固不及大功而下者矣。適人者，謂此親非報服略言之耳。’

“郝氏敬曰：‘從祖姑是從祖祖父之女，父之從姊妹也。從祖姊妹是從祖之孫女，己之再從姊妹也。’

……

“郝氏敬曰：‘從祖父者，從祖祖父之子，父之從父昆弟，己之再從世叔父也。從祖昆弟己之再從兄弟也。’

“盛世佐曰：‘自從祖姑以下，皆與己同曾祖者之降服也。’

“敖氏繼公曰：‘此服亦男女同，外孫爲外祖父母，小功不報之

者，以其爲外家之正尊與。'

"敖氏繼公曰：'單言侄者，前既以丈夫婦人言之，此無嫌也。又以前章例之，則爲人後者爲其昆弟之下殤亦當在此，經文闕耳。'

"盛世佐曰：'侄姑適人者爲之也，於其本服皆降二等。'

……

"馬氏融曰：'承父之體，四時祭祀，不敢申私親服，廢尊者之祭，故服緦也。'

"馬氏融曰：'緣先人在時，哀傷臣僕有死宫中者，爲缺一時不舉祭，因是服緦也。'

"黄氏榦曰：'晋孝武泰元中，太常車嗣上言："禮，庶子爲後爲其母緦麻三月。自頃公侯卿士庶子爲後爲其庶母同之於嫡。《禮記》云'爲父後，爲出母無服，無服也者，不祭故也。'今身承祖宗之重，而以庶母之私廢烝嘗之事，求之情禮，失莫大焉。"又升平中，故太宰武陵王所生母喪，表求齊衰三年，詔聽依樂安王故事，制大功九月。興寧中，故梁王逢所生母喪，亦求三年。詔依太宰故事同服大功，並無居廬三年之文。尚書奏依樂安王大功爲正，詔可。《開元禮》庶子爲父後者，爲其母緦麻三月。今服制令庶子爲後者，爲其母緦麻三月，亦解官，申其心喪。'

"敖氏繼公曰：'爲父後者或當爲適母後，故不服妾母，蓋與適子同也。有死於宫中則三月不舉祭者，吉凶之事，存亡共之，因是以服緦者，言非若是則不敢服也。蓋子之於母情雖無窮，然禮所不許，則其情亦不可得而遂。今因有三月不舉祭之禮，乃得略伸其服焉。觀此則孝子之心可知矣。何以不齊衰三月也？尊者之服不敢用於妾母也。'

"盛世佐曰：'妾不得體君，而此子與尊者爲一體，故屈母子之情，降而在此，不因君母之存没異也。大夫已上無緦服，而此禮則上下同之，以其至情所關。雖加一日愈於已，苟有死於宫中者，之例可援，以少伸吾情焉。則雖天子諸侯亦不以貴而絶其母也。'

……

“雷氏次宗曰：‘爲五服之凡不稱其人者，皆士也。若有天子諸侯下及庶人，則指其稱位，未有言“士爲”者。此獨言士何乎？蓋大夫以上庶母無服，庶人無妾則無庶母，爲庶母者，唯士而已，故詭常例，以著唯獨一人也。’

“朱子曰：‘父妾之有子者，禮經謂之庶母，死則爲之服緦麻三月，此其名分固有所繫，初不當論其年齒之長少。然其爲禮之隆殺，則又當聽從尊長之命，非子弟所得而專也。’

……

“汪氏琬曰：‘或問：“均父妾也，必有子然後爲庶母，何也？”曰：“父妾之男，吾謂之昆弟矣。其女，則吾謂之姊妹矣。昆弟姊妹之母猶吾母也，故謂之庶母，舍是則不得被此名也。是以爲吾庶昆弟姊妹之母則服，不爲吾庶昆弟姊妹之母則不服。”或問：“庶祖母宜何服？”曰：“其袒免乎？禮，大夫以上爲庶母無服，何庶祖母服之有？然則律文服庶母期矣，顧亦無庶祖母服者何與？”曰：“疏曰無恩也，是則爲之袒免，可也。”’

“敖氏繼公曰：‘大夫以上爲庶母無服者，以庶母之服緦而大夫以上無緦服故也。又大夫以上於其有親者且降之、絶之，則此無服亦宜矣。’

“郝氏敬曰：‘大夫以上分尊，故庶母之服降而絶。’

“盛世佐曰：‘大夫以上固絶緦矣，傳必著之者，嫌其或以母名而不絶也。’

……

“貴臣貴妾，（鄭玄）注：‘此謂公士大夫之君也。殊其臣妾貴賤而爲之服。貴臣，室老士也。貴妾，侄娣也。天子諸侯降其臣妾，無服。士卑無臣，則士妾又賤，不足殊，有子則爲之緦，無子則已。’

“馬氏融曰：‘君爲貴臣貴妾服也。天子貴公，諸侯貴卿，大夫貴室老。貴妾謂侄娣也。’

“陳氏銓曰：‘天子貴臣三公，貴妾三夫人。諸侯貴臣卿大夫，貴妾侄娣。大夫貴臣室老。士貴妾亦爲娣侄。然則天子諸侯絶周，於臣妾無服明矣。大夫非其同尊，每降一等，而己爲上妾貴者有緦麻三月也。'

"杜氏佑曰：'宋袁悠問雷次宗曰："《喪服》'大夫爲貴臣貴妾緦'，何以便爲庶母無服？又按《檀弓》云：'悼公之母死，哀公爲之齊縗。有若曰：諸侯爲妾齊縗，禮歟？'鄭注云：'妾之貴者，爲之緦耳。'《左傳》云：晋少姜卒，明年正月既葬，齊使晏平仲請繼室。叔向對曰'寡君以在縗絰之中'。按此，諸侯爲妾，便有服也。"次宗答曰："大夫爲貴妾緦。按注，貴妾，侄娣也。夫侄娣實貴，而大夫尊輕，故不得不服。至於餘妾，出自凡庶，故不服也。又天子諸侯，一降旁親，豈容媵妾更爲服也。鄭注喪服無服是也。又注檀弓哀公爲悼公母齊縗云：'妾之貴者，爲之緦耳。'此注謂諸侯爲貴妾緦，既與所注《喪服》相連，且諸侯庶子母卒無服，皆以父所不服，亦不敢服，未喻《檀弓》注云何以服，言諸侯爲貴妾緦邪？《左傳》所言，云少姜之卒，有縗絰之言者，是春秋之時，諸侯淫侈，至於甚者，乃爲齊縗。此蓋當時之弊事，非周公之明典也。"'

"敖氏繼公曰：'此亦士爲之也。貴臣，室老也。貴妾，長妾也。此服似夫妻同之，妻爲此妾服則非有私親者也，其有親者宜以其服服之。大夫以上無緦服。'

"顧氏炎武曰：'此謂大夫之服。貴臣，室老士也；貴妾，侄娣也。皆有相助之義，故爲之服緦。《穀梁傳》曰："侄娣者，不孤子之意也。"古者大夫亦有侄娣，《左傳》"臧宣叔娶於鑄，生賈及爲而死，繼室以其侄，生紇"是也。備六禮之制，合二姓之好，從其女君而歸焉，故謂之貴妾。士無侄娣，故《喪服小記》曰："士妾有子而爲之緦。"然則大夫之妾雖有子，猶不得緦也；惟夫有死於宫中者，則爲之三月，不舉祭，近之矣。唐李晟夫人王氏無子，妾杜氏生子願，詔以爲嫡子。及杜之卒也，贈鄭國夫人，而晟爲之服緦。議者以爲，准《禮》"士妾有子而爲之緦"，《開元新禮》無是

服矣，而晟擅舉復之，頗爲當時所誚。今之士大夫緣飾禮文而行此服者，比比也。'

"張氏爾岐曰：'大夫以上爲庶母無服而服其貴臣貴妾，於義似難强通，此殆承上士爲庶母之文言士禮耳。其私屬亦可謂之臣妾之有子者，即貴者也。'

"汪氏琬曰：'儀禮貴妾緦而律文無之。今之卿大夫宜何從？予應之曰："從律。"何以知其宜從律也？古今之制不同，有從重服而改輕服者，有從輕服而從重服者，有從有服而退爲無服者，有從無服而進爲有服者。自唐以來損益儀禮多矣，而猶欲取久遠不可考之文以自附於好古乎？荀卿氏曰"法後王"，是不可不深講也。今之卿大夫不然，舉凡服其餘親莫不兢兢令甲而莫之敢越，而獨於其妾也則必秉周禮，毋乃暱於所愛乎哉？有難者曰："母以子貴非與？"曰："非是之謂也。諸侯娣侄媵之子得立，則國人從而尊其生，故存則書夫人，歿則書薨、書葬、書小君，皆得祖其適，此《春秋》之例也。""然則妾之子而既貴矣，天子且許之貤封，而家長可不爲之制服乎？"曰："天子自貴其卿大夫之母，家長自賤其妾，律令之與敕誥皆出於天子，固並行不倍者也。"或又難曰："律文得毋有闕與？"曰："國家辨妻妾之分，嚴嫡庶之閑，其防微而杜漸也，可謂深切著明矣。而又何闕文之有？"且吾考諸《儀禮》則曰"大夫爲貴妾緦"，考諸《喪服小記》則曰"士妾有子而爲之緦"，《儀禮》不言士妾，小記不言大夫妾，而唐開元禮則皆不爲之制服。宋司馬氏《書儀》《朱子家禮》與《前明孝慈録》亦概未之及也。蓋妾之無服千餘年於此矣，今使家長之爲大夫者爲之服緦，則衆子之爲士者當如之所生，子爲父後者亦當如之其父在者，當爲所生母大功。顧己之服其妾也則從《儀禮》緦，而命衆子與所生子則又從律文或齊衰杖期，或斬衰三年，是於古今之制胥失之矣。嗟乎！非天子不議禮，若好古而不純乎古，守今而不純乎今，是則自創爲禮也。吾故曰不可不深講也。'

"盛世佐曰：'案《斬衰章傳》云："公卿、大夫、室老、士貴臣，其餘皆衆臣也。”貴臣之中兼有公卿大夫，則此禮亦通大夫以上矣。大夫無緦服，而此禮乃通乎其上者，以臣妾爲其君服斬而君無服，仁人之心爲不若是恝。故放死於宫中者之例而爲之緦，恤下之典也。然必簡其貴者而服之，所以殊尊卑也。且其服止於是爾。若加以衰絰如魯哀晋平之所以服其妾者，則其徇情而褻尊也甚矣。若然，父之所爲服子亦不敢不服，大夫以上宜有庶母服矣。《傳》乃云無服者以其分卑恩輕。爲服之義主於從父而不生於己，父卒後則得以其尊降之，故云大夫以上爲庶母無服也。馬氏解此傳兼天子諸侯，言得之。鄭氏專指大夫，敖張二説專指士，皆非。禮王爲三公六卿錫衰，爲諸侯緦衰，爲大夫士疑衰，其首服皆弁絰。公爲大夫錫衰，以居出亦如之，當事則弁絰。此君爲臣服之制也。以是差之則其爲三夫人及娣侄者可知矣。'

……

“蕙田案：‘注疏及雷次宗、顧炎武專指大夫，馬融、陳銓、盛世佐通指大夫以上，敖繼公張爾岐則專指士，數説不同。今案天子諸侯絶旁期固無爲臣妾制服之法，大夫無緦服亦不應獨私於臣妾。傳云有死於宫中者則爲之三月不舉祭，但曰不舉祭，則不爲服可知矣。貴臣、貴妾之服以爲主士者得之，而義疏又引《曲禮》“士不名家相長妾”之文以爲證，其論始定。'

……

“馬氏融曰：‘士爲乳母服。'

……

“敖氏繼公曰：‘此亦蒙士爲之文也。士之妻自養其子，若有故或使賤者代食之，故謂之乳母，其妾子亦然。若於大夫之子則慈母之外又有乳母。《内則》曰“大夫之子有食母”，鄭氏以爲即此乳母是也。大夫之子父没乃爲之服。'

“郝氏敬曰：‘乳母，哺乳之母，外人婦代食子者，非其所生子，亦非其父妾，本不名母而以乳得名，本無服而以名得服。'

……

“從祖昆弟之子，（鄭玄）注：‘族父母爲之服。’

“敖氏繼公曰：‘爲族曾祖父、族祖父、族父、族昆弟皆緦，其族昆弟固相爲矣。此條則族父報，然則族曾祖父於昆弟之曾孫、族祖父於族父昆弟之孫，以其爲旁親卑者之輕服，故略之而不報與。經但見族父爲此服，注兼言族母者，足經意也。婦人爲夫黨之卑屬，與夫同。’

“盛世佐曰：‘同高祖之親自族昆弟而外，凡三緦麻其報服。經惟見其一耳。文不具也，敖説非。’

……

“敖氏繼公曰：‘此曾祖爲之服也。以本服之差言之，爲子期，爲孫大功，則爲曾孫亦宜小功。乃在此者以曾孫爲己齊衰三月，故己亦爲之緦麻三月，蓋不可以過於其爲己之月數也。不分適庶者，以其卑遠略之，且不可使其庶者無服也。’

“盛世佐曰：‘此謂其庶也。若適子若孫皆没而以適曾孫爲後，曾祖亦宜爲之期，以其將所傳重故也。然其事亦世所鮮有，故經不著之。’

……

“敖氏繼公曰：‘此從祖之親，乃緦者以其爲祖父之姊妹，於屬爲尊，故但據已適人者言之。其意與姑爲侄者同。不言報者，亦以非其一定之禮故耳。’

“盛世佐曰：‘此同曾祖之親也。其成人而未嫁者，服之如從祖父。適人者降一等。故在此經不云適人者亦文省。’

“馬氏融曰：‘姊妹子相爲服也。’

“敖氏繼公曰：‘從母姊妹亦存焉。外親之婦人在室適人同。’

……

“馬氏融曰：‘以從母有母名，其子有昆弟名。’

“敖氏繼公曰：‘名謂昆弟之名，母爲姊妹之子小功，子無所從也，唯以名服之。從母以名加此，以名服子於母黨，其情蓋可見矣。然則有可從而不從者，所以遠别於父族與。’

……

“馬氏融曰：‘甥從其母而服，已緦，故報之。’

“汪氏琬曰：‘凡父黨之尊者，由父推之，則皆父之屬也。如世父、叔父、從祖祖父是也。至父之姊妹，則不可謂之父矣。不可謂之父其可謂之母乎？二者皆不可以命名。故聖人更之曰姑。《爾雅》謂我姑者我謂之侄，蓋姑亦不敢以昆弟之子爲子也。凡母黨之尊者，以母推之則皆母之屬也。如從母是也。至母之昆弟則不可謂之母矣。不可謂之母其可謂之父乎？二者皆不可以命名。故聖人更之曰舅。《爾雅》謂我舅者我謂之甥，蓋甥亦不敢以姊妹之子爲子也。此先王制名之微意也。’

“盛世佐曰：‘案甥之名不一，故傳釋之云“謂吾舅者吾謂之甥”，明其對舅立文，爲姊妹之子也。《爾雅》云姑之子爲甥，舅之子爲甥，妻之𥘅弟爲甥，姊妹之夫爲甥。孟子云“帝館甥於貳室”，是婿亦名甥矣。已上諸甥皆與此異。此所謂甥則《爾雅》云男子謂姊妹之子爲出是也。’

……

“汪氏琬曰：‘或問：“《明孝慈録》注妻母之嫁者出者皆服緦，然則果應服乎？”曰：“否。嫁母出母爲父後者，猶無服，何有於妻母之出且嫁者乎？”厚於妻母而薄於已之所生，其非先王之意也明矣。律文無服是也。’

……

“杜氏佑曰：‘蜀譙周云：“天子、諸侯爲外祖父小功，諸侯嫡子爲母、妻及外祖父母、妻父母，皆如國人。舊説外祖父母，母族之正統；妻之父母，亦妻族之正統也。母、妻與已尊同，母、妻所不敢降，亦不降。”宋庾蔚之謂：“禮，父所不服，子不敢服。嫡子爲妻之父母服，則天子、諸侯亦服妻之父母可知也。妻之父母猶服，況母之父母乎！”’

“敖氏繼公曰：‘從期服而緦，是降於其妻三等矣。妻從夫降一等，子從母降二等，夫從妻降三等，差之宜也。’

“盛世佐曰：‘案《小記》云，世子不降妻之父母，則是服亦上下同之矣，唯公子大夫之庶子則不得伸耳。此緦服也，大夫以上不絶者，以妻之父母君所不臣故也。凡所不臣者服之如邦人。’

“程子曰：‘報服，若姑之子爲舅之子服是也。異姓之服祇是推得一重，若爲母而推，則及舅而止，若爲姑而推，可以及其子。故舅之子無服，却爲既與姑之子爲服，姑之子須當報之也。故姑之子、舅之子其服同。’

“汪氏琬曰：‘或問：“舅妻何以無服也？”曰：“由父而推之則有父族之服，由母而推之則有母族之服。姑之夫不可以爲父族，舅之妻與從母之夫不可以爲母族者也。禮絶族無施服，其此之謂與。”’

……

“朱子曰：‘外祖父母止服小功，則姨與舅合同與緦麻。魏徵反加舅之服以同於姨，則爲失耳。’

“敖氏繼公曰：‘從於母之大功而緦也，母於昆弟之爲父後者期，子乃不從之而服小功者，亦可以見從服一定之制矣。’

“顧氏炎武曰：‘唐人所議服制，似欲過於聖人。嫂叔無服，太宗令服小功；曾祖父母舊服三月，增爲五月；嫡子婦大功，增爲期；衆子婦小功，增爲大功；舅服緦，增爲小功；父在爲母服期，高宗增爲三年；婦爲夫之姨舅無服，玄宗令從夫服；又增舅母緦麻，堂姨舅袒免。而宏文館直學士王元感，遂欲增三年之喪爲三十六月。皆務飾其文，欲厚於聖王之制，而人心彌澆，風化彌薄。不探其本而妄爲之增益，亦未見其名之有過於三王也。是故知廟有二主之非，則叔孫通之以益廣宗廟爲大孝者絀矣；知親親之殺，禮所由生，則太宗、魏徵所加嫂叔諸親之服者絀矣。《唐書·禮樂志》言：“禮之失也，在於學者好爲曲説，而人君一切臨時申其私意，以增多爲盡禮，而不知煩數之爲黷也。”子曰：“道之不明也，賢者過之。”夫賢者率情之偏猶爲悖禮，而况欲以私意求過乎三王者哉。’

“華氏學泉曰：‘或問：“從母之夫、舅之妻及姑姊妹之夫皆無服，何也？”曰：“服有五而其族三，曰父族、母族、妻族，俗稱三黨是也。姑姊妹之有服，父族也。從母及舅之有服，母族也。姑姊妹之夫不可謂父族，從母之夫舅之妻不可謂母族。父族由父而上之至於高曾，故歸孫爲祖之姊妹猶有服。母族不遠及，故母之從姊妹兄弟即無服，恩有所限也。妻族不旁及，止於妻之父母，恩尤殺於母族矣。古之制服其稱量之不爽如此。”’

……

“傳曰：何以緦從服也，（賈公彦）疏：‘從服者，亦從於母而服之。’

“敖氏繼公曰：‘此與姑之子相爲，皆男女同也。子爲母黨服止於外祖父母、從母舅舅之子、從母之子耳。其餘則無服也。外祖父母、從母舅與母爲一體，至親也，故從服。舅之子與從母昆弟則以其爲尊者，至親之子而在兄弟之列，不可以無服。故或從服，而或以名服也。’

“郝氏敬曰：‘母於昆弟之子大功，子從以緦。’

“馬氏融曰：‘成人服小功，長殤降一等，故緦也。中下殤無服，故不見也。’

“陳氏銓曰：‘夫未二十而娶，故有姊殤然矣，夫雖未二十則成人。’

“孔氏倫曰：‘蓋以爲違禮早娶者制，非施畏厭溺也。’

“徐整問射慈曰：‘古者三十而娶，何緣當服得夫之姊殤服？經文特爲士作，若説國君，皆别言君若公。’慈答曰：‘三十而娶，禮之常制也。古者七十而傳宗事與子，年雖幼，未滿三十，自得少娶。故曾子問曰：“宗子雖七十，無無主婦。”此言宗子已老傳宗事與子，則宜有主婦。’

“敖氏繼公曰：‘夫之姊無在殤者，此云姊蓋連妹而立文耳。古者三十而娶，何夫姊之殤之有？’

……

"敖氏繼公曰：'夫之所爲服小功者，則妻爲之緦。若於夫之祖父母之行而服此者，唯其從祖祖父母耳，似不必言諸。然則此經所指者，其夫之從祖祖父母及從祖父母與？但言諸者疑文誤且脱也。'

"盛世佐曰：'曾祖父母、從祖祖父母、從祖父母及外祖父母，皆夫之諸祖父母也。但曾祖父母至尊，夫爲之齊衰三月，妻亦不可以輕服服之，其服當與夫同。《齊衰三月章》言丈夫婦人爲宗子、宗子之母妻，是其例矣。舊説曾孫婦爲夫之曾祖父母緦，殆失之。夫之外祖父母，妻當從服緦，而外祖父母爲外孫緦，則於其婦無服，可知不得云報。然則此經所指者，唯夫之從祖、祖父母、從祖父母而已。以其疏遠，故不復條目而總言諸祖也。凡從服降一等，夫之所爲服緦者，雖在祖父行，妻不服如族曾祖父母之屬是已。'

……

"敖氏繼公曰：'庶子從君母之服，唯止於此，不及其昆弟之子與從母昆弟，異於因母也。若爲父後則服之。蓋其禮當與爲人後者同。'

……

"敖氏繼公曰：'《小功章》云："夫之姑姊、妹娣、娰婦，報。"是章唯見此服，不及夫之從父姊妹者，文不具耳。'

……

"敖氏繼公曰：'此亦言其所以有服之由也。其義與娣娰婦以居室之故而有服者同。'

……

"敖氏繼公曰：'此主言丈夫爲大功以上之殤，婦人爲夫族齊衰之殤也。不宜在此，蓋脱文也。婦人爲本族之殤服，其降之等亦與丈夫同。'

"盛世佐曰：'此所謂中，從上也，降一等降二等者，皆謂降於成人之本服也。是乃總論丈夫婦人爲殤服法，不專指婦人爲夫族而言也。後人以傳文散置經文每條之下，而數語於經無所屬，故綴之於末。'

……

“盛世佐曰：‘齊衰之殤中從上者，皆降一等，爲大功也。大功之殤中從下者，皆降二等，爲緦麻也。婦人於夫族旁親，其情少疏，故其中殤之進退比本族差一服也。又案夫族大功之殤，見於經者唯夫之叔父耳。其長殤、中殤，夫爲之大功，妻從服降一等，皆當小功。今考《小功章》唯見其長殤之服，而中殤下殤同在此章，故傳特爲之發此例，其文當在上經。夫之叔父之中殤、下殤之下，簡脱。在此而其上必有發問之辭，則逸之矣。’”

[19]繼母出嫁，鄭云皆服：關於爲出嫁的繼母服喪，除鄭玄外還有各種説法。清徐乾學《讀禮通考》引諸家議論曰：

“宋庾蔚之云：‘母子至親，本無絶道。禮所謂親者，屬也；出母得罪於父猶追服周，若父卒母嫁而反不服，則是子自絶其母，豈天理邪！宜與出母同制。案晋制：寧假二十五月是終其心喪耳。’

……

“房景先《五經疑問》曰：‘《儀禮》：“繼母出嫁從爲之服。”傳云：“貴終其恩。”曰繼母配父本非天屬，與尊合德，名義以興，兼鞠育有加。禮服是重，既體違義盡。棄節毁慈，作嬪異門，爲鬼他族，母道不全。何終恩之有？方齊服是追，哭於野次，苟存降重母乃過猶不及乎！’

“宋崔凱云：‘父卒，繼母嫁，從爲之服，報。鄭玄云：“嘗爲母子，貴終其恩也。”按王肅云：“若不隨則不服。”凱以爲“出妻之子爲母”及“父卒，繼母嫁，從爲之服，報”，此皆爲庶子耳，爲父後者皆不服也。傳云“與尊者爲體，不敢服其私親”，此不獨爲出母言，爲繼母發。繼母嫁已隨，則爲之服，則是私也。爲父後者，亦不敢服也。鄭玄云“嘗爲母子，貴終其恩”，不别嫡庶。王肅云“隨嫁乃爲之服”。此二議，時人惑焉。凱以爲齊縗三年章“繼母如母”，則當終始與母同，不得隨嫁乃服，不隨則不服，如此者不成如母。爲父後者則不服，庶子皆服也。’

……

“萬斯大曰：‘《齊衰杖期》章“父卒，繼母嫁，從爲之服，報。”傳曰：“貴終也”。王肅云“從乎繼母而寄育則爲服，不從則不服”，此説是也。鄭玄謂“嘗爲母子，貴終其恩”則是因未嫁前有母子之恩而服之，非從嫁而爲之服也。崔凱因鄭説而推之，曰此服之者庶子耳，爲父後者不服也。愚觀上文出妻之子爲母，非爲父，後者皆齊衰杖期，此無論從嫁與非從如一。所以然者，傳“所爲親者屬”而注謂母子無絶道也。然豈可語於繼母乎？繼母不嫁則母子也，嫁則路人矣，奚服之有？奚爲父後與非爲父後之有？唯是父卒子孤幼無依，不得已從繼母而往。繼母亦不之棄而保抱携持，則其母子之恩無間於親母，如是而不爲服，則於母子之情爲不終，而反之於心亦未免過恝。彼繼父同居者猶齊衰三月，亦唯以恩之不可忘也，繼母雖非親母其撫育之恩獨可忘乎？縱身爲父後業從母往，已不能如常禮行，爲後事其服自不容無。果能如禮，爲父後則已克自立，自不從繼母往矣，不從又奚服哉！’”

［20］無服之殤：未成年而死者不爲之服喪。殤，未成年而夭亡。《儀禮·喪服》傳曰：“何以大功也？未成人也。何以無受也？喪成人者其文縟，喪未成人者其文不縟，故殤之絰不樛垂，蓋未成人也。年十九至十六爲長殤，十五至十二爲中殤，十一至八歲爲下殤，不滿八歲以下皆爲無服之殤。無服之殤以日易月，以日易月之殤，殤而無服。故子生三月則父名之，死則哭之，未名則不哭也。”鄭玄注：“縟猶數也。其文數者，謂變除之節也。不樛垂者，不絞其帶之垂者。《雜記》曰：‘大功以上散帶。’以日易月，謂生一月者哭之一日也。殤而無服者，哭之而已。爲昆弟之子、女子子亦如之。凡言子者，可以兼男女。又云女子子者，殊之以子，關適庶也。”賈公彦疏：“遂因廣解四等之殤，年數之别，並哭與不哭，具列其文。但此殤次成人，是以從長以及下，與無服之殤又三等殤，皆以四年爲差，取法四時穀物變易故也。又以八歲已上爲有服，七歲已下爲無服者，案《家語·本命》云：‘男子八月生齒，八歲齔齒，女子七月生齒，七歲齔齒。’今傳據男子而言，故八歲已上爲

有服之殤也。傳必以三月造名，始哭之者，以其三月一時天氣變，有所識眄，人所加憐，故據名爲限也。成人之喪，既葬，以輕服受之，又變麻服葛，緦麻者除之，至小祥，又以輕服受之，男子除於首，婦人除於帶，是有變除之數也。今於殤人喪，象物不成，則無此變除之節數，月滿則除之。凡喪至小斂皆服，未成服之麻，麻絰、麻帶，大功以上散帶之垂者，至成服乃絞之，小功以下，初而絞之。今殤大功，亦於小斂服麻，散垂，至成服後，亦散不絞，以示未成人，故與成人異，亦無受之類，故傳云蓋不成也。引《雜記》者，證此殤大功有散帶，要至成服則與成人異也。云‘以日易月’，謂生一月者哭之一日也，若至七歲，歲有十二月，則八十四日哭之。此既於子、女子子下發傳，則唯據父母於子，不關餘親。云‘殤而無服，哭之而已’者，此鄭總解無服之殤，以日易月哭之事也。云‘昆弟之子、女子子亦如之’者，以其成人同是期，與衆子同。今經傳不言者，以其亦猶子故也。云‘凡言子者，可以兼男女’者，謂若《期章》云‘子’，又云‘昆弟之子’，是子中兼男女也。又云‘女子子者，殊之以子，關適庶’，關，通也，爲子中通有長之適。若然，成人爲之斬衰三年，今殤死，與衆子同者，以其殤不成人，與穀物未熟，故同人殤大功也，故别言子見斯義也。王肅、馬融以爲日易月者，以哭之日易服之月，殤之期親，則以旬有三日哭，緦麻之親者，則以三日爲制。若然，哭緦麻三月，喪與七歲同。又此傳承父母子之下，而哭緦麻孩子，疏失之甚也。”

清秦蕙田《五禮通考》引諸家論曰：

“程子曰：‘無服之殤更不祭。下殤之祭父母主之，終父母之身。中殤之祭，兄弟主之，終兄弟之身。上殤之祭，兄弟之子主之，終兄弟之子之身。若成人而無後者，兄弟之孫主之，亦終其身。凡此皆以義起也。’

“劉氏敞曰：‘以日易月者，假令長子也，其本服三年以日易月，則殤之二十五日。餘子也，其本服期以日易月，則殤之十三日。’

……

“敖氏繼公曰：‘文謂禮文也。“樛”當作“繆”。《檀弓》曰“齊衰而繆絰”正謂此也。繆，絞也；絰謂首絰也。垂者其纓也。殤絰之有纓者不絞其纓而散之，此亦異於成人者，故以證之無服之殤。以日易月惟用於凡有齊斬之親者，自大功之親以下則否。蓋齊斬之長殤、中殤、大功、下殤、小功以次言之，則七歲以下猶宜有服，但以其不入當服之限，是以略之。然其恩之輕重與殤之在緦麻者相等，故不可不計日而哭之。若滿七歲者哭之八十四日，則亦近於緦麻之日月矣，是其差也。知大功以下之親則否者，大功之下殤在緦麻，則七歲者自無服，故不必以日易月哭之也。子生三月則父名之者，三月天時一變。故名子者法之，未名則不哭者，子見於父父乃名之，未名則是未之見也，未見則未成父子之恩，故不哭也。其他親之哭與否，亦以此爲節，此義與婦之未廟見而死者相類。’

“郝氏敬曰：‘繁文曰縟，既葬易衰受冠乃所謂縟文也。情直禮簡，故無受。“樛”作“絞”，猶“校庠”作“膠庠”。大功以上小斂，襲絰散帶，成服後絞。殤麻雖成服不絞，未成人禮簡，亦不受之類。以日易月應服七月者，哀傷不過七日。應服九月者，哀傷不過九日。如不飲酒不作樂之類。’

“盛世佐曰：‘案絰，敖云首絰是也。木下曲曰樛，喪成人者以絰圍繞髮際，有餘因垂之於項後，如木之下曲，然其文縟也。殤服之絰僅足以繞額而已，不下曲而垂之，亦簡略之一事，故引以爲不縟之證。以日易月如注說，則哭之日數太多；如郝氏說又失之太少，劉氏之言庶得其中乎。說者謂漢文短喪，以日易月其言蓋出於此。然漢文以二十七月之喪更制爲三十六日之服，實非以日易月之比也。又案劉說原本於馬融、王肅，而惟據齊斬之親不兼大功以下者言，則勝於舊矣。’

……

“蕙田案：‘以日易月之義馬、鄭不同，後儒亦各持一說。如七歲之殤哭之至八十四日，似乎太多。故徐氏乾學以爲未合禮。然王氏、馬氏推及緦麻之親，又似太泛。義疏所以舍馬而從鄭，要此皆用於齊斬之親，自大功以下則否，則敖氏之説爲得也。’”

［21］其《傳》説差詳：注釋得比較詳細。傳，解説，注釋。此指子夏爲《喪服》所作的注釋。

［22］祖《經》宗《傳》：崇尚遵從《喪服》和子夏的注釋。

［23］《禮記》：儒家經典之一，戰國至漢初儒家學者各種禮儀論文選集。相傳西漢戴聖所編。戴德所傳爲《大戴禮記》，戴聖所傳爲《小戴禮記》。

［24］補其未備：原本、宋本無“備”字，殿本有，據殿本補。

［25］王景侯：即王肅，景侯爲其謚號。

［26］又此禮當班於天下：原本、宋本、殿本於“又”下有“有”字，據中華本删。

［27］五帝：古代所祭五方天帝。《周禮·春官·小宗伯》：“兆五帝於四郊。”鄭玄注：“五帝，蒼曰靈威仰，太昊食焉；赤曰赤熛怒，炎帝食焉；黄曰含樞紐，黄帝食焉；白曰白招拒，少昊食焉；黑曰汁光紀，顓頊食焉。”清秦蕙田《五禮通考》引諸家論曰：

“蕙田案：‘五帝之祭，《周禮》最著。月令迎氣雖不言祀事，而大皞、炎帝、黄帝、少皞、顓頊、及勾芒、祝融、后土、蓐收、玄冥所謂五人帝五人神，皆與《家語》合。説者以爲五方之帝即上帝之佐，故注疏家及諸儒以四郊之兆即迎氣之祭，理或然也。乃鄭康成創爲六天之説，而五帝遂與昊天上帝並尊，又一一爲之名字，以明堂大享爲總祭五帝，則舛矣。先儒辭而闢之不爽也。三代而後，秦之鄜密上下四畤，漢增北畤，所祀皆五帝，其所由來者舊矣。東漢以降或從祀於圜丘，或合祭於明堂，或分祭於迎氣，大抵由重即輕、由繁即簡，逮明而不臚於祀焉。此亦不相沿襲之一大端也。後世合祭之事多附見南郊大饗，今復另爲一門專以四時迎氣屬焉，考禮者亦可知所别矣。’

……

“鄭氏鍔曰：‘求神各從其類，故蒼帝東，赤帝南，白帝西，黑帝北，各於其郊。四郊爲四帝之兆。黄帝之位，學者之論不一，余以月令考之。中央土位於季夏之後，夏，火也。火生土，其相生也，乃所以相繼也。然則黄帝之兆，其同位於南郊乎？説者謂玉用黄琮不用赤璋，其位乃同南郊何耶？余以爲祭之玉當放其色，求之方各因其位。'

"王氏昭禹曰：'昊天之有上帝，猶國之有君。五精之君，猶四方之諸侯。諸侯有君道，故皆謂之君。五精之君有帝道，故皆謂之帝。'

"陳氏汲曰：'鄭氏惑。《六經》緯書有六天之説，後世莫能廢。至唐許敬宗始立論非之，近世學者亦知其誕。大宰掌次司服皆言祀五帝，大宗伯以青圭禮東方，赤璋禮南方，白琥禮西方，玄璜禮北方。小宗伯兆五帝於四郊，則是爲迎氣，設於四郊之中立五兆。所謂五帝者，五行之精氣，東方青帝，南方赤帝，西方白帝，北方黑帝，中央黄帝。鄭氏所謂五人帝從祀之説，則於義未害，蓋本《月令》之言。夫人臣如重黎五行之官尚從祀，則以五德之帝配食於五行精氣，或者是歟？案鄭氏注，大宗伯青圭禮東方等謂蒼精之帝，然則此所謂五帝者即鄭氏所注大宗伯之文，謂五行精氣之帝也。鄭氏於彼注已是於此，五帝之下又别爲五帝名，則爲誕矣。'

……

"劉氏彝曰：'天地之道，陰陽二氣而已。春生夏長秋實冬藏，品彙於斯，各正性命，聖人不忘乎其所自，遂即圜丘以祀昊天上帝者，報本也；兆於四郊以祀五帝者，迎時氣也。報本所以神天之道，必有宰而御之者，故曰昊天上帝。迎氣所以神天之時，以其應候晷刻差，故曰五方帝。六者無形也，而萬物賴其生成之功；無位也，而聖人代其柄任之命，雖欲神而報之莫知其神之所在也。故望其昊昊然，則圜丘報本之義生焉。望其五方之色，則兆於四郊之禮作焉，亦猶宗廟一祖也，而六享行焉。故天雖曰神地雖曰祇，亦强名而神之者也。何以知其然哉？謹案大司樂之職云："乃分樂而序之，以祭以享以祀，乃奏黄鐘、歌大吕、舞《雲門》，以祀天神。"

若夫地祇，則與四望也，山川也，各異其樂。天神至尊一樂而已，明其神之不二也。又大裘而冕，圜丘五兆不異，此服示其同也。聖人之意其在兹乎！'

……

"蕙田案：'經文曰吉土、曰郊，自當以圜丘爲正。所謂因天事天，爲高必因丘陵也。鄭以吉土爲所卜而居之土，則指王者所居之都，與因天之義不符矣。又以郊爲專主四郊之壇兆，而圜丘反不與？蓋鄭以圜丘與郊爲二，故不引大司樂地上之文，而專以小宗伯四郊爲説，意欲自掩其闕而不知其詞之曲義之漏也。觀疏言王者祭感生之帝於南郊亦是，則孔氏已深窺其隱而代補之矣。今從先儒正説載入郊祀門，仍附見於此，蓋經文固不專言四郊之兆，而四郊當亦在其中也。'

……

"楊氏復曰：'此章注云五帝五行之神，佐天生物者，而後世讖緯皆爲之名字，亦爲妖怪妄言。夫所謂爲之名字如靈威仰而下是也。自伏羲始畫八卦，更文王夫子而後易道、備卦象，《文言》《繫辭》言天者詳矣，何嘗有此等名字！推原此説之所出，則曰《易緯乾鑿度》也。《春秋緯文》耀鈎也，運斗樞也。《孝經緯》鈎命决也，援神契也，抑不知易也。《春秋》也，《孝經》也，聖人何嘗有一言一句如此信乎！其爲妖怪妄言矣。但此章所謂五帝五行之神佐天生物者，愚恐非夫子之言，或謂《家語》王肅所作，何也？以《易》論之，乾坤爲父母，震巽坎離艮兑爲六子，卦畫固有此象矣。然序卦言帝出乎震，齊乎巽，自震巽而下皆天帝之爲也。謂在天有五行能生物，則可謂五行佐天生物，則天與五行爲二矣。是以程子曰不知乾坤之外甚底是六子，譬如人之四肢衹是一體耳。學者大惑也。'

"馬氏端臨曰：'案五帝之祀見於《周禮》，五帝之義見於《家語》，其説本正大也。自秦漢間廢祀天之禮，而以所謂郊祀者祀於五畤，名曰五帝。鄭康成解經習聞秦漢之事，遂於經所言郊祀多指爲祀五帝，且據緯書爲之名字。於是王子雍群儒引經傳以排之，而謂五帝者太皞以下五人帝也。先儒楊信齋則謂果以五人帝爲五帝，則五人帝之前其無司四時者乎？鄭則失矣，王亦未爲得也。其説善矣。然楊氏之釋五帝則以爲如毛公所謂元氣昊大，謂之昊天，遠視蒼蒼謂之蒼天。程子所謂以形體謂之天，以主宰謂之帝之類，則五帝乃天之别名，而元未嘗有所謂五帝之神也。愚謂若以爲天之别名而已，則曰帝可矣，何必拘以五，又何必於祀上帝之外，别立祀五帝之禮乎！蓋五帝爲五行之主而在天，猶五岳爲五行之鎮而在地。《家語》所言盡之矣。今因疑緯書靈威仰等名字而謂五帝之本無，因疑五帝之本無而謂《家語》之非聖言，亦過矣。如日月星宿風伯雨師皆天神之見於祀典者，經傳所言昭昭也，而道家者流則以爲各有名稱，甚者或爲姓字，其妖妄不經甚於緯書，儒者所不道也。然因是而疑日月諸神之本無，可乎？'

"林氏之奇曰：'古之祭上帝與祭五帝之禮，以經推之，禮莫盛於周。周之祭上帝亦曰祀天，郊祀之天，明堂之上帝即一也。郊祀從簡，爲報本反始，以稷配明堂從備爲大享報成，以文王配。稷，王業所始，文王，王業所成，從其類也。祭於郊曰天，於明堂曰上帝，天言兆朕，帝言主宰也。歲之祭五帝者五，《周禮》先言祀上帝，次言祀五帝亦如之，蓋言祀青帝之禮亦如之，祀赤帝之禮亦如之，不可詳數故，但曰祀五帝亦如之。夫所謂祀五帝亦如之者，謂大臣之贊相，有司之備具，至其圭幣，則五帝各有方色，未嘗與上帝混而同也。《周禮》曰禮東方，禮南方，《月令》云四立迎氣，故曰歲之祭上帝者四，而祭五帝者五。若有故而旅，則不在此矣。'

"蕙田案：'《家語》云天有五行，水火金木土，分時化育以成萬物，其神謂之五帝。注以爲五行之神佐天生物者，此五帝之正義也。下云古之王者易代而改號，取法五行更王，終始相生，亦象其義，此言五人帝取法五行，是五帝之配也。文義甚明，王氏注此亦本不誤，乃王於《周禮》五帝但指爲五人帝，王之蔽也。辨之者遂謂《家語》王肅所作，又諸儒之蔽也。馬氏、林氏之説得之矣。'

……

“丘氏光庭曰：‘五行獨土神稱后者，后，君也。位居中統領四行，故稱君也。案《左傳》勾龍爲后土，后土爲社，則是勾龍一人而配兩祭，非謂轉爲社神也。《月令》土既是五行之神，以勾龍配之正與《左傳》合。康成失之於前，穎達狗之於後，皆非也。然《楚語》曰“顓頊命南正重司天，火正黎司地”，黎既司地，豈不可配土？蓋黎之司地兼其職耳，非有功於土也。若黎可配土，則重亦可配天乎？且黎爲火正，而康成猶用兼之配土，豈勾龍土官乃不可以配土乎？依左氏勾龍配於兩祭不亦宜乎？蕙田案五行之中土最大，其功亦最鉅，故先王於五祀之外又立社稷以祀之，而勾龍復配食於社焉。一行而兩祀，一官而兩配，皆所以報其功也。中央與社所祀非二，故配神亦無二，注疏以勾龍轉爲社黎兼土官，蓋誤。丘氏非之是也。’

……

“葉氏夢得曰：‘左氏記蔡墨之言謂以人司其官，死而遂祀以爲神者也。五行本天地之氣，無形可求，其神必依人而行，上古不可得而知矣。自少皞以下，各以其子爲之，則世或擇其能者相代，如夏以柱爲稷，周以棄爲稷是也。後世五行之官不復修，唯后土祭於社，而勾芒立春出土則祀之，祝融蓐收無常祀也。’

“陳氏祥道曰：‘古者祭祀必有配，故社配以勾龍，稷配以棄，四時迎氣於郊不可以無配也，故迎青帝則配以太皞，迎赤帝則配以炎帝。配以太皞則從以勾芒，配以炎帝則從以祝融，以至中央秋冬之禮類皆如此。蓋五帝以德，五神以功，德則究其所乘之勢而本之也，功則推其所職之事而歸之也。’

“《朱子語録》：‘問：“祭先賢，先聖如何？”朱子曰：“有功德在人，人自當報之。古人祀人帝祇是如此。”’

“陳氏《禮書》：‘有天地則有五方，有五方則有五帝。古者祀五帝必配以五人帝、五人臣。《月令》春夏秋中央之臣皆一人，而冬有修與熙者，蓋冬於方爲朔，於卦爲艮，於腎有左右，於器有權

衡，於物有龜蛇，於色有青黑，則官有修熙宜矣。'

……

"楊氏復曰：'鄭注五帝爲天帝，賈逵、馬融、王肅等以五帝爲五人帝，故爲鄭學者辨之云：饗帝於郊而風雨節寒暑時，若是五人帝何能使風雨寒暑得時？二説不同，當以鄭氏之説爲正。鄭氏注《春官・宗伯》謂禮五天帝而以五人帝配食，謂如立春禮蒼帝於東郊而太皞勾芒食焉，以其自外至者無主不止，故四時别祀五帝而以五人帝配食也。……'

……

"方氏慤曰：'四立之日則其氣至矣，故天子親帥其臣以迎之於郊焉，所以導其氣之至也。五行獨不迎土者，以其居中非自外至也。'

"胡氏銓曰：'饗帝於郊初不指言何帝，竊以爲蒼帝與太皞皆當祭，不必分也。鄭取《春秋緯》固不經，而賈馬等亦太泥矣。鄭又以此爲殷禮，然《王居明堂禮》亦何嘗指以爲殷！又逸禮亦豈盡足據！則此謂之周禮可乎？'

"蕙田案：'《周禮》言祀五帝而不言所祭之時，《月令》有迎氣而無祭祀之事，然兆在四郊而迎氣亦在四郊，則所迎之地即所兆之地可知也。祭則必於所兆而迎氣必於四立，則迎氣之日即爲祭帝之日可知也。鄭氏據緯書蒼帝等名字固不可從，而謂祭於四郊似可信也。或疑《周禮》言卜日，而四立日則不用卜。《冢宰》言十日戒，而月令三日齊。司服祀五帝大裘而冕，迎氣不應均服大裘，然四立雖有定日，亦須卜者卜其牲。再《周禮》泛言大祭祀，故以卜日該之，如南北郊亦在内，非無定日也。疏言示審慎，蓋亦是一解。冢宰先十日戒乃散齊，太史先三日謁乃致齊，義亦無礙。至大裘而冕，特言其祭服之重，同於祀天耳，非謂夏秋皆服大裘也。今姑從鄭義，以俟考古者。'

"楊氏復曰：'……祀五帝，禮物樂章大略當與郊祀同，而亦有不同者，如《小宗伯》兆五帝於四郊，乃祀五帝之位。《月令》四立之祭乃祀五帝之時。《大宗伯》以青圭禮東方，以赤璋禮南方之類，乃禮五帝之玉。《大宗伯》牲幣各放其器之色，《大司徒》奉牛牲之類，皆祀五帝之禮也。《大司樂》乃奏黄鐘，歌大吕，舞《雲門》以祀天神。鄭注云："神謂五帝及日月星辰，則祀五帝之樂也。"又案《大宗伯》注疏，祭五天帝以五人神配食，《通典》云其配祭以五人帝，春以太皞，夏以炎帝，季夏以黄帝，秋以少昊，冬以顓頊，其壇位各於當方之郊。去國五十里内曰近郊，爲兆位。於中築方壇亦名曰太壇而祭之。其禮七獻，畢獻之後天子舞當代之樂。'

"蕙田案：'陳氏《禮書》謂《周官》祀五帝之禮，有與天同以極其隆，有與天異以致其辨，其説最明。夫昊天上帝者，猶《易》卦之乾也。説卦傳曰"乾爲天"是也。五帝則元亨利貞，四德在天爲四時，在地爲五方，在行爲五行，所以運轉乎陰陽寒暑之氣而爲生長收藏之主宰者也。譬之在人性則乾之體也，天也。心則其主宰而曰君，猶昊天上帝也。五帝則仁義禮智信之德，發爲惻隱、羞惡、辭讓、是非之心，亦各有主宰而分見者是也。五帝與天同其隆者，四端皆性也。異於天以致其辨者，偏端之見，非心之全體也，其理一也。鄭玄六天之説，則失之僭從緯書，而各爲之名字則失之誕；王肅以爲即五人帝則又失其本，皆無足據。至祭祀儀節詳見南郊門。今擇經文之明著五帝及注可信者列於右，大略較之祭天宜少殺，然不可考矣。'"

[28]明堂：本爲皇帝舉行朝會、祭祀、養老、教學等大典的建築，魏晋南北朝時期主要爲祭祀場所。　二社：官社和太社。　六宗：漢以來有諸多説法：（1）謂天、地、春、夏、秋、冬。（2）謂乾坤六子：水、火、雷、風、山、澤。（3）謂日、月、星、河、海、岱。（4）謂星、辰、司中、司命、風師、雨師。（5）謂四時、寒暑、日、月、星、水旱。關於明堂制度，清秦蕙田《五禮通考》引諸家論曰：

"蕙田案：'明堂之制詳於《考工記》，嚴父配天見於《孝經》，十二月布政見於《月令》，負依朝諸侯見於《明堂位》，然則明堂者祀天享親之所，而布政事朝諸侯咸在。故孟子曰："明堂者王者之堂也。"然自漢儒已莫能名其義。《大戴禮》《白虎通》蔡邕所説制度各不相符，且合太廟、靈臺、辟雍、路寢爲一，以爲與明堂異名同事。後儒雖能辨之，而説猶難定。迨朱子出而明堂之制度與夫享帝配天之義、布政受朝之事各有條理，不相淆惑。兹輯明堂門，先叙經傳之文，次詳諸儒之説，以朱子説爲宗，其歷代制度典禮備載於後。'

……

"王氏安石曰：'夏之世室，堂修二七爲南北十有四步，廣四修一爲東西十有七步半，則是一堂修不過八丈四尺，廣不過十丈五尺矣。堂上五室，中央一室修四步，廣四步四尺。四角四室修三步，廣三步三尺，則是南北三室不過六丈，東西不過七丈矣。每室之間修不過丈八，廣不過丈八尺加三，而大室所加不過一尺耳。曾不謂宗廟之室所以安乎神靈，而王之所以爲祼者即丈八之地而可爲乎？'

"蕙田案：'堂修二七，堂字對室而言，堂之内爲室，室之外爲堂。堂之修廣不兼室也。自康成注曰"堂上爲五室"，則指堂室之基，總名之曰堂，而室在堂之上非也。王氏蓋亦襲鄭之意，故以爲不可耳。'

"李氏謐曰：'康成釋五室之位，謂土居中，木火金水各居四維。然四維之室既乖其正，施令聽朔各失厥衷，左右之个棄而不顧，乃反文之以美説。言水木用事交於東北，木火用事交於東南，火土用事交於西南，金水用事交於西北，五行從其用事之交出何經典？可謂工於異端，言非而博，疑誤後學。'

"李氏覯曰：'夫既以五室象五行矣，則木火金水之王當在東南西北之正，何乃置之四角而云木室兼水，火室兼木。若必如是，則中央之室復何所兼哉？此説誠未可用也。'

……

"陳氏祥道曰：'是室也，非三四步四三尺之室，乃門堂之室也。門堂之修九步二尺，則二室之南北計其修則四步四尺矣。假令堂上南北十四步，門堂三之二，以十四步裂爲三分而得其二，則爲九步二尺。室三之一裂爲三分而得其一，則爲四步四尺矣。門堂之廣十有一步有四尺，則二室之東西計其廣則五步有五尺也。假令堂上東西十七步半，門堂三之二以十七步半裂爲三分而得其二，則爲十一步四尺。室三之一以十四步裂爲三分而得其一，則爲四步六尺也。'

"王氏昭禹曰：'其居有堂，其處有室，升降有階，出入有門，慮其不徹也。夾窗以爲明，慮其不潔也。白盛以爲飾，夏后氏如此，則商周之制亦然矣。'

……

"陳氏祥道曰：'阿者屋之曲，重者屋之復，四隅之阿四柱，復屋則上員下方可知。《圖説》曰："於室之四阿皆爲重屋。"'

"蕙田案：'重屋謂上下兩層檐霤，若樓之製，其實非樓也。今廟寢皆然。鄭氏謂重承壁材。鄭鍔因之曰"重檐以爲深密，似檐之外復接檐"，非是。'

"李氏覯曰：'鄭康成注："此三者或舉宗廟，或舉正寢，互言之以明其同制。"又注《玉藻》曰："天子廟及路寢皆如明堂制。"愚竊以爲不然。苟路寢有四時之位，則天子自可坐而聽朔，奚用遠赴明堂？若以尊嚴國，正當假祭天之廟以聽之，則事畢而還復於路寢，居其時之堂何所爲也？宗廟之祭堂室是一面而足，四方之堂未聞所設施也。既曰明堂將以事上帝，宗廟將以尊先祖，而以己之正寢與之同制，蓋非尊祖事天之意也。鄭之此説並是胸臆，得非康成見世室有五室，既以五行推之；明堂之文復有五室，求其説而不獲，及重屋之下都無室數，遂乃巧爲之辭以謂其制皆同乎？'

"陳氏《禮書》：'鄭康成謂明堂太廟路寢異實同制，其豈然哉！諸侯之廟見於公食，大夫有東西房、東西夾而已。天子路寢見於書，亦東西房、東西夾，又東序、西序、東堂、西堂而已。則太廟路寢無五室十二堂矣。'

“李謐曰：‘路寢有左右房，見於顧命諸侯，左右房見《喪服》大記。婦人髽帶麻於房中，鄭注乃論路寢則明其左右，言明堂則闕其左右个。同制之説還相矛盾，通儒之注何其然乎！’

“蕙田案：‘鄭注互言以明其同制，非也。蓋廟寢有堂室而無中央之太廟，太室明堂有左右个而無廟寢之東西夾室，廟寢有南面之堂室而無青陽總章元堂之三面，明堂都宫之内有四門，堂室僅一區，廟寢則都宫之内並無四門，七廟則堂室七區，五廟則堂室五區，其名不同，其制亦絶異。李氏、陳氏駁之極是。’

“陳氏祥道曰：‘夏謂之世室，殷謂之重屋，周謂之明堂，其名雖殊，其實一也。所謂世室非廟，所謂重屋非寢，以其皆有所謂堂者故也。言夏后氏世室矣，而曰堂修七尋，則重屋非明堂乎？明堂者王者之堂也，有堂斯有室，有室與堂斯有屋矣！曰世室者以室言之，曰重屋者以屋言之，曰明堂者以堂言之。商因於夏禮，周因於殷禮，損益雖不同，制度本無二。自其異者視之，夏度以步，商度以尋，周度以筵。自其同者視之，則五室九階其下同，四户八窗其旁同，四阿重屋其上同。自經之所記而互見者言之，夏周五室則商可知矣，殷人四阿重屋則夏周可知矣，夏后氏九階、四旁、兩夾窗、有門堂、有室，則商周可知矣。四隅之阿四柱，復屋則上圓下方又從可知矣。以夏后氏之堂修二七、廣益以四分修之一、周人明堂東西九筵南北七筵觀之，則知商人重屋堂修七尋其廣九尋明矣。或以四增一，或以七加二，所謂不相襲，禮也。要之五室以象五行，四户以象四序，八窗以應八節，上圓下方以法天地之形，此三代明堂之大致也。’

“蕙田案：‘凡書言制度，必詳於近而略於遠。今記文獨詳於夏而略於殷周，蓋其大局夏后氏已定，殷人特加重屋，周度以筵耳。加重屋則室已崇而非如夏之卑也，度以筵則其制數有别耳。陳氏不取注疏而發明三代制同，與蔡邕等説相合，今從之。’

“唐氏仲友曰：‘三代之制雖異，其實皆明堂也。夏堂修二七，則四面之堂皆修七步矣。廣四修一，則東西九步南北七步矣。東西雖九步其二，則四堂之修均矣。四旁兩夾窗者，八窗而四闥室中之制也。殷謂之重屋，始重屋也。堂重三尺，記其沿於夏也。唐虞至儉，猶土階三尺。夏之堂止崇一尺，其爲康成臆説明矣。四阿所以爲上員也，重屋所以爲四阿也，堂各居十二辰之位而謂堂亦在兩隅，則先儒之失也。東西九筵，南北七筵，舉每堂之修耳，而謂五室十二堂總在九筵七筵之内，則又先儒之失也。'

"蕙田案：'唐氏所解及駁正處俱精确，但既曰東西九筵、南北七筵舉每堂之修而言，而夏堂又曰四面之堂皆修七步，則又將堂修二七分屬兩面，似屬未安正，不如後一説爲直截。又案如鄭賈説，則世室之堂修八十四尺，廣一百五尺，重屋修五十六尺，其廣當七十二尺。明堂修六十三尺，廣八十一尺，然三代制度由質而文，何夏后之寬而殷周反狹歟？鄭賈亦知不得通，故注云令堂修十四步。疏云知用步無正文，故鄭以假令言之。夫記方細述營造而顧爲假設之辭歟，然則後之學者固難拘注疏之度數而强求其合矣。'

……

"方氏慤曰：'青陽者，少陽之稱也。春爲少陽，故所居之堂名之。然其堂也，中有太廟，左右个處其兩旁，故孟月居左，仲月居中，季月居右，各從其類焉。謂之太廟，以其大饗於此故也。謂之左个，以其介於左故也。謂之右个，以其介於右故也。推此則秋與冬夏亦若是而已。'

……

"陸氏佃曰：'《爾雅》曰："室有東西廂曰廟"，所謂青陽、明堂、總章、玄堂、太廟以其居正有左右廂故也，若太室無左右廂。故曰太廟、太室，且著青陽等皆太廟也。'

……

"方氏慤曰：'總章者，陰成之稱也。赤白爲章者，文之成秋成之時，其章總矣。故所居之堂，其名以此。明者，南之方，玄者，北之色。夏爲明堂則知冬之爲幽，冬爲玄堂則知夏之爲朱。或言方，或言色，互相備也。故夏則居明堂，冬則居玄堂焉。至若太廟爲左右个之中，太室又爲太廟之中，故中央土居之。古者非特明堂中有太廟也，而太廟亦謂之明堂焉。《左氏傳》所謂不登於明堂是也。以其或饗神於此，故謂之廟；以其或聽政於此，故謂之堂。廟堂之名皆得以通稱之故。天子則聽朔於明堂，諸侯則聽朔於太廟，而魯之太廟則比天子明堂之制焉。个即《左氏傳》所謂置饋於个是也。釋者，謂東西廂。'

"觀承案：'明堂之制古矣。黄帝曰合宫，唐曰衢室，虞曰總章，夏曰世室，商曰陽館，蓋皆爲朝會諸侯聽朔頒政之所，非天子之常居。及周曰明堂，而即宗祀文王於此以配上帝，則尤嚴父配天，對越森嚴之地，而非可常居也。《月令》天子居青陽，居明堂，居總章，居元堂云云，分方案月而居者，豈必竟月居之耶？且每室異名而統名以明堂者，取向明出治之意也。如居必依方，方皆外向，則一歲十二月，惟仲夏一月人君得正其南面之位。若玄堂則臣反南面而君反北面，即餘月亦皆不合於向明之義也。夫天子之居，春面東而夏面南固無礙也，如秋面西而冬面北，則西風蕭條，朔風慘烈，亦豈合於時令之宜乎！儒者固貴考古而亦不可泥古，竊謂明堂之制，以五室而有九室，以九室而有十二堂者，不過如朱子之説，各隨其時方位以開門，而符於十二月之時令斯已耳。其實天子總坐明堂以朝會布令也，觀明堂位所列之位，五服、群辟、四夷、九采各有東西南北之定位，其君則惟負斧依而南鄉立，可知《月令》之文尤不可泥也已。'

……

"蕙田案：'鄭注謂太廟路寢與明堂同制，考之於經多不合，其誤明甚，具見前李氏陳氏説。此疏臚鄭義頗詳，今繹其説於《尚書·顧命》："東房西房則曰成王崩時在鎬京承先王宫室，猶諸侯制度於覲禮。東廂則曰記人之誤，或曰文王之廟不如明堂制。於《詩》'西南其户'則曰宣王承亂，所營宫室還依天子制度，路寢如明堂。於《王風》'右招我由房'則又曰平王微弱，路寢不復如明堂。審如是則路寢如明堂之制僅一見於宣王，而成康之時，東遷以後皆如諸侯之制矣。夫定禮樂制度者，成王周公也，豈有成王時因陋就簡，而宫室制度必待後王改作耶！且《詩》所謂‘築室百堵’‘西南其户’者，亦泛言宣王宫室之多，西向南向者，不一非指言路寢也。如執以爲路寢、如明堂之證，則明堂九室亦應有百堵矣。是以辭害志也，可乎哉？種種遷就支離，隨意曲説，皆遁詞耳。唯謂辟雍不與明堂同爲一物，明堂與祖廟别處之説得之。”’

“葉時《禮經會元》：‘《月令》有春居青陽、夏居明堂、秋居總章、冬居玄堂、中央居大室之文，説者多疑吕氏之説爲妄。及觀《周禮》有閏月詔王居門之文，則知先王每月各有攸居，順時布政皆於此乎出也。周之祭祀，四方圭幣且放其色，五帝郊兆必因其方，豈於居處而獨無所取法耶？蓋明堂有五室，室有三居，青陽、總章、玄堂、太室皆明堂也。王者南面而立，向明而治，故總謂之明堂。’

……

“李氏覯曰：‘鄭以魯行天子之禮，魯之太廟既如明堂，則周之太廟亦如明堂矣。是魯之太廟如周之太廟也，何不曰太廟、天子太廟，而云明堂哉？斯蓋魯行天子禮樂，饗帝告朔當放於周，然以人臣不敢立天子政教之堂，故於周公之廟略擬明堂之制，以備其禮。非周之宗廟如明堂也。’

“蕙田案：‘此條乃鄭氏所據以爲太廟明堂同制之證者，豈知魯本無明堂，特於廟中僭倣其制，非謂魯之廟直如明堂之制，而明堂之制竟同太廟也。李氏之言可正鄭氏之失。’

……

“蕙田案：‘《通考》引《大戴禮》傳注相雜，不分大小字。《朱子集》中論九爲《洛書》云。頃讀《大戴禮》又得一證據，鄭注明堂云象龜文，即指此注而言然。注大戴者盧辯，非康成也，朱子亦誤記。’

“陳氏《禮書》：‘《大戴禮》《白虎通》韓嬰、公玉帶、淳于登、桓譚、鄭康成、蔡邕之徒其論明堂多矣，特淳于登以爲在國之陽三里之外七里之内，其説蓋有所傳然也。何則？聽朔必於明堂，而《玉藻》曰聽朔於南門之外，則明堂在國之南可知。成王之朝諸侯四夷之君，咸列四門之外，而朝寢之間有是制乎？則明堂在國之外可知。’

“蕙田案：‘《大戴禮》明堂在近郊，近郊三十里。《韓詩》説明堂在南方七里之郊。顔師古曰：“周書叙明堂有應門、雉門之制，此知爲王者之常居，且門有皋庫，謂宜近在宫中，非也。考天子五門，皋庫雉應路，惟應門爲治朝之門。明堂位所言應門，乃明堂宫垣之門，在廟門之外。天子朝覲於此，故取治朝之門名之，非五門之應門也。”顔氏乃據爲明堂在宫中之證耶！《大戴禮》謂在近郊三十里則太遠，每月聽朔出令爲不便，惟淳于登與《韓詩》説相近，陳氏《禮書》謂蓋有所傳不誣也。’

……

“蕙田案：‘《北史》李永和著論凡二千餘言，蓋主《考工記》五室之説，但其位制四室當太室東西南北之中，與康成四角異。又謂四面之室各有夾房，謂之左右个，則又與《月令》《大戴》合，而講个字尤精。至謂《記》得之於五室而謬於堂之修廣，《盛德篇》得之於户牖失之於九室，則大舛矣。其全文載於後，並著辨説。兹摘附於大戴諸書之後，以爲五室即九室之義所權輿耳。’

……

“陳氏《禮書》：‘夏世室，商重屋，周明堂，則制漸文矣。夏度以步，商度以尋，周度以筵，則堂漸廣矣。夏言堂修廣而不言崇，商言堂修而不言廣，言四阿而不言室。周言堂修廣崇而不言四阿，其言蓋皆互備。《月令》中央太室、東青陽、南明堂、西總章、北玄堂皆分左右个，與太廟則五室十二堂矣。《明堂位》前中階、阼階、賓階，旁四門，而南門之外又有應門，則南三階，東西北各二階，而爲九階矣（《考工記》“五室九階”）。四時之氣春爲青陽，夏爲朱明，秋爲白藏，冬爲玄英，則青者春之色，春者陽之中，故春堂名之。總者，物之聚；章者，文之成，故秋堂名之。明者，萬物之相見；玄者萬物之復本，故冬夏之堂名之。左右之堂曰个，以其介於四隅故也。中之堂曰太廟，以其大享在焉故也。古者鬼神所在皆謂之廟，與《士虞禮》以殯宫爲廟，則大享在焉，謂之太廟可也。'

"蕙田案：'陳氏此條最爲該備，五室並左右个四室，則亦九室矣。其四面太廟左右个各有一堂，合之則十二堂矣，正與大戴九室十二堂之制相符。'

"朱子曰：'論明堂之制者非一，某竊意當有九室，如井田之制。東之中爲青陽太廟，東之南爲青陽右个，東之北爲青陽左个。南之中爲明堂太廟，南之東即東之南，爲明堂左个。南之西即西之南，爲明堂右个。西之中爲總章太廟，西之南即南之西爲總章左个，西之北即北之西爲總章右个。北之中爲玄堂太廟，北之東即東之北，爲玄堂右个，北之西即西之北，爲玄堂左个。中是太廟太室。凡四方之太廟異方所，其左个右个，則青陽之右个乃明堂之左个，明堂右个乃總章之左个也。總章之右个乃玄堂之左个，玄堂之右个乃青陽之左个也。但隨其時之方位開門耳。太廟太室則每季十八日天子居焉。古人制事多用井田遺意，此恐也是。又曰：明堂想祇是一个三間九架屋子。'

"蕙田案：'朱子論九室制度至爲明晰，但後一説云三間九架屋子正謂九室，象洛書之形耳。但言室而不及堂，猶爲未備，必合禮書五室十二堂參之，其制乃詳也。'

"楊氏復曰：'明堂者，謂王者所居以出政之堂也。夫王者所居，非謂王者之常居也。疏家云明堂在國之南丙巳之地，其制必凛然森嚴肅然清净，王者朝諸侯出教令之時而後居焉，而亦可以事天祖交神明於此而無愧。説者乃以明堂爲宗廟，又爲大寢，又爲太學，則不待辨説而知其謬矣。惟《考工記》謂明堂五室，《大戴》謂明堂九室，二説不同前代。欲建明堂者，或云五室，或云九室，往往惑於二説，莫知所决而遂止。愚謂五室取五方之義也，九室則五方之外而必備四隅也，九室之制視五室爲尤備。'

“蕙田案：‘明堂制度五室九室，見《考工記》《大戴禮》。太室太廟左右个，見《月令》。四門應門，見《明堂位》。南門之外，見《玉藻》。自漢以来，注疏家及歷代諸儒言如聚訟。今考其制，外爲宫垣，内爲廟垣，中央一室曰太室。當太室之南曰明堂，太廟太室之東，曰青陽。太廟太室之西曰總章。太廟太室之北曰玄堂。太廟是爲五室。《考工記》所云五室是也。太廟之前有堂，兩旁各有夾室介於四隅，其形如个。東之北曰青陽左个，東之南曰青陽右个，即南之東曰明堂左个，南之西曰明堂右个。即西之南曰總章左个，西之北曰總章右个。即北之西曰玄堂左个，北之東即東之北曰玄堂右个。左右个、四方各二，而室惟四，合太廟及太室五室爲九室。《大戴禮》所云九室是也。左右个之前各有堂與太廟之堂合，《考工記》云夏堂修二七，廣四修一。殷堂修七尋，崇三尺。周堂高三尺，東西九筵，南北七筵，崇一筵。左右个室一而堂二，合太廟之堂而三。《大戴禮》所云十二堂者是也。中一室享祀於此，故曰太廟。左右个猶廟寢之東房西房也。不言房而言个者，四阿之屋介於四隅，象形以取義也。四隅之堂皆於室外接四角爲之。經傳曰五室者，舉其正室之居中者。言九室者，合四隅之左右个。言十二室者，由堂以推於室四面各三也。四堂舉其堂之合者言也，十二堂從其室之分者言也，其實一也。堂九階，南面三曰中階，西階東階三面各二，東西曰側階，北曰北階。廟垣之門四，曰南門明堂門也，東門青陽門也，西門總章門也，北門玄堂門也。南門之外有宫垣之門，曰應門。門皆有堂、有室，門側之堂猶左塾右塾也。門之内爲庭，庭三堂之深，墻壁以蜃灰堊之，爲白盛堂。室之制上圓下方，四阿重屋，茅茨采椽。上圓者即九室之屋在上一層，蔡邕所謂通天屋者是也。下方者圓屋，下重四阿，爲之角在四隅，即室外十二堂之屋也。室有四户八牖，室外與堂通者十二户、二十四牖。室内與室通者亦十二户、二十四牖，一户牖兼兩室，若分每室各數之，則三十六户七十二牖也。其丈尺之制，夏度以步，商度以尋，周度以筵。夏堂修二七，爲十四步。廣益四分修之一，爲十七步半。室三四步四三尺，據鄭注，四室方一丈八尺，廣二丈一尺。中央室方二丈四尺，廣二丈八尺。殷堂修七尋，爲五丈六尺。廣九尋，爲七丈二尺。周堂東西九筵，爲八丈一尺。南北七筵，爲六丈三尺室。二筵爲一丈八尺，堂崇一筵爲九尺，長短廣狹各因乎時，其制固不得而詳也。明堂者，王者之堂也。先王每月各有攸居，順時布政，皆於是乎出。室九而居十有二者，朱子曰："左个右个，但隨其時之方位開門。"蓋所謂居者非常居也，且居在室而聽政於堂。室則一而堂有二，春向東，夏向南，秋向西，冬向北。户牖門闔隨時啓閉，迴乎不同。以九室而行十二月之政於堂，奚不可也。聽朔既各於其月之方，則閏月居門亦當隨四時更易，不專在明堂之門矣。古天子之祭行於廟，大朝覲會同亦行於廟，而季秋饗帝既不可於廟中行事，諸侯朝會助祭又當正其儀節，分其等威。故明堂朝位，公侯伯子男五服近者立於門内，蠻夷戎狄列於門外，采服又在其外。《記》曰所以明諸侯之尊卑，謂是也。《書》曰："周公位冢宰正百官。"《詩序》曰："周公既成洛邑，朝諸侯乃率以祀文王。"蓋成王宅憂周公位冢宰而百官總已以聽焉，及既成洛邑，輔成王以朝諸侯。《詩序》言朝諸侯乃率以祀文王，則朝不在廟而在明堂可知矣。然考其名，夏曰世室，則取義於宗廟；殷曰重屋，則取義於棟宇，意者夏卑宮室以茅蓋屋或其舊制。殷人易以重屋，故名之歟？周曰明堂蓋兼朝廟之用，聖人南面而聽天下嚮明而治。《易》曰："離者明也，南方之卦也。"明堂之義蓋取諸此。《白虎通》蔡邕其言雖不無附會，亦可想見聖人制作之精意矣。又案上圓即九室，下方即十二堂，或疑其制難於營建，乾隆癸酉，予適陪祀，見少司空長白三公名和三精於營造，予問曰："考古明堂之制應如是，可乎？"曰："可。"並言今大高殿後有一殿，上圓下方，明嘉靖時所建也。古法有之論乃定。'

"附諸儒辨明堂、太廟、靈臺、辟雍、路寢異名同事。蔡邕《明堂論》：'明堂者，天子太廟，所以崇禮其祖以配上帝者也。夏后氏曰世室，殷人曰重屋，周人曰明堂。東曰青陽，南曰明堂，西曰總章，北曰玄堂，中央曰太室。《易》曰："離也者明也，南方之卦也。"聖人南面而聽天下向明而治，人君之位莫正於此焉。故雖有五名而主以明堂也。其正中皆曰太廟，謹承天順時之令，昭令德宗祀之禮，明前功百辟之勞，起養老敬長之義，顯教幼誨□之學，朝諸侯選造士於其中，以明制度。生者乘其能，而至死者論其功而祭，故爲大教之宫，而四學具焉，官司備焉，譬如北辰居其所而衆星拱之，萬象翼之。政教也所由生，變化之所由来，明一統也。故言明堂事之大義之深也。取其宗祀之貌則曰清廟，取其正室之貌則曰太廟，取其尊崇則曰太室，取其堂則曰明堂，取其四門之學則曰太學，取其四面周水圜如璧則曰辟雍，翼名而同事，其實一也。以周清廟論之，魯太廟皆明堂也。魯禘祀周公於太廟明堂，猶周宗祀文王於清廟明堂也。《禮記·檀弓》曰："王齊禘於清廟明堂也。"《孝經》曰："宗祀文王於明堂。"《禮記·明堂位》曰："太廟天子曰明堂。"又曰成王幼弱，周公踐天子之位以治天下，朝諸侯於明堂，制禮作樂，頒度量而天下大服。成王以周公有大勛勞於天下，命魯公世世禘祀周公於太廟，以天子之禮樂，升歌清廟，下管象舞，所以異魯於天下也。取周清廟之歌歌於魯太廟，明魯之太廟猶周之清廟也。皆所以昭文王周公之德，以示子孫也。《禮記》古大明堂之禮曰膳夫是相禮。日中出南闈，見九侯反，問於相。日側出西闈，視五國之事，日入出北闈，視帝節猷。《爾雅》曰宫中之門謂之闈。王居明堂之禮，又别陰陽，門東南稱門，西北稱闈，故《周官》有門闈之學，師氏教以三德守王門，保氏教以六藝守王闈。然則師氏居東門南門，保氏居西門北門也，知掌教國子與易傳，保傅王居明堂之禮，参相發明，爲學四焉。又《王世子篇》曰："凡大合樂則遂養老。"天子至乃命有司行事，興秩節，祭先師先聖焉。始之養也，適東序釋奠於先老，遂設三老五更之位。言教學始之於養老，由東方歲始也。又春夏學干戈，秋冬學羽籥，皆習於東序。凡祭與養老乞言合語之禮，皆小學正詔之於東序。又曰大司成論説在東序。然則詔學皆在東序。東序，東之堂也，學者聚焉，故稱詔太學。仲夏之月，令祀百辟卿士之有德於民者，《禮記》太學志曰：“禮，士大夫學於聖人善人，祭於明堂，其無位者祭於太學。”《禮記》昭穆篇曰：“祀先賢於西學，所以教諸侯之德也，即所以顯行國禮之處也。太學，明堂之東序也，皆在明堂辟雍之內。”《月令》記曰：“明堂者，所以明天氣，統萬物。”明堂上通於天象日辰，故下十二宫象日辰也。水環四周，言王者動作法天地，德廣及四海，方此水也。《禮記》盛德篇曰：“明堂九室，以茅蓋屋，上圓下方，此水名曰辟雍。”《王制》曰：“天子出征，執有罪反，釋奠於學，以訊馘告。”《樂記》曰：“武王伐殷，薦俘馘於京太室。”《詩·魯頌》云：“矯矯虎臣，在泮獻馘。”京，鎬京也。太室，辟雍之中明堂大室也。與諸侯泮宫俱獻馘焉，即王制所謂以訊馘告者也。《禮記》曰：“祀乎明堂所以教諸侯之孝也。”《孝經》曰：“孝悌之至，通於神明，光於四海，無所不通。”《詩》曰：“镐京辟雍，自西自東，自南自北，無思不服。”言行孝者則曰明堂，行悌者則曰太學，故《孝經》合以爲一義，而稱鎬京之詩以明之。凡此皆明堂、太室、辟雍、大學事通文合之義也。’

“葉時《禮經會元·匠人》曰：‘“夏世室，殷重屋，周人明堂。”鄭氏謂世室宗廟也，重屋正寢也，三代各舉其一，明其制同也。案《孝經》周公宗祀文王於明堂，明堂乃宗祀之地，則亦爲宗廟矣。有明堂則有大室，《書》曰王入太室祼，孔安國以太室爲清廟，清廟亦明堂也，則亦爲太室矣。《月令》五室所居之中皆謂之太廟，則亦爲太廟可知矣。古人建國，左立祖廟，乃在雉門之左。此天子七廟之制，而明堂乃在南門，之外有五廟之寢，則明堂非祖廟即寢廟也。夏官“隸僕掌五寢”，鄭氏以爲五廟之寢是也。又引“天子七廟唯祧無廟”則非矣，先王先公之廟祧乃守祧掌之，非隸僕也。明堂有五室，故有五寢。明堂之名不見於《周禮》而見於《考工記》，意在當時或稱爲寢廟歟？天子十二月既有常居，閏月非常月，則太史詔王居門終月説者，謂聽朔於明堂門中，退處路寢門中。《玉藻》曰：“天子聽朔於南門之外，是明堂在南門之外，每月則聽朔於此。”又曰：“閏月則闔門左扉，立於其中。”彼謂之立，是閏月聽朔則立於明堂門中。此謂之居，是聽朔而退則居於路寢門中。如此則明堂與路寢門相通，故知其爲寢廟矣。世室謂之宗廟，重屋謂之正寢，同此制也。’

“袁準《正論》：‘明堂、宗廟、太學，事義固各有所爲，而代之儒者合爲一體，取詩書放逸之文，經典相似之語，推而致之，考之人情失之遠矣。宗廟之中人所致敬，幽隱清净鬼神所居，而使衆學處焉，饗射於中，人鬼慢黷，死生交錯，囚俘截耳，瘡痍流血，以干鬼神非其理也。茅茨采椽至質之物，建日月、乘玉輅以處其中，非其類也。夫宗廟鬼神之居，祭天而於人鬼之室，非其處也。王者五門，宗廟在一門之内，若在廟而張三侯，又辟雍在内，人物衆多，非宗廟之中所能容也。’

“陳氏《禮書》：‘《大戴》謂九室三十六户七十二牖，上圓下方。公玉帶謂爲一殿居中，覆之以茅，環之以水，設之以復，通之以樓。蔡邕謂明堂太廟辟雍同實異名。豈其然哉？宗廟居雉門之内，而教學飲射於其中，則莫之容處。學者於鬼神之宫享天神於人鬼之室，則失之瀆，袁準嘗攻之矣。則謂之明堂太廟辟雍同實異名非也，彼蓋以魯之太廟有天子明堂之飾，晋之明堂有功臣登享之事，乃有同實異名之論，是不知諸侯有太廟無明堂，特魯放其制，晋放其名也。’

“唐氏仲友曰：‘古人以辟雍太廟明堂同制而異名，是起於《大戴記》言外水爲辟雍，又言或以爲文王之廟也，又言此天子之路寢也。蔡邕之徒祖其説皆考之未詳爾。路寢之不在郊，明堂之不可爲學宫，太廟之不可爲明堂之制，不待論而明矣。《大戴》所記雜有三代之禮兩存，或者之傳則亦未可以決辭觀也。古之辟雍居中而四學居其四旁，太室上圜則水有辟雍之象，五室謂之太室而於是祀文王，復廟重檐茅屋示儉則有清廟之制，外之四堂與其户牖路門則亦合於路寢，常居謂之路寢猶宗廟之謂之太廟，四堂及五室皆有太廟之名，古人簡質不嫌同辭，非謂明堂即常居之寢、太祖之廟也。世室、重屋、明堂同制異名，而鄭氏離之。明堂、辟雍、清廟制有同者，其實異所，而蔡邕合之。歷代之不爲明堂與其議論之不决蓋由此。’

……

“蕙田案：‘太廟者，祖廟也，亦曰清廟。詩：“於穆清廟”。《左傳》：“清廟，茅屋。”《禮記》：“清廟之瑟。”注：“清者，肅然清静之稱。”太室者，廟中之正室。《書》“王入太室祼”是也，皆祖廟也。《周禮》：“宫人掌王六寢之修。”鄭注：“六寢者，路寢一，小寢五。”《玉藻》：“君日出而視朝，退適路寢。”聽政路寢者，王治事之所也。太學者，教國子之學。《周禮》：“大司樂掌成均之法，合國之子弟教焉。”《王制》：“天子曰辟雍。”《詩》“鎬京辟雍”是也。夫太廟在王宫之左，雉門之外，庫門之内，四時祠礿烝嘗及禘祫之所，而非南門之外，聽朔朝覲大享帝嚴父配天之明堂也。路寢在路門之内，乃天子之大寢。太學辟雍在西郊，與明堂何涉？蔡邕乃混而爲一。袁準非之是也。邕又以魯太廟天子明堂及周禮師氏守王門、保氏守王闈爲説，不知諸侯有太廟無明堂，魯特僭禮而仿其制耳。師氏、保氏居虎門，守王闈，此王宫中之小學，非太學，且非辟雍，何况明堂乎！《大戴禮》或謂文王之廟，夫明堂乃享帝之所，文王爲配，而非文王之廟也。袁氏等辨之極是。又案康成注云，或舉宗廟，或舉王寢，或舉明堂互言之，以明其同制。疏云夏舉宗廟則王寢明堂亦與宗廟同制，殷舉王寢則宗廟明堂亦與王寢同制，周舉明堂則宗廟王寢亦與明堂同制。言同制者，謂當代三者制同，非謂三代制同也。然則鄭孔之意本以宗廟寢廟明堂分爲三處，其説甚明，與蔡邕牽合爲一處不同。葉氏反摘鄭語爲合一之證，其亦讀之不審矣。’

……

“唐氏仲友曰：‘李泰伯謂南北七筵，東西九筵，各用其半，四堂之修不等，一不可也。用其半則三筵有半僅三丈一尺而已，祭祀之時登歌鐘磬，彝尊在堂自筵之内爲地三丈一尺，何以容之？况王者於此聽朔祀帝，百官在列，四海來祭，而以修三丈一尺之堂臨之不亦陋乎？二不可也。營造之法，修廣崇高略須相稱，以修三丈一尺之堂而崇九尺，不亦太高乎？三不可也。王者會朝諸侯正在明堂，獨褊其南北，此爲何意？四不可也。窗闥設於堂前之楹，則諸侯之位當於何所？容户牖設於堂之四面二筵之中，尚可酌獻跪起乎？五不可也。九階著於《考工》必爲十二階，朝止於應門而必虚設皋庫，不亦衍乎？六不可也。'"

[29]傅咸：字長虞，本書卷四七有傳。

[30]僕射：官名，即尚書僕射。秦漢爲尚書令副貳，東漢建安四年（199）分置左、右，爲尚書省次官。三品。　太常：官名，漢代稱奉常，本掌禮樂宗廟、社稷祭祀，魏晋時此職掌歸尚書裁定，太常成爲閑職。三品。

[31]光禄大夫：官名，三公等大臣告老回家即拜此職，或作爲在朝顯職的加官。三品，開府位從公者一品。　蔡謨：字道明，本書卷七七有傳。

魏明帝太和元年正月丁未，郊祀武帝以配天，[1]宗祀文帝於明堂以配上帝。[2]是時，[3]二漢郊禋之制具存，魏所損益可知。四年八月，天子東巡，過繁昌，[4]使執金吾臧霸行太尉事，[5]以特牛祠受禪壇。[6]景初元年十月乙卯，始營洛陽南委粟山爲圓丘。[7]詔曰："昔漢氏之初，承秦滅學之後，采摭殘缺，[8]以備郊祀。自甘泉后土，[9]雍宫五畤，[10]神祇兆位，多不經見，并以興廢無常，一彼一此，四百餘年，廢無禘禮，[11]古代之所更立者，遂有闕焉。曹氏世系，出自有虞氏。今祀圓丘以始祖帝舜配，號圓丘曰皇皇帝天。方丘所祭曰皇皇后地，[12]以舜妃伊氏配。天郊所祭曰皇天之神，以太祖武皇帝配。地郊所祭曰皇地之祇，以武宣皇后配。宗祀皇考高祖文皇帝於明堂，以配上帝。”[13]十二月壬子冬至，始祀皇皇帝天于圓丘，以始祖有虞帝舜配。自正始以後，終魏世不復郊祀。

[1]郊祀：《漢書》卷二五《郊祀志下》：“成帝初即位，丞相衡、御史大夫譚奏言：‘帝王之事莫大乎承天之序，承天之序莫重於郊祀，故聖王盡心極慮以建其制。祭天於南郊，就陽之義也；瘞地於北郊，即陰之象也。天之於天子也，因其所都而各饗焉。往者，孝武皇帝居甘泉宫，即於云陽立泰畤，祭於宫南。今行常幸長安，郊見皇天反北之泰陰，祠后土反東之少陽，事與古制殊。又至云陽，行溪谷中，阸陜且百里，汾陰則渡大川，有風波舟楫之危，皆非聖主所宜數乘。郡縣治道共張，吏民困苦，百官煩費。勞所保之民，行危險之地，難以奉神靈而祈福祐，殆未合於承天子民之意。昔者周文武郊於豐鄗，成王郊於雒邑。由此觀之，天隨王者所居而饗之，可見也。甘泉泰畤、河東后土之祠宜可徙置長安，合於古帝王。願與群臣議定。’奏可。大司馬車騎將軍許嘉等八人以爲所從來久遠，宜如故。右將軍王商、博士師丹、議郎翟方進等五十人以爲：‘《禮記》曰：“燔柴於太壇，祭天也；瘞薶於大折，祭地也。”兆於南郊，所以定天位也。祭地於大折，在北郊，就陰位也。郊處各在聖王所都之南北。《書》曰：“越三日丁巳，用牲於郊，牛二。”周公加牲，告徙新邑，定郊禮於雒。明王聖主，事天明，事地察。天地明察，神明章矣。天地以王者爲主，故聖王制祭天地之禮必於國郊。長安，聖主之居，皇天所觀視也。甘泉、河東之祠非神靈所饗，宜徙就正陽大陰之處。違俗復古，循聖制，定天位，如禮便。’於是衡、譚奏議曰：‘陛下聖德，聰明上通，承天之大，典覽群下，使各悉心盡慮，議郊祀之處，天下幸甚。臣聞廣謀從衆，則合於天心，故《洪範》曰“三人占，則從二人言”，言少從多之

義也。論當往古，宜於萬民，則依而從之；違道寡與，則廢而不行。今議者五十八人，其五十人言當徙之義，皆著於經傳，同於上世，便於吏民；八人不案經藝，考古制，而以爲不宜，無法之議，難以定吉凶。《太誓》曰：“正稽古立功立事，可以永年，丕天之大律。”《詩》曰“毋曰高高在上，陟降厥士，日監在兹”，言天之日監王者之處也。又曰“乃眷西顧，此維予宅”，言天以文王之都爲居也。宜於長安定南北郊，爲萬世基。’”

清秦蕙田《五禮通考》引諸家論述曰：

“朱子曰：‘古時天地定不是合祭日月山川百神，亦無共一時祭享之禮，豈有祭天便將下許多百神一齊排作一堆都祭？《周禮》有圜丘方澤之説，後來人却祇説地便是后土，見於書傳言郊社多矣，某看來不要如此也。還有方澤之祭。又曰古昔聖王制爲祭祀之禮，必以象類，故祀天於南，祭地於北。而其壇壝樂器幣之屬亦各不同。若曰合祭天地於圜丘，則古者未嘗有此瀆亂龐雜之禮。’

……

“羅泌《路史》：‘子曰事父孝，故事天明；事母孝故事地察。人君之事天地正如人子之事父母，故知事父母則知所以事天地矣。天明地察厥類惟章，孰有南北郊祀之不明者乎？《昊天有成命》，郊祀天地者，謂用是以郊天，亦以之而祀地。言郊祀天地皆用此詩，章耳般之，祀四岳河海豈謂其合祭哉？合祭天地，此王莽之妄，武后之失也。而顧用之果爲得耶？夫聖人之爲祭，必求其類以爲之數，是必合其情而後神可交也。燔柴於太壇，瘞埋於太折，太壇南郊之壇，太折北方之坎，壇於圜丘南，坎於方澤北，是故圜丘貴祀，方澤貴祭。因天事天，因地事地，輕重高下，陰陽清濁，圜方南北，判然其不同矣。父天圜丘，母地方澤，此則事不同也。南郊就陽，北郊就陰，此則地不同也。祭日南郊，祭月北郊，此則配不同也。圜丘以南至郊，方澤以北至祀，此則時不同也。郊遠而尊，故以郊言，祀近而親，故以時紀，此則名不同也。郊以騂犢，祀以黝牲，則牲不同矣。壇圜中規，折方中矩，燔柴於太壇，瘞埋於太折，則制不同矣。璧琮而禮，蓋軫而祀，則禮不同矣。圜鐘爲宫，冬日至於地上圜丘奏之；函鐘爲宫，夏日至於澤中方丘奏之，則樂不同矣。神南面君北面，示北面君南面，則位不同矣。夫不同者顧若此，而且謂其必合祭，豈盡敬之道哉！祭帝於郊所以定天位也，祀社於國所以列地利也。郊社者所以尊天而親地也。故明乎郊社之禮禘嘗之義者，治國其如示諸掌，《中庸》所言郊社之禮所以事上帝，若郊社可合則禘嘗亦可合矣。圜鐘以禮天神，函鐘以禮地示，黄鐘以禮人鬼，若天地可合，則人鬼亦可合矣。其不達乃如此。'

"朱氏鶴齡曰：'《周禮》冬至祀昊天於圜丘，夏至祀地祇於方澤。《禮記》燔柴於太壇祭天也，瘞埋於泰折祭地也，天地分祭禮有明文。後世人主每不克兼行，蓋禮儀繁重則憚勞，賞賚優渥則憚費，故多主合祀南郊之説。宋元祐間，蘇子瞻引《昊天有成命詩序》，以爲合祀天地之證，是不然。夫《昊天有成命》乃成王即政郊見上帝之詩，序言天而並及地，猶言父者並及母，經典多然。《禮記》"兆於南郊就陽位也"，"器用陶匏象天地之性也"，亦兼地言之，若如子瞻説則周人本無合祀之禮，安得有合祀之詩乎！祀天而詩不詳言天者，以天無聲臭，非形容之可既也。周郊配以后稷而詩不及稷者，以獻稷自有思文。又受命配天始於文武，則專稱二后其宜也。昊天不可形容，故成王不敢康以下推，本文武受命對越上天之小心，以形容之頌文武，即以頌昊天也。'"

[2]宗祀文帝於明堂以配上帝：宗祀爲古代禮儀制度，清秦蕙田《五禮通考》引諸家論述如下：

"程子曰：'萬物本乎天人，本乎祖。故冬至祭天而祖配之，以冬至氣之始也。萬物成形於帝而人成形於父，故季秋享帝而以父配之，以季秋物成之時也。'

"問：'"郊祀后稷以配天，宗祀文王以配上帝，帝袛是天，天袛是帝，却分祭何也？"朱子曰："爲壇而祭，故謂之天祭，於屋下而以神祇祭之，故謂之帝。"'

"吕氏《讀詩記》：'明堂祀上帝而文王配焉，故此詩雖祀文王之樂歌，必先言祀天而次言祀文王。我將我享，維羊維牛，維天其右之，言祀天也。儀式刑文王之典，日靖四方，伊嘏文王，既右享之，言祀文王也。'

"《朱子詩集傳》陳氏曰：'古者祭天於圜丘，掃地而行事，器用陶匏，牲用犢，其禮極簡，聖人之意以爲未足以報本，故於季秋之月有大享之禮焉。天即帝也，郊而曰天所以尊之也，故以后稷配焉。后稷遠矣，配稷於郊，所以尊稷也。明堂而曰帝所以親之也，故以文王配焉。文王親也，配文王於明堂，亦以親文王也。尊尊而親親，周道備矣。然則郊者古禮，而明堂者周制也，周公以義起之也。'

……

"楊氏復曰：'郊祀配天，明堂配上帝，天與上帝一也，祀上帝禮並如郊祀。然《月令》有大享之文，《我將》之詩有維羊維牛之語，則明堂之禮爲尤備。故程子曰其禮必以宗廟之禮享之。朱子亦曰祭於屋下而以神祇祭之，蓋謂此也。'

"濮一之曰：'文王之祀，既不敢同后稷於郊，又無屈天神於宗廟之理，故特尊其祀於明堂也，斯其爲曲盡矣。'"

上帝：即天帝。

[3]是時：殿本作"於是時"。

[4]繁昌：縣名，治所在今河南省臨潁縣西北。

[5]執金吾：官名，掌京城警衛、管理武庫、護衛皇帝出行等。臧霸：三國時泰山華縣（今山東省費縣東北）人。先從吕布拒曹操，後歸曹操。歷任曹魏徐州刺史、鎮東將軍、都督青州諸軍事等職。　太尉：太，殿本作"大"。

[6]特牛：公牛。

[7]洛陽南委粟山：委，宋本作"魏"。

[8]采摭（zhí）：选取，掇拾。

[9]后土：后土祠，故址位於今山西省萬榮縣榮河鎮。

[10]五畤：五畤原，位於今陕西省凤翔縣南。秦漢時祭祀昊天

處所。

［11］禘禮：禘祭之禮儀。禘祭，祭天之禮。

［12］方丘：祭祀大地之方形高壇。

［13］“景初元年十月乙卯”至“以配上帝”：《文獻通考》馬端臨曰：“此以郊與圜丘爲二處，用鄭玄之説。其時康成所注二禮方行，王子雍雖著論以攻之，而人未宗其説。然魏晋而後，有天下者多起自匹夫，其祖父未有可以配天之功德，非如虞夏四代之比。而康成之所謂配天者，以爲周祀天於圜丘以嚳配，謂之禘。祀五帝於郊以稷配，謂之郊。又祀五帝及五人帝於明堂，以文王配，謂之祖。祀五神於明堂，以武王配，謂之宗。此三祭者，必皆有祖考可配而後可以舉事。是以魏文帝之時有郊祀而未有祖配，直至明帝時復遠取舜以配圜丘，然後以武帝配郊，以文帝配明堂，蓋拘於康成支離之説。是以配天之祀必俟奕世之後，又復上取之遥遥華胄以足之，然後可以行禮耳。”以配上帝，宋本“上”作“皇”。

魏元帝咸熙二年十二月甲子，持節、侍中、太保鄭冲，[1]兼太尉、司隸校尉李熹奉皇帝璽綬策書，[2]禪位于晋。丙寅，[3]武皇帝設壇場于南郊，柴燎告類于上帝，[4]是時尚未有祖配。泰始二年正月，詔曰：“有司前奏郊祀權用魏禮，朕不慮改作之難，令便爲永制，衆議紛互，遂不時定，不得以時供饗神祇，配以祖考。日夕難企，貶食忘安，其便郊祀。”時群臣又議，五帝即天也，[5]王氣時異，故殊其號，雖名有五，其實一神。明堂南郊，宜除五帝之坐，五郊改五精之號，[6]皆同稱昊天上帝，各設一坐而已。地郊又除先后配祀。帝悉從之。二月丁丑，郊祀宣皇帝以配天，宗祀文皇帝於明堂以配上帝。是年十一月，有司又議奏，古者丘郊不異，宜并圓丘、方丘於南、北郊，更修立壇兆，[7]其二至之祀合於二郊。[8]帝又從之，一如宣帝所用王肅議也。是月庚寅冬至，帝親祠圓丘於南郊。自是後，圓丘、方澤不別立。[9]

[1]持節：漢朝官吏奉使外出時，或由皇帝授予節杖，以提高其權力。魏晋以後，凡重要軍事長官出征或出鎮，加持節，可誅殺二千石以下官員。　太保：官名，史上屢次廢置，三國魏末年復置。晋爲八公之一，位上公，在太宰、太傅之下。安置元老重臣，無職掌。一品。

[2]司隸校尉：官名，三國魏時先治弘農，後治河南，轄司州所屬河南、河東、河内、弘農、平陽五郡。掌監察京師、糾察京都百官。西晋沿置。三品。　李熹：熹，原本、宋本作“喜”，殿本作“熹”，據殿本、中華本校勘記改。

[3]丙寅：丙，原本、宋本、殿本作“景”，“景”爲“丙”的避諱字，以後本卷凡遇此避諱字均徑改，不再出注。

[4]告類：祭天禮儀。《尚書·舜典》：“肆類於上帝。”孔安國傳：“類謂攝位事類。遂以攝告天及五帝。”

[5]五帝即天也：也，原本、宋本、殿本作“地”，據中華本校勘記改。

[6]五精：五方之星。

[7]壇兆：壇場。兆，壇的界域。

[8]二至之祀合於二郊：將冬至、夏至祭祀與南郊、北郊祭祀合二爲一。

[9]方澤：即方丘。

太康三年正月，帝親郊祀，皇太子、皇子悉侍祠。[1]十年十月，又詔曰：“《孝經》‘郊祀后稷以配天，[2]宗祀文王於明堂以配上帝’。而《周官》云‘祀天旅上帝’，又曰‘祀地旅四望’。[3]望非地，[4]則明堂上帝不得爲天也。[5]往者衆議除明堂五帝位，考之禮文不正。[6]且《詩序》曰‘文武之功，起於后稷’，[7]故進以配天焉。[8]宣帝以神武創業，既已配天，復以先帝配天，於義亦所不安。其復明堂及南郊五帝位。”[9]愍帝都長安，未及立郊廟而敗。

[1]皇太子、皇子悉侍祠：清盧文弨《晋書禮志校正》：“《宋志》有皇弟。”

[2]《孝經》：儒家經典之一。孔門後學所撰，今文本十八章，漢晋唐宋多有儒者爲之作注。

[3]四望：指所祭之四方山川及其神灵。清秦蕙田《五禮通考》引諸家論曰：

“蕙田案：‘《虞書》“望於山川”，又“望秩於山川”，是祭山川皆稱望。而周禮四望之祭與山川不同。《小宗伯》“兆五帝於四郊，四望、四類亦如之”，兆山川、丘陵、墳衍各因其方，是兆不同。《典瑞》“兩圭有邸，以祀地、旅四望”，璋邸射以祀山川，是玉不同。《大司樂》“奏姑洗，歌南吕，舞《大謦》，以祀四望”，“奏蕤宾，歌函锺，舞《大夏》，以祭山川”，是樂不同。又《周禮》於四望則曰祀，於山川則曰祭，是秩不同。蓋同一山川遠而望祭之則名曰望，祭於其地則直曰祭山川也。而郊後之望不能遍及，故獨祭其宗。鄭氏所謂岳瀆是也。而名山大川不以封，其禮不通於諸侯，故魯之三望，僭也。《春秋》譏之。若夫山川之祭，則凡能興云雨者，皆足以濟民澤物，而祈報由辟之典，天子則及天下近者就祭之，《小宗伯》“所謂兆山川因其方也，遠者或因事祭之”，《書》所謂“柴望”，《詩》所謂“陟高山”是也。或命有司祭之，《月令》所謂祈祀是也。諸侯則祭境内，《左傳》所謂“並走群望”，曾子問所謂“命祝史告於山川”是也。朱子曰：“天子有天下，則天下鬼神屬焉。諸侯守一國，則一國鬼神屬焉。”明爲所統屬則精神相通也。詳考書傳專言山川，則岳瀆在其中，故禮謂名山大川，五岳視三公，四瀆視諸侯，其餘視伯子男。對四望言則四望大而秩隆，山川小而秩卑，故《周禮》壇壝牲玉樂舞之屬皆有等差。《通典》《通考》以山川一門兼四望，然經有明文不可强合。今先列四望後列山川，分爲兩節。其漢以後祀典不常不可析别，仍爲合叙。而封禪本非正禮，因其有事於山川，附綴於末焉。’

……

“丘氏濬曰：‘自古所以祀五岳、四瀆、山川者，皆以其能出斂云雨也。出云雨則便不至於旱暵，斂云雨則便不至於淫潦。無非欲其生五穀，五穀熟而民人育，則君位安矣。又曰所謂四望者，蓋以五岳、四鎮、四瀆，乃天下山川之大者。天子兼有天下之大，不能親臨其地，故遥望而祭之也。又曰鄭司農解《周禮》四望以謂日月星海，鄭玄謂禮無祭海之文。考《周頌·般序》及《觀學記》謂三王祭川，先河後海，則是海之祭三代已有矣。烏可謂無祭海之禮乎！’

……

“楊氏復曰：‘四望之説，惟鄭氏注《小宗伯》云：“四望，五岳、四鎮、四瀆。”其説爲是。蓋言望祭天下之名山大川也，所謂懷柔百神者，言合祭四方名山大川之神，故云百神非必兼上下之神也。舜即位類於上帝，禋於六宗，望於山川，遍於群神。類也、禋也、望也，各是一事，非望兼上下之神可知也。’

“蕙田案：‘《小宗伯》四郊之兆各爲一壇，以望祀一方之名山大川。《舜典》望於山川。《典瑞》兩圭有邸，以祀地旅四望。《司服》王祀四望山川則毳冕。是四望爲祭山川而屬地祇也。……’

……

“朱子曰：‘燔柴以祀天而遂望祭，東方之山川又各以其秩次而就祭之也。注家以至岱宗柴爲句，某謂當以柴望秩於山川爲一句。

如“柴望大告武成”。《漢・郊祀志》亦云：“柴望秩於山川。”’

……

“陳氏祥道曰：‘巡守之禮，凡大山川於其所至則望之，故《時邁》言巡守告祭柴望也。於其所過則祀之，故般言巡守而祀四岳河海也，柴望先於覲諸侯尊神也。’

“方氏慤曰：‘柴而望祀山川即《詩・時邁》言巡守告祭柴望是也，以天之高故燔柴以上達，以山川之遠故望而祀之，皆所以告至而已。’

“葉氏夢得曰：‘或曰望祀，或曰望秩者，秩其無文而祀，其在祀典者也。’

……

“鄭氏鍔曰：‘軍將有事則與祭者主帥奉祭，小宗伯以職當立之奉之，故當與也。小宗伯已與祭於軍中，則四望之祭必遣其所屬之有司往行事焉。理之宜也。先鄭知此意，故讀與祭以上爲絶句。康成以與祭連有司以下讀之，恐不成文理。戰必禱於神，欲氣勢之增倍，而四望又山川之尤大者，國家所賴以爲阻固，是其爲兵之捍蔽。’

“黄氏度曰：‘《春秋》“有事於太廟”。有事，祭也。軍將有事謂將以軍旅有事於鬼神也。祭，有司主祭禱者也，與如字，祭禱自有主者，小宗伯與之，偕軍事重將，事於四望，謂將其事以往也，兩將字各義。’

……

“鄭氏鍔曰：‘國有事於四望，則將戰地之四望與夫軍有功歸而獻於社，凡此二事，大祝處前告神，故曰前祝。’

……

“鄭氏鍔曰：‘封者，累土增高，非山川之大神，則無累土爲壇。以封崇之禮，非常祭，故爲之位。’

……

“蕙田案：‘公羊此傳，論天子諸侯望祭之事，極有精理，可爲

經傳望祭的解。方望無所不通，對下不在封内，是言其疆域之大，非兼上下百神也。何注兼日月星辰言之，大非。’

“胡傳：‘望，祭也。有虞氏受終而望因於類，巡守而望因於柴，皆天子之事也。天子有方望無所不通，諸侯非名山大川在其封内者則不祭，魯得用重禮，視王室則殺，故望止於三，比諸侯則隆。故河海雖不在其封而亦祭，然非諸侯之所得爲也。’

“吴氏澄曰：‘天子郊祀上帝必望祭山川，望祭在郊祀之後，因郊而望也。魯諸侯也，以成王之賜許用王禮，四望缺其一，殺於天子。然郊禮既廢則望禮可以不舉，魯既不郊而猶三望，故書以譏其非禮。’

“汪氏克寬曰：‘周官四望，蓋望四方。今魯三望，蓋太山在魯西，海在魯東，而河在魯北。殺天子之禮也。’

……

“朱子曰：‘諸侯祭山川也，祇祭得境内底。如楚昭王病，卜云河爲祟。時諸大夫欲去祭河，昭王自言，楚之分地不及於河，河非所以爲祟。孔子所以美之，云楚昭王知大道矣。其不失國也，宜哉。這便見得境外山川與我不相關自不當祭之。’

……

“黄氏度曰：‘鄭謂四瀆五岳之匹，非四瀆川祭，四望則四瀆在焉。《春秋傳》曰：“觸石而出，膚寸而合，不崇朝而雨遍天下者，唯太山乎！”其功用大，故與社稷同其秩祭。’

“劉氏向曰：‘五岳者何謂也？泰山東岳也，霍山南岳也，華山西岳也，常山北岳也，嵩高山中岳也。五岳何以視三公？能大布雲雨焉，能大斂雲雨焉，施德博大，故視三公。四瀆者何謂也？江河淮濟也。四瀆何以視諸侯？能蕩滌垢濁焉，能通百川於海焉，能出雲雨千里焉，爲施甚大，故視諸侯也。山川何以視子男也？能出物焉，能潤澤物焉，能生云雨，爲恩多然品類以百數，故視子男也。’

“金氏履祥曰：‘案李心傳辨《周禮》五岳，謂周都豐鎬，則華山乃中岳，崧高不得爲中岳。據《爾雅》河西岳、河南華、河東泰、江南衡，則岳山乃西岳，而華乃中岳。嵩高之爲中岳蓋東遷之後也。今以此説推之，《禹貢》冀州自有太岳，今猶謂之霍太山，則堯都冀州蓋以太岳爲中岳。《爾雅》河西岳，《周禮》雍州其山鎮曰岳山，即《禹貢》岍山，一名岳山，又名吴岳，今在隴州者是也。然則唐虞西岳當以岍爲西岳，太岳爲中岳，而東岱、南衡、北恒爾。衡山最遠，黄帝以潛霍爲山之副，然則秦以岍爲西岳，漢武徙衡山之神於霍山，歷代加封岷山多以西岳爲言，蓋有自来矣。《虞書》獨東岳稱岱宗，而南西北三岳不名，蓋當時巡守四岳，取肆覲群后道里之宜爾，不必拘於嵩華之爲岳也。敢因李氏之言以傳其疑。'

"蔡氏德晋曰：'《職方》九州皆有山鎮、澤藪、川浸。《大司樂》言四鎮五岳，蓋岳亦爲鎮。岱、衡、華、恒、岳爲五鎮，其餘沂、會、醫、霍又爲四鎮，通爲九鎮而有不同。五岳、四瀆、四海定自開闢以来不可更易，州鎮則每代不同。舜肇十二州，封十二山即爲十二鎮。禹别九州，奠高山大川。周制又殊。故鎮與澤浸不得與岳瀆等，川則流行宇内，不得以州域分。如河自積石而下稱西河，唐以来名西瀆。以其歷冀豫幽兖而入海，故《職方》以爲幽兖之川是也。涇與渭洛皆川，而《職方》以渭洛爲浸。言澤則遺洞庭、彭蠡、青草、南旺。言川則遺黑水、赤水、遼水，固知《職方》僅舉其大略，非可援以定祀典也。《大宗伯》書《大傳》《王制》《説苑》皆特表岳瀆，而其餘山川並從同，不易之制矣。或又疑《職方》五岳無嵩山有岳山，何也？説者謂據鎬京而言，權立吴岳爲西岳，而以華山爲中岳。若以東都爲定則華山自是西岳，嵩山自是中岳，不知雍豫二州山鎮係傳寫錯誤。豫州山鎮當作岳山即嵩山也，嵩爲中岳，故獨得岳名。雍州山鎮當作華山，周之雍州兼梁州之域，故華山在雍也。'

"蕙田案：'《漢郊祀志》云："三代之居皆河洛之間，故嵩高爲中岳。"自五帝以至秦，其禮損益世殊不可勝記，是五岳之名從古變易，金氏蔡氏之言是也。'

……

“崔氏靈恩曰：‘祭之法各當其時，山林於壇，川澤於坎，故《禮記》云，四坎，壇，祭四方，牲用少牢，王服玄冕，牲玉各放其方之色，樂則奏蕤賓，歌函鐘，舞《大夏》。’

“鄭氏鍔曰：‘山林有功於埋藏，川澤有功於涵容。祭山林之牲則埋之，祭川澤之牲則沈之，各象其德。’

……

“馬氏晞孟曰：‘山林川谷丘陵，民之所取財用也。而又能出云爲風雨而有澤，以利於人，見怪物而有威，以敬於人，皆有不可測之神，故皆曰神。’

……

“朱子曰：‘先河後海者，以其或是源，故先之；或是委，故後之。疏有二説，此説是也。’

“沈氏清臣曰：‘海者，源也。河者，委也。昔有人問：“何以謂海爲源？”應之曰：“海者水之所會也，其河之所流者，皆其泉脉也。譬之人之一身元氣，則其海也。其經絡，則其河也。元氣不充實則經絡不運行矣。謂經絡爲源則非也，謂元氣爲委則非也。”鄭氏謂源者泉所出，委者流所聚，蓋不知吾之説也。然則所謂先河而後海者，以河之近，故先祭之；海之遠，故後祭之，非故後之也，亦務其本者當如是也。’

……

“方氏慤曰：‘有事，謂祭也。將有事於大，必先有事於小焉。所謂有由始也，林則木之所積，以其從祀於太山，故曰配林。’

“馬氏晞孟曰：‘天子祭名山大川，諸侯祭山川之在其地者，齊人有事於太山亦非禮也。然而祭者取之而不非者，取其有大小先後之序也。’

“陸氏佃曰：‘晋人告惡池以配河，齊人告配林以配太山，雖曰告之，實以肄習其禮，即事有漸也。’

……

“方氏慤曰：‘神祇衆矣。止以山川爲言者，蓋諸侯之所守，以山川爲大。故《魯頌》言錫之山川。經又云諸侯祭名山大川之在其地者，皆此意也。天曰神地曰祇，此以山川爲神祇者，自其無所屈言之，皆可謂之神；自其有所别言之，皆可謂之祇。’

……

“周氏諝曰：‘天子百神之主，故祭天下之名山大川。諸侯境内之主，惟名山大川之在境内者則祭之。’

“張氏栻曰：‘古者諸侯各得祭其境内山川，山川所以爲神靈者，以其氣之所感能出雲雨潤澤群物，是故爲之壇壝，立之祝史，設之牲幣，所以致吾禱祝之實，而交孚乎隱顯之際，誠之不可掩如此。後世有山川之祠，而人其形，宇其地，則其失久矣。夫山峙川流是其形也，而人之也何居？其氣之流通可以相接也，而宇之也何居？無其理而强爲之，雖百拜而祈，備物以享，其有時而應，亦偶然而已。’

“朱子曰：‘一家之主則一家鬼神屬焉，諸侯守一國則一國鬼神屬焉，天子有天下則天下鬼神屬焉。看来爲天子者，這一個神明是甚麽大，如何有些子差忒得！若縱欲無度，天上許多星辰、地下許多山川如何不變怪！又曰古人祭山川祇是設壇位以祭之，祭時便有，祭了便無，故不至褻瀆。後世却先立個廟，貌如此，所以反致惑亂，人心僥求，非望無所不至。’

……

“吕氏大臨曰：‘天子有天下，故得祭天地四方山川五祀，言無所不及也。諸侯有國，國必有方祭，其所居之方而已，非所居之方及山川不在其境内者，皆不得祭，故曰方祀。祭山川祭五祀，言有及有不及也。’

“陳氏祥道曰：‘山川，《周禮》所謂以血祭祭五岳，以埋沈祭山林川澤，《王制》所謂名山大川是也。諸侯方祀，《春秋傳》所謂三代命祀祭不越望是也。山川，《王制》所謂名山大川在其竟内是也。於天子言，天地則日、月、星辰、司中、司命、風師、雨師

之類舉矣。於天子諸侯言，四方方祀則社稷之類舉矣。言山川則林澤、丘陵、墳衍之類舉矣。’

“陳氏《禮書》：‘望祀或設於郊天之後，或設於巡守之方，或旅於大故之時，則望有常有不常之祀也。崔靈恩謂四望之祭，歲各有四，不知何據然也。望祀其兆四郊，其牲各放其方之色，其樂姑洗、南吕、《大磬》，其玉兩圭有邸，其服毳冕，其位茅以辨之而植表於其中。《周禮》所謂旁招以茅，《晋語》所謂茅蕝設表望是也。《白虎通》謂周公祭太山以召公爲尸，其言無所經見。’

……

“陳氏祥道曰：‘禮有先其大而後其小者，亦有先其小而後其大者。先其大而後其小者異尊卑也，祫而後時祭郊而後三望之類是也。先其小而後其大者致敬文也，魯人將有事於上帝必先有事於頖宫，晋人將有事於河必先有事於惡池是也。二者之禮雖殊，其所以爲尊尊則一而已。《月令》仲夏爲民祈祀山川百源，然後大雩帝，此致敬盡文之意也。’

……

“馬氏晞孟曰：‘盛德在水，故應是而祈焉，以爲民致福也。’

“《講義》：‘四海者衆水之所聚，大川名源者，若江淮河濟之類是也。江之源出於岷山，河之源出於崑崙，淮之源自桐柏，濟之源自沇水，故謂之名源也。淵澤者，水之所鐘而息者也。井泉者，汲取之無窮者也。仲冬之月，水歸於澤而復其本源矣，故命有司祈祀之。’

“應氏鏞曰：‘夏祈山川百源，火勝水弱，遵其流委而廣其潤澤也。冬祀四海川源淵澤井泉，盛德在水，鐘其淵源厚其渟蓄也。三王之祭川皆先河而後海，以海爲委而河爲源也。水重，冬祀亦豈非源乎。’

……

“鄭氏鍔曰：‘五岳四瀆神之最尊者也，此言山川則祭法，所謂山林川谷丘陵能出云爲風雨，見怪物皆，曰神之山川耳。不爲兆域

唯因其所在之方，爲其卑也。’

……

“鄭氏鍔曰：‘半圭曰璋，射者琰而出也。半圭之璋邸於琮而從下向上皆邪郤而琰出，故謂之射璋，以象陰之盛事。又從而邪殺之如矢之射，見通贊之義。以此祀山川則小宗伯所謂兆山川邱陵墳衍者是也。’

“易氏祓曰：‘琮方固所以象地，半圭所邸於地道，爲不足於以祀山川。’

“蕙田案：‘山川有大小，故玉人職璋有長短。大璋、中璋九寸，邊璋七寸，又牙璋、中璋七寸。雖非此璋可例推也。’

……

“趙溥曰：‘璋邸者就方琮上出一璋，以璋而邸於琮，琮之方所以象地之體，以琮爲依托之邸所以象山川之麗於地也。與圭璧之意同。亦欲山川之神降而依存於璋邸中，亦植在神坐前非手所執之玉。’

“易氏祓曰：‘射言剡而出，而貫於邸，素功則朴質而無瑑飾之文，所以象山川有阻固之功。’

……

“方氏慤曰：‘四監者，天子之縣内，監郡之大夫也。古者千里百縣，縣有四郡，郡使大夫監之，故謂之四監。《春秋傳》所謂下大夫受郡是也。’

“馬氏晞孟曰：‘四監則郊各以監有受其入也，百縣則甸服之内，所使納總銍秸服者也。既卜而芻焉皆謂之牲，將殺而告具焉皆謂之犧。令民無不咸出其力，則所謂祭祀者非獨恭也，謂民力之普存也。’

……

“王氏昭禹曰：‘沈謂貍沈，辜謂疈辜，候謂候福，禳謂却禍。’

“易祓曰：‘飾其牲，被之以文綉，謂羊牲也。’

……

“易氏祓曰：‘几，祈也。珥，弭也。沈以祭川，辜以磔門四者，用牷正也，無則以駹代之亦可也。’

……

“方氏慤曰：‘祀不止於山林川澤，然止以是爲言者，蓋天地宗廟之祭非春，亦未嘗用牝故也。’

……

“陳氏埴曰：‘祭天地之牛角繭栗，宗廟之牛角握，社稷之牛角尺，以其色既赤又且角中程度也。’

……

“鄭氏鍔曰：‘四方山川則用漆尊而畫爲蜃形，先儒謂爲蚌蛤，一名含漿，則是容酒之類。余謂此乃海上能吐氣爲樓臺者，非蚌蛤之比。四方山川爲國扞蔽，通氣乎天地之間。蜃之爲物，外堅有阻固扞蔽之義，且能一闔一闢，其通亦有時焉。故四方山川之祼尊，則畫以爲飾。祼事用鷄鳥六彝見於司尊彝之官。鬱人亦曰，凡祭祀，賓客之祼事和鬱鬯以實彝而陳之，則祼事不用概明矣。《大宗伯》有貍沈疈辜之祭，此下有疈事用散之文，則此祼字爲埋字無疑矣。祼事用概，概亦漆尊也，上下黑漆，以朱落其腹爲飾，猶横概然。山林川澤財用，百物之所出入，人所取足而爲之神者，初無私焉，其功利及物，可謂平矣。’

“黄氏度曰：‘鄭改祼爲埋，埋沈，祭山川之名，此指言山川用蜃，凡祼事則不獨祭也。知賓客享適子冠，凡用祼者，皆以概盛鬯。’

“王氏昭禹曰：‘凡祼必和鬱鬯，而多少之齊宜適平，故以罍以朱帶爲飾，而横概落腹，以概能平物故也。’

……

“易氏祓曰：‘夏，大也。言禹之治水而能大中國也。故《大夏》之樂起於蕤賓之午，應以函鐘之未，以禹之奠高山大川而懷襄，昏墊之患始息，以祀山川亦其類也。’

“陸氏佃曰：‘林鐘以夏爲庇物言之。’

“李氏嘉會曰：‘林者物已成林，坤當涵而養之，故曰函見蓄養萬物。’

……

“王氏昭禹曰：‘兵舞干舞也，山川爲國阻固，故以干舞之干之言扞也。’

……

“王氏安石曰：‘修，修祭事。除，除地爲墠。蹕，止人犯其祭。虞主山林，掌其政令，且爲之厲禁也。’

……

“陳大猷曰：‘古人舉事必祭，况治水土大事，必不敢忽。然旅獨於梁雍言之者，蓋九州終於梁雍，以見前諸州名山皆有祭也。旅獨於蔡蒙荆岐言之者，蓋紀梁之山終於蔡蒙，紀雍之山始於荆岐，以見州内諸名山皆有祭也，故下文復以九山刊旅總結之。然特言於諸州之後，其先成民而後致力於神之意歟！’

……

“鄭氏鍔曰：‘若有祭祀於四海、山川，則必擇黄色之駒，加文飾以將事焉。此皆校人之職。或謂《大宗伯》以沈貍祭川澤而祭祀之，牲各放其色，四海、山川乃均用黄駒，何耶？以玉人之職考之，王巡守過大山川所用之璋不同，然皆以黄金勺前馬，則知均用黄駒者。海與山川均爲地道，黄者，地之中色，若夫用駒則以巡守而行四方，駒有千里之足而行地莫如馬駒，雖馬之小者，禮以小爲貴。飾黄駒乃郊用犢之意。’

……

“敖氏繼公曰：‘禮四瀆於北，禮山川邱陵於西，皆随其地之陰陽而爲之。禮川不於北者，四瀆尊宜避之也。此三禮者皆與上事相屬而舉之。天子巡守，有懷柔百神、望秩山川之禮。此諸侯以天子不巡守之故而来覲，故天子於此亦略修祀事，以放巡守之禮云。’

……

“鄭氏鍔曰：‘兵之所在必增高以祭之，非頓兵之山川則無類禡之祭。兵之所在則宜有祭，此非常祭，故爲之位。’”

[4]望非地：宋本無“望”字。

[5]上帝不得爲天也：也，原本、宋本、殿本作“地”，據中華本改。

[6]考之禮文：清盧文弨《晋書禮志校正》：“‘禮文’二字《通典》作‘於禮’。”

[7]《詩序》：《毛詩序》的省稱。現存《詩序》有大序、小序之分。列在各詩之前，解釋各篇主題的爲“小序”；在首篇《關雎》的“小序”之後，有大段文字概論全經的，爲“大序”。鄭玄以“大序”爲子夏作，“小序”爲子夏、毛公作。

[8]故進以配天焉：進，殿本作“推”。

[9]“十年十月”至“南郊五帝位”：清秦蕙田《五禮通考》：“《摯虞傳》：虞爲光禄勛、太常卿時，懷帝親郊。自元康以來不親郊祀，禮儀弛廢，虞考正舊典，法物燦然。”

元帝渡江，太興二年始議立郊祀儀。[1]尚書令刁協、國子祭酒杜夷議，[2]宜須旋都洛邑乃修之。司徒荀組據漢獻帝都許即便立郊，[3]自宜於此修奉。驃騎王導、僕射荀崧、太常華恒、中書侍郎庾亮皆同組議，[4]事遂施行，立南郊於巳地。[5]其制度皆太常賀循所定，[6]多依漢及晋初之儀。三月辛卯，[7]帝親郊祀，饗配之禮一依武帝始郊故事。是時尚未立北壇，地祇衆神共在天郊。

[1]太興二年：清勞格《晋書校勘記》：“《宋志》作‘元年’，誤。”

[2]尚書令：官名，秦漢時爲尚書署長官。秩位雖低，權力甚重。魏晋時沿置，爲尚書省長官，綜理全國政務，參議大政，爲高

級政務長官。三品。　國子祭酒：官名，國子學的長官，主管國子學，掌教授儒學，參議禮制。五品。　杜夷：字行齊，本書卷九一有傳。

[3]司徒：官名，西漢哀帝元壽二年（前1）改丞相爲大司徒，東漢光武帝時改名爲司徒，東漢末又改爲丞相。三國魏恢復三公制，改丞相爲司徒，管理民政。兩晋沿制，爲八公之一，在太尉之下、司空之上。與丞相通職，一般不並置，爲名譽宰相。一品。　荀組：字大章，本書卷三九有傳。

[4]驃騎：官名，即驃騎將軍。西漢時爲重號將軍，東漢以後，居諸名號將軍之首，僅作爲軍府名號加授大臣或重要州郡長官。二品，開府位從公者一品。　王導：字茂弘，本書卷六五有傳。　華恒：字敬則，本書卷四四有傳。　中書侍郎：官名，三國魏文帝黄初初年設中書省，在長官中書監、中書令以下有通事郎，後增設中書郎，亦稱中書侍郎。掌草擬詔書，外出執行重要使命等。五品。　庾亮：字元規，本書卷七三有傳。

[5]立南郊於巳地：清盧文弨《晋書禮志校正》："《宋志》云'非禮所謂陽位之義也'。"按《沈志》間有論斷，此盡去之，非是。巳地，南方。五行以巳配火，火在八卦中居南。

[6]賀循：字彦先，本書卷六八有傳。

[7]三月辛卯：中華本校勘記："三月壬寅朔，無辛卯。《御覽》五二七引《晋起居注》，元帝中興，以二月郊。二月壬申朔，辛卯爲二十日。疑《志》文'三月'爲'二月'之誤。下文王納之曰'以三月郊'，疑亦當從《御覽》作'亦以二月郊'。"

明帝太寧三年七月，始詔立北郊，未及建而帝崩。及成帝咸和八年正月，追述前旨，於覆舟山南立之。[1]天郊則五帝之佐、日月、五星、二十八宿、文昌、北斗、三臺、司命、軒轅、后土、太一、天一、太微、勾陳、北極、雨師、雷電、司空、風伯、老人,[2]凡六十二神也。地郊則五岳、四望、四海、四瀆、五湖、五帝之佐、沂山、岳山、白山、霍山、醫無閭山、蔣山、松江、會稽山、錢唐江、先農,[3]凡四十四神也。江南諸小山,蓋江左所立,猶如漢西京關中小水皆有祭祑也。[4]是月辛未,祀北郊,始以宣穆張皇后配,[5]此魏氏故事,[6]非晉舊也。

[1]覆舟山:一名龍舟山、玄武山,即今江蘇省南京市城區東北隅九華山。

[2]天郊則五帝之佐:中華本校勘記:"《通典》四二'五帝之佐'作'五帝及佐',疑是。有五帝,又有其佐,則與下'凡六十二神'之數合。下文地郊'五帝之佐',疑亦當從《拾補》説作'五人帝、五人帝之佐'。" 五星:指水、木、金、火、土五大行星,即東方歲星(木星)、南方熒惑(火星)、中央鎮星(土星)、西方太白(金星)、北方辰星(水星)。 二十八宿:古代天文學家把周天黄道的恒星分成二十八个星座。東方:角、亢、氐、房、心、尾、箕;北方:斗、牛、女、虚、危、室、壁;西方:奎、婁、胃、昴、畢、觜、參;南方:井、鬼、柳、星、張、翼、軫。 文昌:星座名。共六星,上將、次將、貴相、司命、司中、司禄。 北斗:指北斗星神。 三臺:星名。六顆,近文昌二星曰上臺,主壽。次二星曰中臺,主宗室。東二星曰下臺,主兵。 司命:文昌星的第四顆。 太一:北極星神。 天一:北極星神。 太微:古代星宫名。三垣之一。位於北斗之南,軫、翼之北,大角之西,軒轅之東。 勾陳:星名。該星主天子六軍將軍,因用以代稱禁軍。 北極:北極星座。 雨師:司雨之神。 雷電:司雷電之神。 司空:星名。《史記》卷二七《天官書》:"危東六星,兩兩相比,曰司空。"張守節正義:"危東兩兩相比者,是司命等星

也。司空唯一星耳，又不在危東，恐‘命’字誤爲‘空’也。” 風伯：司風之神。　老人：亦省稱“老人星”。南部天空一顆光度較亮的二等星。古人認爲它象徵長壽，故又名“壽星”。

[3]五岳：史書有多種記載。一説爲東岳泰山、南岳衡山、西岳華山、北岳恒山、中岳嵩山。一説爲東岳泰山、南岳霍山、西岳華山、北岳恒山、中岳嵩山。一説爲泰山、衡山、華山、岳山、恒山。　四海：東海、南海、西海、北海。　四瀆：長江、黄河、淮河、濟水的合稱。　五湖：古代吴越地區湖泊。多指胥湖、蠡湖、洮湖、滆湖、太湖。一説爲長蕩湖、太湖、射湖、貴湖、滆湖。也有的説爲菱湖、游湖、莫湖、貢湖、胥湖。　沂山：又名東泰山，位於今山東省臨朐縣南，接沂水縣界。　岳山：又名岳頂山，位於今河南省宜陽縣西南。　白山：位於今江蘇省南京市東。　霍山：一名衡山，即今安徽省霍山縣南天柱山，古時又稱南岳。　醫無閭山：位於在今遼寧省北鎮縣西。　蔣山：即今江蘇省南京市中山門外鐘山。　松江：即今江蘇省太湖尾閭吴淞江。　會稽山：即今浙江省紹興市東南會稽山。　錢唐江：即今浙江省錢塘江。　先農：指神農或后稷。

[4]祑：祭有次序。殿本作“秩”。

[5]宣穆張皇后：司馬懿夫人，名張春華，本書卷三一有傳。

[6]此魏氏故事：此，原本、宋本、殿本作“地”，據中華本改。

康帝建元元年正月，將北郊，有疑議。太常顧和表：[1]“泰始中，合二至之禮於二郊。北郊之月，古無明文，或以夏至，或同用陽復。[2]漢光武正月辛未，始建北郊，此則與南郊同月。及中興草創，百度從簡，合七郊於一丘，[3]憲章未備，權用斯禮，蓋時宜也。至咸和中，議别立北郊，同用正月。魏承後漢，[4]正月祭天以地配。時高堂隆等以爲禮祭天不以地配，而稱《周禮》三王之郊一用夏正。”[5]於是從和議。是月辛未南郊，辛巳北郊，帝皆親奉。[6]

[1]顧和：字君孝，本書卷八三有傳。

[2]陽復：指冬至日。古人认爲天地間有陰陽二气，每年至夏至日，陽气盡而陰气始生；至冬至日，則陰气盡而陽气開始復生，謂之“一陽來復”。原本、宋本無“復”字，殿本“復”作“月”，據中華本補。

[3]七郊：統稱古代在郊外祀五帝及天地的祭禮。《後漢書》卷三五《曹褒傳》：“受詔議立七郊。”李賢注：“五帝及天地爲七郊。”

[4]魏承後漢：後漢，殿本乙作“漢後”。

[5]夏正：夏曆正月的省稱。代指夏曆。夏以正月爲歲首。

[6]“康帝建元元年正月”至“帝皆親奉”：清秦蕙田《五禮通考》：“《晋書・王彪之傳》：時當南郊，簡文帝爲撫軍執政，訪彪之：‘應有赦不？’答曰：‘中興以來，郊祀往往有赦。愚意常謂非宜，何者？黎庶不達其意，將謂郊祀必赦，凶愚之輩復生心於僥倖矣。’遂從之。蕙田案，彪之論郊不宜赦，誠爲正當。”

安帝元興三年，劉裕討桓玄，[1]走之。己卯，告義功于南郊。是年，帝蒙塵江陵未反。[2]其明年應郊，[3]朝議以爲宜依《周禮》，宗伯攝職，三公行事。尚書左丞王納之獨曰：[4]“既殯郊祀，自是天子當陽，[5]有君存焉，禀命而行，何所辯也。[6]郊之與否，[7]豈如今日之比乎！”議者又云：“今宜郊，故是承制所得命三公行事。”[8]又“郊天極尊[9]，惟一而已，故非天子不祀也。

庶人以上，莫不蒸嘗，[10]嫡子居外，介子執事，[11]未有不親受命而可祭天者”。納之又曰：“武皇受禪，用二月郊，元帝中興，以三月郊。今郊時未過，日望輿駕，[12]無爲欲速，而使皇輿旋反，更不得親奉也。”[13]於是從納之議。[14]

[1]劉裕：字德輿，小名寄奴，彭城（今江蘇省徐州市）人，南朝宋開國皇帝。世居京口，初爲東晋冠軍司馬，後被劉牢之任爲參軍。歷任鎮軍將軍、都督十六州諸軍事，官至相國，受封宋王。元熙二年（420）代晋稱帝。卒謚武皇帝，廟號高祖。　桓玄：字敬道，本書卷九九有傳。

[2]蒙塵：帝王失位逃亡在外，蒙受風尘。　江陵：縣名，治所在今湖北省江陵縣。

[3]應郊：郊，宋本作“郎”。

[4]尚書左丞：官名，尚書省佐官，位次尚書，居尚書右丞上。與右丞共掌尚書都省庶務，率諸都令史監督稽核諸尚書曹、郎曹政務。左丞又掌督録近道文書章奏，監察糾彈尚書令、僕射、尚書等文武百官，號稱“監司”，權勢甚重。六品。

[5]當陽：南面向陽。指天子之位。

[6]何所辯也：辯，原本、宋本作“辨”，殿本作“辯”，據殿本改。

[7]郊之與否：郊，原本作“齊”，宋本作“濟”，殿本作“郊”，據殿本、中華本校勘記改。

[8]命三公行事：命，殿本作“令”。

[9]郊天極尊：中華本校勘記：“‘又’下爲王納之之言，‘又’當作‘納之又曰’，始不致與‘議者’之言相混。”

[10]蒸嘗：本指秋冬二祭。後泛指祭祀。

[11]介子執事：庶子主事。古代宗法，長子爲宗子，宗子爲

士，庶子爲大夫，祭於家廟，庶子則稱介子。介，副。以示不敢僭越宗子。

［12］日望輿駕：原本、宋本、殿本“日”下皆有“月”字，據中華本删。

［13］“無爲欲速”至“不得親奉也”：中華本校勘記：“《宋志》三‘而’下有‘無據’二字，全文爲‘無爲欲速而無據，使皇輿旋反更不得親奉也’，文義較具。”

［14］從納之議：殿本無“議”字。

郊廟牲幣璧玉之色，[1]雖有成文，秦世多以騮駒，[2]漢則但云犢，未辨其色。[3]江左南北郊同用玄牲，[4]明堂廟社同以赤牲。[5]

［1］牲幣璧玉之色：祭祀用犧牲、繒帛、玉璧的顏色。

［2］騮駒：紅身黑鬃尾的小馬。

［3］未辨其色：辨，原本、宋本作“辯”，殿本作“辨”，據殿本改。

［4］玄：赤黑色。

［5］赤：淺紅色，泛指紅色。清秦蕙田《五禮通考》：“案《晋書》載記中，於劉曜，記其冒頓配天，元海配上帝。於石勒，記其南郊有白氣自壇屬天。於苻堅，記其起明堂，繕南北郊，以其祖洪配天，伯健配上帝。於慕容超，記其南郊將登壇，有獸如馬狀，類鼠色赤，集於圜丘之側。須臾大風，天地晝昏，行宫羽儀皆振裂。於赫連勃勃，記其刻石頌功德，有云廣五郊之義，尊七廟之制。僭制紛然，並登簡册。其尤甚者，列傳末卷，桓玄篡位，詳録燎祭告天之文。張昌畔逆，亦存郊廟服色之制。蓋史以紀事，雖逆節猶宜備書，若禮以行，義非正典，不容濫及。今並從削黜，其明堂宗廟社稷倣此。”

禮有事告祖禰宜社之文,[1]未有告郊之典也。漢儀，天子之喪，使太尉告謚于南郊,[2]他無聞焉。魏文帝黄初四年七月，帝將東巡，以大軍當出，使太常以一特牛告祠南郊。及文帝崩，太尉鍾繇告謚南郊,[3]皆是有事於郊也。江左則廢。

[1]祖禰（nǐ）：祖父之廟。　宜社：祭社。《白虎通疏证》卷六《巡狩》："王者出，必告廟何？孝子出辭反面，事死如事生。尚書曰：'歸格於祖禰。'曾子問曰：'王者諸侯出，親告祖禰，使祝遍告五廟，尊親也。'"《孔叢子·巡狩篇》："古者天子將巡守，先告於祖禰，命史告群廟及社稷，圻内名山大川，告者七日而遍。親告用牲，史告用幣，申命冢宰，而後清道。"又云："歸，反舍於外次，三日齋，親告於祖禰，用特，命有司告群廟社稷，及圻内名山大川，而後入聽朝。"

[2]謚于南郊：《白虎通疏证》卷二《謚》："天子崩，大臣至南郊謚之者何？以爲人臣之義，莫不欲褒大其君，掩惡揚善者也，故之南郊，明不得欺天也。故曾子問'孔子曰：天子崩，臣下之南郊告謚也'。"《釋名·釋喪制》："古者諸侯薨，天子論行以謚之。唯王者無上，故於南郊稱天以誄之。"《通典·凶禮》引《五經通義》："大臣吉服之南郊告天，還，素服稱天而謚之。"

[3]鍾繇：三國時潁川長社（今河南省長葛市東）人，字元常。東漢建安二年（197)，被曹操表爲侍中，守司隸校尉，持節都督關中諸軍事。二十四年，受魏諷謀反牽連，被免官。曹魏文帝時復爲廷尉，官至太傅。古代著名書法家。

禮，春分祀朝日於東,[1]秋分祀夕月於西。[2]漢武帝郊泰畤,[3]平旦出行宫,[4]東向揖日，其夕西向揖月。即郊日月，又不在東西郊也。後遂旦夕常拜。故魏文帝詔曰：“漢氏不拜日於東郊，而旦夕常於殿下東西拜日月，[5]煩褻似家人之事，[6]非事天神之道也。”黄初二年正月乙亥，祀朝日于東門之外，[7]又違禮二分之義。魏明帝太和元年二月丁亥，祀朝日于東郊，[8]八月己丑，祀夕月于西郊，[9]始得古禮。及武帝太康二年，有司奏，春分依舊請車駕祀朝日，[10]寒温未適，可不親出。詔曰：“禮儀宜有常，若如所奏，與故太尉所撰不同，復爲無定制也。[11]間者方難未平，故每從所奏，今戎事弭息，惟此爲大。”案此詔，帝復爲親祀朝日也。[12]此後廢。

[1]朝日：古代帝王祭日之禮。《周禮·天官·掌次》：“朝日，祀五帝，則張大次小次，設重帟（yì）重案。”鄭玄注：“朝日，春分拜日於東門之外。”

[2]夕月：古代帝王祭月的儀式。《周禮·春官·典瑞》“以朝日”，鄭玄注：“天子當春分朝日，秋分夕月。”

[3]郊泰畤：在泰畤祭祀天神。泰畤，天子祭祀天神的地方。

[4]平旦：清晨。

[5]旦夕：旦，原本作“且”，宋本、殿本作“旦”，據宋本、殿本改。

[6]煩褻似家人之事：似，原本、宋本作“以”，殿本作“似”，據殿本改。

[7]祀朝日于東門之外：原本、宋本、殿本均有“祀”字，中華本無。殿本“門”作“郊”。

[8]祀朝日于東郊：原本、宋本、殿本均有“祀”字，中華本無。

［9］祀夕月于西郊：原本、宋本、殿本均有“祀”字，中華本無。

［10］請車駕祀朝日：原本、宋本、殿本均有“請”字，中華本無。

［11］復爲無定制也：宋本無“制”字。

［12］“禮，春分祀朝日於東”至“親朝日也”：關於祭日月，清秦蕙田《五禮通考》云：“陳氏《禮書》：‘古者之祀日月，其禮有六。《郊特牲》曰：郊之祭，大報天而主日，配以月，一也。《玉藻》曰：朝日於東門之外。《祭義》曰：祭日於東郊，月於西郊，二也。《大宗伯》：四類於四郊，兆日於東郊，兆月於西郊，三也。《大司樂》：樂六變而致天神。《月令》：孟春祈來年於天宗，天宗者，日月之類，四也。覲禮拜日於東門之外，反祀方明。禮日於南門之外，禮月於北門之外，五也。雪霜風雨之不時，於是乎禜之，六也。夫因郊蜡而祀之，非正祀也。類禜而祀之，與覲諸侯而禮之，非常祀也。春分朝之於東門之外，秋分夕之於西門之外，此祀之正與常者也。日言朝則於日出之朝，朝之也。月言夕則於月出之夕，夕之也。日壇謂之王宫，以其有君道故也。月壇謂之夜明，以其昱於夜故也。其次則大次小次，設重帟重案。其牲體則實柴，其服則玄冕、玄端，其圭之繅藉則大采、少采。禮之之玉則一圭、邸璧。祀之之樂則奏黄鐘，歌大吕，舞《雲門》。《玉藻》十有二旒，龍衮以祭玄端，以朝於東門之外。則龍衮玄端皆言其衣也。衣玄冕之衣則用玄冕矣。鄭氏改玄端爲玄冕，不必然也。虞氏釋《國語》謂朝日以衮冕，然祀上帝以衮冕，而朝日以圭璧，與張次設帟一切殺，於上帝則其不用衮冕可知矣。《周禮》於掌次之，次帟案，與典瑞之大圭鎮、圭繅、藉言朝而已，則夕月之禮又殺乎此也。漢武帝因郊泰畤朝日行宫，東向揖日，其夕西向揖月，則失東西郊之禮也。魏文帝正月祀日於東門之外，則失春分之禮也。齊何佟之曰：王者兄日姊月。馬、鄭用二分，盧植用立春，佟之以爲日者太陽之精，月者太陰之精，春分陽氣方永，秋分陰氣向長，天地至

尊，故用其始而祭以二至；日月次天地，故祭以二分。則融與康成得其義矣。魏薛靖曰：朝日宜用仲春之朔，夕月宜用仲春之朏，此尤無據也。後周於東門外爲壇以朝日，燔燎如圜丘；於西門外爲壇，於坎中方四丈深四丈以夕月，燔燎如朝日。隋唐壇坎之制，廣狹雖與後周差異，大□因之。蕙田案：兆爲之營域，鄭注《小宗伯》云兆日月於東西郊，蓋指其壇坎而言，非祭也。《祭義》言祭於壇坎，即祭於所兆之處，非有二也。《禮書》分爲二禮，誤矣。祀日月之義，經文有並言之者，如禮之以圭璧，燔之以實柴之類，至於玄端之服，圭之搢執，次帟案之張設，經皆止言朝日而不及月，蓋從省文，非有隆殺之辨。蓋日月雖有陰陽之分，而其爲天之貴神則一，故《祭義》曰主日配月，則祀之之儀不應有二。所異者兆有東西，制有壇坎，名有王宫、夜明，時有春秋，候有朝暮，采有大少，其見於經者如此，其他則無所别。《禮書》云夕月之禮殺乎朝日，亦未知所據。至杜氏《通典》仍崔氏之謬，今不載。'"

禮，"郊祀后稷以配天，[1] 宗祀文王於明堂以配上帝"。魏文帝即位，用漢明堂而未有配。明帝太和元年，始宗祀文帝於明堂，齊王亦行其禮。[2]

[1]以配天：配，殿本作"祀"。

[2]齊王：即曹芳，魏明帝養子，後爲司馬師所廢，黜爲齊王。

晋初以文帝配，後復以宣帝，尋復還以文帝配，其餘無所變革。是則郊與明堂，同配異配，參差不同矣。摯虞議以爲："漢魏故事，明堂祀五帝之神。新禮，五帝即上帝，即天帝也。明堂除五帝之位，惟祭上帝。案仲尼稱'郊祀后稷以配天，宗祀文王於明堂以配上帝'。

《周禮》，祀天旅上帝，祀地旅四望。望非地，則上帝非天，斷可識矣。郊丘之祀，掃地而祭，牲用繭栗，[1]器用陶匏，[2]事反其始，故配以遠祖。明堂之祭，備物以薦，玉牲並陳，[3]籩豆成列，[4]禮同人鬼，[5]故配以近考。郊堂兆位，居然異體，牲牢品物，質文殊趣。且祖考同配，非謂尊嚴之美，三日再祀，非謂不黷之義，其非一神，亦足明矣。昔在上古，生爲明王，没則配五行，故太昊配木，[6]神農配火，[7]少昊配金，[8]顓頊配水，[9]黄帝配土。此五帝者，配天之神，同兆之於四郊，報之於明堂。祀天，[10]大裘而冕，[11]祀五帝亦如之。[12]或以爲五精之帝，佐天育物者也。前代相因，莫之或廢，晋初始從異議。[13]《庚午詔書》，明堂及南郊除五帝之位，惟祀天神，新禮奉而用之。前太醫令韓楊上書，[14]宜如舊祀五帝。太康十年，詔已施用。宜定新禮，明堂及郊祀五帝如舊儀。"[15]詔從之。江左以後，[16]未遑修建。[17]

[1]繭栗：小牛犢。《禮記·王制》："祭天地之牛，角繭栗。"

[2]陶匏：陶製的器皿。

[3]玉牲並陳：玉，原本、宋本、殿本作"三"，據中華本改。

[4]籩豆：籩和豆。古代祭祀時用的兩種禮器。竹製爲籩，木製爲豆。

[5]禮同人鬼：鬼，原本、宋本、殿本作"理"，據中華本改。

[6]太昊：又稱伏羲、伏戲、伏犧、包羲、犧皇、宓犧等。神話中的人類始祖，八卦創始人。

[7]神農：傳説中的遠古帝王名。始教民稼穡，故稱神農氏。又傳他曾嘗百草，發現藥材，教人治病。也稱炎帝。

［8］少昊：亦作少皞，傳説中古代東夷集團首領，名摯，號金天氏。

［9］顓頊：上古帝王名。“五帝”之一，號高陽氏。相傳爲黄帝之孫、昌意之子，生於若水，居於帝丘。

［10］祀天：祀，宋本作“配”。

［11］大裘而冕：穿皮大衣戴禮帽。裘，冕均爲動詞。

［12］祀五帝亦如之：殿本無“祀”字。

［13］晋初始從異議：始從，原本、宋本乙作“從始”，殿本作“始從”，據殿本改。

［14］前太醫令韓楊上書：中華本校勘記：“《斠注》：《隋志》天文類有太史令韓楊《天文要集》四十卷，《初學記》二〇引之。當即其人。此‘太醫令’恐爲‘太史令’之誤。”

［15］舊儀：儀，原本、宋本作“議”，殿本無此字，據中華本改。

［16］江左以後：殿本“後”上有“議”字。

［17］未遑：没有時間顧及，來不及。　“晋初以文帝配”至“未遑修建”：關於明堂配享，清秦蕙田《五禮通考》引諸家論曰：

“王炎《文獻志》：‘郊以事天，廟以祀祖禰，三代之達禮也。明堂以享帝則非郊，以享親則非廟，夏商所未有也，而周始爲之。故夫子曰：“昔者周公郊祀后稷以配天，宗祀文王於明堂以配上帝。”武王之伐商而歸也，祀明堂以教民知孝，其禮行於朝覲、耕藉養老之先，而嚴父配天之義。夫子不屬之武王而屬之周公者，蓋明堂之禮，武王主其事而行之，其制度則周公明其義而爲之也。其在《周頌·思文》后稷配天之樂章也，我將祀文王於明堂之樂章也。萬物本乎天，人本乎祖，尊祖以明有本，此百世所不變者也。而周之王業實成於文王，配天於郊則不可。以二太祖之尊，烝嘗於廟，則不足以明文王之德，是故宗祀明堂以配上帝，此義之所當然，禮之所從起，而非厚於其禰也。知此則周公制禮之義明矣。’

“楊氏復曰：‘郊祀配天，明堂配上帝，天與上帝一也。祀上帝禮並如郊祀，然《月令》有大享之文，《我將》之詩有維羊維牛之語，則明堂之禮爲尤備。故程子曰，其禮必以宗廟之禮享之。朱子亦曰，祭於屋下而以神祇祭之，蓋謂此也。'

"濮氏一之曰：'文王之祀，既不敢同后稷於郊，又無屈天神於宗廟之理，故特尊其祀於明堂也。斯其爲曲盡矣。'

"何氏楷曰：'胡致堂云："文王已有廟矣，以季秋享帝而奉文王配焉，不可於七廟中獨舉大禮於一廟，故迎主致之明堂以配帝也。祭帝必於明堂者，帝出震而宰萬物，猶向明而治天下也。武王即位，追王文王；周公制禮，推本王功。故以文王配帝而祀於明堂，此義類也。"'

"陳氏《禮書》：'明堂之祀，於郊爲文，於廟爲質，故郊掃地藁秸而已，明堂則有堂有筵。郊，特牲而已，明堂則維羊維牛。然郊有燔燎而明堂固有升烟，漢武帝明堂禮畢，燎於堂下，古之遺制也。由漢及唐，或祀太乙五帝，或特祀五帝，或除五帝之坐同稱昊天上帝，或合祭天地，或配以祖，或配以群祖。其服也或以衮冕，或以大裘。其獻也，或以一獻，或以三獻，抑又明堂之制變易不常，與《考工》之説不同，皆一時之制然也。'

……

"王氏肅曰：'古者祖有功而宗有德，祖宗自是不毁之名，非謂配食於明堂者也。審如鄭言，則經當言祖祀文王於明堂，不得言宗祀也。宗者尊也，周人既祖其廟又尊其祀，孰謂祖於明堂者乎？鄭引《孝經》以解《祭法》，而不曉周公本意殊非仲尼之義旨也。'

"杜氏《通典》：'宗祀文王於明堂以配上帝，謂祀昊天上帝，先儒所釋不同。若以祭五帝，則以天帝皆坐明堂之中，以五人帝及文王配之。五官之神坐於庭中，以武王配之。通名曰祖宗。故云祖文王而宗武王，文王爲父，配祭於上；武王爲子，配祭於下。如其所論非爲通理，但五神皆生爲上公，死爲貴神，生存之日，帝王享會，皆須升堂。今死爲貴神，獨配於下，屈武王之尊，同下坐之義，爲不便。'

"陳氏《禮書》：'《祭法》曰："周人禘嚳而郊稷，祖文王而宗武王。"鄭氏曰："禘，郊祖宗，謂祭祀以配食也。"其説以爲坐五帝於堂上，以五人帝及文王配之，坐五神於庭中，以武王配之。然古者祖有功而宗有德，謂祖宗其廟耳，非謂配於明堂也。《月令》之五人帝、五人神，所以配食四郊也。其與享明堂於經無見，又況降五神於庭中，降武王以配之，豈嚴父之意哉？'

"唐氏仲友曰：'文王配上帝，周之子孫未之有。改《孝經》謂之嚴父，爲周公言之也。《樂記》謂祀乎明堂而民知孝者，爲武王言之也。若成王以降，則亦祖而已。德如文王而可以配上帝，文王既配上帝，則武王雖無配可也。康成謂配以文武，鑿説也。其説謂《祭法》禘，郊祖宗皆配天之祭，亦考之未詳耳。禘，祖宗宗廟之祭；郊，配天之祭也。鄭氏注《大傳》"祖之所自出"，謂祭感生帝，不足信也。虞夏禘黄帝，殷周禘嚳，所以爲祖之所自出也。長發《大禘》之詩而敘契至於阿衡，其爲禘昭穆之祭何疑。禘不爲郊則祖宗不爲明堂，審矣。'"

漢儀，太史每歲上其年曆，[1]先立春、立夏、大暑、立秋、立冬常讀五時令，皇帝所服，各隨五時之色。帝升御坐，尚書令以下就席位，尚書三公郎以令置案上，奉以入，就席伏讀訖，賜酒一卮。魏氏常行其禮。魏明帝景初元年，通事白曰："前後但見讀春夏秋冬四時令，至於服黄之時，獨闕不讀，今不解其故。"散騎常侍領太史令高堂隆以爲"黄於五行，[2]中央土也，王四季各十八日。土生於火，故於火用事之末服黄，[3]三季則否。其令則隨四時，不以五行爲令也，[4]是以服黄無令"。斯則魏氏不讀大暑令也。及晉受命，亦有其制。傅咸云"立秋一日，[5]白路光於紫庭，[6]白旂陳於玉階"，然則其日旂路皆白也。[7]

［1］太史：官名，即太史令，屬太常。掌天時、星曆、歲終奏新年曆。記録瑞應、灾異等。七品。

［2］散騎常侍：官名，三國魏文帝黄初年間置，侍從皇帝左右，諫諍得失，顧問應對，與侍中等共平尚書奏事。也用作宰相、諸公等加官，入宫議政。三品。　領：以地位較高的官員兼理較低的職務，謂之“領”。也稱“録”。

［3］故於火用事之末服黄：殿本無“於火”二字。

［4］不以五行爲令也：中華本校勘記：“高堂隆‘其令則隨四時’之説，蓋本於《春秋繁露五行之義》《白虎通五行》‘土不名一時’之説，謂不以土行爲令也。《通典》七〇於此，‘五’作‘土’，當是。”

［5］傅咸：咸，原本作“成”，宋本、殿本作“咸”，據宋本、殿本改。

［6］白路：亦作白輅。古代皇帝於秋季所乘的車子。　紫庭：帝王宫廷。

［7］“漢儀”至“旂路皆白也”：關於五時迎氣，五時讀令，清秦蕙田《五禮通考》引《後漢書·祭祀志》：“立春之日，皆青幡幘，迎春於東郭外，令一童男冒青巾，衣青衣，先在東郭外野中迎春。至者自野中出則迎者拜之而還，弗祭，三時不迎。”蕙田案：“五時迎氣之禮，定於永平，此所載迎春於東郭外，三時不迎者，乃縣邑所行之事，故不備禮，以志不書創始年月，故載於永平二年之前，而附著其説如此。”又引《宋書·禮志》：“晋武帝泰始二年，詔定郊祀。群臣議五帝即天地王氣，其實一神。五郊宜改五精之號，皆同稱昊天上帝，各設一坐而已。從之。”蕙田案：“明堂除五帝之坐，五郊改五精之號，皆晋武特識，超越兩漢。但五帝本五行之氣，同在天中而各有所主，譬如人有五官，不可指其一而名之曰

人。同稱昊天上帝，於義殊爲未安也。”蕙田又案：“晋宋二史，郊堂以外俱不言。有别祭五帝之制。觀此條，五郊是其指迎氣分祭無疑也。又明帝太寧三年詔書，有依舊詳處之文，是舊有之而渡江後復設耳。”

成帝咸和五年六月丁未，[1]有司奏讀秋令。兼侍中、散騎常侍荀奕，[2]兼黄門侍郎、散騎侍郎曹宇駁曰：[3]“尚書三公曹奏讀秋令，[4]儀注舊典未備。臣等參議光禄大夫臣華恒議，武皇帝以秋夏盛暑，常闕不讀令，在春冬不廢也。夫先王所以順時讀令者，蓋後天而奉天時，正服尊嚴之所重。今服章多闕，如此熱隆赫，[5]臣等謂可如恒議，依故事闕如不讀。”[6]詔可。六年三月，有司奏“今月十六日立夏。今正服漸備，四時讀令，是祇述天和隆殺之道，謂今故宜讀夏令”。奏可。[7]

[1]丁未：漢制每年大暑讀秋令，晋沿之，然六月丙寅朔月内無丁未。《宋書》卷十五《禮志二》同誤，中華本有“校勘記”。六月丁亥二十二日大暑，此“丁未”當爲“丁亥”之訛。（參見牛繼清、張林祥《十七史疑年録》，黄山書社 2007 年版，第 57 頁）

[2]荀奕：字玄欣，本書卷三九有傳。奕，原本、宋本、殿本作“弈”，據本傳及中華本改。

[3]黄門侍郎：官名，魏晋時爲侍中省或門下省次官。侍從皇帝，顧問應對，多以重臣或外戚子弟擔任，位頗重要。五品。　散騎侍郎：官名，三國魏置。隸屬散騎省，侍從皇帝左右，顧問應對，諫諍拾遺，與散騎常侍、侍中等共平尚書奏事。五品。

[4]三公曹：官署名，尚書省諸郎曹之一。長官爲三公尚書，掌斷獄及宣讀五季時令儀注。

［5］如此熱隆赫：南監本、殿本作“加比熱隆赫”，意謂加上近來非常炎熱，較好理解。

［6］依故事闕如不讀：如，殿本作“而”。

［7］“成帝咸和五年”至“奏可”：關於四時與讀令，清秦蕙田《五禮通考》引諸家論曰：

“馬晞孟曰：‘律象日月星辰，敬授民時，自堯以來未之有改也。舜齊七政，周用五紀，其究一也。蓋日月星辰之往來不窮，進退相代，終始相循。天以是命萬物而人奉之爲令，亦因是也。夏之政典，先時與不及時，其罪至於殺，蓋欲百官萬民謹其令而順承之也。《月令》一書，亦後儒祖先王之餘而傅會成之。’

“高氏曰：‘《月令》一篇，大體與《洪範》相通。初一曰五行，即《月令》金木水火土之運也。次三曰農用八政，即《月令》之勸課農桑、聚畜財貨、祭祀神祇、安養民居、習合禮樂、逐捕奸慝、敬禮賓客、簡練師徒之意也。次四曰協用五紀，即《月令》歲月日星辰曆數之事也。次六曰又用三德，即《月令》布德行惠，戮有罪，嚴斷刑，以順天時者也。次七曰明用稽疑，即《月令》命大史釁龜筴、占兆、審卦吉凶是也。次八曰念用庶徵，即《月令》之風雨寒燠各以時，若草木昆蟲各以時遂，皆休徵也。每時令錯行而有猋風暴雨，大旱凶荒之類，皆休徵也。次九曰嚮用五福，即《月令》養衰老、禮賢者、行爵出禄必推所尊禮者也。至於威用六極，即時令失宜，民多疾疫，遷徙流亡之類是也。若夫人君於二至之時，盡齋戒之誠，止聲色，薄滋味，節嗜欲，定心氣，則所以涵養此心，一毫無累，俾視聽言貌思之間有肅又哲，謀聖之德。而所謂五皇極者，即《月令》每月之發政施令，毋有不當，毋有枉撓，毋有差貸，毋有阿黨，舉歸於大中至正者皆是也。然則合而論之，謂之《洪範》，散而舉之，謂之《月令》。故月令所以著人《六經》，垂訓萬世者，其在斯乎！’

“蔡氏德晋曰：‘《周禮·内宰》：上春詔王后帥六宫之人而生穜稑之種，而獻之於王。龜人上春釁龜祭先。卜筮人上春相筮。牧師孟春焚牧。大司馬仲春教振旅。羅氏仲春羅春鳥獻鳩，以養國老，行羽物。媒氏仲春令會男女。籥章仲春晝逆暑。内宰仲春詔后帥内外命婦，治蠶於北郊。司爟季春出火。大司馬仲夏教茇舍。山虞仲夏斬陰木。大司樂夏日至於澤中方丘祭地。司裘仲秋獻良裘，王乃行羽物。籥章仲秋夜迎寒。司裘季秋獻功裘，以待頒賜。司爟季秋内火。小司寇孟冬祀。司民獻民數於王，王拜受之。大司馬仲冬教大閱。大司樂冬日至於地上圜丘祀天。占夢季冬聘王夢，獻吉夢於王，王拜而受之，乃令萌干四方以贈惡夢。皆《月令》所未及。'

……

"王氏應麟曰：'《周書・時訓》："雨水之日，獺祭魚。"驚蟄之日，桃始華，易通卦驗先雨水，後驚蟄，此漢太初後術也。又案三統術，穀雨三月節，清明中，而時訓通卦驗清明在穀雨之前，與今術同，然則二書皆作於劉歆之後。《時訓》非周公書明矣。是以朱子集《儀禮》取夏小正而不取《時訓》。'

"蕙田案：'《逸周書》本非古書，而時訓一篇尤爲淺陋。蓋漢儒剽取《月令》之文分爲七十二候傅會以占驗之説，後之術家言五日一候者率準乎此。唐開元中御定《月令》乃以竄入《禮記》正文，無識甚矣。《月令》以天時草木鳥獸記每月之候，此古法也。每月中少者四五候，多者七八候，節氣與中氣交則候隨應之，豈有五日而一候應，又五日而一候應之理乎？又每月既定爲六候，不可增多，故仲夏則去木堇榮一候，仲秋則去盲風至一候，仲冬則去冰益壯，地始、坼芸、始生三候矣，亦不可減少，故孟夏則以次月之小暑至補之，而與《月令》之文相矛盾矣。孟秋則以天地始肅爲一候，孟冬則以天氣上騰地氣下降與閉塞而成冬分爲二候，然《月令》所云天氣下降地氣上騰天地和同，未嘗以紀孟春之候，何獨於此月紀之？且閉塞而成冬即上騰下降之驗，尤不可分爲兩事，其支離雜凑如此，至占驗之法出於讖緯家言，尤無可取也。'

……

"杜氏佑曰：'議曰讀時令，非古制也。自東漢始焉，其後因而沿襲。按《太宰》職：“正月之吉，懸治象之法於象魏，使萬人觀之。”又《春官》太史“頒告朔於邦國”，《玉藻》復云“聽朔於南門之外”，並無讀時令故事。而辟閭仁諝云“元日受朝讀令，此則聽朔禮畢，合於《玉藻》之文”，王方慶雖有所駁，大旨與仁諝不異，皆臆説也。凡言時者，謂四時耳。若正月之朔讀令，則合云歲令，何以謂之時邪？其夏秋冬，又何爲不讀？斯則辟閭輩誤矣。’”

《禮》，[1]孟春之月，“乃擇元辰，[2]天子親載耒耜，措之于參保介之御間，[3]帥三公九卿諸侯大夫躬耕帝籍”。[4]至秦滅學，其禮久廢。漢文帝之後，始行斯典。魏之三祖，亦皆親耕籍田。[5]

[1]《禮》：《禮記》。下面之語出於《禮記·月令》。

[2]元辰：吉辰。

[3]措之于參保介之御間：保介，立於車右，披甲執兵，擔任侍衛之人。置耒於車右與御者之間。

[4]籍：殿本作“耤”，本卷下文“籍”同。

[5]籍田：又作“藉田”，皇帝親耕之田，每逢春耕前，皇帝躬耕藉田，以示對農業的重視。

及武帝泰始四年，有司奏始耕祠先農，[1]可令有司行事。[2]詔曰：“夫國之大事，在祀與農。是以古之聖王，躬耕帝籍，以供郊廟之粢盛，[3]且以訓化天下。近世以來，耕籍止於數步之中，空有慕古之名，曾無供祀訓農之實，而有百官車徒之費。今修千畝之制，當與群公卿士躬稼穡之艱難，[4]以帥天下。[5]主者詳具其制，下河南，處田地於東郊之南，洛水之北。若無官田，隨宜便换，而不得侵人也。”於是乘輿御木輅以耕，[6]以太牢祀先農。[7]自惠帝之後，其事便廢。

[1]有司奏始耕祠先農：原本、宋本、殿本無“始”字，據中華本加。

[2]可令有司行事：宋本無“令”字。

[3]粢盛：古代盛在祭器内以供祭祀的穀物。

[4]稼穡：穡，殿本作“牆”。

[5]以帥天下：帥，殿本作“率先”。

[6]乘輿：皇帝所乘之車。此代指皇帝。　木輅：帝王所乘的一種車，衹塗漆而不覆以革，亦無金、玉、象牙之飾。

[7]太牢：祭品牛羊豕三牲具備謂之太牢。《莊子·至樂》：“具太牢以爲膳。”成玄英疏：“太牢，牛羊豕也。”

江左元帝將修耕籍，尚書符問“籍田，至尊應躬祠先農不？”賀循答：“漢儀無正有至尊應躬祭之文，[1]然則《周禮》王者祭四望則毳冕，[2]祭社稷五祀則絺冕，[3]以此不爲無親祭之義也。宜立兩儀注。”賀循等所上儀注又未詳允，事竟不行。後哀帝復欲行其典，亦不能遂。

[1]漢儀無正有至尊應躬祭之文：無正，原本作“無正”，宋本作“元正”，殿本作“無止”。躬，原本、宋本、殿本作“自”，據中華本改。中華本校勘記：“《拾補》：‘正有’二字衍。按：《通典》四六無，應删。”

[2]毳冕：毳衣和冕。古代天子祭祀四望山川時所用禮服。《周禮·春官·司服》：“祀四望山川則毳冕。”鄭玄注引鄭司農曰：

“毳，罽衣也。”

[3]五祀：古代祭祀對象。其説法不一，清秦蕙田《五禮通考》引諸家論曰：

“蕙田案：‘五祀之祭見於經傳多矣。《曲禮》“天子諸侯大夫祭五祀歲遍。”《士喪禮》“禱於五祀”，是天子至士皆得祭五祀也。《月令》五祀分祭五時，孟冬臘五祀，此祭之時也。《周禮·大宗伯》以血祭祭五祀，司服祭五祀則希冕，此祭之秩也。獨《祭法》著七祀、五祀、三祀、二祀、一祀之法。有五疑焉：《曲禮》天子祭五祀不云七祀，《儀禮》士禱五祀不云二祀，一也。五祀與社稷同爲地祇之屬，司命則屬天神，泰厲則屬人鬼，合爲七祀恐非其類，二也。諸侯不祭户竈，大夫以下不祭中霤，恐非推報之義，三也。既爲群姓立七祀，又自爲立七祀，是天子有十四祀，諸侯有十祀矣，四也。五祀祭於宫中而以厲參之，五也。《祭法》之説本不足信，康成反以爲周制，而以天子祭五祀爲商制，惑矣。《周禮》五祀難指爲商制，遂以爲五官之神，抑又惑矣。兹輯五祀門，先經後史，以諸儒辨論附於經後，覽者詳焉。’

……

“鄭氏鍔曰：‘中霤，土也，季夏祀之。井，水也，冬祀之。門，金也，秋祀之。户，木也，春祀之。竈，火也，夏祀之。皆五行之小神在地者，故其祭亦自血始。或謂天子七祀，此祭其五，何也？予以爲司中泰厲，以槱燎祀之矣。’

……

“黄氏度曰：‘《祭法》七祀，宗伯五祀，《司命》泰厲非地類，血祭者惟五耳。’

“蕙田案：‘鄭注以五祀爲祭五官神，非也。血祭埋沈、疈辜，皆祭地祇。《左傳》五官皆當從祀天神，不在地祇内。剛中謂五行之小神在地者，信矣。……’

……

“蕙田案：‘鄭注此五祀與《月令》合，是。已乃又以爲殷禮，盖惑於祭法七祀五祀三祀二祀之説，而不能强同，故彼爲周禮而以此爲殷制，不知周禮但有五祀並無七祀。七祀者，《禮記》之言，漢儒之附會耳。烏足據依。孔颖达疏謂疑是殷制，疑是周禮，夫説經必有徵信，豈可以已之疑而亂聖人之經哉！故《周禮》《曲禮》《王制》一人之注而三遷其説，與郊祀之釋天帝同一病矣。’

“宗元案：‘五祀通乎上下，乃五行之神之最切於民生日用者。然井即水神，人尤利賴，何以冬祭行而不祭井？程子謂古者八家同井，盖五祀皆門内之神，井則非一家之所獨也。然行亦非門内之神，古人出門時原有軷祭，以祭行道之神。冬則役車，其休矣，何又祭行而反不及井哉？考之《淮南子》《白虎通》諸書，皆云冬祭井，疑彼爲是。《月令》特采《吕氏春秋》之文未足據也。然《大雅》后稷肇祀而云“取羝以軷”以興，嗣歲正在烝祭之時，則似冬之祭行古禮原是如此。後得楊用修説，謂行即井也。八家同井由家至井，井開八道，乃八家所行。《月令》時訓特互言之，而非有異。雖亦曲解，然實爲妙悟也。但鄙意北方之神本有二，則冬之祭行可兼井，直當並祀之亦無害於義爾。至王平仲説以五祀爲祭之小者，而大宗伯之五祀乃在五岳之上，則非門户等，可知欲從鄭氏五官之神在四郊之説，則謬已。五祀近而五岳遠，由近以至遠故先五祀而後五岳，其序當然，何必復生一解乎？且五官之神乃天神之屬，宜從實柴槱燎之例，而不當血祭。則鄭氏益與經文爲不合耳。’

……

“蕙田案：‘鄭注《大宗伯》《曲禮》既不同矣，《王制》所言又與祭法相牴牾，乃鄭復用《祭法》之説以爲解。既分殷周兩制，更於周制中分有地無地之説，支離甚矣。且果如《祭法》所云，諸侯大夫降殺以兩，未聞大夫有地遂得上同諸侯也。’

……

“蕙田案：‘《通典》殷制，《周禮》尚沿，鄭注之誤。又謂七祀皆應古之始造者，亦非也。《周禮》以血祭祭社稷五祀，緣社稷五祀同是地祇之屬，陰祀自血始，故皆血祭。若古之始造者，則是人鬼非地祇矣。云祝融上公，祭之竈陘爲已褻，以駁馬鄭五官之神之説甚善。至云竈神是祭老婦爲報先炊之義，則非《禮器》。老婦之祭，嚴陵方氏以爲祀竈配以先炊，極是。古人祭必有配，門、户、中霤、行配祭不見於經，大約以古之始造者爲配耳。'

"陳氏《禮書》：'五祀見於《周禮》《禮記》《儀禮》，雜出於史傳多矣。特《祭法》以司命泰厲爲七祀，而《左傳·昭二十五年》《家語·五帝篇》則以五祀爲重、該、修熙、黎、勾龍之五官。《月令》以五祀爲門、行、户、竈、中霤。《白虎通》劉昭、范曄、高堂隆之徒以五祀爲門、井、户、竈、中霤。鄭氏釋《大宗伯》之五祀則用《左傳》《家語》之説，釋小祝之五祀用《月令》之説，釋《王制》之五祀則用《祭法》之説。而荀卿謂五祀執薦者百人侍西房，侍西房則五祀，固非四方之五官，侍必百人則五祀固非門户之類。然則所謂五祀者，其名雖同，其祭各有所主。七祀之制不見他經，鄭氏以七祀爲周制，五祀爲商制，然周官雖天子亦止於五祀。《儀禮》雖士亦禱五祀，無尊卑隆殺之數矣。《祭法》自七祀推而下之，至於適士二祀，庶人一祀，非周禮也。然禮所言五祀，盖皆門户之類而已。門户人所資以出入者也，中霤人所資以居者也，竈井人所資以養者也。先王之於五者不特所資如此，而又事有所本，制度有所興，此所以祀而報之也。中霤，土之所用事，故祀於中央。竈，火之所用事，故祀於夏。井，水之所用事，故祀於冬。户在内而奇，陽也，故祀於春。門在外而偶，陰也，故祀於秋。兩漢魏晋之立五祀，井皆與焉。特隋唐参用《月令》《祭法》之説，五祀祭行。及李林甫之徒復修《月令》，冬亦祀井而不祀行。然則行神亦特軷於始行而已，非先王冬日之常祀也。考之於禮，五祀之牲牛牲，凡祭五祀，於廟有主有尸。觀《月令》臘先祖，五祀同時，則五祀祭於廟可知也。《曾子問》既"殯而祭五祀，尸及三飯"，則五祀有尸可知也。既殯而祭，不酳不酢，則凡祭五祀固有侑酳與酢矣。老婦之祭，先儒以爲竈配，則五祀固有配矣。先儒又謂卿以上宗廟有主，五祀亦有主矣。大夫以下宗廟無主，五祀亦如

之，然大夫之廟未嘗無主，五祀有主與否不可考也。’

“蕙田案：‘聖人之制祀典也，報功爲重。五祀者，上棟下宇，修冰火之利而奠民居厚民生者也。門與户人所由以出入，井竈人所由以飲食，中霤人所資以覆庇，是故户奇而陽，陽出《小司徒》小祭祀，供牛牲祀之。門偶而陰，陰長祀之，順時令也。夏屬火而祀竈，冬屬水而祀井，從其類也。中霤爲土，於季夏祀之，時之中也，所謂義之修而禮之藏也。若夫祭之神，則五者之靈爲主，而以有功於五祀者配之。如竈祀火神而以先炊配，類而求之門户諸神亦可知矣。乃禮文散失，儒者妄援經傳。凡祀之有五者比而同之，不知人神之有勾芒等五官也，宗廟之有禘祫與四時祭也，五時之有迎氣也，周禮之有司命司中也，此皆王者之祭不可以通乎下。所謂有天下者祭百神，寧可舉之以爲五祀之證歟？故言禘祫是以内而紊外，舉五官是舍近而求遠，首司命是以神而亂祇，及大厲是舉異以瀆常。陳氏謂諸經各有所指，是也。而《祭法》則漢儒祖述《國語》之言，尤不可信。鄭氏昧其義乃於《大宗伯》曰五官于小子職，引《月令》於《王制》言祭法，夫先自惑也已。況《王制》爲大夫之祭，豈容有司命而反遺户竈？而周禮五祀上有禋祀祀上帝，槱燎祀司命，下有裸饋祀禴，嘗烝享先王，諸大典若五祀，已賅而存之，其文不已贅乎？雖然，大夫以下不得祭五祀何也？交神視其分，行禮有其地，致享備其物，奔走賴於人。士以貧且賤而爲之何？以克盡其制，以致神明之感格乎！《士喪禮》行禱五祀，先儒謂禱於平常所祭祀者，意必有降殺。於大夫之禮，平日行之，有事則告之，猶宗廟之祭。士以上有廟，庶人則祭於寢焉耳。若夫祀行廢井，是秦吕氏之謬也。行者將出，告祭舉無定時，非常行之典。且井以祀水，故配於冬，行而以冬又何所取義乎？至於門之有磔攘也，井之有祈祀也，非正祭也。大水之用牲於門也，魯之燔柴於爨也，失之誣也。而五祀之正祭則固親於人而不可去，垂諸典而不可紊，考祀典者所當詳辨也。’

……

“王氏安石曰：‘出命而降於五祀，居則中霤門户，食則有竈，往来則有行，自天子至於卿大夫士均祀之。位有尊卑，禮有隆殺，有一定之法焉。是以謂之制度也。’

“蔣氏君實曰：‘降於五祀之謂制度，盖言門行有守，内外有職，而宫室以居也。’

……

“馬氏晞孟曰：‘五祀者，中霤、户、竈、門、行，制度所出，亦治天下之事也。’

“《白虎通》：‘夏祭竈，竈者火之主，人所以自養也。夏亦火，王長養萬物。’

……

“《朱子語録》：‘陘是竈門外平正可頓柴處。陘非可做好安排，故又祭於奥，以成禮。五祀皆然。問：“五祀皆有尸，以誰爲之?”曰：“今無可考。但墓祭以冢人爲尸，以此推之，祀竈之尸恐膳夫之類，祀門之尸恐閽人之類，祀山川則虞衡之類。《儀禮》周公祭泰山，召公爲尸。”又問：“主與尸其别如何？既設主祭於其所，又迎尸祭於其奥，本是一神，以奥爲尊，以主爲卑，何也?”曰：“不是尊奥而卑主，但祭五祀皆設主於其處，則隨四時更易。皆迎尸於奥，則四時皆然，而其尊有常處耳。”’

“饒雙峰曰：‘五祀先設主席而祭於其所，親之也。後迎尸而祭於奥，尊之也。祭於其所近於褻，止祭於奥又非神所栖，故兩祭之，以盡求神之道也。’

“唐陸龜蒙《祀竈解》：‘竈壞，煬者請新之。既成，又請擇吉日以祀，告之曰：“竈在祀典聞之舊矣。《祭法》曰王爲群姓立七祀，其一曰竈，達於庶人。庶士立一祀，或立户，或立竈。飲食之事，先自火化以来，生民賴之，祀之可也。”説者曰：“其神居人間，伺察小過，作譴告者。”又曰：“竈鬼以時，録人功過，上白於天，當祀之以祈福祥。此近出漢武帝時方士之言耳。苟行君子之道，以謹養老，以慈撫幼，寒同而飽，均喪有哀，祭有敬。不忘禮以約已，不忘樂以和心，室暗不欺，屋漏不愧，雖歲不一祀竈，其誣我乎？苟爲小人之道，盡反君子之行，父子、兄弟、夫婦人執一爨，以自糊口，專利以飾詐，崇奸而樹非，雖一歲百祀竈，其私我乎？天至高，竈至下，帝至尊嚴，鬼至幽仄，果能欺而告之，是不忠也。聽而受之，是不明也。下不忠上不明，又果可以爲天帝乎？”’

……

“朱子曰：‘有問竈可祭否？答曰：“飲食所係亦可祭。”又問竈尸。答曰：“想是以庖人爲之。”’

“方氏慤曰：‘奥者，西南隅，致養之地，故祀竈於奥，以竈能化飲食以養人故也。配以先炊，故謂之老婦之祭，猶以后稷配天，而謂之郊祀后稷也。’

“應氏鏞曰：‘奥者，西南隅之地，而燔柴以焚牲也。文仲不知正其順，祀之爲禮，徒以昵於所親之爲孝。時僖公之死未久，既升其祀於上，又即其所居之奥而焚牲以爲祭。夫子謂此特老婦之祭耳。盖五祀設主而迎祭於奥，皆室人親薦，而婦人之老者主其祀。物則盛於盆，酒則尊於瓶，是其所以爲媚事之能耳。而何益於孝乎？或曰奥即廟中之奥，盖是既逆祀，故加此於二廟以爲媚也。’

……

“蔡邕《獨斷》：‘中霤，季夏之月土氣始盛，其祀中霤，霤神在室。祀中霤設主於牖下也。’

……

“張子曰：‘家主中霤，家，非止卿大夫之家也。祭中霤者，祭其明也，亦報天之義。以不敢祭天，故祭此明而已。’

“周氏諝曰：‘《周官》以血祭祭社稷五祀。中霤，五祀之一，而社稷之次，故有國者以社爲主，而有家者則中霤而已。’

“蕙田案：‘中霤之説，鄭氏解不同，今合而考之。《月令》注：“中霤猶中室也，土主中央而神在室，古者複穴，是以名室爲霤。”疏：“複穴謂窟居，古者窟居，隨地而造，平地累土謂之爲複，高地鑿坎謂之爲穴。其形皆如陶竈。《詩》云‘陶復陶穴’是也。”復穴皆開其上取明，故雨霤之，是以後因名室爲中霤也。許慎曰：“霤，屋水流也。”孔穎達謂霤，屋檐水流之處。夫古者複穴開上取明，本在室之中央，而雨從此霤入，故謂之中霤。後世易複穴爲宫室，則殿屋四注，四面皆檐溜。夏屋兩注，兩面皆檐霤。是檐霤與中霤之霤不同，中霤在室中而檐霤在屋外，特因其爲雨之所霤，故亦名之曰霤，而非古者中霤之霤也。中霤之霤本在室中，古人之祀原起於陶復陶穴之時，霤既在中，而中央之土神遂祀於此，禮以義起也。後世既有檐霤，則霤不在室中，而土神終當祀於中央，故雖無復穴之中霤，而仍以室中爲中霤也。鄭注《郊特牲》曰“土神是對社言之”，而以神爲尊也。注《祭法》曰“堂室居處之神”，是對户竈門井言之而以宫室爲重也。注《月令》《檀弓》曰“室中曰中室”，則專以居中之位言，以合於中央土神之義也。語雖各殊，其意有在。至《檀弓》“掘中霤而浴”，疏掘室中之地作坎以浴，蓋殷道，與周人《士喪禮》“掘坎於階間”不同，不得以此而議其矛盾也。其餘經傳所載鄉飲酒禮“磬階間縮霤”，《燕禮》“設洗匪當東霤”，又曰“賓所執脯以賜鐘人於門内霤”，《雜記》襚者“受爵於門内霤”，《檀弓》曾子吊於季孫“涉内霤”，又曰“池視重霤”，《左傳》“三進及溜”，雖其地不同皆指後世屋檐之霤言，與中霤之霤無涉。’

“陳氏《禮書》曰：‘《坊記》，喪禮每加以遠，浴於中霤，飯於牖下，小斂於户内，大斂於阼。阼遠於户内，户内遠於牖下，牖下遠於中霤，則中霤爲中室可知。昔齊諸大夫之陳乞之家，乞使力士舉巨囊至於中霤，亦中室也。其論確矣。乃程大昌郝仲輿謂中霤，今人家堂檐天井中，是不知檐霤特同霤之名，而非古之中霤也。’

……

“蔡邕《獨斷》：‘門，秋爲少陰，其氣收藏，祀之於門。祀門之禮，北面設主，於門左樞。’

……

“蔡邕《獨斷》：‘行，冬爲太陰盛寒，爲水祀之，於行在廟門外之西，拔壤厚二尺，廣五尺，輪四尺，北面設主於拔上。一作軷壤。’

“方氏慤曰：‘五祀衆而不一，在自盡以饗之，故曰臘。’

……

“《文獻通考》馬氏曰：‘古者雖有五祀、七祀，而不言其所祭之地。然以七者觀之，獨司命與厲當有祭之之所，而若中霤、若門、若户、若行、若竈，則所祭之神即其地也。《祭法》言王及諸侯立門、行二祀，則曰國門、國行，大夫、士則曰門、曰行而已。竊謂有國者祀此二神，則當於國門祭之，而大夫以下則當在其家之門首；至若中霤、户、竈，則凡居室皆有之，皆可祀於其地，義或然也。而隨唐乃祀之於太廟，以時享祖宗之時並祭之，蓋本鄭康成之説。然康成注《禮記·月令》“其祀户”條下，則言凡祭五祀於廟；注《周禮·宫正》“凡邦之事畢”條下，則言邦之祭社稷七祀於宫中。而《正義》則謂於廟者殷禮，於宫者周禮。蓋康成解經，於制度之不吻合處，則以爲或殷禮，或周禮。今鄭注自爲異同，而《正義》所以釋之者，亦復如是，皆臆説也。然二説之中，宫中之義爲優。蓋此五祀者，皆人生日用起居之所系，故當即宫居而祭之。若廟，則所以崇奉祖宗，不當雜祭他鬼神於其地。如門、中霤，廟亦有之，因時享而並祀於其地，猶云可也。至於若司命、若竈、若行，則於廟何關？又王之所祀泰厲，乃帝王之無後者，蓋非我族類也。今即太廟之中爲位而祭之，得毋有相奪予享之患乎？’

“王氏份曰：‘《月令》以春祀户，夏祀竈，季夏祀中霤，秋祀門，冬祀行爲五祀。而《祭法》則益以司命、泰厲，謂爲七祀爲周制，五祀爲商制。《禮書》云，周官雖天子止五祀，儀禮雖士亦祀五祀，五祀無尊卑隆殺之數，則《祭法》所云非也。但《白虎通》解五祀，則以井易行，論者謂井不輕於竈，行不唯冬，祀井爲是。程子亦謂：“行，宇廊也，其功几何？井，人所重，奈何遺其重者？”然朱子則主《月令》説，且從之可也。至所祭之地，經無明文。鄭氏則謂皆祀於廟，蓋户及中霤則先設席廟堂中，廟室之奧。竈、門、行則先設席廟門外，門室之奧。既各祭於其處，乃迎尸於奧而祭之，蓋以其奧之，或在廟室中，或在廟門外也。故曰皆祭於廟。然鄭氏注《周禮·宫正》又言祭社稷七祀於宫中，與前説不合。馬貴與謂廟所以奉祖宗，不當雜祭他鬼神，則所謂奧者不在於廟而在其所居之室矣。’

……

“王氏與之曰：‘祈如小祝所謂祈福祥，非釁事也。’

……

“吕氏大臨曰：‘士不祭五祀而喪禮言禱於五祀者，蓋有不得祭而得禱者歟？’

……

“易氏祓曰：‘祭門不敢用散祭祀之牲特受其共，牲之餘者而用之。’

“蕙田案：‘歲時之門謂以歲時而祭門，如每歲春祭門，九門磔攘與夫禜門祈報之祭也。受其餘謂受祭門之胙肉，謂之餘者胙肉，本祭餘也。’

……

“敖氏繼公曰：‘道祭謂之軷者，爲既祭而以車軷之，因以爲名也。釋軷者，釋其所軷之物。謂酒脯也。既釋則人爲神祭之，如《士虞禮》佐食爲神祭黍稷，膚祝祭酒之爲既祭，乃與同行者飲酒於其側，禮畢，乘車軷之而過。’

“衛氏《集説》講義：‘井泉者，汲取之無窮者也。仲冬之月，水歸於宅而復其本原矣。故命有司祈祀之。’

“張子曰：‘井不在五祀，恐水土之神已屬之社，以報功而言，則門行豈大於井，反不祭井。’

“《語録》：‘或問五祀，伊川疑不祭井，古人恐是同井。朱子曰然。’

“羅泌《路史》:‘漢志一户、二中霤、三竈、四門、五井。《白虎通義》、范曄、高堂隆、劉昭之説皆然。後漢魏晋亦皆從之。湯五祀，户、井、竈、中霤、行，有行無門。而《月令》書乃有行而無井。康成放之，以故隋唐以行代井。《開元禮》祀户、司命以春，竈以夏，門厲以秋，行以冬，中霤以季夏。迨林甫詔修《月令》始復井而絀行，以行神特軷於始行，非冬祀也。必欲祀行，則湯之法去門爲允。唯户即兼門，而井非家國可得廢者。’

……

“方氏慤曰:‘司命,《周官》以槱燎祀司命者是矣。厲即《春秋傳》所謂鬼有所歸乃不爲厲是也。以司人之命祀之求有所延，慮其爲厲故祀之，使有所歸也。門行曰國，而户竈不言者以其在内故也。大夫而下雖門行亦不言者，以其所立者皆非爲國故也。是以亦不别言自爲與爲國焉。諸侯曰公厲，以有國言之；大夫曰族厲，以有家言之；司命，天神，故首言之；中霤土神也，故次言之；門在外也，故又次於中霤；行在道也故又次於國門；厲之施毒不特在道而已，故又次於國行；户雖在内，特用於房户之門而已，故又次於泰厲；竈則化飲食以養人，非人之養也，故以是終焉。獨族厲先於門行者，以厲之爲鬼，在天道則爲卑，在人道則爲尊，有國者有天道，有家者有人道，故或先或後以尊卑之辨。七者之降殺，諸侯則下去户竈而立五祀，大夫非特下去户竈而已，又上去司命中霤而立三祀，適士有家者所尊之族厲又去之而立二祀，至於庶士庶人則卑矣，故取七祀之最卑者，或户或竈而立一祀焉。不使庶士祀尸庶人祀竈而或立之者，以其人與祀皆卑，不足以辨其隆殺故也。《大宗伯》言以血祭祭社稷五祀，則七祀之説非周制可知。《曲禮》《王制》止言大夫祭五祀，蓋以周制言之，上得以兼下，而五祀主於家故也。’

“陸氏佃曰:‘凡立五祀，曰司命、曰中霤、曰國門、曰國行、曰公厲，以是爲正。曰户、曰竈，則天子有加焉。爾大夫與諸侯殺其上，曰族厲、曰門、曰行是也。士於大夫殺其上，曰門、曰行是也。庶人或立户或立竈取其親者立之而已。户所由也，竈所養也，户近而門遠，奥尊而竈卑，大夫有家謂之族厲，以此謂之置社亦以此。又《新説》曰："五祀所以本事也，故先王於四時祭焉。"加司命、泰厲爲七祀，蓋司命者萬物之命係焉，《春官》司命是也。泰厲者萬物之性係焉，《春官》司中是也。萬物受順以生者命也，受中以生者性也。正則中，過則厲，故泰厲一名司中。司中，以正言之也。泰厲，以反言之也。司命、泰厲本乎上者也。其成象在天，故以陽祀，祭之自禋始。春官所謂以槱燎祠司中、司命。《小宗伯》注云"兆司中、司命於南郊"是也。户、竈、門、行、中霤本乎下者也，其成形在地，故以陰祀，祭之自血始，《春官》所謂以血祭，祭五祀是也。自司命至竈其序之如此何也？蓋中霤處内而其外爲門，又其外爲行。以司命總之者，司命主生，尊大之也。户，小處也。竈，卑處也。以泰厲總之者，泰厲主殺卑小之也。諸侯有君道，故立五祀，而去天子七祀之下者二。大夫有臣道，故立三祀，而去諸侯五祀之上者二。士貶於大夫，故去其一。庶人則民而已，不取於士而取於天子一祀者，庶人卑無嫌也。王爲群姓立七祀，所謂祀於廟中是也。自爲立七祀，所謂祭於宫中是也。《曲禮》曰天子祭五祀，即春官五祀，以司命泰厲天類，不與也。分禱五祀，即大喪之祭，於司命泰厲無所禱也。《禮運》《月令》小子職皆云五祀，不及司命、泰厲，亦以天類異之也。此云大夫三祀，《曲禮》《王制》皆云五祀何也？蓋此經言其立，《曲禮》《王制》言其祭，若官師一廟曰考廟，此以所立言之也。又曰王考無廟而祭之，此以所祭言之也。若《士既夕禮》行禱於五祀，則言其禱而已。禱與祭異，祭與立異，故不同也。'

"張子曰：'五祀，户、竈、門、行、中霤而已，一畝之宫五者皆具，故曰天子至於士皆立五祀之祭。天子之立五祀見於經者不一，士之立五祀見於《士喪禮》。《祭法》有七祀、五祀、三祀、二祀、一祀之法，加以司命及厲，而諸侯不祭户竈，大夫以下皆不祭中霤，殆非推報之義，又未嘗參見諸書。及廟祧壇墠之法亦與經

多不合，恐别是一法，非世之達禮。’

“吕氏大臨曰：‘大夫有家，不與山川之祀所，得祭者五祀而已。《祭法》天子立七祀，加以司命、泰厲；諸侯五祀，有司命、公厲而無户、竈；大夫三祀，有族厲而無中霤、户、竈；士二祀則門、行而已。是法也，考之於經則不合。《曾子問》天子未殯，五祀之祭不行。《士喪禮》禱於五祀，則自天子至於士皆祭五祀。盖一宫之中雖有大小之差，而五者無不具。《祭法》加以司命、厲與户、竈、門、行、中霤謂之七祀，而言涉怪妄不經。至於廟制所稱亦不與諸經合。竊意三代之末嘗議是法，著之書而未行也。士不祭五祀而《喪禮》言禱於五祀者，盖有不得祭而得禱者歟？’

“羅泌《路史》：‘五祀，門、户、中霤、井、竈，見於《儀禮》自天子至士無隆殺。司服《曲禮》《禮運》《禮器》天子諸侯大夫同之，唯五者家國之所皆有，誰能去之？自黄帝立五祀，歷代守之，無敢或廢。《世本》言湯五祀，故《曲禮》謂天子五祀，歲遍。康成以爲商制若天子之七祀，乃有泰厲司命。宫正舞師七祀，自與五祀不相統也。且以五祀、四祀、三祀、二祀、一祀，其説尤乖。《祭法》諸侯五祀乃有厲命而去户、竈。大夫三祀，族厲、門、行。適士二祀，門、行。庶士庶人一祀，或户或竈，是則家無井竈，而士庶無門井矣。果合已乎？鄭於《祭法》大夫與王有别，故以《周禮》解之。至於《王制》大夫五祀乃又以爲有采地者，無地則祭三，而遽以《曲禮》爲商禮，《祭法》爲周制，其不達乃如此。《祭法》王爲群姓立七祀，又自爲立七祀，是二七祀矣。夫王不過爲群姓祀，爲群姓祀即自爲矣，烏有二哉？記爲群姓立社，又自爲立社，故説以爲天子諸侯皆有私社，以爲私禱，其有是乎？’

“蕙田案：‘《祭法》立祀與諸經不合，先儒辨之極是。’

……

“蕙田案：‘五官之神乃從五帝而食者。《左傳》亦謂之五祀，此與《禮記》《周禮》《儀禮》五祀不同，特以鄭氏釋《周禮》往往引之，故附著於此。’

……

"岳氏曰：'古有七祀，於前代帝王諸侯卿大夫之無後者，皆致祭焉。謂之泰厲、公厲、族厲。今絶無舉行者，故此等無依之厲勢，或出於依附淫祠，殆無足怪。《禮記·祭法》鄭氏注："漢時民家皆秋祠厲"，蓋此祀又達於民。'"

絺冕：古代貴族用的有綉飾的禮帽。

漢儀，縣邑常以乙未日祠先農，[1]乃耕於乙地，[2]以丙戌日祠風伯於戌地，[3]以己丑日祠雨師於丑地，[4]牲用羊豕。立春之日，皆青幡幘迎春于東郊外野中。[5]迎春至自野中出，則迎拜之而還，弗祭。三時不迎。

[1]縣邑常以乙未日祠先農：乙未日，原本、宋本、殿本均作"乙日"，據中華本改作"乙未日"。

[2]乙地：東方之地。

[3]戌地：西方之地。

[4]丑地：北方之地。

[5]青幡：古代春令作勸耕、護花等用的青旗。桓寬《鹽鐵論·授時》："發春而後，懸青旛而策土牛，殆非明主勸耕稼之意，而春令之所謂也。"　幘：青色頭巾。

魏氏雖天子耕籍，[1]藩鎮闕諸侯百畝之禮。及武帝末，有司奏："古諸侯耕籍田百畝，躬執耒以奉社稷宗廟，以勸率農功。今諸王臨國，宜依修耕籍之義。"然竟未施行。

[1]魏氏雖天子耕籍：雖，殿本作"惟"。

《周禮》，王后帥内外命婦享先蠶於北郊。[1]漢儀，皇后親桑東郊苑中，蠶室祭蠶神，曰苑窳婦人、寓氏公主，[2]祠用少牢。[3]魏文帝黄初七年正月，命中宫蠶于北郊，依周典也。

[1]命婦：封建時代受封號的婦人。在宫廷中則妃嬪等稱爲内命婦，在宫廷外則臣下之母妻稱爲外命婦。蠶於北郊，即在北郊行先蠶之禮。

[2]苑窳婦人：蠶神名。　寓氏公主：蠶神名。

[3]少牢：祇用羊、豕二牲的祭品。

及武帝太康六年，[1]散騎常侍華嶠奏：[2]"先王之制，天子諸侯親耕籍田千畝，后夫人躬蠶桑。[3]今陛下以聖明至仁，修先王之緒，皇后體資生之德，合配乾之義，而坤道未光，蠶禮尚闕。以爲宜依古式，備斯盛典。"詔曰："昔天子親籍，以供粢盛，后夫人躬蠶，以備祭服，所以聿遵孝敬，明教示訓也。今籍田有制，而蠶禮不修，由中間務多，未暇崇備。今天下無事，宜修禮以示四海。其詳依古典，及近代故事，以參今宜，明年施行。"[4]於是蠶於西郊，蓋與籍田對其方也。乃使侍中成粲草定其儀。[5]先蠶壇高一丈，方二丈，爲四出陛，陛廣五尺，在皇后采桑壇東南帷宫外門之外，而東南去帷宫十丈，在蠶室西南，桑林在其東。取列侯妻六人爲蠶母。[6]蠶將生，擇吉日，皇后著十二笄步摇，[7]依漢魏故事，衣青衣，乘油畫雲母安車，[8]駕六騩馬。[9]女尚書著貂蟬佩璽陪乘，[10]載筐鉤。公主、三夫人、九嬪、世婦、諸太妃、太夫人及縣鄉君、郡公侯特進夫人、外世婦、命婦皆步摇，衣青，各載筐鈎從蠶。先桑二日，[11]蠶宫生蠶著薄上。[12]桑日，皇后未到，太祝令質明以一太牢告祠，[13]謁者一人監祠。[14]祠畢撤饌，班餘胙於從桑及奉祠者。[15]皇后至西郊升壇，公主以下陪列壇東。皇后東面躬桑，采三條，諸妃公主各采五條，縣鄉君以下各采九條，悉以桑授蠶母，還蠶室。事訖，皇后還便坐，公主以下乃就位，設饗宴，賜絹各有差。

[1]太康：太，原本、宋本作“大”，殿本作“太”，據殿本改。

[2]華嶠：字叔駿，本書卷四四有傳。

[3]后夫人躬蠶桑：原本、宋本、殿本於“桑”下有“宫”字，據中華本删。

[4]明年施行：清盧文弨《晋書禮志校正》：“此太康六年詔。按《本紀》及《宋志》九年方舉行。”

[5]成粲：西晋人，歷任侍中、北軍中候、太常。長於禮學，多次參與議論禮儀制度。清勞格《晋書校勘記》：“《宋志》作袁粲。”

[6]取列侯妻六人：清盧文弨《晋書禮志校正》：“《宋志》‘取民’。此避‘民’字，當言百姓，不當言列侯。”

[7]步摇：古代婦女附在簪釵上的一種首飾。《釋名·釋首飾》：“步摇上有垂珠，步則摇動也。”

[8]油畫雲母安車：用油彩圖繪雲母做裝飾的安車。安車，可以坐乘的車，供老年或貴婦用。

[9]驄馬：淺黑色的馬。

[10]貂蟬：貂尾和附蟬。附蟬爲金質蟬形的冠飾。

［11］先桑：清盧文弨《晋書禮志校正》："'桑'即'躬桑'省文，下亦云'桑日'，無'躬'字。"

［12］蠶宫：宫，殿本作"室"。

［13］太祝令：官名，隸屬太常。掌祭祀時宣讀祭文和迎送神等事宜。七品。太，殿本作"大"。　質明：天剛亮的時候。《儀禮·士冠禮》："擯者請期，宰告曰：'質明行事。'"鄭玄注："質，正也。宰告曰：'旦日正明行冠事。'"

［14］謁者：官名，謁者臺屬官。掌賓禮司儀、傳宣詔命、奉命出使等。又有監國謁者，監視諸侯王，權勢頗重。七品。

［15］餘胙：祭祀禮儀結束後留下的酒肉。

前漢但置官社而無官稷，[1]王莽置官稷，後復省。故漢至魏但太社有稷，[2]而官社無稷，故常二社一稷也。

［1］官社：帝王祭祀土神的社宫。　官稷：帝王祭祀五穀神的社宫。清秦蕙田《五禮通考》引諸家論曰：

"蕙田案：'《周禮·小宗伯》："建國之神位，右社稷左宗廟。"社祭土神，稷祭穀神，人非土無以立，非穀無以養，國以民爲本，故建國以社稷爲先。《郊特牲》："社祭土而主陰氣也。"土亦是地，而與祭地異者，隤然下凝皆地也。其職主載，惟天子得祭之。於地之中别而爲土，職主稼穡以養人。《洪範》"土爰稼穡"是也。故自天子下及庶民被其功德者，均得美報，此土穀之祭所以達乎上下也。世儒以祭社爲祭地，誤矣。有天子社、有諸侯社、有大夫社、有庶民社、有亡國之社、有春祈、有秋報、有冬蜡，其配勾龍、后稷，其牲黝牲，其祭血祭，其尊大罍，其服希冕，其樂應鐘，其鼓靈鼓，其舞帗舞，其儀三獻。凡軍旅、會同、田獵、灾眚皆有事焉。見於經文，班班可考。今悉采其文條列之間，附以諸儒異同之論，其歷代制度典禮詳焉。'

……

“黄氏度曰：‘社祭土，稷祭穀，郊丘祭天地，天子之禮也。土穀之祭達乎上下，故方丘與社皆地祭也。而宗伯序祭有社無祇，舉社則其禮達乎上下，舉祇則天子獨用之。鼓人職曰以雷鼓鼓神祀，以靈鼓鼓社祭，不曰祇祭而曰社祭，亦見其禮之達乎上下也。《大司樂》“雷鼓雷鼗以祭天神，靈鼓靈鼗以祭地祇”，是則祇祭社祭其用同矣。非天子不祭天，而天子與庶人皆得祭社，尊父親母之義也。’

……

“鄭氏鍔曰：‘大司徒設其社稷之壝矣，小司徒又立之，蓋地官掌貳權重位，尊諸侯受土以置社，或爲之設壝，或爲之立祀，則權在朝廷而諸侯不敢以自擅矣。’

……

“蕙田案：‘鄭以稷爲社之細，猶以望爲郊之細云爾，然以此解社稷則難通。’

“鄭氏鍔曰：‘考《大司徒》於邦國都鄙，言“制其畿疆而溝封之”，又言“制其地域而封溝之”，俱謂聚土爲封，則知康成聚土之説爲是。司徒制封溝之封，制其法也。封人爲聚土之封，爲其事也。惟其爲聚土之事，故於王社則掌設其壝，又爲畿封而植木以爲表。於諸侯國之社稷亦掌設其壝，爲之封土，以表其界之所。非特王社之畿與諸侯國之封爲然，造都鄙表封域亦然，蓋俱循大司徒所立之法而爲壇壝埒埒與小封疆也。’

……

“易氏祓曰：‘古者建國，王宫居中，左者人道所親，故立祖廟於王宫之左。右者地道所尊，故立國社于王宫之右。’

“鄭氏鍔曰：‘左所以本仁，右所以明義。’

……

“朱子曰：‘冢土大社也，亦大王所立，後遂因以爲天子之制。’

“何氏楷曰：‘山頂之高腫起者曰冢，故以爲高大之義。社，

《説文》云“地主也”，《郊特牲》云“家主中霤而國主社”，孔云：“冢土，訓爲大社，未即名爲大社”，《祭法》“王爲群姓立社曰大社”。《郊特牲》云“天子大社，必受霜露風雨之氣，以爲大社之名惟施於天子，諸侯雖不可名大社，可以言冢土矣，乃立冢土正是諸侯之法”。案《泰誓》言“類於上帝，宜於冢土”，則猶仍大王舊稱，以未爲天子故也。’

……

“蔡邕《獨斷》：‘天子大社以五色土爲壇，皇子封爲王者，受天子之社土以所封之方色。東方受青，南方受赤，他如其方色，苴以白茅受之。各以其所封方之色歸國以立社，故謂之受茅土。漢興，以皇子封爲王者得茅土，其他功臣及鄉亭他姓公侯，各以其户數租入爲限，不受茅土，亦不立社也。天子社稷，土壇方廣五丈，諸侯半之。社稷二神同功，故同堂别壇，俱在未位。’

“《通志》：‘社壇在東，稷壇在西，俱北面。壇築壝門，四面門，天子之社則以五色土各依方色爲壇，廣五丈。諸侯則但用當方之色爲壇。’

……

“馬氏晞孟曰：‘古人之言社必有稷，此言社而不言稷者，蓋社以總祭五土之神，而山林川澤丘陵墳衍原隰皆是也。稷則止於原隰而已。言社可以兼稷也。《祭法》言天子諸侯立社而不言稷亦以此。’

……

“蕙田案：‘兩家互有得失。鄭得者，勾龍配社，后稷配稷，一也。地稱后土，勾龍稱后土，名同而實異，二也。駁社是上公，駁勾龍棄先五岳而食，三也。其失者社即地祇，一也。稷爲原隰之神，二也。稷是社之細别，三也。王得者，社非祭地，一也。定地位一難，牲牢衮冕二難，二也。駁鄭自相違反，三也。其失者，社祭勾龍，稷祭后稷，皆人鬼，一也。無配食明文不得稱配，二也。稷米祭稷反自食，三也。朱子注《孟子》云“社，土神；稷，穀

神”最爲明白簡當。云土神則隨土之大小皆得祭之，若云地祇則惟天子乃得祭而非社之謂矣。’

“馬氏晞孟曰：‘天遠於人則尊而不親，地近於人則親而不尊，故在天則明之，欲民尊而親之也。在地則神之，欲民親而尊之也。萬物本乎天而亦本乎土，故家以中霤爲主，國以社爲主者，示其不敢忘本之意也。’

“周氏諝曰：‘《周官》以血祭祭社稷。五祀，中霤五祀之一，而社稷之次，故有國者以社爲主而有家者則中霤而已。’

……

“王氏安石曰：‘命者命祀之謂也，出命而降於社，天子有社，諸侯亦可以有社，謂之殽地，諸侯可以祭社而不可以祭天故也。殽者，雜而分也。天子大社兼土五色，使諸侯立社各以其方色之土授之，殽地之謂也。’

“劉氏彝曰：‘祀社於國也。生物享其報而民不敢慢於其神矣。’

“方氏慤曰：‘天則遠人而尊，故祭帝於郊。地則近人而親，故祀社於國。郊謂郊之南，南者陽之盛，故曰所以定天位。國謂國之右，右者陰之盛，故曰所以列地利。定天位則天下達於尊卑之禮矣，列地利則天下達於施報之禮矣。且位以祭之所言也，利以祭之物言也，位欲其一故言定，物欲其陳故言列。天神曰祀，地祇曰祭，而此於天曰祭者，郊所以明天道故也。於地曰祀者，社所以神地道故也。’

……

“後漢蔡邕《陳留索昏庫上里社碑》：‘社祀之建尚矣。在昔聖帝有五行之官，而共工子勾龍爲后土。及其没也，遂爲社祀，故曰社者土地之主也。《周禮》建爲社位，左宗廟，右社稷，戎醜攸行，於是受脤，土膏恒動，於是祈農。又頒之於兆民。春秋之中命之供祠，故自有國至黎庶莫不祀焉。’

……

“仲長統社祭土神答：‘自漢諸儒論勾龍即是社主，或云是配，其議甚衆。後荀彧問仲長統以社所祭者何神也？統答所祭者土神也。侍中鄧義以爲不然而難之，彧令統答焉。統答義曰："前見逮及，敢不敬對。退熟惟省，郊社之祭，國之大事，誠非學淺思薄者所宜興論重復，亦以鄧君難，事有先漸，議則既行，可謂辭而不可得，因而不可已者也。屯有經綸之義，睽有同異之辭，歸乎建國立家，通志斷類也。意則欲廣其微以宗實，備其論以求真，先難而後易，出異而歸同乎？"難曰："社祭土，主陰氣，正所謂勾龍土行之官，爲社則主陰明矣，不與記説有違錯也？"答曰："今記之言社，輒與郊連，體有本末，辭有上下，謂之不錯不可得。禮運曰：'政必本於天，殽以降命，命降於社之謂殽地，參於天地，並於鬼神。'又曰：'祭帝於郊，所以定天位也；祀社於國，所以列地利也。'郊特牲曰：'社所以神，地之道也。地載萬物，天垂象。取財於地，取法於天，是以尊天而親地。家主中霤，國主社，示本也。'相此之類，元尚不道配食者也。主以爲勾龍，無乃失歟？"難曰："信如此，所言土尊，故以爲首，在於上宗伯之體，所當列上下之叙。上句當言天神、地祇、人鬼，何反先人而後地？上文如此，至下何以獨不可，而云社非勾龍，當爲地哉？"答曰："此形成著體，數自上來之次言之耳，豈足據使從人鬼之例邪？三科之祭，各指其體。今獨擿出社稷，以爲但勾龍有烈山氏之子，恐非其本意也。案記言社土，而云何得之爲勾龍，則傳雖言祀勾龍爲社，亦何嫌，反獨不可謂之配食乎？祭法曰：'周人禘嚳，郊稷，祖文王，宗武王。'皆以爲配食者，若復可須，謂之不祭天乎？備讀傳者則真土，獨據記者則疑勾龍，未若交錯參伍，致其義以相成之爲善也。"難曰："再特於郊牛者，后稷配故也。'社於新邑，牛一羊一豕一'。所以用二牲者，立社位祀勾龍，緣人事之也。如此，非祀地明矣。以宫室新成，故立社耳。又曰'軍行載社'者，當行賞罰，明不自專，故告祖而行賞，造社而行戮。二主明皆人鬼，人鬼故以告之。必若所云，當言載地主於齋車，又當言用命賞於天，不用命戮於地，非其謂也。所以有死社稷之義者，凡賜命受國，造建宫室，無不立社。

是奉言所受立，不可棄捐苟免而去，當死之也。易勾龍爲其社，傳有見文；今欲易神之相，令記附食，宜明其徵。祀國大事，不可不重。據經依傳，庶無咎悔。”答曰：“郊特牲者，天至尊，無物以稱專誠，而社稷太牢者，土於天爲卑，緣人事以牢祭也。社禮今亡，並特之義未可得明也。昭告之文，皆於天地，何獨人鬼？此言則未敢取者也。郊社之次，天地之序也。今使勾龍載冒其名，耦文於天，以度言之，不可謂安矣。土者，人所依以固而最近者也。故立以爲守祀，居則事之時，軍則告之以行戮，自順義也。何爲當平於社，不言用命賞於天乎？帝王兩儀之參，宇中之莫尊者也。而盛一官之臣，以爲土之貴神，置之宗廟之上，接之郊禘之次，俾守之者有死無失，何聖人制法之參差，用禮之偏頗？其列在先王人臣之位，其於四官，爵侔班同，比之司徒，於數居二。縱復令王者不同，禮儀相變，或有尊之，則不過當。若五卿之與冢宰，此坐之上下，行之先後耳。不得同祖與社，言俱坐處尊位也。《周禮》爲禮之經，而《禮記》爲禮之傳，案經傳求索見文，在於此矣。鈞之兩者未知孰是。去本神而不祭，與貶勾龍爲土配，比其輕重，何謂爲甚？經有條例，記有明義，先儒未能正，不可稱是。鈎校典籍，論本考始，矯前易故，不從常説，不可謂非。孟軻曰：‘予豈好辯哉，乃不得已也。’鄭司農之正，此之謂也。”’

……

“丘氏光庭《兼明書·社始》：‘或問社之始。答曰：“始於上古穴居之時也。故《禮記》云‘家主中霤而國主社’者，古人掘地而居，開中取明，雨水霤入，謂之中霤。言土神所在皆得祭之。在家爲中霤，在國爲社也。由此而論，社之所始其來尚矣。”’《稷始》：‘或問稷之始。答曰：“始有粒食之時也。故《祭法》曰厲山氏之有天下也，其子曰農，能殖百穀。夏之衰也，周棄繼之。故祀以爲稷。厲山氏神農之號，則神農之時有稷矣。社神，先儒以社祭五土之神，五土者，一曰山林，二曰川澤，三曰丘陵，四曰墳衍，五曰原隰，明曰社者所在地土之名也。凡土之所在人皆賴之，故祭之也。若惟祭斯五者則都邑之土人不賴之乎？且邑外之土分爲五事，之外無餘地也，何必歷舉其名乎？以此推之知，社神，所在土地之名也。”’‘或問曰：“五土之名出自《周禮》非乎？”答曰：“案《周禮·地官》唯云辨五土之名物，不云五土爲社也。”又問曰：“社既土神，而夏至祭皇地祇於方丘，又何神也？”答曰：“方丘之祭，祭大地之神，社之所祭，邦國鄉原之土神也。”’《社名》：‘或問曰：“社既土神不言祇而云社者何也？”答曰：“社以神地之道，蓋以土地人所踐履而無崇敬之心，合其字從祇，其音爲社，皆所以神明之也。稷神先儒皆以稷祭百穀之神，鄭康成以稷原隰之神明，曰鄭義非也。且原隰亦土也，社既祭土，何故更分原隰而别祭之乎？又稷之名義不與原隰相侔，縱令鄭義有徵，亦是不分真僞，諸儒所識可謂不一。”’《稷名》：‘或問曰：“稷既百穀之神，不言穀而云稷者何也？”答曰：“稷屬土而爲諸穀之長，故《月令》謂之首種。首種者，種最在前也。諸穀不可遍舉，故舉其長而爲言之以等之也。若直以穀言之，則爲人所褻慢也。”’

“《朱子語類》：‘堯卿問社稷神，曰：“説得不同，或云稷是山林原隰之神，或云穀神。看來穀神較是社，是土神。”又問社如何有神，曰：“能生物便是神也。”’

“丘氏濬曰：‘社以祀土神，稷以祀穀神，而配以人尚矣。《祭法》謂祀后土以爲社，而《春秋傳》則謂勾龍爲后土，蓋后土掌水土之官，勾龍嘗居是官，一以人名，一以官名也。鄭玄謂勾龍以有平水土之功，配社祀之。稷有播種之功，配稷祀之，非謂即祀之，以爲社、爲稷也。’

“蕙田案：‘社神、穀神，鄭王兩家之辨詳矣。鄧義仲長統之論難不喻其指，比而觀之，自以仲説爲長，而最後一答則尤爲鄭學者所未到。然以爲五土之神、原隰之神，則猶泥而不圓正，不如丘氏所云社爲土地所在之名，稷爲百穀之神其義正大而的當也。蓋人非土不立，非穀不養，古之人享其功者必祭之，報其功也。天子有天下而始尊，天下有百穀而民育，故天子之社天下之社也。所以報其萬邦，作乂烝民粒食之功也。諸侯分土而始有國，有土有財有民，故諸侯之社一國之社也。所以守其胙土，保其宗廟而和其民人也，若一州之社。大夫以下之社，則由大而漸小，由廣而漸狹矣。大如天下，次如一國，猶可云五土也。若一鄉、一里，何山林川澤原隰丘陵墳衍之有？則主人鬼者固非。而謂爲五土之祇者亦未是矣。至以稷爲原隰之神，則不惟與五土中原隰重複，而失五穀養人之義，自當以朱子生物之論爲穩。'

……

"葉氏夢得曰：'自夏以上，蓋世以烈山氏主稷，勾龍氏主社，而易稷以代烈山氏者，自殷以來爲之也。故祀后稷爲稷，祀勾龍氏爲社，至於今守之。吾讀禮至此，然後知《逸書》作夏社之意。《書序》云，湯勝夏欲遷其社，不可作夏社。意者湯既黜夏，殷人有歸罪於社稷之不能保其國而易之者，后稷之功在天下而人所共知，故以代柱無嫌，而勾龍氏未有昭然如稷可代，則不可以苟易，所以遷烈山氏而不遷勾龍氏歟？'

……

"邱氏光庭《兼明書·社配》：'《春秋·昭二十九年》左傳曰："共工氏之子勾龍爲后土，爲社"，是勾龍生而后土之官，死故以之配祭於社，今之祭配社以后土配坐，即勾龍也。《稷配》明曰，有能播百穀者謂之曰正，正，長也，謂爲農之長，死後以配祭於稷，謂之后稷。后，君也，謂爲穀之君。傳曰：有烈山氏之子曰柱，爲稷，自夏以上祀之。周棄亦爲稷，自商以來祀之。祭稷配以后稷者，周棄也。'

"蕙田案：'勾龍配社，柱棄配稷，當以《左傳》《祭法》爲正。王肅即以人神爲社稷者，誤也。'

……

"張子曰：'大社，王爲群姓所立，必在國外也。民各有社不害爲大社。王自爲立社必在城内，在漢猶有大社，在唐祇見一社。又曰：天子立大社爲群姓，必不但爲城中之民，爲天下也。諸侯國社則是一國也。郊者，郊天之位。社者，祭地之位。郊外無天神之祀，社外無地祇之祀，澤中方丘亦社也。故凡言社者即地祇之祭，如大社、王社。又分而言之，大社祭天下之地祇，王社祭京師之地祇，五祀祭宫中之地祇。'

"蕙田案：'祀社於國，所以列地利。張子謂大社爲群姓所立，必在國外，恐非。蓋左祖右社，天子諸侯同之也。王社，疏謂與大社同處，崔氏謂在藉田，張子謂必在城内，則猶注疏之説也。至謂社即是祭地，社外無地祇之祭，則惑矣。'

"陳氏《禮書》：'先儒謂王社或建於大社之西，或建於藉田。然《國語》王藉則司空除壇，農正陳藉禮，而歷代所祭先農而已，不聞祭社也。故《詩》曰"春藉田而祈社稷"，非謂社稷建於藉田也。又曰西漢及魏有官社無官稷，晋之時有帝社無帝稷，類皆二社一稷。議者紛然，或欲合二社以爲一，或欲異二社之所向，是雖違經悖禮，然亦二社同設於國中，未聞藉田有之也。'

"蕙田案：'注疏引崔氏説，謂王社在藉田。《禮書》辨之甚力。夫大社爲民而立尚在國中，王自爲立社似不宜在國外，陳氏説恐是。疏謂與大社同處，理或有之，然不可考矣。'

……

"蔡邕《獨斷》：'天子之宗社曰大社，天子所爲群姓立社也。天子之社曰王社，一曰帝社，古者有命將行師必於此社授以政。《尚書》曰："用命賞於祖，不用命戮於社。"'

……

"馬氏晞孟曰：'社稷者土穀之神也，諸侯者爲天子守土也。故祭社稷在上者可以兼下，故天子祭天地社稷五祀。在下者不可以兼上，故諸侯祭社稷。'

……

"吕氏大臨曰：'以社稷爲言指其所本也。先王之建國，必爲之置社稷，使其君守之，爲土地人民之主。此有國者所以以社稷爲言也。'

……

“方氏慤曰：‘諸侯爲守土之臣，故死於社稷謂之義，義之爲言，宜也。’

……

“馬氏晞孟曰：‘社者，土神而有生物之功，故王諸侯大夫立社，皆所以教民美報而有反本復始之意也。王謂之王社，諸侯有君之道。謂之國社，謂之侯社，至於大夫以下皆北面之臣，則謂之置社。’

“張子曰：‘社，土神也。大夫以下成群立社曰置社。若謂大夫長於壓里之間與百姓居者立社，則大夫與百姓同事於社稷，似非其類也。恐是士大夫以下各以其輩類立社。天子諸侯皆有自爲立社，士大夫不敢自各爲社，則恐結輩類以爲社共事之。然士大夫方社之日，當從其君以禮社，則所事於置社者，或以子弟家老行事也。今貴而至天子，賤而至農夫，皆知禮社，獨士大夫之家不預社事，是不知身之所從來，殊無戴天履地之報。古者丘乘共粢盛，恐十里之中立一社也。’

……

“陳氏《禮書》：‘大夫以下其社之大者，則二千五百家爲之。《周禮》所謂州社是也。其小則二十五家亦爲之，《左傳》所謂書社、千社是也。《左傳·昭二十五年》：“齊侯致千社。”魯哀十五年，齊人與衛地，自濟以西，禚、媚、杏以南，書社五百。杜氏注二十五家为一社。鄭氏謂百家以上共立一社，若今時里社。此以漢制明古也。《周禮》六鄉之内族祭酺，黨祭禜，雖百家以上亦不祭社，特州然後祭之者，黨族非不祭也，姑以别社禜酺之等差耳。禮曰：唯爲社事單出里，唯爲社田國人竭作，唯社丘乘供粢盛，則牢醴亦在所共。皇氏曰“大夫以下無藉田，祭社則丘乘之民共之”，其説是也。《左傳》有“清丘之社”，《月令》“仲春命民社”，先儒以爲自秦以下民始得立社，然禮言大夫以下則民社不始於秦。’

……

“鄭氏鍔曰：‘古者大帥則先有事於社與廟，然後載社主與遷廟之主以行不用命戮於社，故載社主，將以行戮。用命賞於祖，故載廟之主將以行賞。《小宗伯》掌社稷宗廟之禮，宜載以行，乃言立者，蓋社本不在軍，因用師始立之。立者出於一時之故，廟主爲尊，載之以行，不敢忽也。故言奉，奉以言其肅欽之至。帥有司者，蓋帥太祝也。’

“郝氏敬曰：‘軍社以齊，車載社主與遷廟主於軍中，賞功告祖，戮罪告社。’

……

“薛氏季宣曰：‘言社則稷在其中，曰各云者，爲邦國都鄙設耳。’

“王氏安石曰：‘各以其野所宜木，則新甿欲有所植，不謀而知其土壤所宜。公上欲有所斂，不視而知其木所出。’

“鄭氏鍔曰：‘國之所以有立者，有社稷也。農之所以祈報者，有先農也。故壇壝不可以不設田主，不可以不樹訂義。王氏曰：“立之田主使鬼神有所依附，民心有所歸向，此先王係人心處。”’

……

“丘氏濬曰：‘社之主，樹以木，出師則不可載以行。意者當時壇壝之上則樹以木而又以石爲主，如喪之車然，遇有征行則奉之以車而行乎？後世遂因之不用木而用石也。不然則是臨行旋爲之，故曰有司立軍社。謂之立者，前故未有也。’

……

“蔡氏清曰：‘既曰各樹其土之所宜木爲主，則夏后氏以松，未必舉天下之諸侯社皆以松也。殷人以柏，亦未必舉天下之諸侯社皆以柏也。周人以栗，亦未必舉天下之諸侯社皆以栗也。宰我此對甚疏。下句尤鑿，縱使告以各樹其土之所宜木，亦未得立社之本意。《集注》姑且就其言之謬而正之耳，未暇深論也。’

“陳氏祥道曰：‘後世宋有襍社，豐有枌榆社。先儒謂諸侯社皆立樹以爲主以象其神，大夫以下但各以地之所宜木立之，於義

或然。’

……

“馬氏晞孟曰：‘古者唯田與追胥竭作，唯爲社事單出里，此近于家出一人也。國人畢作，此所謂竭作而其餘無羨也。唯爲社田，國人畢作，人不愛其力也。’

“周氏諝曰：‘社田畢作，欲其皆曉於戰陣也。’

……

“方氏慤曰：‘田獵之禮，《周官》則行之於仲月，而與此異。《邠詩》《月令》則行之於季月而與此同。此之所言亦泛記異代耳。’

……

“黄氏度曰：‘良耜，言殺時，犉牡者則專主祭社稷而言也。’

……

“方氏慤曰：‘公社親而不尊，在致味以祭之，故曰大割。’

“方氏慤曰：‘社與省，春與秋，皆有之。其所異者，春社以祈爲主，秋社以報爲主。春省以耕爲主，秋省以斂爲主耳。此於社言春以該秋，於省言秋以該春，其實一也。’

“《山堂考索》：‘“載芟載柞，其耕澤澤”，此春祈社稷之詩也。“其崇如墉，其比如櫛”，此秋報社稷之詩也。夫廬居族處非土不生，枵腹張頤非穀不食，知土穀之不容一日廢，則社稷之祭如之何其廢之！是故人臣有平土之功則取以配社，如共工氏之子龍、高陽氏之子黎是也。有播穀之功取以配稷，如烈山氏之子柱、厲山氏之子農是也。古人崇重之意如何？如祭之以春官，卜之以肆師，擇之以元日，重蕆事也。行之於新邑，禱之於枌榆，正之於洛陽，示尊敬也。其不崇重之意又爲何？如蓋自不立官稷而社稷之禮始廢，不建州社而祀社之禮始壞，一廢於漢之中世，再壞於唐之建州，况復有載芟良耜之遺意乎？吁！此張文琮所以有何觀之嘆。然而社用羊豕，稷用黍稷，用黍稷又奚爲不用犢祭？蓋用犢乃祭地之禮，社稷雖地祇之屬而非地，猶五帝爲天之尊神而非天也。社安得不用羊

豕，稷安得不用黍稷乎？吾於此又知社稷爲土穀之正神，實非人爲之也。'

"方氏慤曰：'《祭法》曰"大夫以下成群立社曰置社"，則民固有社矣。然非天子命之無敢專祭焉。故擇元日而命之也。且社土祇也，方春土發生之時，擇元日而祭之，亦祈其土之利，無不善而已。《郊特牲》言社日用甲，則此言元日蓋甲日也。社日用甲則得其善矣，故謂之元日焉。凡祭社而稷必從之，此止言命民社者，特舉重以見輕耳。'

"丘氏光庭《兼明書·社日》：'或問曰："《月令》云擇元日命民社，注云元日近春分前後戊日。《郊特牲》云日用甲日之始也，與今注《月令》不同何也？"答曰："《召誥》云越翼日戊午乃社於新邑，則是今注《月令》取召誥爲義也，不取《郊特牲》爲義者，以社祭土，土畏木，甲屬木，故不用甲也。用戊者，戊屬土也。《召誥》周書，則周人不用甲也。《郊特牲》云甲者，當是異代之禮也。"'《稷日》：'或問曰："祭稷不別，與社同日者何也？"答曰："以百穀生於土，戊屬土，故可與社同日而祭也。"'

"應氏鏞曰：'元日祈於上帝，所以祀天也。元日命民社，所以祀地也。乾始坤生，事之如一，不容有異心也。故祈帝祀社皆曰元日，而親耕則曰元辰而已。《載芟》之詩曰春藉田而祈社稷，則藉田固以祈社稷矣。而此復曰命民社者，蓋藉田之祈王所自爲之，王社也。命民社者王爲群姓所立之，大社也。同於爲社而先後則有等差，因事以爲教也。'

"丘氏濬曰：'此一里之祭也，後世命民主里社本此。然《郊特牲》祭社用甲日而召誥用戊日，戊者，土之氣也。因土氣以祭社神，當用上戊爲是。况所謂元者非但訓善也，亦有首始之義。謹考官歷春秋二社皆在仲月，臣竊以爲官府祭社宜用仲月上戊，而里民所祭者當用官歷所定社日爲宜。又往往見有司祭社，偶遇春秋二仲月之上旬，戊在丁後，必先釋奠而後祭社。吁！豈所謂上戊哉？亦豈古人所以秩祭祀之意哉？蓋秩之爲言次序之謂也。《周禮》肆師

以歲時序其祭祀，正謂此爾。况社稷大祀，先師、中祀自當循其次序。'

……

"方氏慤曰：'社必用日之始何也？蓋陽始於甲而物生陰，極於辛而物成地，雖以陰而成物然始地事者存乎陽，故社用甲以原其始焉。天雖以陽而生物，然終天功者存乎陰，故郊用辛以要其終焉。夫獨陰不生，獨陽不成，天地相須之義也。故聖人制禮以致其義焉。'

"馬氏晞孟曰：'日用甲用日之始，則郊用辛用日之成也。以乾知大始，坤作成物，則郊宜用甲，社宜用辛。天雖主於生，物亦有以成之，則天之道所以明。地雖主於成物，亦有以生之，則地之道所以神。蓋郊所以明天道，故用辛；社所以神地道，故用甲。《曲禮》曰"外事用剛日，内事用柔日。"郊者外事也，社者内事也。而此言郊用辛日之柔，社用甲日之剛者，説者以爲郊社至尊之祭，不可同於内外，此説得之。又曰凡日始於甲，物成於辛，日始於甲而社用之者。地以形成物而肇地事者氣也，氣自甲而始，故用是以社；物成於辛而郊用之者，天以氣始物而終天事者形也，形至辛而成，故用是以郊。天地相合萬物資焉，故曰郊以明天道，社以神地道，萬物資氣於天，故郊於孟春。資生於地，故社於仲春。'

"應氏鏞曰：'郊用辛，乾位也，氣之藏也。超乎物無爲之尊，天之道也。社用甲，震方也，物之生也，役於乾有用而勞，土之象也。'

"周氏諝曰：'甲者，陽中之陽也。社用甲而不用乙，欲其以陽召陰也。辛者，陰中之陰也。郊用辛而不用庚，欲其以陰召陽也。以甲爲用日之始則誤矣。'

……

"鄭氏鍔曰：'諸侯當守社稷之職，又慮其廢而不祀，封人則令之使無敢廢職，如是則其國之民亦爲社事而單出里，爲社田而竭作，爲社祭而共粢盛，亦不敢失其職。'

“郝氏敬曰：‘社稷之職，謂典守壇壝之人，皆封人令之。’

……

“方氏慤曰：‘牢者圈也，以能有所畜。故所畜之牲皆曰牢也。太牢具牛羊豕焉。以其大，故曰太。少牢則羊豕而已，以其小，故曰少。天子之社稷主天下之土穀，故用太牢以祭之。諸侯之社稷主一國之土穀，故用少牢以祭之。此隆殺之别也。’

“《郊特牲》：‘社稷太牢。孔穎達疏：“社，五土總神。”稷是原隰之神，功及於人，人賴其功，故以太牢報。祭其牲則黝色也。’

“方氏慤曰：‘於牲言特，以見太牢之非一。於牢言太，以見特牲之用犢也。特則牢所畜之物，牢則牲所畜之地，互相備也。牲孕祭帝弗用，則社稷容或用焉。’

……

“鄭氏鍔曰：‘用黝豈徒色之黑哉？必欲其毛純乎黑。牧人毛之，然後五官奉之，是禮官之事，亦牧人之事。’

“項氏安世曰：‘血毛，告幽全之物。又曰，血祭，盛氣也，則以地道有幽陰之義而求之以血也。’

“鄭氏鍔曰：‘血之爲物，有象而非虚，有形而非實，物之幽，蓋亦求之於虚實之間。’

……

“易氏祓曰：‘牲色之純者，謂之牷上言牲，牷下特言牲，則其色之不必純也。幣帛一也，自其質言之謂之帛，制而用之謂之幣。’

……

“鄭氏鍔曰：‘社壝者，社之外委土爲壝埒，其中爲壇。社祭土，以瓦罍出於土，器雖出於土，然非用人工以陶冶器無自而成。祭祀社壝則用大罍以盛秬鬯，以見土者人所用功而社神有功於土。’

……

“王氏昭禹曰：‘社壝則封人所設王之社壝，王社之祇比於天地之神，爲近人情則宜交之以人道，故有秬鬯。言於人道則非鬼，故不加鬱而不祼。’

“蕙田案：‘社必有壝，故言社壝，亦舉社以該稷。’

……

“方氏慤曰：‘丘，言其地也，乘，言其賦也。夫社者陰之神，軍者陰之事，使軍賦之家而共粢盛於社，各從其類也。故將出征則宜乎社，不用命則戮於社軍，行則祓於社，凱旋則獻於社，皆以是耳。故此不曰丘民而必曰丘乘也。以非祭社則不必如是，故每言惟焉，則以本始有在乎此，而報反之禮不可不重故也。’

“張子曰：‘古者丘乘共粢盛，恐十里之中立一社也。’

“劉氏彝曰：‘天子諸侯郊社、宗廟，粢盛取於神倉。大夫都鄙，粢盛取於丘乘也。衣食本乎土，故曰報本知平水土始於勾龍，知播五穀始於后稷，故以爲配，是曰反始焉。’

……

“鄭氏鍔曰：‘希冕惟有粉米，黼黻三章，其章爲罕，故其字用希，本又作“絺”字。粉米兩物共爲一章，言粉其米以爲章，其在裳則當綉，及爲三章之首，則當畫以在衣不可綉也。社稷五祀、五岳同於血祭，此則用七章之服，以祀四望山川。又用五章之服，以祭社稷五祀，蓋此言山川在社稷之上，殆非丘陵墳衍之山川也，指四望之山川耳。何則？丘陵墳衍之山川當比群小，祀以元冕祭之，不當處社稷之上。觀祀五帝、享先王、祭社稷、祭群小祀，而獨於四望山川之祭謂之祀，四望山川則其尊可知。粉米者，養人之物；社稷者，土穀之養人者也；五祀之神則能平五行之政，亦有功利以生人者也，故祭則同服。或謂絺爲細葛布上刺綉，布豈可綉哉？或謂其字音蕭，蕭者縫也，凡冕服皆玄衣纁裳玄冕，惟有黻之一章刺於裳而已。其衣無章，但見其玄色。’

……

“黄氏度曰：‘宗伯序社稷五祀先於五岳，司服序四望山川先於社稷。祭之秩當如宗伯、司服，自以服爲序，地祭以社稷，見不别出，則方丘不服大裘矣。諸儒紛紛，蓋未嘗考先王制祀之義。’

……

“鄭氏鍔曰：‘地道有形可見而靈者，神之降而有驗，故名靈者。以鼓社祭則宜言鼓神祀，鼓鬼享。不言地祇乃曰鼓社祭何也？《記》曰“社祭土而主地”，蓋社者地神之尤貴，言社則地祇見矣。觀《大宗伯》掌天神人鬼地祇之禮，亦祇言以血祭祭社稷，意蓋類此。’

“王氏昭禹曰：‘社稷土穀之神所以生養人者，欲其無灾害之厲民而有帗除之功。帗有祓除之義也，故教帗舞帥而舞社稷之祭祀。’

……

“鄭氏鍔曰：‘詩人言“大田多稼，以社以方”，故知稼爲田苗之事。祭社有二，春祈秋報，知此社非春祈者。以嘗與獮無非秋事，知此爲秋報祭之社也。’

……

“《爾雅》：‘起大事動大衆，必先有事乎社而後出，謂之宜。’郭璞注：‘冢土，大社。戎醜，大衆。有事祭也，周官所謂宜乎社。’邢昺疏：‘孫炎曰：“大事，兵也。有事，祭也。宜，求見使祐也。”此文本解“戎醜攸行”之意，言國家起發軍旅之大事，以興動其大衆，必先有祭祀於此社，而後出行，其祭之名謂之爲宜。以師行必須宜祭以告社，故言“戎醜攸行”也。成十三年《左傳》曰：“國之大事，在祀與戎。”故兵爲大事也。《春秋》昭十五年：“有事於武宮。”《雜記》云：“有事於上帝。”皆是祭事，故謂祭爲有事。以兵凶戰危，慮有負敗，祭之以求其福宜，故謂之宜。’

“《春官·大祝》：‘大師，宜於社，及軍歸獻於社。’賈公彦疏：‘言大師者，王出六軍，親行征伐，故曰大師。云“宜於社”者，軍將出，宜祭於社，即將社主行，不用命戮於社。云“造於祖”者，出必造，即七廟俱祭，取遷廟之主行，用命賞於祖，皆載於齊車。云“設軍社”者，此則據社在軍中，故云設軍社。云“類上帝”者，非常而祭曰類，軍將出，類祭上帝，告天將行。云“國將有事於四望”者，謂軍行所過山川，造祭乃過。“及軍歸，獻於社”者，謂征伐有功，得囚俘而歸，獻捷於社。’

“鄭氏鍔曰：‘大師，必載社主與遷廟之主以行，故有宜社造社之祭。祭社曰宜，蓋以事宜而祭之，非春秋之所報祭。’

……

“陳氏祥道曰：‘釋奠者，設牲饌酌奠而已，無迎尸以下事。古者釋奠或施於山川，或施於廟社，或施於學。’

……

“鄭氏鍔曰：‘有寇戎則事出不虞，兵自外作則出而保郊。四郊兆域，皆神之所處，人心不安，神或失所依。小祝事神者也，故就其所保而守之以安神也。社在國内，但祀以弭灾兵可也。鄭康成以保郊祀於社爲一句，其説不可用。’

“黄氏度曰：‘郊非有司所當祀也，直保之祀社而已。’

“王氏昭禹曰：‘保郊以防患，祀社以弭兵。’

“易氏祓曰：‘師甸者，田而後用師者，必載社之石主，祖之木主，示有所受命。’

……

“王氏詳説曰：‘祖本仁，故獻愷在春官。社本義，故獻愷在秋官。’

“鄭氏鍔曰：‘司馬主九伐之法，故獻於社，示法陰而行誅伐也。’

……

“陳氏祥道曰：‘武王之出師，受命文考，類於上帝，宜於冢土所以告其伐也。既事而退，柴於上帝，祈於社，設奠於牧室，所以告其成也。’

……

“林氏之奇曰：‘宜於冢土與王制宜於社，其曰宜者，亦當是非祭祀之常禮，權其事宜，以制其禮則謂之宜也。’

……

“鄭氏鍔曰：‘將田之初，有司行表貉之祭。司馬以軍法誓民，所謂有司者，肆師甸祝也。肆師，大田獵祭，表貉則爲位。甸祝掌

四時之田，表貉之祝號，則有司謂此二官明矣。鄭康成以爲《大司徒》無表貉事，其説非也。’

……

“王氏昭禹曰：‘大災若日月食、山冢崩，皆非常之變，則合聚社稷宗廟之神而禱祀焉。故曰類。’

“鄭氏鍔曰：‘天神曰類而社稷宗廟亦曰類者，蓋當變故之祭，依倣其正禮，聚一處以禱祀，故以類言之。’

……

“鄭氏鍔曰：‘國有灾，故祀社稷之神，以弭息之，始禱祈終報祠，皆掌之。’

……

“王氏與之曰：‘珥當爲弭，如小祝所謂弭兵灾，非釁事也。’

“黄氏度曰：‘社稷，人所依以生者，故有禱祈之事。’

……

“馬氏晞孟曰：‘宜者，以事之宜而告於社，而其禮則略於祭地。’

“葉氏夢得曰：‘諸侯，臣也。臣則地道，故宜乎社。理有宜而巡守，所出皆理所宜行，故於社皆言宜也。’

……

“王氏充耘曰：‘郊社大事也，周召以人臣行之可乎？蓋因事祭告，奉王册命以行事，非常祭之比也。’

“《書傳説彙纂》：‘社於新邑謂此乃所以祀地者，非也。王爲群姓立社曰大社，王自爲立社曰王社，諸侯爲百姓立社曰國社，諸侯自爲立社曰侯社。又大夫以下成群立社曰置社。鄭云此今時里社也。又《月令》命民社，仲春之祭也。《詩》以社以方，秋祭也。孟冬則云大割祀於公社，是一歲三社也。社之日自天子以至於士庶，人皆得共之，其名至多，名同而義則各異。兹之社於新邑，乃社稷之社，位在庫門之右者。若以此社爲祭地，則《王制》所云祭天地社稷，地與社豈重累而舉之乎？’

……

“蕙田案：‘疏稱王社在藉田，社主用石，於經無考。唯云天子諸侯皆有稷極是。’

“陳氏《禮書》：‘社所以祭五土之祇，稷所以祭五穀之神，而命之稷，以其首種先成而長百穀故也。稷非土無以生，土非稷無以見生生之效，故祭社必以稷，以其同功均利而養人故也。祭必有配，而社配以勾龍，稷配以柱，商之時又易柱以棄，以其功利足以侔社稷故也。王與諸侯之社皆三，其二社所以盡祈報之誠，其勝國之社所以示鑒戒之理。王之大社則土五色而冒以黄，夏之時徐州厥貢惟土五色，孔安國以社言之是也。諸侯之國社則受其方色之土於天子，而苴以茅。漢之時有受青土、赤土，蔡邕以茅社言之是也。其位則中門之右，社主陰故也。其壝則北面，社向陰故也。其飾則不屋，記所謂大社必受霜露風雨以達天地之氣是也。其表則木，傳所謂夏以松，商以柏，周以栗是也。其方廣則五丈，其主則石爲之，其列則社東而稷西。先儒之説，蓋有所受之也。先王之祭社稷，春有祈，秋有報，孟冬大割祠。春祈而歌《載芟》，秋報而歌《良耜》，此祭之常者也。凡天地大灾之類祭大，故天灾之彌祀，君行有宜，宫成有衈，此祭之不常者也。祭之常者用甲，其他則唯吉而已。祭之牲以太牢，其遇天灾則用幣而已。考之於禮，王之祭也南面，其服也希冕，其牲用黝，其祭血祭，其罇大罍，其樂應鐘，其舞帗舞，其鼓靈鼓。凡皆因其物以致其義，非深知禮樂之情者，孰與此哉！先儒有以王社有稷壝，原隰爲稷神，有以勾龍爲社而非配社，柱爲稷而非配稷。後世又有以夏禹爲社，配有以戌亥爲社日，有以先農爲帝社，有以大稷爲稷社，皆臆論也。’又曰：‘有天下之社，有一國之社，有衆人之社，有一人之社，有失國之社。大社，天下之社也。國社，一國之社也。置社，衆人之社也。王社、侯社，一人之社也。喪國之社屋之，失國之社也。三社之制，大社爲大，此孟子所謂民爲貴，社稷次之，君爲輕也。喪國之社，天子所以爲戒，則又次於王社矣。以言安不可以忘危也。《書》曰夏社，

《禮》與《春秋》曰亳社，皆以爲戒而已。然則諸侯有國社、侯社，與《春秋》之亳社亦三社矣。天子之社在雉門之右，而《緜》詩曰"乃立應門"，繼之曰"乃立冢土"。冢土，社也，則諸侯之社亦在門内也。天子之牲太牢，則諸侯當用少牢。若《郊特牲》曰社事單出里，丘乘共粢盛，此大夫以下之社也。社稷之重於古也，如此而孟子旱乾水溢，變置社稷。夫水旱者天事也，人事不勝，故天變見於時，而社稷土祇也，豈其罪哉！然則謂之變者，猶曰以變置諸侯耳。'

"《禮經會元·小宗伯》：'建國之神位，右社稷，左宗廟。有國則有社稷矣。古者立君則曰奉社稷，取女則曰共社稷，死國則曰死社稷，去國則曰去社稷。社稷之重亦明矣。是故大司徒辨制邦國都鄙之畿疆，而首設社稷之壝。小司徒凡建邦國立其社稷、正其畿疆。封人掌設王之社壝而樹之。凡封國則必設社稷之壝，造都邑亦如之，以此見王畿都鄙邦國皆有社稷矣。鄭康成曰："社稷，土穀之神，有德者配食焉。"共工氏之子曰勾龍，有厲山氏之子曰柱，食於稷，湯遷之而祀棄，此社稷之神然也。大宗伯則以血祭祭社稷，小宗伯大災類社，稷則爲位，舞師帥舞，社稷之祭祀。大祝，國有大故，天災則彌祀，社稷禱祀，小子則掌珥於社稷。凡所用于社稷者，豈非以其與天時相爲休咎歟！喪祝則掌勝國之社稷，祝號以祭祀禱祠，士師則祭勝國之社稷而爲之尸，是亡國之社稷亦存矣。古人崇重社稷如此，豈非以其與國祚相爲存亡歟？故《載芟》之詩曰"春祈社稷"也。《良耜》之詩曰"秋報社稷"也，豈非以其與歲事相爲豐耗歟？然古者之奉社稷，犧牲必成，粢盛必潔，苟有旱乾水溢之灾，則變置社稷。説者謂湯伐桀，時旱，明牲以薦，而猶旱至七年。故湯遷柱而以棄代之，欲遷勾龍以無可繼者，於是故止。果如是説，則社稷可以變置其神乎？曰此即大宰祭祀馭神之意也。蓋聖人之制祭祀也，以勞定國則祀之，能御大灾則祀之，水旱爲沴，故社稷不享矣。故變置者變易其祭祀之禮而已，豈以社稷之神而改易之歟？湯之遷柱祀棄也，以棄之功大於柱也，非以旱而遷也。且湯既放桀，欲遷夏社猶以爲不可，勝國之社猶不可遷，則必無遷勾龍之意。勾龍不遷則遷柱祀棄者，必不以旱遷之矣。漢人除秦社稷立漢社稷，豈識周存勝國社稷之意乎？抑嘗以封人考之，曰掌設王之社壝而不言稷。鄭康成謂："稷，社之細也。"若是則周人果重社而輕稷乎？后稷周之先祖，殷人祀之以爲稷，周之子孫尤宜加敬。今考之《周禮·宗伯》甸師則用牲於社，《大祝》大師則宜於社，大會同則宜於社，《小祝》寇戎之事則保郊祀於社，《大司馬》蒐田獻以祭社，《大司寇》大軍旅則涖戮於社，類皆言社而不言稷，蓋以稷司稼穡之事，非師旅田役殺伐之事可浼也。周人祖以后稷，而郊祀之以配天。《詩》曰"思文后稷，克配彼天"，又非社事配地之所得比也。觀《封人》言設王社而不言稷，又以見周人尊祖重農之意歟！'

……

"唐氏仲友曰：'先王之祀，上下達禮，未有社稷者也。耕耨斂藏，人力所可勉，旱乾水溢則繫於神祇，故凡先王神祇之事，皆爲民祈穀也。天尊地親，故事之不同。《噫嘻》事之以誠，《載芟》事之以力，《載芟》《良耜》人事盡矣，不敢謂人事之盡而忽於神也。故祈焉不敢謂人事之盡而忘於神也，故報焉祈非吾過求也。振古如茲矣，報非止於今也，欲其有繼焉。所謂"以似以續，續古之人"者，涖卜來歲之稼之意也。諸侯危社稷而變置者，古有之矣。旱乾水溢而變置社稷者未聞焉。孟子謂"民爲貴，社稷次之"，故舉是禮，以言人君固不可舍已而求之神也。《云漢》之詩曰"祈年孔夙，方社不莫"，又曰"自郊徂宫，后稷不克"。宫，社宫也。意吾常禮之未修則祈社修矣，意吾變禮之未舉則郊宫徂矣，而終不敢以責神也。自反而已，自勉而已。周先王其於豐凶之祭，所以敬事社稷者，蓋如此。故社稷國之主也，兵農之事繫焉。古者兵出於鄉遂、丘乘，其本在社，有社斯有民，有民斯有兵，乃立冢土，戎醜攸行，故奉之主車，戮則行焉，勝則獻焉，報本反始焉耳。言公社以别私，言民社以别官，王與諸侯爲群姓立者公也，自爲立者私也。里社，民社也。百室以上官社也，命民社則下通於二十五家之里社，大割祠於公社，則王之大社而已。祀地之禮有公而又有私者，親地也。尊無二上，故事天明獨行於天子而無二尊，事地察故下達于庶人而且有公私焉。尊親之辨如此。'”

[2]太社：天子爲群姓祈福、報功而設立的祭祀土神、穀神的場所。

晋初仍魏，無所增損。[1]至太康九年，改建宗廟，而社稷祠壇與廟俱徙。[2]乃詔曰："社實一神，其并二社之祀。"於是車騎司馬傅咸表曰：[3]

《祭法》王社太社，[4]各有其義。天子尊事郊廟，[5]故冕而躬耕。躬耕也者，所以重孝享之粢盛。親耕故自報，自爲立社者，爲籍田而報者也。國以人爲本，人以穀爲命，故又爲百姓立社而祈報焉。事異報殊，此社之所以有二也。

[1]增損：殿本作"損益"。

[2]社稷祠壇與廟俱徙：原本、宋本、殿本均有"祠"字，中華本無。

[3]車騎司馬：官名，車騎將軍府高級幕僚。掌參讚軍務、管理府内武職，位僅次於長史。六品。

[4]《祭法》：《禮記》中的篇名。　王社：即官社。　太社：太，殿本作"大"，本卷下文"太社"同。

[5]天子尊事郊廟：郊，原本、宋本、殿本作"宗"，據中華本改。

王景侯之論王社，亦謂春祈籍田，秋而報之

也。其論太社，則曰王者布下圻内，[1]爲百姓立之，謂之太社，不自立之於京都也。景侯此論據《祭法》。《祭法》："大夫以下成群立社，曰置社。"景侯解曰，"今之里社是也"。景侯解《祭法》，則以置社爲人間之社矣。而别論復以太社爲人間之社，未曉此旨也。太社，天子爲百姓而祀，故稱天子社。《郊特牲》曰：[2]"天子太社，必受霜露風雨。"以群姓之衆，王者通爲立社，故稱太社也。若夫置社，其數不一，蓋以里所爲名，《左氏傳》盟于清丘之社是也。[3]衆庶之社，既已不稱太矣，若復不立之京都，[4]當安所立乎！

[1]圻内：京畿地區。

[2]《郊特牲》：《禮記》中的篇名。

[3]盟于清丘之社是也：原本、宋本、殿本無"也"字，據中華本補。

[4]京都：都，殿本作"師"。

《祭法》又曰，王爲群姓立七祀，王自爲立七祀。言自爲者，自爲而祀也；[1]爲群姓者，爲群姓而祀也。太社與七祀其文正等。説者窮此，因云墳籍但有五祀，無七祀也。案祭，五祀國之大祀，七者小祀。《周禮》所云祭凡小祀，則墨冕之屬也。[2]景侯解大厲曰，"如周社伯，[3]鬼有所歸，乃不爲厲"。今云無二社者稱景侯，《祭法》不謂無二，則曰"口傳無其文也"。夫以景侯之明，擬議而後爲解，而欲以口論除明文，如此非但二社當見思惟，景侯之後解亦未易除也。[4]

[1]言自爲者，自爲而祀也：原本、宋本均作“言自爲而祀也”，無“爲者自”三字，殿本有，據殿本補。

[2]墨冕：喪服。

[3]如周社伯：原本、宋本、殿本無“伯”字，據中華本加。

[4]景侯之後解亦未易除也：原本、宋本、殿本無“後”字，據中華本加。

前被敕，《尚書·召誥》乃社于新邑，惟一太牢，不二社之明義也。案《郊特牲》曰社稷太牢，必援一牢之文以明社之無二，則稷無牲矣。[1]説者曰，舉社則稷可知。苟可舉社以明稷，何獨不舉一以明二？國之大事，在祀與戎。若有二而除之，[2]不若過而存之。况存之有義，而除之無據乎？

[1]則稷無牲矣：則，原本、宋本、殿本作“明”，據中華本改。

[2]若有二而除之：清盧文弨《晋書禮志校正》：“《宋志》《通典》俱作‘有過’。疑當去‘有’字，衹作‘過’。”

《周禮》封人掌設社壝，[1]無稷字。今帝社無稷，蓋出於此。然國主社稷，故經傳動稱社稷。[2]《周禮》王祭社稷則絺冕，此王社有稷之文也。封人所掌社壝之無稷字，[3]説者以爲略文，從可知也。

謂宜仍舊立二社，而加立帝社之稷。

［1］設社壝（wéi）：設立社壇外的圍牆。

［2］經傳：經，原本作“絰”，宋本、殿本作“經”，據宋本、殿本改。

［3］封人所掌社壝之無稷字：原本、宋本、殿本脱“社”字，據中華本校勘記補。

時成粲議稱景侯論太社不立京都，[1]欲破鄭氏學。[2]咸重表以爲：“如粲之論，[3]景侯之解文以此壞。[4]《大雅》云‘乃立冢土’，毛公解曰‘冢土，太社也’。[5]景侯解《詩》，即用此説。《禹貢》‘惟土五色’，[6]景侯解曰，‘王者取五色土爲太社，封四方諸侯，各割其方色土者覆四方也’。[7]如此，太社復爲立京都也。不知此論何從而出，而與解乖，上違經記明文，下壞景侯之解。臣雖頑蔽，少長學門，不能默已，謹復續上。”劉寔與咸議同。[8]詔曰：“社實一神，[9]而相襲二位，衆議不同，何必改作！其便仍舊，一如魏制。”

［1］議稱：稱，殿本作“據”。　太社：太，殿本作“大”，本卷下文“太社”同。

［2］鄭氏學：鄭玄經學。

［3］如粲之論：粲，原本、宋本、殿本作“祭法”，據中華本改。

［4］解文：文，原本、宋本、殿本作“交”，據中華本改。

［5］毛公：毛亨。相傳西漢魯人，作《故訓傳》授趙人毛萇。時人稱毛亨爲大毛公，毛萇爲小毛公。

[6]《禹貢》：《尚書》中的一篇，詳細地記述了先秦時期中國的地理情況。

[7]各割其方色土者：土，原本、宋本、殿本作“王”，據中華本改。

[8]劉寔：字子真，本書卷四一有傳。

[9]社實一神：實，原本、宋本、殿本作“稷”，據中華本改。

其後摯虞奏，以爲：“臣案《祭法》‘王爲群姓立社曰太社，王自爲立社曰王社’。《周禮·大司徒》‘設其社稷之壝’，又曰‘以血祭祭社稷’，[1]則太社也。又曰‘封人掌設王之社壝’，又有軍旅宜乎社，則王社也。太社爲群姓祈報，祈報有時，主不可廢。故凡祓社釁鼓，[2]主奉以從是也。此皆二社之明文，前代之所尊。以《尚書·召誥》‘社于新邑’三牲各文，《詩》稱‘乃立冢土’，無兩社之文，故廢帝社，惟立太社。《詩》《書》所稱，各指一事，又皆在公旦制作之前，未可以易《周禮》之明典，《祭法》之正義。前改建廟社，營一社之處，朝議斐然，執古匡今。世祖武皇帝躬發明詔，定二社之義，以爲永制。宜定新禮，從二社。”詔從之。

[1]以血祭祭社稷：原本、宋本、殿本衹有一“祭”字，據中華本補。

[2]祓社釁鼓：禱告於社，以血塗鼓。祓，原本、宋本、殿本作“被”，據中華本改。

至元帝建武元年，又依洛京立二社一稷。其太社之祝曰："地德普施，惠存無疆。乃建太社，保祐萬邦。悠悠四海，咸賴嘉祥。"其帝社之祝曰："坤德厚載，邦畿是保。乃建帝社，以神地道。明祀惟辰，景福來造。"

漢儀，每月旦，[1]太史上其月曆，有司侍郎、尚書見讀其令，[2]奉行其正。朔前後二日，[3]牽牛酒至社下故以祭日。[4]日有變，割羊以祠社，用救日變。執事者長冠，衣絳領袖緣中衣、絳袴襪以行禮，[5]如故事。自晋受命，日月將交會，太史乃上合朔，[6]尚書先事三日，宣攝内外戒嚴。摯虞決疑曰："凡救日蝕者，著赤幘，以助陽也。日將蝕，天子素服避正殿，内外嚴警。太史登靈臺，[7]伺候日變，便伐鼓於門。聞鼓音，侍臣皆著赤幘，帶劍入侍。三臺令史以上皆各持劍，[8]立其户前。衛尉卿驅馳繞宫，[9]伺察守備，周而復始。亦伐鼓於社，用周禮也。又以赤絲爲繩以繫社，祝史陳辭以責之。社，[10]勾龍之神，[11]天子之上公，故陳辭以責之。日復常，乃罷。"

[1]月旦：每個月初一日。

[2]有司侍郎、尚書：有關部門的侍郎和尚書。古代設官分職，各有专司，故稱。

[3]朔：每個月初一日。

[4]牽牛酒至社下故以祭日：中華本校勘記："'牛'，《後漢書·禮儀志》上作'羊'。探下文，宜作'羊'。"

[5]絳袴襪以行禮：原本、宋本、殿本作"絳緣以行禮"，據中華本校勘記改。

［6］太史：太，原本、宋本作“大”，殿本作“太”，據殿本改。　合朔：日月運行處於同宫同度，謂之合朔。一般指夏曆每月初一。

［7］靈臺：古時帝王觀察天文星象、妖祥灾異的建築。

［8］三臺令史：尚書臺、御史臺、謁者臺三臺的屬官。

［9］衛尉卿：官名，對衛尉的尊稱。掌宫廷警衛，兼管武庫、冶鑄，領江北冶令三十九員，南北東西諸督冶掾。三品。

［10］社：原本、宋本、殿本無此字，據中華本補。

［11］勾龍：社神名。蔡邕《獨斷》卷上：“社神，蓋共工氏之子勾龍也，能水土，帝顓頊之世，舉以爲土正。天下賴其功，堯祠以爲社。”

漢建安中，將正會，[1]而太史上言，正旦當日蝕。朝士疑會否，共諮尚書令荀彧。[2]時廣平計吏劉邵在坐，[3]曰：“梓慎、禆竈，[4]古之良史，猶占水火，錯失天時。禮，[5]諸侯旅見天子，入門不得終禮者四，日蝕在一。然則聖人垂制，不爲變異豫廢朝禮者，或灾消異伏，或推術謬誤也。”彧及衆人咸善而從之，[6]遂朝會如舊，日亦不蝕，邵由此顯名。

［1］正會：皇帝元旦朝會群臣、接受朝賀的會禮。清秦蕙田《五禮通考》説：“蕙田案：古者有朝覲之禮，無朝賀之文。秦改封建爲郡縣，始有朝十月之禮。漢叔孫通起朝儀，其制始詳，大朝會實始於此。其冬至稱賀昉於魏晋，千秋之節始於有唐。前明以元正、冬至、聖節爲三大節，我朝因之。蓋以元正者一歲之始，冬至者一陽之始，聖節者人君之始。帝王所以臨御萬國，臣子所以致敬君父，将於是乎觀禮焉。若唐五代宋以五月朔受大朝，遼以重五稱

賀元，明則有郊祀慶成受賀，其禮大略相仿。《遼志》别有賀祥瑞、平難諸儀，皆起於一時，創制不合於古。”

［2］荀彧：東漢末潁川潁陰（今河南省許昌市）人，字文若。曹操重要謀士，歷任奮武司馬、鎮東司馬、侍中、光禄大夫、參丞相軍事等職。因反對曹操進爵國公，爲曹操忌恨，被迫自殺。

［3］廣平：郡名，治所在廣平縣（今河北省雞澤縣東南）。　計吏：即上計吏，地方政府派赴中央呈遞計簿的官員。　劉邵：即劉劭，三國魏廣平邯鄲（今河北省邯鄲市附近）人，字孔才。歷任尚書郎、陳留太守、散騎常侍等職。魏晋玄學的先驅者之一，著有《人物志》流傳。

［4］梓慎：春秋時魯國史官。《左傳·昭公十五年》：“十五年春，將禘於武公，戒百官。”梓慎曰：“禘之日，其有咎乎！吾見赤黑之祲，非祭祥也，喪氛也。其在莅事乎？”果然在舉行祭祀的時候，主持人卒。　裨竈：春秋時鄭國史官。據《左傳·昭公十八年》，是年宋、衛、陳等國都發生了火灾，裨竈説不按照我説的做，鄭國也將發生火灾。子産説：“天道遠，人道邇，非所及也，何以知之？竈焉知天道？是亦多言矣，豈不或信？”遂不與，亦不復火。

［5］禮：原本、宋本、殿本無此字，據中華本補。

［6］彧：原本、宋本作“或”，殿本作“彧”，據殿本改。

至武帝咸寧三年、四年，並以正旦合朔却元會，[1]改魏故事也。元帝太興元年四月，合朔，中書侍郎孔愉奏曰：[2]“《春秋》，日有蝕之，天子伐鼓于社，攻諸陰也；諸侯伐鼓于朝，臣自攻也。案尚書符，若日之有變，便擊鼓於諸門，有違舊典。”詔曰：“所陳有正義，輒敕外改之。”

［1］元會：朝廷禮儀，每年元月初一朝會群臣。

[2]孔愉：字敬康，本書卷七八有傳。

至康帝建元元年，太史上元日合朔，後復疑應却會與否。庾冰輔政，[1]寫劉邵議以示八坐。于時有謂邵爲不得禮意，荀彧從之，是勝人之一失。故蔡謨遂著議非之，曰："邵論灾消異伏，又以梓慎、裨竈猶有錯失，太史上言，亦不必審，其理誠然也。而云聖人垂制，不爲變異豫廢朝禮，此則謬矣。灾祥之發，所以譴告人君，王者之所重誡，故素服廢樂，退避正寢，百官降物，用幣伐鼓，躬親而救之。夫敬誡之事，與其疑而廢之，寧慎而行之。故孔子、老聃助葬於巷黨，以喪不見星而行，故日蝕而止柩，曰安知其不見星也。[2]而邵廢之，是棄聖賢之成規也。魯桓公壬申有灾，而以乙亥嘗祭，《春秋》譏之。[3]灾事既過，[4]猶追懼未已，故廢宗廟之祭，况聞天眚將至，[5]行慶樂之會，[6]於禮乖矣。《禮記》所云諸侯入門不得終禮者，謂日官不豫言，諸侯既入，[7]見蝕乃知耳，非先聞當蝕而朝會不廢也。引此，可謂失其義旨。劉邵所執者《禮記》也，夫子、老聃巷黨之事，亦《禮記》所言，復違而反之，進退無據。然荀令所言，漢朝所從，遂使此言至今見稱，莫知其誤矣，後君子將擬以爲式，[8]故正之云爾。"於是冰從衆議，遂以却會。

[1]庾冰：字季堅，本書卷七三有傳。

[2]"故孔子、老聃"至"曰安知其不見星也"：清盧文弨《晋書禮志校正》：下脱二十三字："今史官言當蝕，亦安知其不蝕

乎？夫子、老聃豫行見星之防"，補此方明。此事見《禮記·曾子問》：孔子曰："昔者吾從老聃助葬於巷黨，及堩，日有食之，老聃曰：'丘！止柩就道右，止哭以聽變。'既明反，而後行，曰：'禮也。'反葬，而丘問之曰：'夫柩不可以反者也。日有食之，不知其已之遲數，則豈如行哉！'老聃曰：'諸侯朝天子，見日而行，逮日而舍奠。大夫使，見日而行，逮日而舍。夫柩不蚤出，不莫宿。見星而行者，唯罪人與奔父母之喪者乎！日有食之，安知其不見星也？且君子行禮，不以人之親痁患。'吾聞諸老聃云。" 以喪不見星：喪，原本、宋本、殿本作"表"，據中華本改。

[3]"魯桓公壬申有災"至"《春秋》譏之"：《左傳·桓公十四年》："秋八月壬申，御廩災。乙亥，嘗。書，不害也。"意爲八月十五日，御廩發生火災。十八日，照常舉行嘗祭。《春秋》記載這件事，是由於他們並不害怕天災。

[4]災事既過：既，原本、宋本、殿本作"官"，據中華本改。

[5]天眚：天災。

[6]行慶樂之會：原本、宋本無"之"字，殿本有，據殿本補。

[7]諸侯既入：殿本無"既"字。

[8]擬以爲式：以之爲榜樣模仿。

至永和中，殷浩輔政，[1]又欲從劉邵議不却會。王彪之據咸寧、建元故事，[2]又曰："《禮》云諸侯旅見天子，不得終禮而廢者四，自謂卒暴有之，非爲先存其事，而僥倖史官推術繆錯，故不豫廢朝禮也。"於是又從彪之議。

[1]殷浩：字深源，本書卷七七有傳。

[2]王彪之：字叔武，本書卷七六有傳。

《尚書》“禋于六宗”，[1]諸儒互説，往往不同。王莽以《易》六子，[2]遂立六宗祠。魏明帝時疑其事，以問王肅，亦以爲《易》六子，故不廢。及晋受命，司馬彪等表六宗之祀不應特立新禮，[3]於是遂罷其祀。其後摯虞奏之，又以爲：“案舜受終，‘類于上帝，禋于六宗，望于山川’，則六宗非上帝之神，又非山川之靈也。《周禮·肆師》職曰：‘用牲於社宗。’《黨正》職曰：‘春秋祭禜亦如之。’[4]肆師之宗，與社並列，則班與社同也。黨正之宗，文不繫社，則神與社異也。周之命祀，莫重郊社，宗同於社，則貴神明矣。又，《月令》孟冬祈于天宗，則《周禮》祭禜，《月令》天宗，六宗之神也。漢光武即位高邑，[5]依《虞書》禋于六宗。安帝元初中，立祀乾位，禮同太社。魏氏因之，至景初二年，大議其神，[6]朝士紛紜，各有所執。惟散騎常侍劉邵以爲萬物負陰而抱陽，[7]冲氣以爲和。六宗者，太極冲和之氣，爲六氣之宗者也。《虞書》謂之六宗，[8]《周書》謂之天宗。是時考論異同，而從其議。漢魏相仍，著爲貴祀。凡崇祀百神，放而不致，有其興之，則莫敢廢之。宜定新禮，祀六宗如舊。”詔從之。

[1]六宗：《通典》卷四四《禮典·吉禮》述晋以前歷代六宗説：

“《虞書》云：‘禋於六宗。’

“周制，祀昊天上帝，大裘而冕，祀五帝亦如之。又云‘以禋祀祀昊天上帝’。

“漢興，於甘泉汾陰立壇，禋六宗。（平帝元始中，王莽、孔光等奏曰：‘祀典，功施於人則祀之。天文日月星辰，所昭仰也；地理山川海澤，所生殖也。《易》有八卦，乾坤六子，水火不相逮，雷風不相悖，山澤通氣，然後能變化，既成萬物。是日月雷風山澤，《易》，卦六子之尊氣，所謂六宗也。星辰水火溝瀆，皆六宗之屬。’）

“後漢安帝元初六年三月庚辰，初立六宗，祀天地四方之中於洛陽西北戌亥之地，比於太社。（時司空李郃奏曰：‘按《尚書》“禋於六宗。”漢興，亦不廢。今宜復舊制。’馬融曰：‘萬物非天不覆，非地不載，非春不生，非夏不長，非秋不收，非冬不藏。禋於六宗，此之謂也。’鄭玄曰：‘禋，煙也。取其氣達升，報於陽也。’孔安國曰：‘精意以享謂之禋。宗，尊也。所尊祭其祀有六：埋少牢於太昭，祭時；相近於坎壇，祭寒暑；王宫，祭日；夜明，祭月；幽禜，祭星；雩禜，祭水旱。是爲六宗。’）

“魏明帝立六宗，祀六子之卦。（明帝疑其事，以問王肅，亦以爲六子之卦，故不廢矣。景初二年，改祀太極中和之氣。時大議其神，散騎常侍劉邵以爲：‘萬物負陰而抱陽，冲氣以爲和，六宗者，太極冲和之氣，爲六氣之宗者也。《虞書》謂之六宗。’時從其議。）

“晋初，罷其祀。（時司馬彪表云‘六宗之禮，不應特立’。新禮遂廢。後復立六宗祀，因魏舊事。時摯虞奏：‘按舜受終，禋於六宗，漢魏相仍，著爲貴祀。凡崇禮百神，放而不致，有其舉之，莫敢廢也。宜定新禮，祀六宗如舊。’從之。）

……

“試評曰：‘《虞書》：“肆類於上帝，禋於六宗，望於山川，遍於群神。”漢以王莽等奏日月、星辰、山川、海澤、六子之卦爲六宗者，按《周禮》“以實柴祀日月星辰”，則星辰非六宗矣。卦是物象，不應祭之。後漢馬融以天地四時爲六宗者，禮無禋地與四時之義。孔安國言寒暑日月水旱爲六宗者，於理又乖。鄭玄以星辰、司中、司命、風師、雨師爲六宗者，並是星質，不應更立風師、雨師之位。魏劉邵以冲和之氣六氣宗之者，氣先於天，不合禋天之下。氣從天有，則屬陰陽。若無所受，何所宗之？其間有張迪以六代帝王，張髦以宗廟三昭三穆等，並不堪録。後魏孝文帝以天皇大帝、五帝爲六宗，於義爲當。何者？按《周禮》“以禋祀昊天上帝”，則禋祀在祀天，不屬别神。又《司服》云“祀昊天上帝，大裘而冕，祀五帝亦如之”。昊天、五帝乃百神之尊，宗之，義也。或難曰：“《書》既云類上帝，何更言禋者？”此叙巡狩祀禮之次矣。將出征，肆類也。禋宗，遍祀六天也。何以肆類之文而迷都祀之禮乎！’”

[2]六子：《易·说卦》把乾坤震兑坎離震巽比作家庭，乾爲父，坤爲母，震爲長男，巽爲長女，坎爲中男，離爲中女，艮爲少男，兑爲少女。

[3]司馬彪：字紹統，本書卷八二有傳。

[4]禜（yǒng）：古代禳灾之祭。爲禳風雨、雪霜、水旱、癘疫而祭日月星辰、山川之神。《周禮·地官·黨正》：“春秋祭禜，亦如之。”鄭玄注：“禜，謂雩禜水旱之神。蓋亦爲壇位，如祭社稷云。”宋本無此字。

[5]高邑：縣名，治所在今河北省柏鄉縣北。

[6]大議：大，宋本作“太”。

[7]萬物負陰而抱陽：謂萬物内涵着陰陽兩種相反而又相成之氣。《老子》第四十二章：“萬物負陰而抱陽，冲氣以爲和。”

[8]謂之六宗：原本、宋本無“之”字，殿本有，據殿本補。

《禮》，王爲群姓立七祀，[1]曰司命、中霤、國門、國行、大厲、户、竈。[2]仲春玄鳥至之日，[3]以太牢祀高禖。[4]《毛詩·絲衣》篇，“高子曰靈星之尸”。[5]漢興，高帝亦立靈星祠。及武帝，以李少君故，[6]始祠竈；及生戾太子，[7]始立高禖。《漢儀》云，國家亦有五祀，有司行事，其禮頗輕於社稷，則亦存其典矣。又云，常以仲春之月，立高禖祠于城南，祀以特牲。又，是月也，祠老人星于國都南郊老人星廟。[8]立夏祭竈，季秋祠心星于城南壇心星廟。[9]元康時，洛陽猶有高禖壇，百姓祠其旁，或謂之落星。是後諸祀無聞。江左以來，不立七祀，靈星則配饗南郊，不復特置焉。

［1］王爲群姓立七祀：原本、宋本脱“爲”字，殿本有，據《禮記》及殿本補。

［2］司命：星名。文昌的第四星。《周禮·春官·大宗伯》：“以槱燎祀司中、司命、飌師、雨師。”鄭玄注：“司命，文昌宫星。”　中霤：古代五祀所祭物件之一。即后土之神。《禮記·郊特牲》：“家主中霤而國主社。”孔穎達疏：“中霤謂土神。”　國門：主管城門之神。　國行：主管出行之神，在國門外之西。　大厲：大鬼，惡鬼。大，原本、宋本、殿本作“太”，據中華本改。　户：門神。　竈：竈神。

［3］玄鳥：燕子。

［4］高禖：古帝王求子所祭之神。其祠在郊，故稱。高，通“郊”。清秦蕙田《五禮通考》引諸家論曰：

“蕙田案：‘《月令》仲春之月，玄鳥至，以太牢祀高禖。乃禮天子所御，帶以弓韣，授以弓矢，於高禖之前。説者謂，祀高禖以祈子，弓韣，弓矢，男子之祥也。《詩·大雅》“克禋克祀，以弗無子”。《商頌》：“天命玄鳥，降而生商”。二詩推本稷契之生，由於祈祀高禖而得。其日以玄鳥至，故云“天命玄鳥，降而生商”。説者以爲稷母履大人迹而有身，契母吞鳦卵而有身，非也。然則高禖之禮上古有之，秦漢以後無常祀，每因皇嗣艱難，則立高禖以祈嗣焉。’

……

“方氏慤曰：‘后妃與《關雎》所稱同義。九嬪御者，九嬪與九御也。御即女御也。女御八十一人，每九人則屬一嬪，故謂之九御。言九嬪則包夫人，言九御則包世婦矣。以《周官·内宰》考之，故知其如此。天子所御謂御而幸之者，亦見《曲禮》“琴瑟不御”，解禮謂酌之以酒也。射者，男子之事，弓矢者男子之祥也，男子生而懸弧者以此。韣則弓衣也，帶以弓韣者，示其有能受之資也。授以弓矢者，予之以所求之祥也。’

……

“《朱子集傳》：‘玄鳥，鳦也。春分玄鳥降，高辛氏之妃有娀氏女簡狄祈於高禖，鳦遺卵，簡狄吞之而生契。其後世遂爲有商氏，以有天下，事見《史記》。’

“歐陽氏修曰：‘天命玄鳥，降而生商。毛氏之説，以今人情物理推之事不爲怪，宜其有之。而鄭謂吞鳦卵而生契者，怪妄之説也。秦漢之間學者喜爲異説，鄭學博而不知統，又特喜讖緯諸書，故於怪説尤篤信。由是言之，義當從毛。’

“嚴氏粲曰：‘契母簡狄，於春分玄鳥至之日祈於高禖而生契，故推本言之。’

“何氏楷《世本古義》曰：‘玄鳥生商，其語近奇，而事甚無怪。毛氏之説正矣。乃《詩緯含神霧》則云：“契母有娀，浴於玄丘之水，睇玄鳥銜卵過而墜之，契母得而吞之，遂生契。”《中候契握》則云：“玄鳥翔，水遺卵流，娀簡吞之，生契。”《封禮緯》則云：“契姓子氏，以其母吞鳦子而生。”紛紛語怪，递相祖述，總不外吞卵一説，而甚且以契爲無父，娀非嚳妃。如劉向《列女傳》曰：“契母簡狄者，有娀氏之長女也。當堯之時，與其妹娣浴於玄丘之水。有玄鳥銜卵過而墜之，五色甚好，簡狄與其妹娣競往取之。簡狄得而含之，誤而吞之，遂生契焉。”王嘉《拾遺記》曰：“商之始也，有神女簡狄游於桑野，見黑鳥遺卵於地，有五色文，作八百字。簡狄拾之，貯以玉筐覆，以朱紱。夜夢神母謂之曰：‘爾懷此卵，即生聖子以繼金德。’狄乃懷一年而有娠，經十四月而生契，祚以八百叶，卵之文也。雖遭旱厄，後嗣興焉。譙周則謂契生，堯代舜，始舉之。必非嚳子，以其父微，故不著名。”羅泌闢之云：“《世本》《大戴》之書言：‘昔帝嚳卜，四妃之子皆有天下。’而稷之後爲周，周人既上推后稷爲嚳子矣，何所疑耶？昔有娀氏有二女，長曰柬逖，次曰建庛。柬逖爲嚳次妃，是爲簡翟，故屈原云：‘簡翟在臺嚳何宜？乙鳥致貽女何喜？’又曰：‘高辛之靈盛兮，遭乙鳥而致貽。’”夫古書之存者，其言簡翟未嘗不及於嚳也，若司馬遷王逸亦既以簡狄爲嚳妃矣。而一則曰三人行浴，因吞墜卵；一則曰侍帝嚳臺上，嘉墜卵而吞之，總無以異於讖緯之説。乃《吕氏春秋》更有異焉，謂有娀氏有二佚女，爲之九成之臺，飲食必以鼓。帝令燕往視之，鳴若謚隘，二女愛而争持之，覆以玉筐。少選發而視之，燕遺二卵，北飛遂不反。善乎？蘇洵之言曰：“史載簡狄吞卵生契，爲商始祖，神奇怪濫不亦甚乎！使聖人而有異於衆庶也，天地必將儲陰陽之和，積元氣之英以生，又安用此微禽之卵哉！燕墜卵於前，取而吞之，簡狄其喪心乎？”歐陽修亦云：“東漢之間學者喜爲異説，謂高辛氏之妃，陳鋒氏女，感赤龍精而生堯，簡狄吞鳦卵而生契，姜嫄履大人迹而生后稷。高辛四妃其三皆以神異而生子。蓋堯有盛德，稷契後世皆王天下數百年。學者喜爲之稱述，欲神其事，故務爲奇説也。至帝摯無所稱，故獨無説。”又蔡邕《月令章句》曰：“玄鳥感陽而至，其来主爲孚乳蕃滋，故重其至日。因以用事契母簡狄，蓋以玄鳥至日，有事高禖而生契焉。故《詩》曰‘天命玄鳥，降而生商。’”其説獨與毛傳合，當漢之世而有能持正論如兩人者，正不多得。若褚先生謂《詩》言“契生於卵”，“后稷人迹”者，欲見其有天命精誠之意耳。鬼神不能自成，須人而生，奈何無父而生乎？褚雖疑無父之説之非，而未免惑於神怪感通之事，未足稱達識也。雖然，以朱子之素持正論，而猶以吞卵爲可信，况其他哉！契爲商開基之祖，故謂生契爲生商。’

……

“蕙田案：‘玄鳥生商之説，毛以爲祀高禖，鄭以爲吞鳦卵，朱

子兼用之。歐陽以爲義當從毛何氏，以爲毛孔説正，是也。’

……

“《朱子集傳》：‘民，人也，謂周人也。時，是也。姜嫄，炎帝后，姜姓，有邰氏女，名嫄，爲高辛之世妃。精意以享謂之禋祀，祀郊禖也。弗之言祓也，祓，無子求有子也。古者立郊禖，蓋祭天於郊，而以先媒配也。變媒言禖者，神之也。其禮以玄鳥至之日，用太牢祀之，天子親往，后率九嬪御，乃禮天子所御。帶以弓韣，授以弓矢於郊禖之前也。履，踐也，帝，上帝也。武，迹。敏，拇。歆，動也，猶驚異也。介，大也。震，娠也。夙，肅也。生子者，及月辰居側室也。育，養也。姜嫄出祀郊禖，見大人迹而履其拇，遂歆歆然，如有人道之感，於是即其所大所止之處，而震動有娠，乃周人所由以生之始也。’

“蕙田案：‘《集傳》云祀天於郊而以先媒配，據祀高禖在仲春之月，冬至圜丘，孟春祈穀，皆是郊天，不聞仲春之月又有郊天一祭，恐不必如此説。’

“羅氏泌《路史》：‘皋禖之神，女媧是享，末世已失其源，謂爲娀簡之所託者，疏矣。昔者駘姜從嚳郊禖，則郊禖之禮古先之世有之矣，娀駘同列豈得爲娀簡哉？而《五經異義》乃以爲簡狄吞乙卵而生子，後王以爲禖官嘉祥，從而祠之。故王權爲問謂：“舊注以言先商之時未有高禖生民禋祀以祓無子，而姜嫄禋祀上帝以生契，則郊禖非立於生契之後。”鄭志焦喬答云：“先商之時自有禖氏祓除之祀，位在南郊，以玄鳥至之日祠之。彼其所禋，乃於上帝。至娀簡吞鳦之後，後王乃復祠之以配帝。若昔先媒則廢之矣，斯説爲覈然？乃不知其爲女皇至商而祀，簡狄迨周而祭，姜嫄時各推其本而配之，亦猶后稷之神，古祠帝柱，逮周而易以棄，事資沿革隨世而有變易，此蔡邕所以謂禖神高辛以前之所舊有，不由於高辛也。”束晳云：“皋禖者人之先也。”盧植乃云：“玄鳥至時陰陽中而萬物生，於是以三牲請於高禖之神。因其明顯，故謂之高，因其求子，故謂之禖。而古有禖氏之官，因以爲之神，斯得之矣。”秦廢典祀，及漢武晚無子，於是始立禖祠城南，下洎北齊，爰以太昊配之青帝，壇之南郊旁。隋唐因之，及皇朝景祐四年，乃以春分之日壇於南郊，祠青帝而配以伏羲與嚳，猶不及女禍云。’

“嚴氏粲曰：‘姜嫄爲高辛氏。後世子孫之妃，能精意以享，能備禮以祀，祈於高禖之神以祓除其無子之疾。天帝本無迹，今其来格，若有步武之迹，姜嫄奉祀周旋，若隨天帝之步武即有所感也。履帝武，言祭神如神在，洋洋乎，如在其左右也。敏歆言感動之速，大意言上帝降格即有身耳，不必如鄭氏説“歆歆然如有人道感己”也。於是神介助之，依止之，則震動而有身，則夙早而不遲，則生産之，則長育之，是爲后稷也。閟宫言彌月不遲，謂滿十月即生是早也。’

“何氏楷《世本古義》曰：‘堯既嗣嚳爲帝，則爲嚳後者當屬堯之子孫。稷不得爲嚳後，此周人所以特立姜嫄之廟而咏歌，亦止及嫄，彼有爲爾也。然《祭法》言周人禘嚳而郊稷者，所謂禘者，乃推其始祖之所自出，而以始祖配之也。則周人亦何嘗不祀嚳乎？又嫄若非嚳妃，則何得行郊禖之禮？此理甚明，無容曲説。黄子道周云：“高禖或曰高辛氏，或曰有儷氏。”鄭氏曰：“禮於高禖之下，其子必得天材，盖古云然也。”又蔡邕束晳皆云，高禖人之先也。陳際泰云：“祓，祓除之義。所以禱於郊以祓除不祥，故用弓矢。後世射弧星即其遺也。”殷大白云：“敏即膚敏之敏，歆即歆居之歆。”孔氏解“姜嫄得踐帝迹，所由以高辛之帝親行禋祀，姜嫄行在後而踐帝之迹。即上傳所云，后妃率九嬪御是也。踐足者直謂隨後行耳，非必以足躡其踐地之處也。將事齊敏者，謂行祀天之事齊敬而速疾也，鬼神食氣謂之歆，謂祭而神享之也。”《文獻通考》載宋高宗十六年，禮部言：竊詳《生民》之詩言履帝武敏歆，先儒以敏爲拇，謂姜嫄履巨迹之拇，以歆郊禖之神，是生后稷，以爲從帝嚳祀禖神之應，其説頗附會玄鳥生契之意。如《詩》言繩其祖武，《傳》言夫子步亦步，趨亦趨，皆繼踵相因循之意。帝嚳引禖祀之禮，姜嫄踵而行之，疾而不遲，故上帝所歆，居然生子以見視

履。考祥其應亦速，而後世弗深考經旨。傳注怪詭，禨祥併爲一談，至北齊妃嬪參享，黷而不蠲，去禮逾遠，歷世非之。'

"蕙田案：'履帝武敏歆，其説難解。嚴氏、何氏之説頗爲近理，何氏似較長也。'

"《魯頌》：'閟宫有侐，實實枚枚。'毛亨傳：'先妣姜嫄之廟，在周常閉而無事。'孟仲子曰：'是禖宫也。侐，清静也。實實，廣大也。枚枚，礱密也。'孔穎達疏：'孟仲子云是謂禖宫，蓋以姜嫄祈郊禖而生後稷，故名姜嫄之廟曰禖宫。'

"《朱子集傳》：'閟，深閉也。宫，廟也。時盖修之，故詩人歌咏其事以爲頌禱之詞。'"

[5]靈星：星名。又稱天田星、龍星。主農事。古代以壬辰日祀於東南，取祈年報功之義。清秦蕙田《五禮通考》考祭祀靈星：

"《詩·周頌·絲衣序》：'《絲衣》，繹賓尸也。'高子曰：'靈星之尸也。'孔穎達疏：'經之所陳，皆繹祭始末之事也。子夏作序，則唯此一句而已。後世有高子者，别論他事。云靈星之尸，言祭靈星之時，以人爲尸。後人以高子言靈星尚有尸，宗廟之祭有尸，必矣，故引高子之言，以證賓尸之事。高子者，不知何人。孟軻弟子有公孫醜者，稱高子之言以問孟子，則高子與孟子同時。趙岐以爲齊人。此言高子，蓋彼是也。靈星者，不知何星。《漢書·郊祀志》云："高祖詔御史：其令天下立靈星祠。"張晏曰："龍星左角曰天田，則農祥也。晨見而祭之。"史傳之説靈星，唯有此耳。'

"何氏楷《世本古義》曰：'絲衣，祭靈星也。靈星，農祥也。先王祀之而配以后稷，歌《絲衣》之詩以樂之。此詩有二説，云"繹賓尸"也，又引高子曰"靈星之尸"也。愚以本文"絲衣其紑，載弁俅俅。自羊徂牛"三語定之，當從高子之説。陳祥道亦云"高子以絲衣之尸爲靈星之尸"，是也。靈星者，農祥也。東方蒼龍七宿，房心通有農祥之稱。《周語》虢文公曰："農祥晨正，土乃脉發。"韋昭以爲房星也，立春之日，晨中於午，農事之候，故曰農祥。又伶州鳩曰："昔武王伐殷，月在天駟，月之所在辰馬，農祥也。我太祖后稷之所經緯也。"《晋語》董因曰："大火，閼伯之星也，是謂大辰。辰以成善，后稷是相。"韋昭謂，心星所在大辰，辰次爲天駟，駟，馬也。故曰辰馬。辰爲農祥，周先后稷之所以成善道戒農事也。合前二説，則房心皆謂農祥，亦以二星相近故也。而應劭則引賈逵説，以爲龍第三有天田星。靈者，神也，故祀以報功。辰之星爲靈星，故以壬辰日祀靈星於東南，金勝木爲土相也。張晏亦曰，龍星左角曰天田，則農祥也。晨見而祭之。范氏亦引舊説，以龍左角爲天田星，主穀，祀用壬辰日，祠之壬爲水，辰爲龍，從其類也。據此則靈星乃專指天田而爲之名。考《星經》則天田二星在角北者是也。故服虔以靈星爲角星。又有天田九星，在牛東南，非此天田也。《唐志》云："歲星主農祥，后稷馮焉。故周人常閲其機祥，以觀善敗。其始王也，次於鶉火，以達天黿。其衰也，淫於玄枵，以害鳥帑。"《逸周書·作洛篇》云："周公作大邑成周於土中，乃設丘兆於南郊以祀上帝，配以后稷。"日、月、農星，先王皆與食，是則農星有祭自周公時已然。以周家農事開基，而此星獨主農祥，故特著之祀典，不與凡星同。所謂后稷之所經緯者也。杜佑《通典》載，周制，仲秋之月，祭靈星於國之東南，以爲東南祭之就歲星之位也。歲星五星之始最尊，故就其位。王充《論衡》亦云，今靈星，秋雩也。而《漢舊儀》則謂古時歲再祭靈星，春秋用太牢。要之，古禮無文，俱莫能定其是否。愚以是《詩》證之，則正孟冬蜡祭時事，其謂祭於仲秋，謂春秋再祭者，誤也。何者？蜡祭之禮，皮弁素服，他祭不然。據此《詩》曰絲衣，曰載弁，此足表明其爲蜡祭矣。絲衣之爲蜡祭者何也？《禮·月令篇》，孟冬之月，天子祈來年於天宗，與祭八蜡，祠大社、門閭同時而舉，即此祭也。靈星之爲天宗者何也？《祭法》曰"幽宗祭星也"，是星有宗之名。《虞書》禋於六宗，賈逵謂天宗三日月星，地宗三河海岱，是星又有天宗之名。然星與日月雖並稱天宗，而日月及他星皆無關農事，其晨見之時當歲功之始，而獨主穀者，唯靈星耳。故周公郊祀特舉與日月並列，固以重民事，亦以彰祖德，美其名則曰靈星，尊其神則曰天宗也。漢興，高祖五年，或言周興而邑立后稷之祠，至今血食天下，於是制詔御史，其令天下立靈星祠，言祀后稷而謂之靈星者，以后稷配食星也。亦名赤星祠，龍左角色赤也。牲用太牢，縣邑令長侍祠，舞者用童男十六人。舞者象教田，初爲芟除，次耕種耘耨，驅爵及穫刈舂簸之形，象其功也。孝武游登五岳，尊祠靈星。建武二年立靈星祠，有司掌之。晋令縣祀靈星，唐以立秋後辰日祠靈星。祝曰："九穀方成，三時不害，馮兹多祐，介其農穡。"開元祀於國城東南，天寶四載升中祀。宋皇祐中立靈星壇，東西丈三尺，南北亦如之。盖歷代靈星之見於祀典者如是。祠之設專爲祈田，每隸郡邑，唯周之肇祀反其所自始，與后稷比隆，制固淵乎遠矣。《風俗通》載俗説縣令問主簿，靈星在城東南何法？主簿仰答曰："唯靈星所以在東南者亦不知也。"每思其詼諧啞然失笑。嗚呼！以高子筆之於詩序之後，而先儒猶未能明其制，而信其是且詆以爲誤，彼縣令主簿皆俗吏，其能知之也哉？羅泌云："於祭有尸，見君子氤氲，事神之盡也。宗廟有尸以盡孝也，而自天地社稷山川群小祀一皆有尸，則亦以事父母之心事之也。"大抵神鬼陰屬，非附陽體則不可以見，是故尸以託之。繹賓之尸，高子以爲靈星，是三辰亦有尸矣。'

"蕙田案：'絲衣載弁，乃士助祭之服，何氏據此爲蜡祭之證，且以《月令》之天宗爲專指靈星，愚皆不敢以爲然。特所載靈星祀典頗詳，故録以備考。'

"《五經通義》：'靈星爲立尸，故云"絲衣其紑，載弁俅俅"，言王者祭靈星公尸所服也。《逸周書·作洛篇》："周公作大邑成周於土中，乃設丘兆於南郊，以祀上帝，配以后稷日月農星，先王皆與食。"《通典》周制仲秋之月祭靈星於國之東南。注："東南祭之就歲星之位也。"歲星爲星之始最尊，故就其位。王者所以復祭靈星者，爲人祈時以種五穀，故别報其功也。'

"《風俗通》：'祀典既以立稷，又有先農，無爲靈祀后稷也。左

中郎將賈逵説，以爲龍第三，有天田星，靈者，神也，故祀以報功。辰之神爲靈星，故以壬辰日祀靈星於東南。金勝木爲土相。'

"蕙田案：'高子説詩雖無他證佐，然可見靈星之祀蓋自古有之，不始於漢矣。靈星或以爲歲星，或以爲房星、心星，或以爲天田星。而天田又有二，一在角北，一在牛東南。今亦無以的知其然否，要其爲農祥而祀之以祈民事，則信而有徵也。又考《逸周書·作洛》之説，農星亦從祀郊壇，而農星或即靈星與？又案歲在五緯中，房心在二十八宿中，皆當祭之於幽宗，不應特祀於國之東南，則以靈星爲天田者近是。'"

尸：殿本作"户"。

[6]李少君：西漢人。武帝時，隱瞞其年齡經歷，號稱與九十歲老翁的祖父有往來，又稱自己能使鬼神，有長生之方藥。後被武帝寵幸，多次遣方士入海求長生之藥。

[7]戾太子：名劉據，漢武帝之子。母衛皇后。七歲時立爲太子，武帝晚年失寵。時江充用事，與戾太子有隙，藉巫蠱嫁禍於戾太子，迫其自殺。

[8]祠老人星於國，都南郊老人星廟：原本、宋本、殿本於"南郊"二字間衍"遂"字，據中華本删。

[9]心星：即心宿，二十八宿之一。

《左氏傳》"龍見而雩"，經典尚矣。漢儀，自立春至立夏，盡立秋，郡國尚旱，[1]郡縣各掃除社稷。[2]其旱也，[3]公卿官長以次行雩禮求雨，[4]閉諸陽，衣皂，興土龍，立土人，[5]舞僮二佾，[6]七日一變，如故事。武帝咸寧二年，春久旱。[7]四月丁巳，[8]詔曰"諸旱處廣加祈請"。五月庚午，始祈雨于社稷山川。六月戊子，獲澍雨。此雩之舊典也。太康三年四月，十年二月，又如之。其雨多則禜祭，赤幘朱衣，閉諸陰，朱索縈社，伐朱鼓焉。

[1]郡國尚旱：清盧文弨《晋書禮志校正》："句有誤。《續漢志》云'郡國上雨澤'。按今時猶然，且不以立秋爲限。"

[2]郡縣：清盧文弨《晋書禮志校正》："《續志》上有'若少府'三字，蓋少府亦有田租、山澤、陂地之税，故有所屬之郡縣。今删去之便不明。"

[3]其旱也：清盧文弨《晋書禮志校正》："此方言旱，則上文'尚旱'之語殊謬。"

[4]雩禮：古代因水旱而舉行的祭祀禮儀。清秦蕙田《五禮通考》引諸家論曰：

"蕙田案：'《月令》曰大雩帝。《左傳》云啓蟄而郊，龍見而雩，即詩頌所謂春夏祈穀於上帝也。其禮天子諸侯皆有之。然天子所雩者上帝，故曰大。諸侯特雩境内之山川，不名曰大。《春秋》書魯大雩，魯僭禮也。孟夏大雩，雖無水旱亦行之，禮之常也。若國大旱則無論夏秋皆得雩，至冬則無雩。故穀梁子曰：冬無爲雩也。《春秋》大雩二十有一，書雩以記灾，書大以志僭，然古聖王遇灾而懼，爲民請命。當水旱時靡神不舉，又不止雩上帝而已。《周禮》以索鬼神爲荒政十有二之一，後世不知恐懼，修省反躬罪已，乃有焚巫徙市之事，抑末矣。漢無雩祀而旱祭非一，至齊梁乃有雩壇，而所雩有五天帝，五人帝，皆非古義。唐有正雩，有旱禱，宋以雩帝爲大祀，明嘉靖時有雩祭，雖不盡古，然亦近焉。'

……

"陳氏《禮書》：'《爾雅》曰雩號祭也。鄭氏曰："雩，吁嗟求雨之祭也。"女巫凡邦之大灾，歌哭而請，則《爾雅》、鄭氏之説是也。杜預以雩爲遠誤矣。'

"蕙田案：'杜氏以雩爲遠，禮書從鄭氏非之，是也。然必引女巫歌哭而請爲證，則未的。蓋邦之大灾，必大旱而雩，乃足當之。若四月龍見而雩，其時旱灾未成，未可遽以歌哭釋之。《彙纂》之義發前人所未發矣。'

……

"楊氏復曰：'啓蟄而郊，龍見而雩，此詩頌所謂春夏祈穀於上帝也。龍見而雩與《周禮》所掌《春秋》所書不同。《周禮》司巫帥巫而舞雩，爲旱而雩也。《春秋》書雩二十有一，因旱而雩也。龍見而雩乃建巳之月，萬物始盛，待雨而長，聖人爲民之心切，遂爲百穀祈膏雨，與啓蟄之郊其意同。是以樂則必用盛樂，與它祭獨不同，聲音之號所以詔告於天地之間，以達神明也。郊非不用樂也，以禮爲主；雩非不用禮也，以樂爲主。各隨其宜也。但注言雩五精之帝，疏言春夏秋冬共成歲功，則不可偏祭一帝，其言似矣。然天一而已矣，因時迭王則有五帝之名，《易》曰帝出乎震是也。祭於四郊則有五帝之位，小宗伯兆五帝於四郊是也。注疏謂夏雩總祭五帝，是一天而有五祭，祭於南郊乎？抑兼祭於四郊乎？其義何居？自注疏之説行，諸儒莫之能決。有雩祀五方上帝、五人帝五官於南郊者，如唐貞觀禮是也。有雩祀昊天上帝於圜丘者，如唐顯慶禮是也。及開元中，起居舍人王仲丘奏："祀昊天上帝於圜丘，尊天位也。然雩祀五帝既久，請二禮並行以成大享帝之義。"既祀昊天上帝又祀五帝與明堂，並祀上帝五帝之禮同歸於誤，此則學禮者之所深惜而不可以不辨也。'

"陳氏《禮書》：'《春秋》書雩二十有一，皆在七月以後。《左氏》曰"龍見而雩"，過則書。蓋龍見建巳之月，而建巳乃陽充之時，陰氣所以難達也。故雩祀作焉。過此而後雩，此《春秋》所以譏也。大雩禮之盛也，猶所謂大旅、大享。趙氏謂雩稱大國遍雩，誤矣。《詩序》曰夏祈穀於上帝，《月令》曰大雩帝，則雩祀昊天上帝及五帝也。鄭氏謂雩祀五精之帝，然《周禮》稱上帝與五帝不同，則上帝非止五帝也。《月令》曰令百縣雩祀百辟卿士，則百辟卿士之祭亦曰雩也。鄭氏曰天子雩上帝，諸侯雩上公，然《周禮》

小祝小祭祀，逆時雨寧風旱，則百辟亦天子所祀也。《祭法》有雩禜之壇，春秋之時魯以南門爲雩門，先儒皆以魯之舞雩在城南。鄭氏曰雩爲壇於南郊之旁，其説蓋有所受也。古者雩斂在稻人，雩樂以皇，舞以女巫。皇與女陰也，則舞所以達陽中之陰而已。董仲舒祈雨之術，閉南門縱北門，蓋亦古者達陰之意也。然則雩祀上帝必升烟，後世乃謂用火不可以祈水，而爲坎以瘞，就陽不可以求陰，而移壇於東，雩必自郊徂宫。後世或祈山川林澤、群廟百辟卿士，然後及於上帝，世或選善謳者歌詩而已，皆非古也。’

“蕙田案：‘大雩祭不列於《周禮》，惟《大司徒》荒政十有一曰“索鬼神”，其他司巫女巫舞師大祝小祝等職所載皆旱熯之事，是皆所謂邦之大烖歌哭而請，因旱而雩，非常祭也。惟《左氏傳》“龍見而雩”及“啓蟄之郊”並舉，與《詩》序《噫嘻》“春夏祈穀於上帝”之意同。《月令》亦云大雩帝用盛樂，先儒因有四月常雩祀天之説。後世因之制爲禮典，是其説固不可廢也。然所雩之地，經無明文。鄭注《祭法》雩宗曰“水旱壇”，注《月令》雩帝曰“爲壇於南郊之旁”。《禮書》謂魯南門爲雩門，《論語》有舞雩，先儒謂魯之舞雩在城南，鄭氏之説蓋有所受。以今考之，若所雩者而不止上帝也，五帝、日、月、星、辰、山川、百源、百辟卿士，鬼神雜揉，共在一壇，褻越已甚。若所雩者而專主上帝也，則何爲捨祀天之壇而更卑就於其旁？於理皆不可通。是則天子雩帝當在南郊之圜丘無疑。且《詩》亦曰“自郊徂宫”尤爲明證。其餘諸祀則各就其處而祭之可也。至魯人舞雩，或因僭行大雩之禮而不敢純同於王制，故於城南别爲一壇名之曰舞雩，猶其僭郊而不敢同用日至之意，乃或者因是而謂天子之雩帝亦别有壇，是以魯禮言周事恐不然也。若其常雩之時，《左傳》與《月令》又各不同，鄭注謂雩之正當以四月，杜氏亦以爲《月令》秦法非，是周典。今考《春秋》書雩皆爲旱，非常祭。其中有但書秋而不記其月者，則雖七月亦爲非常而書矣。周之七月當夏五月，五月非常，則常祭在四月可知。《月令》屬之仲夏，蓋吕不韋之誤，固當以《左傳》爲正也。其所雩之帝，鄭注謂五精之帝，夫五帝兆於四郊，祭五帝而不及昊天，固無是理。且四郊各有壇兆，則不在南郊，水旱之壇可知。即其説已矛盾而不可信矣。陳氏《禮書》又謂昊天上帝及五帝，夫合上帝五帝而雩於南郊之旁，則必與百神並舉，則猶鄭注之謬也。若合上帝五帝而祭於圜丘則又虛設四郊之兆，而六天並祭禮所必無，則唯楊氏專祭上帝之説爲簡易明確而不可混矣。至於雩之稱，大賈逵云言大别山川之神，雩帝故稱大，《禮書》謂禮之盛與大旅大享同，其説並通。'

……

"鄭氏鍔曰：'農民之望甘雨，欲以時至故逆之而來，旱之爲灾皆人所懼，故寧之使不作。'

"劉氏執中曰：'寧風旱謂恒風恒暘，皆反休而爲咎，故祭以寧之。'

"蕙田案：'四月常雩似逆時雨，因旱而雩似寧風旱。'

……

"王氏安石曰：'帥，女巫也，不言女以女巫見之。'

"王氏昭禹曰：'陽亢在上，阻陰而旱，帥巫而舞雩，所以助達陰中之陽。'

……

"丘氏光庭曰：'孟夏之月，萬物昌茂，必資雨澤以膏潤之，然後秋成可望。故三代盛時，當龍見之月爲大雩之祭，備盛樂，集群巫，八音之聲迭奏，歌呼之聲不絶。至旱暵之甚，則或舞而擗踴，或嘘而嘆息，盖以斯民窮苦之狀上達於天，庶其垂憫而降雨澤以蘇之也。後世此禮不傳，往往假異端之術，令方士用符咒指斥怒駡。噫！上帝之靈不以誠感而以法術刧制之，可乎？'

"宗元案：'古禮有不可復行於今者，如旱雩用女巫舞雩是也。古民質朴而又設之專官，男女必能一心專志，故可和同天人之際。如《國語》所謂"古者民之精爽，不携貳，又能齊肅中正，則神明降之"。故男覡女巫相沿已久，先王不能廢也。然女巫所掌，大率王后之事，故吊則與祝前至。邦有大灾，歌哭而請，亦必各有其所，未必雜於郊壇間也。惟旱雩則司巫帥之舞雩，先儒謂是崇陰以致雨，然天則不雨而望之愚婦人，昔縣子已譏其疏矣。况後世不設此官而可復用之乎？或謂今用僧道符咒以代巫覡之歌舞，似差勝於女巫之混瀆，則非也。此輩罪孽多端，即在異氏亦爲敗類，其能上回帝眷乎？荆川《稗編》乃欲用女冠、比丘尼以代女巫，則更媟嫚不經之甚矣。竊謂是在古人原有已試之成法而人自忽之，如桑林之禱，《云漢》之憂，梁武之先行七事，明祖之露處五日，皆行之而有效者，何不師其意而用之？其他則擇土立壇依方正位，如董子求雨，閉諸陽縱諸陰，尚得古人以類致類之遺意，而非同厭勝。若《繁露》乃董子贋書，已不可全信，况可以女道、尼僧代女巫也哉！'

……

"鄭氏鍔曰：'旱暵出於非常，故不言祭祀而言事，偶有是事，則染羽爲鳳皇之形以舞焉。不象鳳者，鳳雄而皇雌，所以召陰而却陽也。'

"易氏祓曰：'皇舞用於旱暵之事，則有陰陽相濟之意。'

"蔡氏德晋曰：'旱暵，陽氣過甚，故以皇舞，五色咸備，取陰陽之氣不偏也。'

"蕙田案：'三説皆與後鄭略同。高紫超謂"皇"故書或爲"翌"。案字説黄白曰翌，疑以黄白之繒，若羽爲之。蓋旱暵炎赤，欲以秋金白氣勝之。案旱暵炎赤屬火，象勝之，當以水色黑，金白乃火，所勝豈能反勝火耶？無理不可從。似鄭剛中、蔡宸錫之説爲長。'

……

"張子曰：'大雩龍見，而雩當以孟夏爲百穀祈甘雨也。有水旱則别有雩祭。'

"馬氏彦醇曰：'先王之待水旱，人力已至而猶有旱乾水溢，則爲雩禜以祭之，見人力有不勝於天時者也。'

“蕙田案：‘祭水旱者，因水旱而祭，非祭水旱也。宗當如字，蓋雩帝在圜丘，其餘諸神則各就其處祭之，不須别爲一壇。故曰，自郊徂宫以其求雨而尊祭之。故謂之雩宗，疑是。雩，祭名非壇名也。《詩》云“靡神不宗”，可以證明宗字之義。注疏禜爲營域之説，存參。’

“觀承案：‘龍見之郊與啓蟄之郊，自宜同在圜丘。蓋孟夏大雩乃每歲常行之典，即仍其地可也。若因旱而雩，則迫切哀懇如《周禮》所謂歌哭以請者。既無常期，且大變其常度，而必仍在圜丘嚴肅之地行之恐非所安。且圜丘在南郊，乃正陽之位，就之求雨亦於事類不合。古壇雖無正文，然祭法有雩禜及魯舞，雩之另爲一壇可知，不當與圜丘同所矣。魯壇在城東南，是辰方，梁時在天壇之東，曰巳位者，恐非亦應在辰方耳。蓋辰乃先天兑位，兑澤可以致雨，五行亦辰爲水庫也。更有一説，王明齋謂古者雩於北郊，雖未有所考，然南郊祀天者本先天乾南坤北之常位，若後天則乾反居於西北。今旱雩既非常祀，宜用後天乾位以通其變。亥爲天門，後天之乾，介於兑澤坎水之間。夏月之雨亦以西北風爲驗，則當於西北亥位立壇似更合於義類也。附此以俟考，禮者擇焉。’

……

“胡氏安國曰：‘大雩者，雩於上帝，用盛樂也。諸侯雩於境内之山川耳。魯諸侯而大雩，欲悉書於册，則有不勝書者，故雩祭則因旱以書，而特謂之大。因事以書而義自見。此皆國史所不能與君子以爲性命之文是也。’

“程子曰：‘成王尊周公，故賜魯重祭得郊禘大雩。大雩，雩於上帝，用盛樂也。諸侯雩於境内之山川耳。成王之賜、魯公之受皆失道也。故夫子曰，魯之郊禘非禮也。周公其衰矣。大雩，歲之常祀，不能皆書也，故因其非時則書之。遇旱災則非時，而雩書之所以見其非禮，且志旱也。’

“孫氏復曰：‘建巳之月，常祀也，故經無六月雩者。建午建申之月非常，則書謂之大者，雩於上帝也。天子雩於上帝，諸侯雩於山川百神。魯雩山川百神禮也，雩於上帝非禮也。《春秋》魯史，孔子不敢斥也。其或災異非常，改作不時者，則從而録之，以著其僭天子之惡。'

……

"吴氏澄曰：'魯之雩祀僭王禮，特書曰大雩，以表其爲天子祀上帝之雩，而非諸侯祭山川之雩也。左氏謂龍見而雩，過則書。龍見者，孟夏建巳之月，經無書。六月雩者蓋得禮不書。七月八月九月則皆過時，故書。書冬則建酉之月，穀已成熟，尤爲非時也。魯有舞雩壇，蓋祀帝於壇如郊焉，而用盛樂，歌舞於壇上，故名其壇爲舞雩。'

……

"吴氏澄曰：'諸侯旱而雩禮也，大雩祀及上帝，非禮也。'

"《春秋》：十三年秋九月，大雩。成公三年秋，大雩。七年冬，大雩。《穀梁傳》：'雩不月而時非之也。冬無爲雩也。'

"劉氏敞曰：'穀梁云冬無爲雩也，非也。周之十月今之八月，若久不雨可不雩乎？'

……

"蕙田案：'雩祭所請者上帝也，山川百源也，百辟卿士有益於民者也。而《穀梁》獨有請乎應上公之説，注疏不言其所指，儒者或以誕妄訾之，非也。蓋應上公即百辟卿士有益於民者也。即所謂生爲上公，死爲貴神，若勾芒后稷之類是也。古無上公之稱，傳者以其品秩尊崇，應比周上公之爵，故曰應上公云爾。不言上帝者，侯國無祭天之禮也，不及山川百源者，祈祀在雩之先也。'

……

"蕙田案：'《春秋》常事不書，其書雩者皆爲旱而設也。厥義有三：一則記灾也，一則言大以志其僭也，一則見其時君臣猶有憂旱之心，以別於書大旱。書不雨，書自某月不雨至於某月而不言雩者之忘民事也。經義宏深，所該者廣，傳者區區較量於月時之間，豈能通其旨哉！'

……

“熊氏過曰：‘魯南爲雩門，舞雩在城南。舞以女巫，雩樂以皇，雩祭以舞，爲盛遂名壇爲舞雩。舞雩有二，龍見而雩，設壇祈澤，常雩也。旱而雩，非常也。大雩，上帝用盛樂，又非常，僭也。胡氏義備矣。《月令》建午之雩則秦制耳。’

……

“陳氏祥道曰：‘先王之於旱也，内則責諸己，外則求諸神。責諸己則有成湯之事、宣王之行，求諸神則巫以女巫，舞以皇舞，祭以雩，禮以牲璧。責諸己者本也，求諸神則以爲文而已。穆公不能責諸己，又不知求諸神，而欲暴尪與巫，豈不惑哉？市，陰也。雨，陰中之陽也。徙市所以助發陰中之陽，與《周官》皇舞女巫同意。’

……

“劉氏敞曰：‘凡天灾，有幣無牲，非日月之眚不鼓，幣，請之也，鼓，攻之也，牲，享之也。鼓用牲於社於門，非禮也。又曰《公羊》曰“於社禮也，於門非禮也”，非也。若於社爲得禮，《春秋》亦當不書矣。’

“孫氏覺曰：‘日食必鼓者，爲陰侵陽，其爲驗甚而爲灾未見。大水則灾及於物，其驗已明，其灾已著。灾未見則伐鼓以救，陽驗已著則無取乎鼓也。《穀梁》曰救水以鼓衆，非也。’

“高氏閌曰：‘古人遇水旱，雖有雩禜祈禳之理，《詩》“靡神不舉，靡愛斯牲”，宣王必以側身修行爲之本，况於社於門非所以致水灾者也。自古豈有伐鼓用牲救水灾之禮乎？’

“胡氏銓曰：‘未聞大水而用牲者，况伐鼓於門乎？書者惡其不務修政事以消患弭灾，而爲是區區淫巫瞽史之見也。’”

[5]立土人：土，宋本、殿本作“士”。

[6]二佾：兩行舞僮。

[7]春久旱：原本、宋本、殿本於“春”下有“旱”字，據中華本删。

[8]四月丁巳：是年四月辛巳朔，月内無丁巳。清勞格《晋書校勘記》："四月辛巳朔，無丁巳。五月庚戌朔，庚午月廿一日。"

《周禮》，王者祭昊天上帝、日月星辰、司中司命、風伯雨師、社稷、五土、五岳、山林川澤、四方百物，兆四類四望，[1]亦如之。魏文帝黄初二年六月庚子，初禮五岳四瀆，咸秩群祀，[2]瘞沉珪璧。[3]六年七月，帝以舟軍入淮。九月壬戌，遣使者沉璧于淮。魏明帝太和四年八月，帝東巡，遣使者以特牛祠中岳。魏元帝咸熙元年，行幸長安，使使者以璧幣禮祠華山。

[1]司中司命：清秦蕙田《五禮通考》引諸家論祭司中司命曰：

"蕙田案：'司命之説，二鄭訖無定論，朱子亦但隨文解之。蓋楚俗祠祀固不足以考禮，而名稱既古，又分兩祭，則知兩岐之説古已有之，蓋不始於二鄭矣。'

"黄氏榦曰：'司中、司命，文昌第五、第四星未可信。鄭又以爲中能、上能，則當時已有兩説矣。三代之禮散亡久矣，諸儒之説於經有據而理安者方可信。出於讖緯不經與凡臆度義起而於理不安者，皆難信。'

"楊氏復曰：'先鄭釋司中、司命是一説，後鄭又是一説。竊謂惟皇上帝降中於民，非帝之外别有司中之神也。乾道變化各正性命，非乾道之外别有司命之神也。蓋統言之，則曰帝曰乾，祀典專指一事之所指，而祀之以報其德，則曰司中，曰司命，義與司民、司禄同。注家穿鑿異同，又以星象言之，過矣。'

"方氏苞曰：'先王制司命、司中之祀，蓋以人受天地之中，以生必有賦之以性者，湯所謂降中是也。既生而有形氣，又必有制其死生倏短之數者，孔子所謂命是也。王者相協生民之中，欲登之於仁壽而消其疵厲夭札，故特立神號以祀之，亦使民知所受之有中以正其德，所稟之有命以定其志也。蓋禮以義起者也，既有典祀祝號，然後天文家以三能、文昌諸星當之。'

"蕙田案：'二鄭釋司中、司命説雖不同，然其以星名當之則一而已。朱子注九歌兩司命，則猶先鄭之意也。楊氏謂統言之則曰帝曰乾，專指則曰司中曰司命而不以星象言之，是明與鄭異矣。方氏謂既有典祀祝號，天文家遂以星當之，則舉兩説而合之矣。夫謂之非星者失之空，專以三台文昌言者失之鑿。竊意宗伯祀典如五帝四方風雲雷雨，一皆天地之氣化，其始非必各有一神以默主之。而王者崇報之意，因其有功於天地也，故亦各爲類以祀之，司中主理，司命主氣，亦猶是耳。至星象之見於天，因其爲精氣之所聚，故義類感召，亦遂各有所主，此天文家所以以星當之也。'"

風伯雨師：清秦蕙田《五禮通考》引諸家論祭風伯雨師曰：

"蕙田案：'風雨雲雷之屬，皆陰陽闔闢噓吸之氣也。謂各有神司之者，蓋有一物必有一物之精氣，物愈大而其氣之發揚變化者則謂之神。鄭司農注《周禮》云，風師，箕也。雨師，畢也。皆以星宿目之。顔師古注《漢書》則云風伯，飛廉也。雨師，屏翳也。志既言二十八宿，又有風伯、雨師，則知非箕畢，二説皆非也。《洪範》所謂好風好雨者，特以星稟陰陽五行之氣，而風氣燥雨氣潤，其氣同者自足相感召。故月行至箕畢恒有風雨之應，如民之有嗜好然乃取以相況，非謂二星即風雨之神也。據易巽爲風，坎爲雨，則風雨固屬陰陽之氣所爲，氣感而神即憑之，此所以有風師、雨師之名。《周禮》以實柴祀星辰，又以槱燎祀風師、雨師，使二神即箕畢，則星辰足以該之，何故别言於下而其祀之之法，又有實柴槱燎之異也？此可知鄭説之未的矣。顔氏據《漢志》而知風師雨師非箕畢，良是。但從《楚詞》而爲之名字，非由經典，儒者所不敢道也。'

……

“崔氏曰：‘祭風師雨師之法，皆謂隨其類祭之兆。風師於西方，不從箕星者，箕星天位耳。兆雨師於北郊者，水位在北也。’

“丘氏濬曰：‘注疏謂風師雨師皆星，蓋以《洪範》星有好風，星有好雨，好風箕宿也，好雨畢宿也。臣竊以謂人間有此物，則夫蒼蒼之表必有所以司之者。大而天，天則有帝。次而五行，有此質則有此氣，有此氣則有此神。陰陽不測之謂神，祀之以神必指爲箕畢，則執泥矣。風而爲箕，雨而爲畢，可矣，則夫後世所祀之雲雷又指何星以主之乎？本朝郊祀既已設星辰二壇於上，又有風雲雷雨之壇，則亦不以風雨爲星也。’

……

“蕙田案：‘《周禮》但言風師雨師，無有言祭雲雷神者。然觀《左傳》《楚辭》則雲神之祭三代已有之，唯雷神未見明文耳。’”

五土：指青、赤、白、黑、黄五色土。中華本校勘記：“五土，《周禮·大宗伯》作‘五祀’。” 風伯：伯，原本、宋本作“師”，殿本作“伯”，據殿本改。 四類：古祭名。指古代天子在四郊祭祀天神。

[2]咸秩群祀：秩，殿本作“秩”；祀，宋本作“禮”。

[3]瘞沉珪璧：把玉珪埋入土中，把玉璧沉入河中。圭，上尖下方的玉器。璧，圓形玉器。

及穆帝升平中，何琦備修五岳祠曰：[1]“唐虞之制，天子五載一巡狩，順時之方，柴燎五岳，望于山川，遍于群神。故曰，因名山升中于天，所以昭告神祇，饗報功德。是以灾厲不作，而風雨寒暑以時。降及三代，年數雖殊，而其禮不易，五岳視三公，四瀆視諸侯，著在經記，所謂‘有其舉之，莫敢廢也’。[2]及秦漢都西京，[3]涇、渭、長水，[4]雖不在祀典，以近咸陽故，[5]盡得比大川之祠，而正立之祀可以闕哉！自永嘉之亂，神州傾覆，兹事替矣。惟灊之天柱，[6]在王略之内也，舊臺選百户吏卒，以奉其職。[7]中興之際，未有官守，廬江郡常遣大吏兼假四時禱賽，[8]春釋寒而冬請冰。咸和迄今，又復隳替。計今非典之祠，可謂非一。考其正名，則淫昏之鬼；推其糜費，則百姓之蠹。而山川大神更爲簡闕，禮俗頹紊，[9]人神雜擾，公私奔蹙，[10]漸以繁滋。良由頃國家多難，日不暇給，草建廢滯，事有未遑。今元憝已殲，[11]宜修舊典。岳瀆之域，風教所被，來蘇之衆，[12]咸蒙德澤。而神明禋祀，未之或甄，[13]巡狩柴燎，其廢尚矣。崇明前典，將俟皇輿北旋，稽古憲章，大釐制度。俎豆牲牢，祝嘏文辭，[14]舊章靡記，可令禮官作式，歸諸誠簡，以達明德馨香，如斯而已。其諸祅孽，可粗依法令，先去其甚，俾邪正不黷。"時不見省。

[1]何琦：字萬倫，本書卷八八有傳。

[2]有其舉之，莫敢廢也：語出《禮記·曲禮下》。

[3]西京：指長安。相對洛陽，長安在西，故言。

[4]涇：涇河，源出寧夏回族自治區涇源縣六盤山，東南流至陝西涇陽縣入渭河。　渭：渭河，源出甘肅省渭源縣鳥鼠山，流入黄河。　長水：又名荆溪，源出今陝西省藍田縣，北流至西安市東入灞河。

[5]咸陽：縣名，治所在今陝西省咸陽市。

[6]灊之天柱：灊縣的天柱山，又名皖山、潜山，位於今安徽潜山市。

[7]以奉其職：清盧文弨《晋書禮志校正》："按卒史有百石二

百石之不同，《漢書·儒林傳》：'郡國置五經白石卒史。'《黃霸傳》：'補左馮翊二百石卒史。'漢魯相乙瑛有置孔子廟百石卒史碑。此奉祀之職正相當也。"

[8]廬江郡：治所在舒縣（今安徽省廬江縣西南）。　大吏：原本、宋本、殿本作"太史"，據中華本改。

[9]頹紊：崩塌混亂。

[10]奔蹙：急促，奔忙。蹙，原本、宋本、殿本作"慼"，據中華本改。

[11]元慜：首惡，元凶。

[12]來蘇：謂因其來而於困苦中獲得蘇息。

[13]未之或甄：有的還没有進行鑒别。

[14]祝嘏文辭：文，原本、宋本、殿本作"大"，據中華本改。

昔武王入殷，未及下車而封先代之後，蓋追思其德也。孔子以大聖而終於陪臣，未有封爵。至漢元帝，孔霸以帝師賜爵，[1]號褒成君，奉孔子後。魏文帝黄初二年正月，詔以議郎孔羨爲宗聖侯，[2]邑百户，奉孔子祀，令魯郡修舊廟，[3]置百户吏卒以守衛之。及武帝泰始三年十一月，改封宗聖侯孔震爲奉聖亭侯。[4]又詔太學及魯國，[5]四時備三牲以祀孔子。明帝太寧三年，詔給奉聖亭侯孔亭四時祠孔子祭直，[6]如泰始故事。

[1]孔霸：西漢人，孔子後裔，任博士，太中大夫。

[2]孔羨：三國曹魏人，孔子後裔。

[3]魯郡：治所在魯縣（今山東省曲阜市古城）。

[4]改封：原本、宋本、殿本無"封"字，據中華本補。　孔

震：西晋人，孔子後裔。

［5］太學：古代設於京城的最高學府，主要從事儒學教育。

［6］孔子祭直：直，原本、宋本、殿本作“宜”，據中華本改。

禮，始立學必先釋奠于先聖先師，[1]及行事必用幣。漢世雖立學，斯禮無聞。魏齊王正始二年二月，帝講《論語》通，五年五月，[2]講《尚書》通，七年十二月，講《禮記》通，並使太常釋奠，以太牢祠孔子於辟雍，[3]以顔回配。[4]武帝泰始七年，皇太子講《孝經》通。咸寧三年，講《詩》通，太康三年，講《禮記》通。惠帝元康三年，皇太子講《論語》通。元帝太興二年，[5]皇太子講《論語》通。太子並親釋奠，以太牢祠孔子，以顔回配。成帝咸康元年，帝講《詩》通。穆帝升平元年三月，帝講《孝經》通。孝武寧康三年七月，帝講《孝經》通。並釋奠如故事，穆帝、孝武並權以中堂爲太學。

［1］釋奠：古代在學校設置酒食以奠祭先聖先師的典禮。清秦蕙田《五禮通考》引諸家論曰：

“蕙田案：‘古者立學必祭先聖先師，所以報本反始，崇德而勸學也。其禮有三：曰釋奠、曰釋幣、曰釋菜。釋幣告祭用之，禮不常行，常行之禮釋奠、釋菜而已。宋歐陽子曰：“釋奠、釋菜，祭之略者也。”釋奠有樂無尸，釋菜無樂則其又略也。此可見釋奠禮重而釋菜禮輕矣。自釋菜之禮亡於唐宋間，學官所舉惟略存釋奠之儀耳。古者四時常祭止及先師惟始立學及釁器告祭等乃及先聖。説者謂先師親而不尊，不嫌於數；先聖尊而不親不嫌於疏故也。後世之祭則每以先師配先聖，而祭則俱祭矣。至先聖先師之稱，考之經傳，未嘗舉其人以實之。其先聖則長樂劉氏謂虞庠以舜，夏學以禹，殷學以湯，東膠以文王也。其先師則康成所謂《詩》有毛公，《書》有伏生，《禮》有高堂生，樂有制氏也。此恐亦臆度之詞而未必然也。漢魏以還，或以周公爲先聖，孔子爲先師，或以孔子爲先聖，顔回爲先師。誠如長孫無忌所云，顔回夫子互作先師，宣公周公迭爲先聖者。至貞觀時始欲定以孔子爲先聖，顔回爲先師，雖一變於永徽而旋復於顯慶，自此而後千年莫改。而封爵之崇，謚號之美，籩豆之加，登歌之盛，冕旒之數，代增世益。至於用天子之禮樂而後稱其德焉。蓋名曰釋奠而祭儀實與大祀埒矣。至嘉靖間，又於文華殿有聖師之祭，此則於學校之外重出者也。今取學宫之祭，與《周禮》所云"死爲樂祖祭於瞽宗"之義合者，俱入此門，而封謚器數之遞加，配食崇祀之增損，各詳載始末以備參考。若夫闕里之尊崇，褒成之奉祠，雖亦出於崇儒尊聖之盛心，而無關於東序虞庠之秩節，别爲一卷以附其後云。'

"林氏之奇曰：'祭於瞽宗，《記》所謂"春夏釋奠於先師，秋冬亦如之"是也。'

"吕氏祖謙曰：'設教受教當知無窮意思，若死則配食於樂祖，祭於學校，使天下常不忘所謂君子以教思無窮者也。'

"魏氏了翁曰：'傳者謂各於所習之學祭先師，夫周公孔子非周魯之所得而專也，而經各立師，則周典安有是哉？古者民以君爲師，仁鄙壽夭，君實司之，而臣則輔相人君以師表萬民者也。自孔子以前曰聖曰賢有道有德，則未有不生都顯位、没祭大烝者。此非諸生所得祀也。自君師之職不修，學校廢，井牧壞，民散而無所係於是，始有師弟子群居以相講授者。所謂各祭其先師疑秦漢以來始有之。而《詩》《書》《禮》《樂》各有師不能以相通，則秦漢以來爲士者斷不若是之隘也。此亦可見世變日降，君師之職下移，而先王之道分裂矣。然而春秋戰國之亂猶有聖賢爲之師，秦漢以來猶有專門爲之師，故所在郡國尚存先師之號，奠祠於學，故記人識於《禮》，而傳者又即其所見聞以明之也。'

……

“陳氏祥道曰：‘德之小者親而不尊，故其祭數，故四時釋奠止於先師。德之大者尊而不親，故始立學乃祭先聖。’

“劉氏彝曰：‘周有天下，立四代之學。虞庠則以舜爲先聖，夏學則以禹爲先聖，殷學則以湯爲先聖，東膠則以文王爲先聖。各取當時左右四聖成其德業者爲之先師，以配享焉。此天子立學之法也。’

……

“陳氏祥道曰：‘必有合，合，舞與聲。有國故則否，與國有大故去樂意同。’

“朱子曰：‘以下文大合樂考之，有合當爲合樂，國故當爲喪紀凶札之類。’

“蕙田案：‘《周禮·大胥》春合舞，秋合聲，故曰必有合。當以朱子陳氏説爲長。’

……

“陳氏祥道曰：‘視學養老皆同日也，鄭氏謂用其明日，誤矣。’

“葉氏夢得曰：‘天子一入學而所教者三，釋奠以教重道，合樂以教崇德，養老以教致孝。’

……

“何氏楷曰：‘魯有四代之學，先代之學尊魯得立之，示存古法而已。其行禮之飲酒、養老，兵事之受成、告克，當於周世之學，在泮宮也。司馬光云：“受成獻馘，莫不在學，所以然者欲其先禮義而後勇力也。”陳祥道云：“諸侯視學之禮，蓋有同於天子。”魯侯戾止在泮飲酒，既飲旨酒，永錫難老，此養老也。在泮獻馘，此以訊馘告也。’

“陳氏《禮書》：‘奠者，陳而奠之也。鄭氏曰釋奠者，設薦饌酌奠而已，無迎尸以下事。考之《儀禮》，聘賓歸至於禰，薦脯醢觴酒陳。陳者，所以奠之也，則釋奠設薦饌酌奠而已可知也。特牲饋食奠觶於尸，未至之前，則釋奠無迎尸可知也。古者釋奠或施於山川，或施於廟社，或施於學。《周官·大祝》：“反行，舍奠。”《甸祝》：“舍奠於祖廟。”此施於山川廟社者也。《文王世子》：“凡學，春官釋奠於先師。”凡始立學者，必釋奠於先聖先師，凡釋奠者，必有合也。天子視學，命有司行事，興秩節，祭先聖、先師，適東序釋奠於先老。《王制》出征執有罪，反釋奠於學，此施於學者也。山川廟社之祭不止於釋奠，學之祭，釋奠而已。賈公彦曰，非時而祭曰奠，此爲山川廟社而言之也。學之釋奠則有常時者，有非時者。《文王世子》凡學，春官釋奠於其先師，秋冬亦如之。鄭氏曰：“不言夏，夏從春，可知此常時之釋奠也。”凡始立學，天子視學，出征執有罪，反以訊馘告，必釋奠焉，此非時之釋奠也。釋奠之禮有牲幣，有合樂，有獻酬，大祝造於廟，宜乎社。過大山川則用事，反則釋奠，此告祭也。《曾子問》曰“凡告必用牲幣”，《文王世子》“凡始立學，釋奠行事必以幣”，此釋奠有牲幣之證也。《文王世子》“凡釋奠者必有合也”，此釋奠者合樂之證也。《聘禮》“觴酒陳。席於阼，薦脯醢，三獻。一人舉爵，獻從者，行酬乃出”，此釋奠有獻酬之證也。然山川廟社之釋奠皆有牲幣，學之釋奠非始立學則不必有幣也。學之釋奠有合樂，則山川廟社不必有合也。聘賓釋奠有三獻，則天子諸侯之於山川廟社不止三獻也。凡始立學與天子視學，釋奠先聖先師，四時則釋奠先師而已。《文王世子》謂春釋奠於先師，鄭氏釋《王制》亦謂釋奠禮先師，其説是也。然鄭氏以《王制》之釋奠爲釋菜，奠幣以《文王世子》之釋奠者必有合爲與鄰國合，孔穎達以《學記》之釋菜爲釋奠，其説誤也。’”

[2]五年五月：五月，原本、宋本、殿本作“正月”，據中華本改。

[3]辟雍：又作璧雍。本爲西周天子所設大學，校址圓形，圍以水池，前門外有便橋。東漢以後，歷代皆有辟雍，爲行鄉飲、大射或祭祀之禮的地方。漢班固《白虎通·辟雍》：“天子立辟雍何？辟雍，所以行禮樂、宣德化也。辟者，璧也，象璧圓，以法天也。

雍者，壅之以水，象教化流行也。辟之言積也，積天下之道德；雍之爲言壅也，天下之儀則。故謂之辟雍也。”

[4]顏回：孔子弟子，名回，字子淵，亦稱顏淵。早卒。

[5]元帝太興二年：清勞格《晉書校勘記》：“《宋志》作‘三年’。”

故事，祀皋陶於廷尉寺，[1]新禮移祀於律署，[2]以同祭先聖於太學也。故事，祀以社日，新禮改以孟秋之月，[3]以應秋政。摯虞以爲：“案《虞書》，皋陶作士師，惟明克允，國重其功，人思其當，是以獄官禮其神，繫者致其祭，功在斷獄之成，不在律令之始也。太學之設，[4]義重太常，故祭於太學，是崇聖而從重也。律署之置，卑於廷尉，移祀於署，是去重而就輕也。律非正署，廢興無常，宜如舊祀於廷尉。又，祭用仲春，[5]義取重生，改用孟秋，以應刑殺，理未足以相易。宜定新禮，皆如舊。”制：“可。”

[1]皋陶：又作咎繇，相傳爲堯舜時人，生於曲阜，偃姓。被舜命爲管理刑獄之官。

[2]律署：執掌刑律的官署。

[3]孟秋：秋季的第一個月，農曆七月。

[4]太學之設：中華本校勘記：“《通典》五三‘設’作‘祀’。”

[5]仲春：春季的第二個月，農曆二月。

歲旦常設葦茭桃梗，[1]磔鷄於宫及百寺之門，以禳惡氣。[2]案漢儀則仲夏設之，[3]有桃印，無磔鷄。及魏明帝大修禳禮，故何晏禳祭議雞特牲供禳釁之事。[4]磔鷄宜起於魏，[5]桃印本漢制，[6]所以輔卯金，[7]又宜魏所除也。但未詳改仲夏在歲旦之所起耳。[8]魏明帝青龍元年，詔郡國，山川不在祀典者勿祠。[9]

[1]葦茭：葦草編的繩索。　桃梗：用桃木刻製的木偶。

[2]禳：消灾除惡的儀式。

[3]仲夏：夏季的第二個月，農曆五月。

[4]何晏：三國魏南陽宛（今河南省南陽市）人，字平叔。玄學家，曹爽親信。官至尚書，典選舉，司馬懿政變後被殺。

[5]宜：宋本、殿本作“及”。

[6]桃印：原本、宋本、殿本無“桃”字，據中華本補。

[7]卯金：指劉姓。漢爲劉姓所建，故言。

[8]但未：但，原本、宋本、殿本作“且”，據中華本改。

[9]勿祠：原本、宋本、殿本“勿”下有“立”字，據中華本删。

武帝泰始元年十二月，詔曰：“昔聖帝明王修五岳四瀆、名山川澤，各有定制，所以報陰陽之功故也。然以道莅天下者，其鬼不神，其神不傷人，故祝史薦而無媿辭，[1]是以其人敬慎幽冥而淫祀不作。末世信道不篤，僭禮瀆神，縱欲祈請，曾不敬而遠之，徒偷以求幸，祆妄相煽，舍正爲邪，故魏朝疾之。其案舊禮具爲之制，使功著於人者必有其報，而祆淫之鬼不亂其間。”二年正月，有司奏春分祠厲殃及禳祠，[2]詔曰：“不在祀典，除之。”

[1]媿辭：令人羞慚之詞。

[2]祠厲：祭祀厲鬼。

《王制》，天子七廟，[1]諸侯以下各有等差，禮文詳矣。漢獻帝建安十八年五月，以河北十郡封魏武帝爲魏公。[2]是年七月，始建宗廟于鄴，[3]自以諸侯禮立五廟也。後雖進爵爲王，無所改易。延康元年，文帝繼王位，七月，追尊皇祖爲大王，丁夫人曰大王后。[4]黄初元年十一月受禪，又追尊大王曰大皇帝，皇考武王曰武皇帝。二年六月，以洛京宗廟未成，乃祠武帝於建始殿，[5]親執饋奠，[6]如家人禮。案《禮》將營宫室，[7]宗廟爲先，庶人無廟，故祭於寢，帝者行之，非禮甚矣。

[1]七廟：古代禮制，天子七廟。魏晋南北朝以前，無嚴格意義的皇家七廟制度。三國以後鄭玄、王肅又對七廟制度有各自的解釋。鄭玄認爲七廟包括始祖、二祧、兩昭、兩穆。王肅認爲是太祖、二祧、兩昭、兩穆。實踐中按照王肅的主張踐行者居多。清秦蕙田《五禮通考》引諸家論曰：

“蕙田案：‘天子宗廟之制，三昭三穆，與太祖之廟而七，蓋自虞夏以來，《商書》云“七世之廟可以觀德”，其明證也。周監二代制度益昭。凡祧遷宗祖以暨宫室、服冕、籩豆、尊罍、牲牢、器數、樂舞之制，散見於《儀禮》《周官》《戴記》者雖不無闕略，然皆有脉絡可尋，推類以求，聖人制作之精意穆然可思也。今詳其條目統爲制度，列於時享之前，各家異同之説略爲考定，至律吕本通貫祭祀之樂，因廟享最詳，並附著焉。’

……

“程傳：‘王者萃聚天下之道，至於有廟，極也。群生至衆也，而可一其歸仰。人心莫知其鄉也，而能致其誠，敬鬼神之不可度也。而能致其來，格天下，萃合人心，總攝衆志之道非一，其至大莫過於宗廟。故王者萃天下之道至於有廟，則萃道之至也。祭祀之報本於人心，聖人制禮以成其德耳。故豺獺能祭其性然也。'

"《本義》：'萃，聚也。廟所以聚祖考之精神，又人必能聚己之精神，則可以至於廟而承祖考也。'

"程子曰：'萃涣皆立廟，因其精神之萃而形於此，爲其涣散立廟以收之。'

……

"陳氏《禮書》：'《周官·小宗伯》《禮記·祭義》皆曰建國之神位右社稷左宗廟，《考工記》匠人營國，左祖右社。蓋宗廟陽也，故居左。陽，故宗廟皆南嚮。廟所以象王之朝，而朝必南面，則廟皆南嚮可知。《聘禮》賓入大門内，公揖入，每門、每曲揖，然後及祖廟。司儀諸公相爲賓，及將幣，三揖三讓，每門止一相，然後及廟。賈公彦曰："入大門東行，至廟。"（考之於禮，諸侯之廟左闕門内，先儒皆謂在大門内。）其間有每門者，諸侯五廟，祖廟位居中，東二昭廟，西二穆廟，各有門，門之旁有牆。牆之中夾通門，則祖廟以西閤門者三，東行而歷三門，及至祖廟，則廟皆南饗矣。廟皆南嚮，而昭南面穆北面者，禘祫之位也。晋孫毓曰："宗廟之制，外爲都宫，内各有寢廟，别爲門垣。太祖在北，左昭右穆，次而南。"蓋其所傳聞者異也。'

……

"馬氏晞孟曰：'太王之遷豳也，作廟奕奕，然後百堵皆興。宣王之考室也，似續妣祖，然後作室百堵，則古人之營宫室者，豈有不先宗廟者哉！《檀弓》曰"喪不慮居"，爲無廟也。'

……

"劉氏彝曰：'所以别其親疏者，立祖禰之名也。所以辨其遠邇者，定宗祧之數也。教民尊祖以時祭之，故曰反古也。教民親禰以禮敬之，故曰復始也。不忘其所由生者，其謂此乎！'

“慕容彦逢曰：‘親而邇者爲宗，疏而遠者爲祧，此宗祧所以別親疏遠邇也。廟有寢，祧無寢，廟則修除，祧則黝堊。此宫室所以別親疏遠邇也。祧則以教反本之道也，祖則以教反始之道也，禰則以教不忘其所由生也，民德齊厚而不忘其本其服也，出其中心之誠，非有强之而爲也。’

……

“蕙田案：‘祭法非宗廟正禮，詳見後。兹取其廟名存之。’

……

“吕氏大臨曰：‘宗廟祭祀尊而神之，有君道焉。故皆曰皇也。君亦曰辟，則臣之所取法也。’

“陳氏祥道曰：‘《詩》曰“皇皇后帝”，又曰“皇王維辟”，天王祔而臣子加之以帝，尊之與天同故也。祖父死而子孫加之以皇，夫死而妻加之以辟，尊之與君同故也。《周官·大祝》所謂鬼號此也。’

“陳氏澔曰：‘曰皇曰王皆以君之稱尊之也。考成、妣媲，辟法也。妻所法式也，爲之宗廟以鬼享之不得不異其稱謂也。’

……

“吕氏大臨曰：‘措之廟曰帝者，祔於廟之詞也。周人卒哭而祔，殷人練而祔，祔而作主始入於廟曰帝者，同於天神。生事畢而鬼事始也。鬼神莫尊於帝，以帝名之言其德足以配天也。然考之禮經，未見有以帝名者，惟《易》稱帝乙，亦不知其何帝。獨司馬遷《史記》載夏殷之王皆以帝名，疑殷人祔廟稱帝。遷據《世本》而言當有所考，至周有謚，始不稱帝。’

“林氏之奇曰：‘薛氏云受天下於人必告於其人之所從受者，此論當矣。然而所祖之人，不可得而知也。《祭法》曰，有虞氏禘黄帝而郊嚳，祖顓頊而宗堯。《舜典》《大禹謨》皆《虞書》也，既是《虞書》，則所稱祖宗必自虞世，言之神宗即堯也。神宗爲堯，則文祖亦可指爲顓頊，然而去古遠矣，不可以爲必然之論。’

……

“蔡傳：‘神宗堯廟也。蘇氏曰：“堯之所從受天下者曰文祖，舜之所從受天下者曰神宗。”受天下於人，必告於其人之所從受者。禮曰，有虞氏禘黄帝而郊嚳，祖顓頊而宗堯，則神宗爲堯明矣。’

……

“陳氏師凱曰：‘《祭法》疏云有虞氏以上尚德禘郊祖宗，配用有德者而已。虞氏禘郊祖宗之人，皆非虞氏之親，是尚德也。自夏以下稍用其姓代之。……’

“時氏瀾曰：‘神宗堯也，天下者堯之天下，受命於神宗，示不敢專也。’

“吴氏澄曰：‘《祭法》必有所據。舜受堯之天下，今以授禹。其宗堯爲宜，或謂舜不當立堯廟。然堯與舜皆黄帝之後，其宗堯何嫌？’

……

“趙氏匡采曰：‘虞氏禘黄帝，蓋舜祖顓頊出於黄帝，則所謂禘其祖之所自出也。郊嚳者，帝王郊天，當以始祖配天，則舜合以顓頊配天也。爲身繼堯緒不可捨唐之祖，故推嚳以配天。而舜之世系出自顓頊，故以爲始祖，情禮之至也。’

……

“周氏諝曰：‘……舜之受禪止於一世，故就舜之身而言之，則不得不郊嚳而宗堯。’

……

“方氏慤曰：‘帝，公天下者也，王，家天下者也。有虞氏所郊所祖，不皆祖瞽瞍之親，而祖堯之親者，凡以爲公而已。’

“楊氏復曰：‘黄帝生昌意，昌意生顓頊，顓頊生窮蟬，窮蟬至瞽瞍，皆微爲庶人。舜嗣帝位，以帝顓頊爲祖廟。黄帝者，帝顓頊之所自出也。故禘黄帝於帝顓頊之廟，而以帝顓頊配之也。帝嚳，堯之父也，顓頊，舜之祖也。有虞氏當以帝顓頊配天，爲身嗣堯位，故推帝嚳以配天，而以顓頊爲祖，仁之至義之盡也。顓頊，虞氏異代之祖，以功德而祖之，有虞氏宗堯，亦以功德而宗之也。

《國語》注曰“虞以上尚德”，是也。’

“金氏履祥曰：‘史稱黄帝之曾孫嚳，嚳之子堯，則堯黄帝之玄孫也。又稱黄帝生昌意，昌意生顓頊，歷窮蟬、敬康、勾芒、蟜牛以至瞽瞍而生舜，則舜黄帝八世孫也。世系之傳，《史記》之失考也。或曰《世本》也。朱子謂《世本》或出於附會假托，不可憑據。今以其叙舜之世推之，其不可憑也，審矣。曰：“‘然則舜果何出乎？’考之於《書》曰‘虞舜曰嬪於虞’，是虞者，有國之稱也。參之《國語》史伯之言曰‘成天地之大功者其子孫’，未嘗不章虞夏商周是也。虞幕，能聽協風以成樂物生者也，夏禹，能平水土以處庶類者也，商契，能和合五教以保於百姓者也，周棄，能播殖穀疏以衣食民人者也，其後皆爲王公侯伯。夫以虞幕並稷契而言，則幕爲有功始封之君，虞爲有國之號，而舜所自出以王天下者也。考之《左氏》史趙之言曰‘自幕至瞽瞍，無違命，舜重之以明德’，夫自幕以至於瞽瞍，則非黄帝、昌意、顓頊、窮蟬、敬康、勾芒、蟜牛以至瞽瞍也。或曰然則昌意、窮蟬以下之説固妄矣。《國語》不曰幕能帥顓頊乎？左氏不曰陳顓頊之族乎？曰幕之出于顓頊，《左氏》《國語》之説固足徵也。然謂顓頊之必出於黄帝，《史記》之説其果足徵乎？黄帝氏歿則少昊氏作，是爲五帝之首。《國語》稱少昊氏之衰，九黎亂德，顓頊受之，則少昊似一代之通稱，後世始衰，非少昊之世即衰也。而《史記》於黄帝之後不及少昊，懸紀顓頊，指爲黄帝之孫，隔遠無緒。少昊之代何所往，而黄帝之孫何其壽也，莫難明者。譜牒莫易知者朝代，《史記》序朝代尚有遺，則其序譜牒豈足信乎？傳稱有虞氏禘黄帝而郊嚳，祖顓頊而宗堯，何也？曰此亦小戴收《國語》之文而又失之者。《國語》論禘郊祖宗，皆以其有功德於民而祀之，初不論其世也。故説者謂虞以上尚德，夏以下親親。戴氏祭法易其前後，故讀者不覺耳。此朱子固嘗言之矣。無已則又決之於書乎？《書》稱舜格於文祖即受終於堯之廟也，稱禹受命於神宗即舜宗堯之廟也，其禘黄帝其郊嚳即宗堯之意云爾，是以有虞子孫猶郊堯而宗舜，以天下相傳，則有天下之大統焉。有虞氏受堯之天下則宗堯，宗堯則禘郊堯之宗祖，計堯以前亦或有然者矣。况《國語》固云禘郊祖宗與報爲五，則禮固有並行而不相悖者。近世有爲之説者，曰‘祖考來格虞賓在位’，此有虞祭顓頊報幕以至瞽瞍之祖考也。《國語》所謂祖顓頊與有虞氏報焉者也，禘黄帝郊嚳宗堯。《書》所謂文祖神宗，舜受堯之天下，故宗堯爲宗而祖堯之祖也。《大傳》所謂帝入唐郊以丹朱爲尸者也，祖顓頊報幕以至瞽瞍者，一家之私親也。禘郊宗堯者，天下之公義也，然韶之爲樂正以紹堯而得名，則祖考來格者即文祖神宗之謂，而虞賓在位安知非丹朱之在尸位乎？况禘郊祖宗報五者各有所尊，自不相厭，而虞賓之位亦不相妨也。”又曰：“有虞氏宗堯，則神宗堯廟也。古史稱舜之子孫乃更郊堯而宗舜，此説非也。當是禹郊堯而宗舜爾。三聖揖遜以天下相傳，祀以爲宗以有天下之大統也。自夏后氏子孫繼世以有天下，商周征伐以有天下，固異於是。而諸儒之説亦始膠矣。”’

“朱氏鶴齡曰：‘攝位受終於文祖，巡守歸格於藝祖，即位格於文祖，此舜代堯守宗廟社稷爲祭主之明文也。堯祔於廟，舜以大義主其祭，與臣工共盡享格之義，此不易之理也。然則如非族何？曰：神不歆非類，民不祀非族，舜與堯雖非族也，非非類也。聖人之德也，君臣之契也，禪受之統也，類莫如堯與舜也。廟號神宗自官天下視之，萬世之宗也。堯之祀非舜主之而誰也？然則於瞽瞍如何？曰：其生也。以天下養其死也。自爲虞氏之祖，故曰宗廟饗之子孫保之此，於堯以天下相傳之，義固不相妨也。禹之於鯀亦然矣。然則丹朱不祀堯乎？曰：朱子謂堯廟當立於丹朱之國，修其禮物，作賓王家，愚謂此商周革命之禮，非舜禹禪承之禮也。以經考之，“祖考來格，虞賓在位，群后德讓”，此非舜祭於廟而丹朱與有事之明徵乎？祖考下擊虞賓，則考者堯也。若謂舜祭其祖考而丹朱在位，是與殷之孫子侯服駿奔於周廟者同也。其必不然矣。’

……

“吴氏棫曰：‘祭法必有所據，舜受堯之天下，今以授禹，禹其

宗堯何疑？唐孔氏以爲舜始祖之廟，非也。’

“王氏樵曰：‘神宗爲堯，斷然不易。文祖神宗，其祖有功、宗有德之所自始與。’

“蕙田案：‘唐虞宗廟之祭曰文祖，曰藝祖，曰神宗。藝祖即文祖，蓋堯之始祖廟也。堯之天下受於文祖，今將以授舜，故攝位告，即位告，巡狩告。攝位即位告者，明統緒之授受也。巡狩告者，攝政而代主宗廟之事也。孔傳所云自屬不易，至其人之或爲黄帝，或爲顓頊。《史記》《世本》所載皆不足憑，故傳稱不知爲誰，是亦闕疑之義。惟神宗之説，則傳與正義謂爲舜之始祖，而蔡傳據蘇氏之説，斷以爲堯廟，則蔡傳是也。《祭法》云有虞氏祖顓頊而宗堯，宗堯故不稱祖而稱宗，蓋統緒者天下之統緒也，受天下即受與天下者之統緒，故禘郊祖宗一氣相接，義之盡仁之至也。“祖考來格，虞賓在位”，既稱宗即可稱考，紹統者主祭，來賓者助祭，禮固然矣。若承其統緒舍其宗廟而自立宗廟，俾堯之子孫與於駿奔之列不特等於商周革命之事，其與後之莽懿相去几何？孰謂大聖人？而出此且豈所稱官天下者耶！至《中庸》稱舜大孝而曰“宗廟饗之子孫保之”，蓋舜之宗廟享舜及舜子孫之祭，無非舜之大孝也。夫舜以側微受命，以其一身繼天下之統，而又自爲其祖考立宗廟，爲其子孫立國家，俾世世享其祀而弗替，非大德大孝，孰克爲之？《左傳》自幕至於瞽瞍無違命，《國語》幕能帥顓頊者也，故有虞氏報焉。非宗其統也，報其功也。此宗廟饗之也。舜處其子均於商而禹復封之虞，古史謂服其服，禮樂如之。客見天子而不臣，此子孫保之也，正合《國語》禘郊祖宗與報爲五之義，與祭法固並行而不悖。金仁山謂祖顓頊報幕以至瞽瞍者，一家之私親也；禘郊祖宗者，天下之公義也。朱長孺謂堯祔於廟舜以大義，主其祭廟號神宗，自官天下視之，萬世之宗也。於瞽瞍其生也，以天下養其死也，自爲虞氏之祖，其説皆精當，不可易矣。’

……

“蕙田案：‘杜氏泥鄭氏所引《禮緯稽命徵》之説，謂唐虞立廟，親廟四，始祖廟一，故創爲五廟之説，非也。《商書》七世之廟可以觀德，疏謂漢氏以來論七廟者多矣，其文見於記傳者，《禮器》《家語》《荀卿》《書》《穀梁傳》皆曰天子立七廟，以爲天子常法。舜格於文祖，正義曰：天子七廟其來自遠，説不可易也。'

"趙氏匡曰：'夏后氏禘黄帝，義同舜也。郊鯀者，禹尊父，且以有水土之功，故以配天。祖顓頊者，禹世系亦出顓頊也。宗禹者，當禹身亦宗舜，子孫乃宗禹。'

"吕氏大臨曰：'瞽鯀皆有惡德，虞不郊瞽而夏郊鯀，以鯀有以死勤事之功也。'

"周氏諝曰：'有虞氏、夏后氏既同一禪讓得天下，則有虞氏郊嚳而宗堯，夏后氏亦當郊嚳而宗舜。今於夏后氏反謂祖顓頊而宗禹，何也？舜之受禪止於一世，故就舜之身言之，則不得不郊嚳而宗堯。禹之受禪傳於數世，故就禹之子言之，則不得不郊鯀而宗禹。使就舜之子言之，則固當郊瞽瞍而宗舜，而就禹之身言之，則固當郊嚳而宗舜。又曰，虞夏殷之世，其禮猶質而不若周之文，故所謂祖者，即太祖也。而爲太祖者，其廟不毁，於萬世而其祭，常行於四時，則尊而且親。所謂郊者，其廟不免於毁，而又止祭及於圜丘而已。則尊而不親，此虞夏殷周之世所以用其先而尊者，爲祖後而卑者爲郊。'

"蕙田案：'郊祀配天，其禮甚大。周氏以爲其廟，不免於毁，非也。'

"張子曰：'夏郊鯀以其祖也，杞之郊禹者，必繫時王之命，不使郊鯀祀私廟，猶可也。'

"楊氏復曰：'夏后氏之祖顓頊，猶有虞氏也。禹啓夏祚，既以顓頊爲祖，故夏后氏祖顓頊而宗禹。至其後世子孫，乃以禹爲受命之祖。《書》曰"明明我祖"是也。'

"金氏履祥曰：'古史謂舜宗祀堯，至舜之子孫則更郊堯而宗舜。此據《國語》及韋昭之説也。舜郊嚳宗堯，則禹固當郊堯而宗舜矣。而乃以堯之祀歸之舜之子孫，顧自郊鯀焉，何也？曰：此夏之末造也。夫三聖以天下爲公，則皆承其祀。三王之子孫以天下爲家，則各祖其祖。舜之宗堯，禹之宗舜，一也。舜之郊嚳，禹之郊堯，亦一也。其郊鯀也，則夏之末造也。祀夏配天其諸始於少康乎？於是郊堯宗舜，則屬之虞思之國矣。孔子曰："杞之郊也，禹也。宋之郊也，契也。"蓋商周存二代之後猶尊賢也，尊賢則杞郊禹矣。杞而郊禹則虞郊舜而唐郊堯者，天子之事守也。'

"蕙田案：'禘黄帝郊鯀之説，詳見郊祀禘祫二門。宗舜宗禹則金氏之説是也。禹之受禪同舜，則宗舜亦應如舜之宗堯。《國語》《祭法》所言皆禹子孫之事耳。'

"觀承案：'唐虞官天下，則舜受堯統，自當郊嚳而宗堯矣。三代家天下，則禹受舜禪雖當郊堯而宗舜，至其子啓賢而繼立，固宜以郊堯宗舜者歸之商均之國，而夏自宜郊鯀而宗禹耳。金仁山之説極當，但必以爲祀夏配天始於少康則亦未見，其果然否也，然立説自穩。'

……

"蔡傳：'天子七廟，三昭三穆與太祖之廟七。七廟親盡則遷，必有德之主則不祧毁。故曰七世之廟可以觀德。'

"孫氏炎曰：'天子祖有功而宗有德，故雖七世而其廟不毁。七廟者，漢世以來論之多矣。鄭康成謂夏五廟，無太祖，禹、二昭二穆。殷六廟，契與湯及二昭二穆。周則七廟，后稷爲始祖，文武受命而王，三廟不毁，與二昭二穆。此説妄也，天子七廟之制久矣。'

"蕙田案：'注疏謂天子立七廟是其常事，是也。鄭氏乃有殷六廟之説，昔人已闢其謬，但注疏七世之廟可以觀德，謂觀七世之外專以有德不祧毁者，言云與萬夫之長可以觀政，文雖同而義小異，所謂辭不害意。蔡氏因之。今案七世之廟可以觀德，萬夫之長可以觀政，文義一串謂承七世之廟而爲天子，有德則存，無德則亡。故曰可以觀德。爲萬夫之長而出政，政善則安，政壞則危，故曰可以觀政。緊承上文，克綏先王之禄二句，言似更直截，且以見七廟爲天子定制也。蓋人君既爲天子，則上承七廟之重，宗社所係，其可懼爲何如。若云觀於七廟外之有德者，言太祖見居七廟中，寧無德可觀？且詎不嫌於譏七廟爲無德耶？德字當主人主言，不宜指祖宗言。注疏似稍迂曲，故又有文同義異之説。’

……

“趙氏匡曰：‘殷祖契出自嚳，故禘嚳。冥有水功，故郊冥以配天。湯出契後，故祖契。宗湯者，當湯身未嘗有宗也。’

“楊氏復曰：‘殷祖於契，契母曰簡狄，有戎氏之女，爲帝嚳次妃，吞玄鳥而生契。帝嚳者，契之所自出，故殷人禘嚳於契之廟而以契配之也。殷人郊冥者，冥契六世孫也，冥勤其官而水死。《祭法》推其功烈至於先聖王並稱，故殷人以冥配天也。殷人祖契而宗湯者，湯革夏命爲殷之祖，然殷之功始於契，故殷人祖契而宗湯，後世子孫乃以湯爲受命之祖。《詩》曰“衎我烈祖”是也。又其後殷有三宗，祖甲曰太宗，太戊曰中宗，武丁曰高宗，亦有德而可宗。周公作《無逸》舉殷三宗以戒成王，然則三宗亦爲不毀之廟也。’

“何氏楷曰：‘《孔叢子·論書篇》云：“維高宗報上甲微，定公問曰：‘此何謂也？’孔子對曰：‘此謂親盡廟毀有功而不及祖，有德而不及宗，故於每歲之大嘗而報祭焉。’”案《竹書》夏帝芒三十三年，商侯遷於殷。帝泄十二年，殷侯子亥賓於有易，有易殺而放之。十六年，殷侯微以河伯之師伐有易，殺其君綿臣。至殷武丁十二年，報祀上甲。微季本云，相土生昌若，昌若生曹圉，曹圉生冥竹。《書》載夏少康十一年，使商侯冥治河，至帝杼十三年商侯冥死於河，中間計三十四年。《魯語》及《祭法》所謂冥勤其官而水死者，冥生振，《竹書》以爲殷侯子亥，蓋振名而子亥其字也。實始遷殷計三十七年而爲有易之君綿臣所殺，國統几絶。振生微字上甲，乃殺綿臣而以殷興，仍居殷地。是則殷之遷雖在子亥，而昌殷緒以基王業者，乃在上甲，故殷人報之也。皇甫謐謂微字上甲，其母以甲日生故也。商家生子以日爲名，蓋自微始。《白虎通》亦云，殷道尚質，故直以生日名子。而譙周則謂死稱廟主曰甲，蓋謂

生稱其名，死則以其生之名爲廟主也。於理或然。’

……

“宗元案：‘大禘對時禘言是也，猶之大祫對時祫言也。若因追享爲大禘而即以大禘爲大享，則未確。夫享莫尊於禘而莫大於祫，禘惟太祖一人所以尊之，又追其所自出之帝，故謂之追享。特以對時禘及吉禘言而謂之大禘，不可因大禘而謂之大享也。惟三年之祫遍及群廟、毀廟，而元功之臣亦配享焉，但不及所出之帝。然其禮最爲周遍而廣闊，故對時祫言既謂之大祫，又對追享言而謂之大享也。亦謂之朝享者，正是功臣亦在而同朝於太祖也。考《長發》之詩中及相土毀廟之主，並及伊尹之元功，即所謂“大享於先王，爾祖其從與享”者，正是大祫之祭而謂之大享者也。《小序》謂大禘者非，朱子已曾駁正之。《集傳》雖未質言，要已發其疑矣。何元子信序而曲證爲大享即大禘者，欲以强詞軋正理，實不足取也。夫自漢儒以來多以大禘爲合祭群廟，惟趙伯循因《大傳》，祇云以其祖配之，而無合食於前之文，故謂禘其始祖所自出者配惟始祖一人，而不及群廟，此不刊之論也。蓋古祭各於其廟，惟時祫大祫乃合食於大廟，故謂之祫耳。若禘郊宗祖之祭，尤典禮之特隆者，而可以群廟之主雜於其間乎？朱子獨從趙氏説，洵至當，不易矣。説此詩者又因序有大禘之語，反謂大禘原及群廟以遷就之，何其惑也！又或以爲商周之禮不同，亦未免從而爲之詞耳。夫周公所損益者不過制度，文爲之末，若禘郊宗祖之祭乃享帝享親之極盛，正所謂殷因於夏禮，周因於殷禮者，而可假商周異制之説以巧爲解乎？則序説洵爲無稽而不足據也，審矣。’

……

“朱子曰：‘高宗中興，特爲百世不遷之廟，不在三昭三穆之列。此詩則廟成始祔而祭之詩也。’

“劉氏瑾曰：‘高宗七世親盡而立廟，此詩其作於帝乙之世與？’

“劉氏歆曰：‘天子七廟，七者，其正法數，可常數者也。宗不在數中，宗變也。於有功德則宗之，不可預爲設數，故於殷太甲爲太宗，大戊爲中宗，武丁爲高宗。由是言之，宗無數也。或言天子五廟無見文，或言中宗高宗者宗其道而毁其廟，則名與實異，非尊德貴功之意也。’

“朱子曰：‘劉歆説文武爲宗不在七廟數中，此説是。又曰商之三宗，若不是别立廟，衹是親廟時，何不胡亂將三個來立，如何恰限取祖甲太戊高宗爲之？那個祖有功宗有德，天下後世自有公論，不以揀擇爲嫌？所以名之曰幽厲，雖孝子慈孫百世不能改，那個好的自是合當宗祀，如何毁得？如今若道三宗衹是親廟，則是少了一個親廟了。’

“何氏楷曰：‘武丁雖自立廟，然當世數未盡時，必仍居七廟中。及夫親盡應毁之日，乃始遷其主於新廟，與七廟同享祀，爲百世不遷之宗，而不與群祧等列耳。又案先儒謂遠廟爲祧，遷主藏焉。’

“劉公瑾云：‘三宗之廟未知立於何所？竊意中宗當穆，高宗、祖甲當昭，各隨昭穆之位，特立其廟於太祖廟之兩旁三昭三穆之上。如周文武世室之謂也。’

“周氏世樟曰：‘從來稱殷有三宗而不數成湯，於理未安。然《國語》及《祭法》皆言殷人祖契而宗湯，則湯固殷宗，不獨三也。據《商頌》則湯實稱祖，故賀循云殷有二祖三宗。然則殷之特廟蓋有四矣。’

“蕙田案：‘七廟之制，自虞至商已然。殷之三宗百世不毁，不在七世親廟之數。劉歆之論不可易也。故朱子亦以爲是。《書》武成丁未祀於周廟，駿奔走，執豆籩。傳四月丁未，祭告后稷以下，文考文王以上七世之祖。駿，大也。諸侯皆大奔走於廟，執事疏知告后稷以下。后稷則始祖以下，容毁廟也。天子七廟，故云文考文王以上七世之祖見，是周廟皆祭之，故經總云周廟也。’

……

“蕙田案：‘天子七廟之制，諸儒多言自虞夏以來，惟鄭氏據《禮緯》有虞夏五廟殷六廟周七廟之説。王肅著《聖證論》以非之，當矣。而孔疏又引馬昭難王義以附會鄭注，遂啓後人之疑。然王説之是，後多信之。至馬説之謬，尚未有奪其所據而詳辨之者。今案馬昭引《喪服小記》王者立四廟爲證。夫諸侯立四親廟，天子無四廟之禮，方性夫謂以月祭之，親廟言之。徐伯魯云天子七廟，並二世室而九，豈有止立五廟之理。方氏之言理或有之，而劉原父則云，此一句上有脱簡。吴幼清從之，謂“而立四廟”四字無所系屬，義不可通。劉氏謂當曰“諸侯及其太祖而立四廟”。案《大傳》“以其祖配之”之下有此六字，劉氏所謂有闕文者，是也。今以《大傳》補之，言諸侯不得如天子之追禘太祖以上所祭，上及太祖而止耳。而太祖之下則立二昭二穆之廟爲四親廟也。此説似有據而可從。則《喪服小記》所云“固不得爲王者立四廟”之證矣。馬昭又引《禮器》“周旅酬六尸，一人發爵”則七尸爲證。案宗廟以七爲正數，則七廟七尸自無疑義，乃謂文武不在七數，既不同祭，又不享嘗，爲無是禮。案《商書》云七世之廟可以觀德，周因殷禮，自開國已然。是時文武正在七廟之數，至兩世室當立在懿王孝王之世，何得以祭法所云强入之懿孝之後，而謂文武不在七數耶？其爲穿鑿附會明矣。馬昭又引《曾子問》“七廟無虚主”及《周禮》“守祧奄八人”爲證。案“七廟無虚主”是孔子特明齋車必載祧主而言，正足爲七廟之證。乃謂周以后稷文武特七廟，是其説固不可通於文武見居七廟之時，即懿孝以後，文武有功德親盡不祧而所立者，世室也，非廟也。不曰廟而曰世室，正以廟數不能减於七，亦不能加於七耳。如以功德之祖而充七廟之數，是仍在祧遷之列，何必又創爲世室之名？且與不毁之義大不相符矣。寧不謂之謬説乎？《周禮》“守祧奄八人”，鄭謂太祖之廟及三昭三穆。孔疏天子七廟，通姜嫄爲八廟，廟一人故八人，乃謂若除文武，則奄少二人。陳祥道云，是不知周公制禮之時，文武尚爲近廟，其所以宗之之禮，特起於後代也。果所以宗之者在七廟内，使繼世祖先功德不下文武，復在可宗之列，則親廟又益殺，於理必不然，真足以破其蔽矣。馬昭又稱天子七廟，有其人則七，無其人則五。案七廟除太祖外，三昭三穆皆親也。諸侯及其高祖，天子益二廟以昭尊卑之分。所云降殺以兩，不可易也。乃强以功德不遷之祖入於親廟之數，而造爲有其人無其人之説，即無功德之祖豈無高祖之父祖耶？彌見其説之誣耳。又云七廟外親盡之祖，禘祫猶當祀之。夫禘非合食，不及群廟，何有毁廟牽連，言之混而無别？夫七廟之議，王肅爲是。疏既引之而又必舉馬昭之難以牽合者，此疏家之陋例，適足以益鄭氏之過而啓千萬世紛紛之議耳。'

……

"王氏應麟曰：'《書·咸有一德》"七世之廟可以觀德"。疏："有德之王則列爲祖宗，雖七廟親盡，而其廟不毁。"漢氏以來，論七廟諸多矣，其文見於記傳，《禮器》《家語》《荀卿書》《穀梁傳》皆曰天子立七廟，以爲天子常法。'

"方氏慤曰：'天子之廟止於七，何也？太祖之廟創業之所始，萬世所不遷也。而昭穆則合而爲六者，蓋四世其服已窮矣，然猶緦也。五世同姓已殺矣，然猶免也。至於六世然後親屬絶，故止於三昭三穆，與太祖之廟而七也。'

"馬氏晞孟曰：'自上以下降殺以兩，禮也。故天子七廟，至士一廟，合於降殺以兩之意也。祖以功建，故無可毁之禮，而有百世不遷者也。昭穆以親象，故有可毁之禮，親盡則有祧。説者以爲周則七廟，夏則五廟，殷則六廟，蓋非是也。'

"陳氏祥道曰：'積厚者流澤廣，積薄者流澤狹。故天子七廟，諸侯五廟，大夫三廟，士一廟。廟而祭之，仁之至也。以七以五以三以一，義之盡也。舜之時禋於六宗與藝祖而七，商書七世之廟可以觀德，則七廟之制其來尚矣。先王之於死者常待之以生，由士而上，生而異宫，死則爲之立廟。庶人則生非異宫，死則祭於寢而已。'

"陳氏《禮書》：'廟所以象生之有朝也，寢所以象生之有寢也，建之觀門之内不敢遠其親也，位之觀門之左不忍死其親也。《家語》曰："天子七廟諸，侯五廟，自虞至周之所不變也。"是故《虞書》

“禋於六宗以見太祖”，《周官》守祧八人以兼姜嫄之宫，則虞周七廟可知矣。伊尹言七世之廟，商禮也。《禮記》、荀卿、《穀梁》皆言天子七廟不特周制也。則自虞至周七廟又可知矣。然存親立廟，親親之至；恩祖功宗德，尊尊之大義。古之人思其人而愛其樹，尊其人則敬其位，况廟乎！法施於民則祀之，以勞定國則祀之，况祖宗乎！於是禮以義起。而商之三宗、周之文武、漢之孝文孝武、唐之神堯文皇，其廟皆在三昭三穆之外，歷世不毁。此所謂不遷之廟，非謂祧也。鄭康成之徒以《喪服小記》言王者立四廟，則謂周制七廟文武爲二祧，親廟四而已，則文武不遷之廟在七廟内，是臆説也。王肅《聖證論》曰：“禮自上以下，降殺以兩，使天子諸侯皆親廟四，則是君臣同等尊卑不别也。”又王祭殤五而下及無親之孫，上不及無親之祖，不亦詭哉？王舜劉歆論之於漢，韓退之論之於唐，皆與肅同，蓋理之所在者，無異致也。’

……

“朱子：‘或問天子之廟其制若何？曰：“唐之文祖、虞之神宗、殷之七世三宗，其詳今不可考，獨周制猶有可言。然而漢儒之説又有不同矣。謂后稷始封，文武受命而王，故三廟不毁，與親廟四而七者，諸儒之説也。謂三昭三穆與太祖之廟而七，文武爲宗不在數中者，劉歆之説也。雖其數之不同，然其位置遷次，宜亦與諸侯之廟無甚異者。但如諸儒之説，則武王初有天下之時，后稷爲太祖，而祖紺居昭之北廟，太王居穆之北廟，王季居昭之南廟，文王居穆之南廟，猶爲五廟而已。至成王時，則祖紺祧，王季遷，而武王祔。至康王時，則王季祧，武王遷，而康王祔。自此以上亦皆且爲五廟，而祧者藏於太祖之廟。至穆王時，則文王親盡當祧，而以有功當宗，故别立一廟於西北，而謂之文世室。於是成王遷昭王祔而爲六廟矣。至共王時，則武王親盡當祧，而亦以有功當宗，故别立一廟於東北，謂之武世室，於是康王遷，穆王祔，而爲七廟矣。自是以後，則穆之祧者藏於文世室，昭之祧者藏於武世室，而不復藏於太廟矣。如劉歆之説，則周自武王克殷即增立二廟於二昭二穆之上，以祀高圉亞圉，始前遞遷至於懿王，而始立文世室於三穆之上。至孝王時始立武世室於三昭之上。此爲少不同耳。”曰：“然則諸儒與劉歆之説孰爲是？”曰：“前代儒者多是劉歆，愚亦意其或然也。”’

“祧廟議曰：‘天子七廟，宗者不在數中，此爲禮之正法。宗者在數中，禮之末失也。’

“陳氏澔曰：‘王立七廟而以文武不遷之廟足其數，則其實五廟而已。若商有三宗，則將爲四廟乎？然則朱子然劉歆之説，豈無見乎？’

“蕙田案：‘韋玄成論天子七廟，實止五廟。今核其説，乃實止四廟耳。玄成曰王者禘其祖自出，以其祖配之而立四廟，言始受命而王祭天以其祖配，而不爲立廟，親盡也。此其説有數誤。《小記》“而立四廟”句上有闕文，劉原父吴草廬之説甚明。玄成他無所據，而引此闕文爲據，一誤。指立四廟爲王者之禮，雖有配天之祖亦不得立廟，則天子止得四廟，比諸侯反殺其一，二誤。禮莫大於配天，既祭天以祖配矣，而仍不爲祖立廟，豈宗廟之禮反隆於配天之禮而乃靳之耶？三誤。配天以功德，不限定五世之祖，而曰不爲立廟親盡也，四誤。《小記》之文本言禘祭太祖所自出，而以太祖配之，如商禘嚳而契配，周禘嚳而稷配耳。與祭天配天何與？而乃以禘爲祭天，以配爲配天，五誤。若夫功德之廟不可預爲設數，使文武而下復有可宗之人親廟，慮又益殺，劉歆之論，足以正韋之失矣。’”

[2]以河北十郡封魏武帝爲魏公：十郡，原本、宋本、殿本作“十二郡”。按據《三國志·魏書·武帝紀》載，時以冀州十郡封曹操爲魏公。中華本作“十郡”，據改。

[3]鄴：縣名，治所在今河北省臨漳縣西南鄴鎮。

[4]丁夫人：曹操最早的夫人，養劉夫人之子曹脩，後被遣歸家，與曹操斷絶婚姻關係。原本、宋本、殿本無“丁”字，據中華本補。

［5］建始殿：洛陽城内宫殿。《太平御覽》卷一七五《居處部·殿》引《晋宫閣名》太極殿十二間、徽音殿、顯陽殿、暉章殿、含章殿、建始殿、仁壽殿、百福殿、清暑殿、章華殿、嘉福殿、宣光殿、修明殿、嘉樂殿、芙蓉殿、崇光殿、華光殿、蔬圃殿、九華殿、章陽殿、百兒殿、芳德殿、靈圃殿、承光殿、永寧殿、景福殿、延休殿、百子殿、虞清殿、淵冥殿、安昌殿。

［6］饋奠：治喪中的祭奠之事。

［7］宫室：宫，宋本作“官”。

明帝太和三年六月，又追尊高祖大長秋曰高皇，[1]夫人吴氏曰高皇后，並在鄴廟。之所祠，則文帝之高祖處士、曾祖高皇、祖大皇帝共一廟，[2]考太祖武皇帝特一廟，百世不毁，然則所祠止於親廟四室也。其年十一月，洛京廟成，則以親盡遷處士主置園邑，使行太傅太常韓暨、行太常宗正曹恪持節迎高皇以下神主，[3]共一廟，猶爲四室而已。至景初元年六月，群公有司始更奏定七廟之制，曰：“大魏三聖相承，以成帝業。武皇帝肇建洪基，撥亂夷險，爲魏太祖。文皇帝繼天革命，應期受禪，爲魏高祖。上集成大命，清定華夏，興制禮樂，宜爲魏烈祖。於太祖廟北爲二祧，[4]其左爲文帝廟，號曰高祖昭祧，其右擬明帝，號曰烈祖穆祧。三祖之廟，萬世不毁。其餘四廟，親盡迭遷，一如周后稷、文武廟祧之禮。”

［1］高祖：殿本作“高宗”。　大長秋：官名，掌領諸宦者，管理宫闈事務。三品。此指曹騰。

［2］高祖處士：即曹節，字元偉，素以仁厚稱。　曾祖高皇：

曹騰，字季興，少除黄門從官。永寧元年（120），鄧太后詔黄門令選中黄門從官年少温謹者配皇太子書，騰應其選。順帝即位，爲小黄門，遷至中常侍大長秋。在省闥三十餘年，歷事四帝，未嘗有過。　祖大皇帝：曹嵩，字巨高。爲司隸校尉，靈帝擢拜大司農、大鴻臚，代崔烈爲太尉。祖大皇帝，原本、殿本作“大帝”，宋本作“太帝”，據中華本補、改。

[3]行：兼攝官職。　太傅：官名，晋爲八公之一。位上公，太宰之下、太保之上。一品。　韓暨：三國時南陽堵陽（今河南省方城縣東）人，字公至。任劉表宜城長。曹操占荆州後，任曹操丞相士曹屬、監冶謁者。改造冶鑄鼓風設備，功用提高三倍。加司金都尉。官至太常、司徒。　宗正：官名，又稱宗正卿、大宗正。掌皇族事務。曹魏時多以皇族擔任，兩晋有時兼以外姓。三品。　高皇：原本、宋本、殿本作“高祖”，據中華本改。

[4]二祧：指古代帝王七廟中兩位功德特出而保留不遷的遠祖廟。《禮記·祭法》：“遠廟爲祧，有二祧，享嘗乃止。”孔穎達疏：“遠廟爲祧者，遠廟謂文、武廟也，文、武廟在應遷之例，故云遠廟也；特爲功德而留，故謂爲祧。祧之言超也，言其超然上去也。”

清秦蕙田《五禮通考》引諸家論曰：

“王氏應電曰：‘廟即祧，故《聘禮》不腆先君之祧，既拚以俟。此官雖名守祧，其職掌則總廟祧之事也。’

“華氏學泉曰：‘遷主所藏曰祧。周先公遷主藏於后稷之廟，則后稷之廟爲祧。成康以下先王之遷主藏於文武之廟，故文武之廟亦爲祧。此周所以有二祧，非凡王者三昭三穆之外必當有二祧廟也。諸侯遷主藏於太廟，故《聘禮》云不腆先君之祧，蓋指太廟爲祧言，祧則足以統群廟也。《周官》“守祧掌先王先公之廟祧”，而專以守祧名官，亦舉祧以該廟也。’

“蔡氏德晋曰：‘周初遷主藏於后稷廟之東西夾室，則后稷廟爲祧。至懿孝後成康以下遷主藏於文武兩世室，故文武廟亦稱祧。此成王周公時所稱祧，則專指后稷廟也。守祧兼掌七廟而專以祧名官

者，舉遠以該親廟也。主以奄人者，高紫超謂古人廟近宫内之故，且祭祀之時有后妃内外宗行禮之事，故用奄人、女奴爲宜也。'

……

"《周禮》：'廟則有司脩除之，其祧則守祧黝堊之。'鄭玄注：'廟，祭此廟也。祧，祭還主。有司，宗伯也。修除黝堊互言之，有司恒主修除，守祧恒主黝堊。'

"華氏學泉曰：'廟曰脩除，祧曰黝堊。康成曰互言之。其實廟之昭穆遞遷則有毁壞，毁壞則當有修除。《春秋傳》曰"壞廟之道易檐可也，改塗可也"，修除之謂也。祧廟不毁，但當黝堊之，使常新而已。'

……

"方氏苞曰：'文武在七世之内，本爲祧廟，八世九世則别立世室，而祧主藏焉。廟既增立則守祧者亦以時增。疏乃謂奄八人守七廟及姜嫄廟，而不得更增文武二廟則固矣。'

……

"蕙田案：'華氏、方氏二説可開鄭氏之蔽。'

……

"方氏慤曰：'二祧，顯考之父祖也。'

"馬氏晞孟曰：'説者謂七廟之中祧廟二則爲文武之廟，其説非也。遠廟爲祧，而二祧之廟止於享嘗而已。苟文武之廟而祭止享嘗，亦非先王所以尊祖宗之意也。'

……

"何氏洵直曰：'《祭法》遠廟爲祧，而鄭氏以文武爲之，蓋非是也。'

"陳氏《禮書》曰：'祭法云遠廟爲祧，則祧者兆也，天子則五世六世之祖爲祧，所謂有二祧是也。諸侯以始祖爲祧，所謂先君之祧是也。鄭氏以祧爲超去之超，誤矣。既曰超矣，又以文武爲不毁之祧何耶？'

"蕙田案：'《周禮·小宗伯》辨廟祧之昭穆，守祧掌守先王先公之廟祧，廟者，主未毀之廟；祧者，主已毁之廟。設官不曰守廟而曰守祧，蓋尊之也。以仁率祖則主近爲親，以義率親則主遠爲尊。遠者以祧爲主，故言祧以該廟，蓋祧本以祧遷爲義，後遂藉以爲祖廟之通稱也。如聘禮曰不腆先君之祧，《昭元年》左傳曰“其敢愛豐氏之祧”，《襄九年》左傳曰“君冠必以先君之祧”處之有明證矣。諸侯以太廟曰祧，從遠祖爲義，且以示謙，非百世不毀之廟云爾。《祭法》遠廟爲祧，有二祧，先儒皆以五世六世祖爲二祧，蓋親盡世遠漸，即祧遷享嘗乃止，禮亦從殺。鄭氏誤解以文武二廟當二祧，遂至七廟常數反缺其二，且二廟不祧，反稱二祧，名實乖違。又謂遷主所藏曰祧，據先公之主藏后稷廟，先王之主藏文武廟，則明有三祧，與二祧之文不合，蓋由誤解《祭法》而即與《祭法》之文相戾，弗思甚矣。服虔訓先君之祧爲曾祖之廟，則知諸侯不拘何祖，通謂之祧。鄭以爲始祖廟，亦未見其必然也。陳用之訓祧爲兆，從壇墠，爲義類。但兆既非廟，又非壇墠，不審何者名爲兆，恐仍不若鄭作超解，於祧遷之義爲近耳。’”

文帝甄后賜死，[1]故不列廟。明帝即位，有司奏請追謚曰文昭皇后，使司空王朗持節奉策告祠于陵。[2]三公又奏曰：“自古周人歸祖后稷，[3]又特立廟以祀姜嫄。[4]今文昭皇后之於後嗣，聖德至化，豈有量哉！夫以皇家世妃之尊，神靈遷化，而無寢廟以承享祀，非以報顯德，昭孝敬也。稽之古制，宜依周禮，別立寢廟。”奏可。太和元年二月，立廟于鄴。四月，洛邑初營宗廟，掘地得玉璽，方一寸九分，其文曰“天子羡思慈親”。明帝爲之改容，以太牢告廟。至景初元年十二月己未，有司又奏文昭皇后立廟京師，永傳享祀，樂舞與祖廟同，[5]廢在鄴廟。

［1］甄后：曹魏文帝皇后，中山無極（今河北省無極縣）人。明帝母，袁紹子袁熙之妻。曹操破袁紹，曹丕納之於鄴，有寵，生明帝及東鄉公主。曹丕稱帝後，郭后、李、陰貴人並愛幸，后愈失意，有怨言。帝大怒，遣使賜死，葬於鄴。

［2］司空：官名，魏晋南北朝爲名譽宰相，多爲大臣加官。晋八公之一，位在三公之末。一品。　王朗：三國時東海郯縣（今山東省郯城北）人，字景興。曾任會稽太守，被孫策攻破，降附孫策。後被曹操徵召，任諫議大夫、御史大夫等。魏文帝、明帝時任司空、司徒等。

［3］歸祖后稷：歸，殿本作“禘”。

［4］姜嫄：相傳爲有邰氏之女，姜姓，帝嚳之妃。生子棄，好農耕，堯舜時爲農官，號稱後稷，爲姬周始祖。

［5］與祖廟同：殿本無“廟”字。

魏元帝咸熙元年，進文帝爵爲王，追命舞陽宣文侯爲宣王，忠武侯爲景王。是年八月，文帝崩，謚曰文王。

武帝泰始元年十二月丙寅，受禪。丁卯，追尊皇祖宣王爲宣皇帝，伯考景王爲景皇帝，考文王爲文皇帝，宣王妃張氏爲宣穆皇后，景王夫人羊氏爲景皇后。[1]二年正月，有司奏置七廟。帝重其役，詔宜權立一廟。於是群臣議奏：“上古清廟一宫，[2]尊遠神祇。逮至周室，制爲七廟，以辯宗祧。[3]聖旨深弘，遠迹上世，敦崇唐虞，舍七廟之繁華，遵一宫之遠旨。[4]昔舜承堯禪，受終于文祖，遂陟帝位，蓋三十載，月正元日，又格于文祖，[5]遂陟帝位，[6]此則虞氏不改唐廟，[7]因仍舊宫。可依有虞氏故事，即用魏廟。”奏可。於是追祭征西將軍、豫章府君、潁川府君、京兆府君,[8]與宣皇帝、景皇帝、文皇帝爲三昭三穆。是時宣皇未升,太祖虚位,所以祠六世,與景帝爲七廟,其禮則據王肅説也。七月,又詔曰:"主者前奏,就魏舊廟,誠亦有準。然於祇奉明主,情猶未安,宜更營造。"於是改創宗廟。十一月,追尊景帝夫人夏侯氏爲景懷皇后。任茂議以爲夏侯初嬪之時,未有王業。帝不從。太康元年,靈壽公主修麗祔于太廟,周漢未有其準。魏明帝則别立平原主廟,晋又異魏也。六年,[9]因廟陷,當改修創,群臣又議奏曰:"古者七廟所建,[10]自宜如禮。"詔又曰:[11]"古雖七廟,自近代以來皆一廟七室,[12]於禮無廢,於情爲叙,亦隨時之宜也。其便仍舊。"至十年,乃更改築於宣陽門内,[13]窮極壯麗,然坎位之制猶如初耳。[14]廟成,帝用摯虞議,率百官遷神主于新廟,自征西以下,車服導從皆如帝者之儀。及武帝崩則遷征西,及惠帝崩又遷豫章。而惠帝世愍懷太子、太子二子哀太孫臧、冲太孫尚並祔廟,[15]元帝世,懷帝殤太子又祔廟,[16]號爲陰室四殤。[17]懷帝初,又策謚武帝楊后曰武悼皇后,[18]改葬峻陽陵側,别祠弘訓宫,不列於廟。

[1]景王夫人羊氏:羊,原本、宋本作"姜",殿本作"羊",據本書卷三一《后妃傳》及殿本改。

[2]清廟:宗廟,太廟。

[3]宗祧:本意爲宗廟,引申爲家族世系。

[4]遵一宫之遠旨:清盧文弨《晋書禮志校正》:"《宋志》作'遵遠',殆即本上文所謂遵遠神祇語。"

［5］又格于文祖：原本、宋本、殿本無“文”字，據中華本補。

［6］遂陟帝位：中華本校勘記：“《拾補》：此四字複上，乃衍文。”帝，宋本作“旁”。

［7］不改唐廟：廟，原本、宋本作“朝”，殿本作“廟”，據殿本改。

［8］征西將軍：指司馬懿高祖司馬均，字叔平。　豫章府君：指司馬懿曾祖司馬量，字公度。　潁川府君：指司馬懿祖父司馬儁，字元異。　京兆府君：指司馬懿父司馬防，字建公。

［9］六年：中華本校勘記：“《斠注》：按《武紀》，此‘六年’當爲‘八年’之誤。《通典》五一引河南人孫平子封事亦作‘八年’。”

［10］七廟所建：宋本無“建”字。

［11］詔又曰：原本、宋本作“又曰”，殿本作“詔曰”，據中華本改。

［12］一廟七室：原本、宋本、殿本無“一”字，據中華本補。

［13］宣陽門：《水經注・穀水》：“穀水又東，逕宣陽門南，故小苑門也。”郭守敬疏：“《續漢書・百官志》：‘雒陽城有小苑門。’《洛陽伽藍記》：‘南面次西曰宣陽門，漢曰津陽門，晋曰宣陽門，高祖因而不改。’津陽字誤，當依《續漢志》作小苑。《寰宇記》：‘漢小苑門在午上，晋改曰宣陽門。’”

［14］坎位：正北方。

［15］愍懷太子、太子二子哀太子孫臧：原本、宋本、殿本作“愍懷太子二子哀太孫臧”，據中華本補“太子”二字。

［16］殤：未成年而死。

［17］陰室：即祭祀未成年而死的嫡長子的處所，因祭祀地点在宗廟幽陰之處，故稱。

［18］武帝：帝，原本、宋本、殿本作“後”，據中華本改。

元帝既即尊位，上繼武帝，[1]於元爲禰，[2]如漢光武上繼元帝故事也。[3]是時，西京神主，堙滅虜庭，江左建廟，皆更新造。尋以登懷帝之主，又遷潁川，位雖七室，其實五世，蓋從刁協以兄弟爲世數故也。于時百度草創，舊禮未備，毁主權居側室。至太興三年正月乙卯，詔曰："吾雖上繼世祖，然於懷、愍皇帝皆北面稱臣。今祠太廟，[4]不親執觴酌，而令有司行事，於情禮不安。可依禮更處。"太常恒言[5]："今聖上繼武皇帝，宜準漢世祖故事，不親執觴爵。"又曰："今上承繼武帝，而廟之昭穆，[6]四世而已，前太常賀循、博士傅純，[7]並以爲惠、懷及愍，宜别立廟。然臣愚謂廟室當以容主爲限，[8]無拘常數。殷世有二祖三宗，若拘七室，則當祭禰而已。推此論之，宜還復豫章、潁川，全祠七廟之禮。"[9]驃騎長史温嶠議：[10]"凡言兄弟不相入廟，既非禮文，且光武奮劍振起，不策名於孝平，務神其事，以應九世之讖，又古不共廟，故别立焉。今上以策名而言，殊於光武之事，躬奉烝嘗，[11]於經既正，[12]於情又安矣。太常恒欲還二府君，以全七世，嶠謂是宜。"驃騎將軍王導從嶠議。嶠又曰："其非子者，可直言皇帝敢告某皇帝，又若以一帝爲一世，則不祭禰，反不及庶人。"帝從嶠議，悉施用之。於是乃更定制，還復豫章、潁川于昭穆之位，以同惠帝嗣武故事，而惠、懷、愍三帝自從春秋尊尊之義，[13]在廟不替也。

[1]上繼武帝：原本、宋本、殿本脱"帝"字，據中華本補。

[2]於元爲禰：對元帝來説，武帝是他的父輩。司馬睿是司馬

懿的曾孫，司馬炎是司馬懿之孫，故言。禰：父廟。

［3］漢光武上繼元帝故事：西漢元帝是漢高祖的八世孫，劉秀是漢高祖的九世孫，元帝是光武帝的父輩。

［4］今祠太廟：宋本無“祠”字。

［5］太常恒言：中華本校勘記：“《拾補》：‘恒’上脱‘華’字。按：《宋志》三有‘華’字。”

［6］昭穆：古代宗法制度，宗廟或宗廟中神主的排列次序，始祖居中，以下父子（祖、父）遞为昭穆，左为昭，右为穆。清秦蕙田《五禮通考》引諸家論曰：

“陳氏《禮書》：‘宗廟有迭毁，昭穆則一成而不可易。《春秋傳》言，太王之昭，王季之穆。又言文之昭，武之穆。此世序之昭穆不可易也。《周官》冢人掌公墓之地，先王之葬居中，以昭穆爲左右，此葬位之昭穆不可易也。《儀禮》曰：“卒哭明日，以其班祔。”《禮記》曰“祔必以其昭穆”，此祔位之昭穆不可易也。《司士》凡祭祀賜爵，呼昭穆而進之。《祭統》凡賜爵，昭爲一，穆爲一，昭與昭齒，穆與穆齒，此賜爵之昭穆不可易也。《大傳》曰“合族以食，序以昭穆”，此合食之昭穆不可易也。生而賜爵合食，死而葬祔，皆以世序而不可易，則廟之昭穆可知矣。其制蓋祖廟居中，而父昭在左，子穆在右。始死者昭耶，則毁昭廟。始死者穆耶，則毁穆廟。昭與昭爲列而無嫌乎！子加於父，穆與穆爲列而無嫌乎！父屈於子也。先儒謂周藏先公木主於后稷之廟，先王木主穆在文王廟，昭在武王廟，於理或然。’

“周世樟曰：‘廟之外爲都宫，諸廟在内，各有門堂寢室，墻宇環之。太祖居北，其餘以次而南，廟皆南向。廟主在本廟之室中，皆東向。若群廟之主合食於太廟，則唯太祖東向，群昭皆列北牖下而南向，群穆皆列南牖下而北向。若禘祭則於太廟中特設太祖所自出之帝於東向，而太祖退居南向以配之。太祖之主不遷，其餘親盡則遷，遷昭之首廟主，則以次廟、末廟之主遞遷而上，而以新主祔於末廟。遷穆廟之主亦然。總之昭常爲昭，穆常爲穆。有時子在三昭，父在三穆，似乎倒置，然廟有門垣，各全其尊，不以左右爲尊卑也。凡遷主必毁其廟。《穀梁傳》云：“壞廟之道，易檐可也，改塗可也，謂更而新之，移置其主也。”古者遷主皆入於太廟之東西兩夾室，至周則王季以上，穆之遷主入於太廟，文王以下穆之遷主入於文王世室，武王以下昭之遷主入於武世室。凡藏主必藏石室之中。《左傳·昭十四年》鄭原繁云“我先人典司宗祏”，所謂宗祏者，宗廟中藏主石室也。’

……

“陸氏佃曰：‘昭穆者，父子之號。昭以明下爲義，穆以恭上爲義。方其爲父則稱昭，取其昭以明下也。方其爲子則稱穆，取其穆以恭上也。豈可膠哉！張璪、何洵直謂，昭常爲昭，穆常爲穆，左者不可遷於右，右者不可遷於左。既爲昭矣，又有時而爲穆，既爲穆矣，復有時而爲昭，是亂昭穆之名。此説非也。苟爲昭者不復爲穆，爲穆者不復爲昭，則是子常事父。爲之子者，今雖有子不得爲父，苟復爲父，則以爲是亂父子之名，可乎？’又曰：‘假令甲於上世之次爲穆，今同堂合食，實屬父行。乙於上世之次爲昭，今同堂合食，實屬子行。則甲宜爲昭，乙宜爲穆，豈可遠引千歲以來世次，覆令甲爲右穆，乙爲左昭，以紊父子之序乎？’又曰：‘世次與廟次不同，世次無遷法，而廟制親盡則移。世次無遷法，則昭生穆，穆生昭，廟制親盡而遷，則昭穆移易。《祭統》曰昭穆者，所以别父子、遠近、長幼、親疏之序。故有事於太廟則昭穆咸在而不失其倫，若廟次昭常爲昭，穆常爲穆，則子或壓父，尊卑失序，豈所謂不失其倫者耶？’

“何氏洵直曰：‘案古者宫寢宗廟皆以孫居王父之處，而不以子代父。自始祖之後，父曰昭，子曰穆，孫爲昭，曾孫爲穆，玄孫爲昭，謂之昭穆通於存亡。居昭位者不可遷於穆行，居穆行者不可入於昭位，本之於經，質之於傳，驗之以先儒之説。根據盤互枝連葉貫，議論符合如出一人，請得條别而陳之。何謂“宫寢宗廟皆以孫居王父之處”？曰：“《春秋》書高寢、路寢、小寢。何休曰：父居高寢，子居路寢，孫從王父母。疏義謂孫死亦從王父母，是殯於其宫之西序矣。殷則殯於祖廟之兩楹間，設朝而殯於祖是也。及家人辨其兆域，則以昭穆爲左右，至卒哭明日，又各從其昭穆祔於祖父，女子則祔皇祖妣，婦則祔皇祖姑，故曰以其班祔。以士大夫言，若祖爵尊則祔於諸祖，父爲士大夫者，若無可以祔，或王父母在則越曾祖一世，當爲壇而祔高祖。若又無可以祔，則越高祖之父一世，祔高祖之祖。記所謂‘亡則中一以上而祔，必以其昭穆’者也。以諸侯五廟爲言，祔祭既畢，則主復於殯宫之寢，如既祫主還其廟然也。練而後遷廟，於是以始祔之孫入王父廟，以王父入高祖廟，以高祖之主藏於太祖廟。《春秋·穀梁傳》曰：‘作主坏庙有时日，於练焉坏庙。坏庙之道，易檐可也，改涂可也。’范寧曰：‘親過高祖則毁其廟，將納新神，故示有所加。’孔穎達曰：‘練時壞祖與高祖之廟，改塗、易檐，示有壞意。’以其高祖入於太祖之廟，其祖祔入高祖廟，其新神入祖廟，是練時遷廟也。遷廟以孫代王父，取其昭穆相當，所以壞祖與高祖廟而不毁曾祖爾。漢劉歆之論最博而篤。曰孫居王父之處正昭穆，則孫常與祖相代，此遷廟之殺也。今之説者，祔廟與遷廟異，是不然也。至祥禫既終而合食，於祖則室中之位，太祖西方東向，太祖之子爲昭北方南面，太祖之孫爲穆南方北面，差次而東。孫與王父並列，下逹於禰。張純曰，父子不並坐而孫從王父。王肅引賈逵説吉禘，於莊公曰：遷主遞位，孫居王父之處也。雖祭殤與無後，亦以孫從王父。記曰，從祖祔食，蓋曰自祭於殤在於父廟，祭無後兄弟當就祖廟，祭無後諸父當於曾祖廟，各從其班也。祭成人者必有尸，尸必以孫，孫幼則使人抱之，皆衣其祖之遺衣服而坐於祖主之左，然於祭者子行也。父北面而事之，故曰君子抱孫不抱子，子不可以爲父尸。以其異昭穆而祖孫則同耳。《祭統》曰，群昭群穆咸在而不失其倫，謂同宗人皆來助祭也。又曰昭爲一，穆爲一，昭與昭齒，穆與穆齒。賈公彦曰：昭穆在助祭之中者，皆在東階之前面陳，假令父行爲昭，子行爲穆，孫行還爲昭，曾孫行還爲穆，就昭穆中各以年長者在上，幼者居下，故云齒也。夫古者葬，祔以其班，祫以其班，爲尸及賜爵以其班，故昭常爲昭，穆常爲穆。義據明白，有如日星。説者謂父昭子穆何常之有？對父則身爲之穆，對子則身爲之昭，其意以爲廟次與世次不同，故昭穆遷徙無常。位右者可移之左，左者可移之右，殊不知廟次與世次一也。廟次雖遷，唯昭穆之班一定不移。祖以傳孫，孫以傳子，縱歷百世其當爲昭、當爲穆者未之有改也。如武王之時，廟次以文王爲穆，至襄王之世凡歷十八君矣，猶謂之穆。左氏載富辰之語曰：管、蔡、郕、霍、魯、衛、毛、聃、郜、雍、曹、滕、畢、原、酆、郇，文之昭也。十六國文王之子，文王於廟次世次皆當爲穆，故謂其子云文之昭也。康王時廟次以武王爲昭，至襄王之世猶謂之昭。富辰曰：邘、晋、應、韓，武之穆也。四國武王之子，武王於廟次世次皆當爲昭，則謂其子曰武之穆也。至於宫之奇謂太伯、虞仲爲太王之昭，虢仲、虢叔爲王季之穆，與此同意。夫文王、太王其子對父皆稱昭，曰文王之昭、太王之昭。武王王季其子對父皆稱穆，曰武王之穆、王季之穆。其爲子一也，對父或稱昭，或稱穆，知昭穆爲定班，而廟次世次未始異也。《書》曰‘七世之廟’，《記》曰‘天子七廟，三昭三穆’，《書》言世而《禮》言昭穆，則世與昭穆無不同之理。説者引《魯語》曰‘工史書世，宗祝書昭穆’，知廟次昭穆與世次異。臣以爲不然，工史所書者帝繫世本之屬，宗祝所書者几筵表著之位，自其譜諜則謂之世，據其班秩則謂之昭穆。此離而言之者也。又《楚語》曰‘宗廟之事，昭穆之世’，此合而言之者也。既曰昭穆之世，則廟次昭穆果與世次不同乎？經傳之言既然矣。觀先儒之論，則韋玄成曰‘父爲昭，子爲穆，孫復爲昭’。杜預曰：‘穆生昭，昭生穆。’漢帝詔曰：‘孝宣皇帝爲孝昭皇帝。後爲義一體。’顔師古曰：‘一體謂俱爲昭也。禮孫與祖俱爲昭。’鄭氏曰：周以文武爲二祧藏遷主，文爲穆祧，爲昭主。武爲昭祧，爲穆主。此先儒論昭穆一定不易，皆與經合。但《祭法》遠廟爲祧，而鄭氏以文武爲之，蓋非是也。説者曰穆王入廟，王季親盡而遷，則文王宜自右而左居昭位，武王宜自下而上居穆位。必如此言，則世次廟次常以子代父，古無此理。又曰王季既遷，文王居昭，成王昭王次焉。武王居穆，康王穆王次焉。所謂孫與祖昭穆同。臣謂此非禮意，何者？葬與祔祫皆以孫從王父，其無祖可祔者必中一以上祔於高祖。論其爲尸，則抱孫不抱子，是昭是昭班，穆是穆班，故曰孫與祖同。若謂祖遷於上則孫與玄孫皆次之，昔以爲穆，今以爲昭，昔以爲昭，今更爲穆，以葬位、祔位、祫位、尸位觀之，皆顛倒失序。是但知有昭穆之名不知有昭穆之班，何所謂孫與祖同？故曰此非禮。意竊嘗以爲天子七廟，三昭三穆與太祖之廟而七，此據迭毀爲言也。《祭法》王立七廟，一壇一墠，曰考廟，曰王考廟，曰皇考廟，曰顯考廟，曰祖考廟，遠廟爲祧，去壇爲墠，此據定體爲言也。迭毀者言乎其動也。言乎其動則云三昭三穆，而孫代王父之意寓於其中矣。定體者言乎其常也，言乎其常則云考與王考至於遠廟，去壇而墠，遷祖遞位之義，亦不外是矣。祔與廟遷雖非一時，然均名昭穆，豈有二位？祔則孫從王父合食，遷則孫常與祖相代者，入其廟而襲其處，如劉歆、王肅之論是也。既生居王父之寢，歿則殯於其宮之西序，葬與祔祫俱從祖列。至其爲尸，亦襲祖之遺衣服而坐於主之左，助祭賜爵，各以昭穆序以受氏命族。又以王父之序，是無所不用其班，何獨遷廟則以子代父而亂其班乎？説者又引適子冠於阼爲證，蓋亦不類。《記》曰：適子冠於阼以著代，明其代父傳重，其當祖統昭穆相代也。又曰《禮記》天子七廟，三昭三穆與太祖之廟而七。諸侯二昭二穆與太祖之廟而五。大夫一昭一穆與太祖之廟而三。謂之祖則無對，故其位居中而不以昭穆居之，且世世不毀。昭穆有對，故斷自始祖之後。父曰昭，子曰穆，至親盡則迭遷。后稷爲周祖，其子不窋曰昭，其孫鞠陶曰穆。周公爲魯祖，其子伯禽曰昭，其孫考公曰穆。萬物本乎天，人本乎祖，祖者，天也。昭居左爲陽，穆居右爲陰。以三昭三穆言之，則一爲昭，二爲穆，三爲昭，四爲穆，五爲昭，六爲穆。一三五者陽奇之數也，二四六者陰耦之數也。自一世推而至百世皆然。昭者有昭班，與陽奇同類。穆者有穆班，與陰耦同類。故葬與祔祫必以孫從王父，蓋神得同班同類，則爲安也。昭之王父，以昭孫爲尸；穆之王父，以穆孫爲尸，蓋神得同類則憑依之也。夫奇耦爲定數，左右爲定位，昭穆爲定班，若曰右者可移之左。左者可移之右，猶陽奇有時爲耦，陰耦有時爲奇，班類顛錯，尊卑失序矣。《周禮》冢人掌公墓之地，先王之葬居中，以昭穆爲左右，是葬位有昭穆。《儀禮》曰：‘卒哭明日，以其班祔。’《禮記》曰：‘祔必以其昭穆，亡則中一以上而祔，是祔位有昭穆。’大祫，室中太祖東向，昭南面，穆北面，父子不並坐，而孫從王父，是祫位有昭穆。孫爲王父尸，子不可以爲父尸，是尸位有昭穆。天子七廟三昭三穆，諸侯五廟二昭二穆，大夫三廟一昭一穆，是廟位有昭穆。葬位之昭穆一定不移，則祔可知也。祔位之昭穆一定不移，則祫可知也。祫位之昭穆一定不移，則尸可知也。尸位之昭穆一定不移，則廟可知也。葬位、祔位、祫位、尸位、廟位，五者均謂之昭穆，豈有二義哉！在葬位爲昭，則於祔位、祫位、尸位、廟位俱爲昭。在葬位爲穆，則於祔位、祫位、尸位、廟位俱爲穆。今之説者曰：父昭子穆何常之有？對父則爲穆，對子則爲昭，故有在廟位爲昭，而於祔位、祫位爲穆；在廟位爲穆，而於祔位、祫位爲昭，失禮意矣。王季之時以太王爲穆，至惠王歷十八君而謂之穆。文王之時以王季爲昭，至惠王時歷十八君而謂之昭。宮之奇曰：‘太伯虞仲，太王之昭。虢仲、虢叔王季之穆。’太伯虞仲者，太王之子。虢仲、虢叔者，王季之子。太王於廟次世次爲穆，故謂其子爲昭。王季於廟次世次爲昭，故謂其子爲穆。武王時廟次以文王爲穆，康王時廟次以武王爲昭，襄王之世亦謂其子曰文王之昭，武王之穆。周大夫富辰既言之矣，曹伯之臣侯獳又曰：‘曹叔振鐸，文之昭也’，‘先君唐叔，武之穆也’。襄王距文王之時無慮十有八世，景王之子恭王距襄王又七世而遠，魯定公四年，衛大夫祝鮀之言，猶曰‘曹文之昭’‘晋武之穆’，由此論之，昭常爲昭，穆常爲穆，雖百世無易也。始祖之位定則昭穆從而正，始祖之位不定則昭穆從而不正。漢以太上廟瘞於陵園而悼皇考，序於昭穆，是高皇帝以有功加其父，史皇孫以旁支干大統，有以知漢之昭穆不正也。唐以景皇帝爲太祖而上有獻懿二祖，貞元中用陳京議遷獻懿於別廟而景皇帝正東向之位，有以知唐之昭穆不正也。漢唐猶然，又況晋隋五代之末造乎！祖位定而昭穆正者，殷周與本朝是也。"'

"蕙田案：'何氏之論援據詳盡，斷制明確，論昭穆者無出其右。'

"張氏珍曰：'以周制言之，王季爲昭，文王爲穆，武王爲昭，成王爲穆，則所謂父昭子穆也。然則王季親盡，其廟既遷，武王自右而上從王季之位，而不嫌尊於文王，何也？蓋昭穆以定位也。武王既爲昭矣，則其位在左，自爲尊卑而無與乎文王之穆也。又四時常祀，各於其廟不偶坐而相臨，此其所以進居王季之位而不嫌尊於文王也。及乎合食於太祖之廟，則王季文王更爲昭穆，而世次雖遠不可謂無尊卑之序矣。今若以王季親盡毁廟，文王自右而左居昭位，武王自下而上居穆位，及合饗之祭而文王復爲穆，武王更爲昭，則是一身既爲昭矣又有時而爲穆，既爲穆矣復有時而爲昭，不唯亂昭穆之名，又考之經傳無所據矣。且生而居處歿而殯葬，以至祔祭入廟爲尸賜爵，皆孫從祖而不從父，所以昭穆常用世次奚至於廟次獨不然乎？'

"蕙田案：'張氏昭穆自爲尊卑而不嫌相臨，可補何氏所未及。'

"張子曰：'夏殷以前，太祖亦以世數而遷，復於郊禘及之。至周則太祖常存，當文武時則以后稷爲太祖，至後世則以文王爲太祖。稷則郊祀以配天，二祧則武王必居其一，武王是其德可宗者也。凡廟須推始祖以爲太祖，又須有一創業之主即所謂祖也，又須有一有功業致太平之主所謂宗也。祖宗二祧與始祖之廟永不祧也。若後世之君有中興大勛業者，亦當爲不祧之主如祖宗也。若漢高祖爲創業之主，文帝爲太宗，武帝爲世宗，此二宗者後世祧之亦可，若光武復興，後世安得不立爲宗也？又如東漢既滅，劉先主復立，漢嗣後世安得不以宗事也？以此言之，則周之文武二祧，蓋亦不可爲定數。又如四親廟，自高至禰皆不可不祭，若使一世之中各有兄

弟數人代立，不可以廟數確定却有所不祭也。雖數人止是當得一世，故雖親廟亦不害爲數十廟也。’

“朱子《禘祫議》：‘《王制》天子七廟，三昭三穆與太祖之廟而七。諸侯大夫士降殺以兩。而《祭法》又有適士二廟，官師一廟之文，大抵士無太祖而皆及其祖考也。鄭氏曰夏五廟，商六廟，周七廟。今案《商書》已云七世之廟，鄭説恐非。顔師古曰：“父爲昭，子爲穆，孫復爲昭。昭，明也。穆，美也。”後世晋室諱昭，故學者改昭爲韶，其制皆在中門之左，外爲都宫，内各有寢，廟别有門垣。太祖在北，左昭右穆，以次而南。天子太祖百世不遷，一昭一穆爲宗，亦百世不遷。二昭二穆爲四親廟。高祖以上親盡則毁而遞遷。昭常爲昭，穆常爲穆。昭之二廟，親盡則毁而遷其主於昭之宗，曾祖遷於昭之二，新入廟者祔於昭之三，而高祖及祖在穆如故。穆廟親盡倣此。新死者如當爲昭則附於昭之近廟，而自近廟遷其祖於昭之次廟，而於主祭者爲曾祖自次廟遷其高祖於昭之世室。蓋於主祭者爲五世而親盡故也。其穆之兩廟如故不動，其次廟於主祭者爲高祖，其近廟於主祭者爲祖也。主祭者歿，則祔於穆之近廟，而遞遷其上倣此。凡毁廟遷主，改塗易檐，示有所變，非盡毁也。見《穀梁傳》及注。諸侯則無二宗，大夫則無二廟，其遷毁之次則與天子同，但毁廟之主藏於太祖，《儀禮》所謂以其班祔，《檀弓》所謂祔於祖父者也。《曲禮》云“君子抱孫不抱子”，此言孫可以爲王父尸，子不可以爲父尸。鄭玄云以孫與祖昭穆同也。周制自后稷爲太祖，不窋爲昭，鞠爲穆，以下十二世至太王復爲穆，十三世至王季復爲昭，十四世至文王又爲穆，十五世至武王復爲昭。故《書》稱文王爲穆考，《詩》稱武王爲昭考，而《左氏傳》曰“太伯虞仲，太王之昭也。虢仲、虢叔王季之穆也”，又曰“管蔡魯衛文之昭也，邘晋應韓武之穆也”，蓋其次序一定，百世不易。雖文王在右武王在左，嫌於倒置，而諸廟别有門垣，足以各全其尊，初不以左右爲尊卑也。三代之制其詳雖不得聞，然其大略不過如此。漢承秦弊，不能深考古制，諸帝之廟各在一處，不容合爲都宫以序昭穆。韋玄成傳云，宗廟異處，昭穆不序，但考周制先公廟在岐，文王在豐，武王在鎬，則都宫之制亦不得爲與漢亦無甚異，未詳其説。貢禹韋玄成匡衡之徒雖欲正之而終不能盡合古制，旋亦廢罷。後漢明帝又欲遵儉自抑，遺詔毋起寢廟，但藏其主於光武廟中，更衣别室。其後章帝又復如之，後世遂不敢加，而公私之廟皆爲同堂異室之制。見後漢明帝紀。《祭祀志》又云："其後積多無别，而顯宗但爲陵寢之號。"自是以來更歷魏晋下及隋唐，其間非無奉先思孝之君，據經守禮之臣，而皆不能有所裁正其弊，至使太祖之位下同子孫，而更僻處於一隅。既無以見其爲七廟之尊，群廟之神，則又上厭祖考而不得自爲一廟之主。以人情而論之，則生居九重窮極壯麗，而没祭一室不過尋丈之間，甚或無地以容鼎俎，而陰損其數，孝子順孫之心於此宜亦有所不安矣。肆我神祖，始獨慨然，深詔儒臣討論舊典，蓋將以遠迹三代之隆，一正千古之謬，甚盛舉也。不幸未及營表，世莫得聞，秉筆之士又復不能特書以詔萬世，今獨具見於陸氏之文者，爲可考耳。然其所論昭穆之説亦未有定論，獨原廟之制，外爲都宫，而各爲寢廟門垣乃爲近古。但其禮既不經，儀亦非古，故儒者得以議之。如李清臣所謂略於七廟之室，而爲祠於佛老之側；不爲木主而爲之象；不爲禘祫烝嘗之祀，而行一酌奠之禮。楊時所論舍二帝三王之正禮而從一，謬妄之叔孫通者，其言皆是也。然不知其所以致此，則由於宗廟不立而人心有所不安也。不議復此而徒欲廢彼，亦安得爲至當之論哉！'

……

"朱子曰：'韋玄成、劉歆廟數不同，班固以歆説爲是，今亦未能決其是非，姑兩存之。至於遷毁之序，則昭常爲昭，穆常爲穆。假令新死者當祔昭廟，則毁其高祖之廟而祔其主於左祧，遷其祖之主於高祖之故廟而祔新死者於祖之故廟，即當祔於穆者其序亦然。蓋祔昭則群昭皆動而穆不移，祔穆則群穆皆移而昭不動，故虞之明日祔於祖父，蓋將代居其處，故爲之祭以告新舊之神也。所謂高祖以上親盡當毁，虞之明日祔於祖父者也。元豐議禮，何洵直、張璪以此爲説，而陸佃非之。曰：“昭穆者父子之號，昭以明下爲義，穆以恭上爲義，方其爲父則稱昭，取其昭以明下也。方其爲子則稱穆，取其穆以恭上也。豈可膠哉！壇立於右，墠立於左，以周制言之則太王親盡去右壇而爲墠，王季親盡去左祧而爲壇，左右遷徙無嫌。又曰顯考王考廟與左祧爲昭，皇考廟與右祧爲穆，如曰成王之世武王爲昭，文王爲穆，則武不入考廟而入王考廟矣。”此皆爲説之誤。殊不知昭穆本以廟之居東居西主之，向南向北而得名，初不爲父子之號也。必曰父子之號，則穆之子又安得復爲昭哉？壇墠之左右亦出先儒一時之説，禮經非有明文也。政使果然，亦爲去廟之主藏夾室而有禱之祭，且壇墠又皆一而已。昭不可以越壇而徑墠，穆不可以有壇而無墠，故迭進而無嫌，非若廟之有昭穆而可以各由其序而遞遷也。又况昭穆之分自始封以下入廟之時，便有定次。後雖百世不復移易，而其尊卑則不以是而可紊也。故成王之世文王當穆而不害其尊於武，武王爲昭而不害其卑於文，非謂之昭即爲王考，謂之穆即爲考廟也。且必如佃説，新死者必入穆廟，而自其父以上穆遷於昭，昭遷於穆，祔一神而六廟皆爲之動，則其祔也，又何不直祔於父，而必隔越一世以祔於其所未應入之廟乎？佃又言曰：“假令甲於上世之次爲穆，今合堂同食實屬父行。乙於上世之次爲昭，今合堂同食實屬子行。則甲宜爲昭，乙宜爲穆，豈可遠引千歲以來世次，覆令甲爲右穆，乙爲左昭，以紊父子之序乎？”此亦不曉前説之過也。蓋昭穆之次既定，則其子孫亦以爲序。禮所謂昭與昭齒，穆與穆齒，傳所謂太祖之昭，王季之穆，文之昭，武之穆者是也。如必以父爲昭而子爲穆，則太伯、虞仲乃太王之父，而文王反爲管、蔡、魯、衛之子矣。而可乎哉？且一昭穆也，既有上世之次，又有今世之次，則所以序其子孫者，無乃更易不定而徒爲紛紛乎？曰：“然則廟之遷次，子孫之序如佃所駁，得無真有難處者耶？曰古人坐次或以西方爲上，或以南方爲上，未必以左爲尊也。且又安知不如時祫之位乎？”昭穆之不爲尊卑説已前見，其大祫則始封以下以次相承，亦無差舛。故張璪以爲四時常祀，各於其廟不偶坐而相臨，故武王進居王季之位而不嫌尊，於文王及合食乎祖，則王季文王更爲昭穆，不可謂無尊卑之序者，是也。但四時之祫不兼毁廟之主，則有右無昭，而穆獨爲尊之時，若兩世室之主，則文常爲穆而武常爲昭也。故陸佃以爲毁廟之主，有皆不祫之時。難之而未見，璪之所以對也。余竊謂以上世之次推之，一昭一穆固有定矣。而其自相爲偶亦不可易，但其散居本廟各自爲主而不相厭，則武王進居王季之位而不嫌尊於文王。及其合食於祖，則王季雖遷而武王自當與成王爲偶，未可以遽進而居王季之處也。文王之爲穆亦虚其所向之謂而已，則雖北向而何害其爲尊哉？'

"朱子：'或問："昭穆之'昭'，世讀爲'韶'，今從本字何也？"曰："昭之爲言明也，以其南面而向明也。其讀爲'韶'，先儒以爲晋避諱而改之。然禮書亦有作佋字者，則假藉而通用耳。"曰："其爲向明何也？"曰："此不可以空言曉也，今且假設諸侯之廟以明之。蓋周禮建國之神位，左宗廟，則五廟皆在公宫之東南矣。其制則孫毓以爲外爲都宫，太祖在北，二昭二穆以次而南是也。蓋太祖之廟，始封之君，居之昭之北廟，二世之君居之穆之北廟，三世之君居之昭之南廟，四世之君居之穆之南廟，五世之君居之廟皆南向，各有門堂寢室，而牆宇四周焉。太祖之廟百世不遷，自餘四廟則六世之後，每一易世而一遷。其遷之也，新主祔於其班之南廟，南廟之主遷於北廟，北廟親盡則遷其主於太祖之西夾室而謂之祧。凡廟主在本廟之室中皆東向，及其祫於太廟之室中，則唯太祖東向自如而爲最尊之位，群昭之入乎此者皆列於北墉下而南向，群穆之入乎此者皆列於南墉下而北向。南向者取其向明故謂之昭，北向者取其深遠故謂之穆。蓋群廟之列，則左爲昭而右爲穆。祫祭之位則北爲昭而南爲穆也。"曰："六世之後，二世之主既祧，則三世爲昭而四世爲穆，五世爲昭而六世爲穆乎？"曰："不然也。昭常爲昭，穆常爲穆，禮家之説有明文矣。蓋二世祧則四世遷昭之北廟，六世祔昭之南廟矣。三世祧則五世遷穆之北廟，七世祔穆之南廟矣。昭者祔則穆者不遷，穆者祔則昭者不動，此所以祔必以班尸，必以孫，而子孫之列亦以爲序。若武王謂文王爲穆考，成王稱武王爲昭考，則自其始祔而已。然而《春秋傳》以管、蔡、郕、霍爲文之昭，邘、晋、應、韓爲武之穆，則雖其既遠而猶不易也。豈其交錯彼此若是之紛紛哉！”曰：“廟之始立也，二世昭而三世穆，四世昭而五世穆，則固當以左爲尊而右爲卑矣。今乃三世穆而四世昭，五世穆而六世昭，是則右反爲尊而左反卑也而可乎？”曰：“不然也。宗廟之制但以左右爲昭穆，而不以昭穆爲尊卑。故五廟同爲都宫則昭常在左，穆常在右，而外有以不失其序。一世自爲一廟，則昭不見穆，穆不見昭，而内有以各全其尊。必大祫而會於一室，然後序其尊卑之次。則凡已毁未毁之主，又畢陳而無所易。唯四時之祫不陳毁廟之主，則高祖有時而在穆，其禮未有考焉。意或如此，則高之上無昭，而特設位於祖之西，禰之下無穆，而特設位於曾之東也歟？”曰：“然則毁廟云者何也？”曰：“《春秋傳》曰，壞廟之道易檐可也，改塗可也。説者以爲將納新主，示有所加耳，非盡撤而去之也。”曰：“然則後世公私之廟，皆爲同堂異室而以西爲上者何也？”曰：“由漢明帝始也。夫漢之爲禮略矣，然其始也，諸帝之廟皆自營之，各爲一處。雖其都宫之制、昭穆之位不復如古，猶不失其獨專一廟之尊也。至於明帝，不知禮義之正而務爲抑損之私，遺詔藏主於光烈皇后更衣别室，而其臣子不敢有加焉。魏晋循之遂不能革，而先王宗廟之禮始盡廢矣。降及近世，諸侯無國，大夫無邑，則雖同堂異室之制猶不能備，獨天子之尊可以無所不致。顧乃牿於漢明非禮之禮而不得以致其備物之孝，蓋其别爲一室，則深廣之度或不足以陳鼎俎，而其合爲一廟則所以尊其太祖者，既褻而不嚴，所以事其親廟者又厭而不尊，是皆無以盡其事生事存之心，而當世宗廟之禮亦爲虚文矣。宗廟之禮既爲虚文，而事生事存之心有終不能自已者，於是原廟之議不得不盛。然亦至於我朝而後，都宫别殿前門後寢始略如古者，宗廟之制是其沿襲之變，不唯窮鄉賤士有不得聞，而自南渡之後故都淪没，權宜草創無復舊章，則雖朝廷之上，禮官博士老師宿儒亦莫有能知其原者。幸而或有一二知學古之人乃能私議而竊嘆之。然於前世則徒知孝惠之飾非，責叔孫通之舞禮，而於孝明之亂命與其臣子之苟從，則未有正其罪者。於今之世則又徒知論其惑異端狥流俗之爲陋，而不知本其事生事存之心有不得伸於宗廟者，是以不能不自致於此也。抑嘗觀於陸佃之議，而知神祖之嘗有意於此。然而考於史籍則未見其有紀焉。若曰未及營表故不得書，則後日之秉史筆者即前日承詔討論之臣也，所宜深探遺旨，特書總序，以昭來世。而略無一詞以及之，豈天未欲斯人者復見二帝三王之盛，故尼其事而嗇其傳耶？嗚呼惜哉！然陸氏所定昭穆之次又與前説不同，而張璪之議庶几近之，讀者更詳考之，則當知所擇矣。"'

"朱子《禘祫議》：'周九廟圖，宣王時穆懿夷三昭，共孝厲三穆。'《祧廟議狀》：'第七室欽宗爲穆，第八室高宗爲昭。'

"《文獻通考》馬氏曰：'七廟之制，諸儒皆能言之，而歷代俱不能如其制而建造者，以昭穆之位太拘故也。諸儒之言昭穆者，莫詳明於晦菴之説矣。既爲之説又爲之圖，覽者一見可决然。愚謂此制也，必繼世有天下者，皆父死子立而後可，若兄終弟及則其序且紊矣。姑以其圖考之。圖自武王至於幽王，皆定六廟三昭三穆之位，然自懿王之前，皆父傳之子，則其序未嘗紊也。懿王崩，孝王以共王之弟、懿王之叔繼懿王而立，故晦庵廟圖宣王之世，則以穆、懿、夷爲昭，共、孝、厲爲穆。夫穆王於世次昭也，共王爲穆王之子，於世次穆也，懿王爲穆王之孫，則繼穆王而爲昭是也，孝王爲共王之弟，而以繼共王爲穆，雖於世次不紊，然以弟而據孫之廟矣。至夷王爲懿王之子，世次當穆，而圖反居昭，厲王爲夷王之子，世次當昭，而圖反居穆，則一孝王立，而夷、厲之昭穆遂至於易位，於是晦庵亦無以處此，不過即其繼立之先後以爲昭穆，而不能自守其初説矣。又况宣王之世，三昭三穆爲六代，則所祀合始於昭王，今因孝王厠其間，而其第六世祖昭王，雖未當祧而已在三昭三穆之外，則雖名爲六廟，而所祀止於五世矣。然此所言者，昭穆祧遷之紊亂不過一代而已。前乎周者爲商，商武丁之時，所謂六廟者，祖丁、南庚、陽甲、盤庚、小辛、小乙是也。然南庚者，祖丁兄子，陽甲、盤庚、小辛、小乙又皆祖丁子也。姑以祖丁爲昭言之，則南庚至小乙皆祖丁子屬，俱當爲穆，是一昭五穆。而武丁所祀上不及曾祖，未當祧，而祧者四世矣。後乎周者爲唐，唐懿宗之時，所謂六廟者，憲宗、穆宗、敬宗、文宗、武宗、宣宗是也。然穆宗、宣宗皆憲宗之子，敬宗、文宗、武宗又皆穆宗之子，姑以憲宗爲昭言之，則穆、宣爲穆，敬、文、武爲昭，是四昭二穆，而懿宗所祀上不及高祖，未當祧，而祧者三世矣。蓋至此則不特昭穆之位偏枯，而祧遷之法亦復紊亂。若必欲祀及六世，則武丁之時，除太祖之外，必創十廟；懿宗之時，除太祖之外，必創九廟而後可。且繼世嗣位者，既不能必其爲弟、爲子，而創立宗廟之時，亦安能預定後王之入廟者，或穆多昭少如殷之時，或昭多穆少如唐之時哉。則立廟之制，必合於將升祔之時，旋行營創，屬乎昭者，於太祖廟之左建之，屬乎穆者，於太祖廟之右建之方爲合宜，而預立六廟，定爲三昭三穆以次遞遷之説，不可行矣。又必如晦庵之説，外爲都宫，内則各有廟，有寢，有門，有垣，則其制甚大，且必在國中門之左，則其地亦有限。昭穆之位既已截然，則武丁之時，雖五穆而不可侵昭之地，而昭之地多虚。懿宗之時，雖四昭而不可居穆之位，而穆之位半闕。易世之後，又不知其爲昭、爲穆者何如？而已創之廟，其世代之近者，既未可祧遷（如武丁十廟之類），其昭穆之不順者，則必須逐代旋行位置營建而後可。而其地又拘於中門之内太祖廟之左右，創造煩擾，非所以安神明，對偶偏枯，又無以聳觀視，似反不如前代之每帝建廟，各在一所，東都以來之同堂異室，共爲一廟之混成也。故曰昭穆之位太拘故也。'

"蕙田案：'朱子昭穆之説止言父死子立之常，而未及兄終弟及之變。設有善發問者舉以相難，朱子必有説以處之矣。馬氏所駁雖爲明辨，然其説實先自疏家發之，《春秋》文公二年《左傳》孔疏云："若兄弟相代即異昭穆，設令如武丁十廟之類，兄弟四人皆立爲君，則祖父之廟即已從毁，知其理必不然"，此與馬氏同義。且張子亦嘗曰：“若使一世之中各有兄弟數人代立，不可以廟數確定却有所不祭也。雖數人止是當得一世，則已發其端矣。”馬氏乃以衆難自塞，而欲苟安於漢代之末失，豈古禮真不可行耶？又檢諸儒近世四，明萬氏能發揮其説而不失禮之意，附於後以補馬氏所不及云。’

“萬氏斯大曰：‘天子七廟固爲定制，然而處常則易明，遇變則難曉。何謂常？父死子繼是也。何謂變？兄終弟及或以兄繼弟以叔繼兄子之類是也。經傳止道其常，而處變者無從考見。唯《春秋》躋僖公一事，三傳以祖禰父子爲言。《國語》則直謂異昭穆。諸家注疏皆謂閔雖弟，先爲君；僖雖兄，嘗爲臣。臣不可以先君，猶子不可以先父，故假祖禰昭穆爲喻。范寧獨不然之。胡安國亦以兄亡弟及爲易世。以愚觀之，則諸家爲善會傳文而深得乎禮意者也。蓋嘗思之，昭穆之爲義生於太廟中，祫祭位鄉而子孫因之以定其世次，故父子異昭穆而兄弟則昭穆同。如《左傳》所謂太伯、虞仲太王之昭也，虢仲、虢叔王季之穆也，管、蔡、郕、霍文之昭也，邘、晋、應、韓武之穆也，皆一定而不可易。在虞虢管蔡諸子，雖生列藩封，死亦不得入先王之廟。然而昭穆之稱，太伯、虞仲不聞異於王季也。虢仲、虢叔不聞異於文王也。管蔡及邘晋而下，不聞異於武王、成王也。是則身爲諸侯且不與天子異昭穆之班，而如以兄終弟及之故，即如父子之易世，則設武王無子，立管蔡而下一人，成王無子立，邘晋而下一人。此一人者，反以天子故，而昔爲文之昭者今且爲武之穆，昔爲武之穆者今更爲成之昭矣而可乎？故曰父子異昭穆，兄弟昭穆同此，至當不易之理也。至於兄而繼弟，則弟爲適而兄爲庶，庶不並適。又昔已爲臣，故雖兄不得加於弟。叔而繼兄子，雖本異昭穆，亦必進之先廟，始不至以兄子而子叔以兄而孫弟。若夫廟制則一準《王制》之言，太祖而下其爲父死子繼之常也，則一廟一主三昭三穆而不得少。其爲兄弟相繼之變也，則同廟異室亦三昭三穆而不得多。觀《考工記》匠人營國，所載世室明堂皆五室，知周同廟異室，古人已有通其變者，正不得指之爲後人之臆見也。得乎此制，則位置井然，雖如殷之兄弟四人相繼，亦豈有昭多穆少，或昭少穆多，如馬端臨所謂對偶偏枯之慮哉？朱子之圖可以處常而不可以處變，故孝王以叔居子列，弟處孫行，遂使夷王以穆而居昭，厲王以昭而居穆，蓋亦未酌乎此制也。'

"蕙田案：'昭穆之説，何氏洵直爲的，至朱子始詳。然馬貴與猶有昭穆偏枯，祧遷紊亂之疑。萬充宗據兄弟同昭穆之義，定爲同廟異室之制，則世次不紊而廟制有常，不唯補先儒之闕，直可爲萬世之典矣。'

"顧氏炎武曰：'商之世，兄終弟及，故十六世而有二十八王。如仲丁、外壬、河亶甲，兄弟三王。陽甲、盤庚、小辛、小乙，兄弟四王。未知其廟制何。《商書》言"七世之廟"，賀循謂殷世有二祖三宗，若拘七室，則當祭禰而已。《唐書·禮樂志》："自憲宗、穆宗、敬宗、文宗四世祔廟，睿、肅、代以次遷。至武宗崩，德宗以次當遷，而於世次爲高祖，禮官始覺其非，以謂兄弟不相爲後，不得爲昭穆，乃議復祔代宗。而議者言：'已祧之主，不得復入太廟。'禮官曰：'昔晋元明之世，已遷豫章、潁川，後皆復祔。此故事也。'議者又言：'廟室有定數，而無後之主當置别廟。'"禮官曰："晋武帝時，景、文同廟，廟雖六代，其實七主，至元帝、明帝，廟皆十室，故賀循曰：'廟以容主爲限，而無常數也。'於是復祔代宗，而以敬宗、文宗、武宗同爲一代。"何休解《公羊傳·文公二年》"躋僖公"謂："惠公與莊公當同南面西上，隱、桓與閔、僖當同北面西上。"據大祫如此，則廟中昭穆之序亦從之而不易矣。鄞萬斯大《本之立説》謂："廟制當一準《王制》之言，太祖而下，其爲父死子繼之常也，則一廟一主，三昭三穆而不得少。其爲兄弟相繼之變也，則同廟異室，亦三昭三穆而不得多。觀《考工記·匠人營國》所載，世室明堂皆五室，則知同廟異室，古人或已有通其變者，正不可指爲後人之臆見也。《記》曰：'協諸義而協。'則禮雖先王未之有，可以義起也。然則賀循之論，可爲後王之式矣。"'

"任氏啓運曰：'同堂異室，以西爲上。朱子謂其失始於漢明帝。蓋别爲一室則深廣不足以容俎豆，而合爲一廟，則事太祖者既褻而不嚴，事親廟者又厭而不尊也。然愚謂禮有經有權，朱子之説以論父子祖孫當異廟而同堂者耳。若兄弟嗣位不當以此拘也。朱子議祫禘以太祖爲昭，太宗爲穆，欽宗爲昭，高宗爲穆，蓋因宋制而言觀，欽宗高宗當爲一世而同祧一疏，則知朱子云昭常爲昭、穆常爲穆者爲定論，而欽昭高穆之説非確論矣。故兄弟嗣位必同堂異室並祔同祧也。’

“蔡氏德晋曰：‘天子諸侯廟祧昭穆之制，天子始受命，諸侯始封之君爲太祖，不在昭穆之數。其子爲昭之始，孫爲穆之始，以後穆生昭、昭生穆，相間而下，至於無窮。太祖之廟百世不毁，昭穆之廟謂之親廟，親盡而迭毁。凡廟必建於宫室之左中門之外，總度立廟之地，而環之以墻。其南爲門，謂之都宫，都宫之内乃建群廟。每一廟爲三屋，皆南向。一爲門，塾士冠禮筮於廟門是也。一爲廟，以奉神主而祭祀焉。一爲寢，以藏衣冠祭祀畢則燕飲於此，小雅樂具入奏是也。三屋總周之以墻爲一廟。天子七廟，太祖居中，坐北而向南，三昭居左，三穆居右，皆下於太祖。以次而出向南，廟必有主藏於本廟室中，皆居奥而東向。及祫祭於太廟，惟太祖東向居尊，群昭皆列坐於北而南向，群穆皆列坐於南而北向，位皆自西而東以近至尊者爲上也。南向者取其向明，故謂之昭。北向者取其深遠，故謂之穆。昭穆所以别世次而名義必取於祫祭之位者，祫祭則祖考子孫咸在死者以世次爲坐位，生者以世次爲立位，秩然不紊而名分可因以正也。七廟初立之時，一世爲太祖，二世居一昭，三世居一穆，四世居二昭，五世居二穆，六世居三昭，七世居三穆，至第八世没仍當祔於三昭内，而以六世主遷於二昭，四世主遷於一昭而祧。其二世主藏於太廟之東夾室，如第二世主有功德不當祧而爲後世所當宗者，則别立廟於三昭之上，與太祖並謂之世室。第九世没仍當祔於三穆内，而以七世主遷於二穆，五世主遷於一穆而祧。其第三世主藏於太廟之西夾室，如第三世主有功德不當祧而爲後世所當宗者，則别立廟於三穆之上，亦與太祖並而謂之世室。世室或稱祖，或稱宗。《家語》所謂“古者祖有功而宗有德，謂之祖宗者，其廟皆不毁”是也。凡死者卒哭而祔祭於祖，祔祭者將代居其廟，故爲之祭以告新舊之神也。既祭復反於寢，練而毁廟。毁廟者，《穀梁傳》云易檐可也，改塗可也，以示將納新主而有所加，非盡撤去而更造之也。始死者昭則群昭之廟皆毁，始死者穆則群穆之廟皆毁，三年喪畢而後祔廟。祔昭則群昭皆動而穆不移，祔穆則群穆皆移而昭不動。何氏洵直所謂“昭常爲昭，穆常爲穆。居昭位者不可遷於穆行，居穆行者不可入於昭位”是也。然昭穆初建之位，二世昭而三世穆，則左尊而右卑。至八世升祔於昭而祧其第二世，於是四世昭而五世穆，則左反卑而右反尊者，陳用之謂昭與昭爲列而無嫌乎子加於父，穆與穆爲列而無嫌乎父屈於子。朱子謂宗廟之制但以左右爲昭穆，不以昭穆爲尊卑，蓋諸廟各有門垣，足以各全其尊故也。况禮之尚左尚右何常，父居昭而子居穆則以東爲上，父居穆而子居昭則以西爲上，固無不可也。特是父死子繼昭穆之廟得其常，如兄終弟及或以兄繼弟以叔繼侄，則昭穆之廟際其變考之。《商書》云七世之廟，而禮天子七廟，三昭三穆與太祖之廟而七，則每一世而一廟明矣。故父子異昭穆而各爲一世，兄弟同昭穆而並爲一世。各爲一世則祔於祖而各居一廟，並爲一世即祔於其兄同居一廟而異其室。蓋禮祔必以其昭穆，故孫祔於祖，子不祔於父，弟可祔於兄。《士虞禮》所謂“以其班祔”也。孫祔於祖則有祔必有遷，有遷必有祧，而同班之廟皆毁。弟祔於兄則有祔而無所遷，亦無所祧，但毁其兄廟之室並爲二室，兄居第一室，弟居第二室耳。如三人祔則並爲三室，一居中二居左，三居右。四人祔則並爲四室，一居中之左，二居中之右，三居左，四居右。五人祔則並爲五室，一居中，二居中之左，三居中之右，四居左，五居右古者。廟皆有五室，故五人并祔而不嫌多。廟後之寢其室數亦同於廟，而各藏其廟主之衣冠也。如弟先立而兄繼之亦同祔一廟而爲二室，但弟當居第一室，兄當居第二室，其祫祭之位則弟與兄同班，而兄必位於弟之下，兄弟之序不先君臣故也。如侄先立而叔繼之，則叔當祔於侄之父廟而異其室，然不嫌躋於侄之上者，同昭穆則有嫌，異昭穆則無嫌也。至祫祭於太廟，則叔必與侄之子同班，叔侄之序亦不先君臣故也。兄弟既同廟異室，故祔則並祔，遷則并遷，祧則同祧，是以昭穆不紊而廟數有常也。祫祭之位昭穆相對，兄弟嗣位者或三人俱昭，則唯第三昭與穆相對，而一昭二昭對面之穆位皆虚，或三人俱穆，則唯第一穆與昭相對，而二穆三穆對面之昭位皆虚餘，可例推也。以歷代之制言之，《家語》云天子立七廟，自有虞以至於周之所不變也。朱子云劉歆謂宗不在七廟中者，恐有功德者多則占了七廟數也。其説是。故虞夏皆以顓頊爲太祖，虞之時以帝嚳爲文祖，帝堯爲神宗，皆功德廟而自立。親廟五，祀瞽瞍以上《史記》瞍父曰蟜牛，蟜牛父曰勾，芒勾芒父曰敬康，敬康父曰窮蟬，窮蟬即帝顓頊之子，故親廟止於五也。夏禹之時增立舜爲功德廟，而自立親廟五，祀鯀以上。漢書《律曆志》鯀爲顓頊五世孫則可具五廟，若《史記》以鯀爲顓頊之子，恐太近而非也。其後子孫又祖鯀宗禹爲功德廟，而親廟漸增爲六焉。商以契爲太祖，而祖冥宗湯，後以湯爲烈祖，太甲爲太宗，太戊爲中宗，武丁爲高宗，皆爲功德而親廟則六。周以后稷爲太祖，其後祖文王而宗武王爲功德廟二，而親廟亦六也，至於昭穆之制莫詳明於周。后稷第一世爲太祖，第二世不窋爲昭，第三世鞠爲穆，傳至太王十三世復爲穆，王季十四世復爲昭，十五世文王又爲穆，十六世武王又爲昭。故書稱文王爲穆考，武王爲昭考，而《左傳》宫之奇曰“太伯、虞仲太王之昭，虢仲、虢叔王季之穆”，富辰曰“管、蔡、郕、霍、魯、衛、毛、聃、郜、雍、曹、滕、畢、原、豐、郇，文之昭也；邘、晋、應、韓，武之穆也”，衛祝鮀曰“曹文之昭，晋武之穆”。何氏洵直謂父於廟次世次爲昭者，故謂其子爲穆。父於廟次世次爲穆者，故謂其子爲昭。由此論之，昭常爲昭，穆常爲穆，雖百世無易，是也。若諸侯之制，則都宫中立五廟，一爲太祖，二昭二穆爲高曾祖禰四親廟，升祔祧遷之法與天子同，但第六世祔於昭即當祧第二世，第七世祔於穆即當祧第三世，而有功德不當祧者亦爲世室。如祝陳杞宋以堯舜禹湯爲太祖，而陳胡公杞、東樓公宋微子之屬，皆始封之君，當另立世室也。至如魯始封周公尚存，而禮諸侯不得祖天子，故不立廟。周公薨始立昭第一廟，至五世當祧，以魯之受封實始於魯公，故另立世室於二昭之上。如齊太公始封即立二昭二穆四親廟，而無太祖，以諸侯非始受封不爲太祖故也。太公薨則入禰廟而上祧一世，所祧之主則瘞埋於墓所。至五世當祧乃正太公之位於太祖，而更定其子丁公爲昭之始。丁公以後，祧主則不瘞埋而藏於太廟之夾室矣。丁公不立世室者，以齊之受封實始於太公也。任翼聖謂後世帝王掘起，其禮亦當如齊之例。漢元瘞太上主於園寢，晋初祀征西六世，唐初祀宣簡四世，宋初祀僖祖六世，皆有昭穆而虚太祖。司馬温公以爲太祖未正位，故止祀三昭三穆，太祖已正位，乃並昭穆爲七世，是也。蓋祖有功宗有德，與郊議謚同義，皆本天以衡之，非意爲推崇。王安石以僖祖爲始祖謬甚，其説精當不可易矣。'

"又《周世次昭穆圖説》：'后稷（第一世爲太祖）、不窋（第二世爲昭）、鞠（第三世爲穆）、公劉（第四世仍爲昭）、慶節（第五世仍爲穆）、皇僕（六世昭）、差弗（七世穆）、毁隃（八世昭）、公非（九世穆）、高圉（十世昭）、亞圉（十一世穆）、祖紺（十二世昭史記作公叔祖類）、太王（十三世穆）、王季（十四世昭）、文王（十五世穆）、武王（十六世昭）、成王（十七世穆）、康王（十八世昭）、昭王（十九世穆）、穆王（二十世昭）、共王（二十一世穆）、懿王（二十二世昭）。案周自后稷以至懿王凡二十二世，皆父死子繼。后稷爲太祖，其下一世昭一世穆相間而下，故文王以前立五廟，二昭二穆與太祖而五。武王以後立七廟，三昭三穆與太祖而七。凡親盡而祧之主，皆藏於太廟之夾室。至懿王時文王親盡當祧，而以有功當宗，因另立文世室於三穆之上。及懿王崩，孝王立。孝王者共王之弟，懿王之叔也。懿王本有子乃不立子而立叔，昭穆之變於此始矣。史稱懿王時王室始衰，此亦其明徵也。然懿王既崩，自當祔廟，懿王爲共王之昭，其主自當祔於第三昭廟之内，由是穆王遷於二昭，康王遷於一昭，而武王當祧矣。亦以有功當宗，因另立武世室於三昭之上。夫孝王爲共王之弟，孝王在位猶共王在位也。共王時文王且不當祧，況武王乎！今以共王祔之，故不得不祧文王，又以懿王祔之，故不得不祧武王。是則孝王時三昭三穆之廟雖仍有六世之主，而上事止四世矣。幸而文武有功當宗，得立二世室，而所事仍六世，否則僅得事四世而止矣。故成周廟制之變於此始也。然猶變而不失其常者也。至孝王没夷王立，而廟制抑又變矣。孝王（共王弟二十一世穆）、夷王（懿王子二十三世穆），夷王，孝王之侄孫，而懿王之子也，以常制論則孝王當祔於第三穆廟之内，由是共王遷於二穆，昭王遷於一穆，而成王當祧。然天子七廟本七世，《商書》所謂七世之廟也，則三穆廟當三世。今共王與孝王本同一世而居二穆廟，則三穆廟二世矣。設兄弟四人嗣位則三廟止一世，而祖亦在祧毁不祀之列矣。其可乎？然則孝王之主當祔於何廟？曰祔於共王之廟，而共王之主不遷，爲同廟異室之制可也。同廟異室則遷則並遷，祧則同祧，則廟制之極其變而仍不失其常者也。夷王崩，厲王立，夷王爲懿王之穆，當祔於第三穆廟之内，由是共孝並遷於二穆，昭王遷於一穆，而成王祧矣。至厲王之子宣王當祔於三穆，則夷王當遷於二穆，共孝並遷於一穆，而昭王祧矣。宣王之孫平王當祔於三穆，則宣王當遷於二穆，夷王當遷於一穆，而共孝同祧矣。所謂並祔同祧，廟制之變而不失其常者也。其廟主之祧者，既立文武之世室，則穆主之祧者藏於文世室之夾室中，昭主之祧者藏於武世室之夾室中。鄭康成所謂先公之遷主藏於后稷廟，先王之遷主藏於文武廟也。厲王（二十四世昭）、宣王（二十五世穆）、幽王（二十六世昭）、平王（二十七世穆）、洩父（二十八世昭），平王太子未立而卒，夷王以後厲、宣、幽、平皆父子相繼，昭穆世次井然矣。及平王時，太子洩父卒，立其子林，是爲桓王，蓋以嫡孫而承正統也。然則洩父當祔廟乎？不當祔廟乎？洩父之没在平王時，其卒哭而祔，當祔於祖乎？不當祔於祖乎？《雜記》言公子祔於公子。《喪服小記》言諸侯不祔於天子，士大夫不祔於諸侯，祔於諸祖。父之爲士大夫者，則王子不當祔於先王矣。然太子儲君也，非王子比，固可祔於先王。但不立其子而立其弟，則正統有屬，異日太子不當祔廟，則卒哭而不祔於先王可也，如伯邑考是也。既立其子則正統昭穆不容缺一世，異日太子必當祔廟，則卒哭而祔不可不祔於先王矣。如洩父及明懿文太子是也。特是喪畢祔廟，王不當祔其子而遷其父，且父爲王而主祭，則子亦不得獨居一廟之尊，故喪畢祔廟不毀廟不遷主，但以廟之夾室藏其主可也。及子嗣位，則當取父之主，追尊其號，祔之於正室以爲禰廟，而遷其曾祖於上廟，此不易之理也。明建文帝以太孫嗣高祖位，元年追尊皇考懿文太子爲孝康皇帝，廟號興宗。皇妣懿敬皇太子妃爲孝康皇后，祔享宗廟，禮之正也。否則不父其父而禰其祖，天下豈有無父之人乎？漢宣帝以昭帝之兄孫而嗣昭位，因立悼皇考廟，明孫鑛謂以孫繼祖不嫌爲考立廟是也。此禮之權也，而漢尹更始及王莽乃以皇考廟爲不當立，則必將以孫禰祖而紊昭穆之序，可乎？至正統昭穆不缺，而以旁支藩裔入繼大統者，其祖仍當祀之於本國，非唯不得祔享太廟，並不得追尊其號也。明世宗之祔興獻王於太廟也，欲尊其父而陷其父以三罪：以臣匹君一也，以支庶亂大宗二也，以藩王干天位三也，不孝莫大於是矣。桓王（太子洩父子二十九世穆）、莊王（三十世昭）、僖王（三十一世穆）、惠王（三十二世昭）、襄王（三十三世穆）、頃王（三十四世昭）、匡王（三十五世穆）、定王（匡王弟三十五世穆）。桓王爲平王孫，同居穆位，歷莊、僖、惠、襄、頃五王，至匡王而世次復爲穆。定王以弟而繼兄之位，故匡定二王當同居一穆廟而異其室也。簡王（三十六世昭）、靈王（三十七世穆）、景王（三十八世昭）。案景王有太子晉壽，蚤卒，因立子猛壽之弟也。晉壽雖爲太子而其弟嗣位，則晉壽非正統相繼者矣。故皆不當祔廟也。子猛未終喪而卒，其弟敬王立，謚猛爲悼王，以猛嘗立爲王，當祔廟也。其後敬王亦當與悼王同廟異室也。悼王（三十九世穆）、敬王（四十世穆）、元王（四十一世昭）、貞王（四十二世穆）。貞王《史記》作定王，《世本》

作貞王。皇甫謐《帝王世紀》作貞定王。司馬貞索隱以爲周家不應有兩定王，况世數非遠，《史記》乃文偶誤。皇甫謐彌縫兩用之，未爲得也。當以貞王爲正。蘇氏古史從之爲允。哀王（四十二世昭）、思王（四十二世昭）、考王（四十二世昭）。貞王崩長，子去疾立，是爲哀王。哀王立三月，弟叔襲殺哀王而自立，是爲思王。思王立五月，少弟嵬攻殺思王而自立，是爲考王。夫哀思皆嘗爲王，當祔廟，而思考攻殺其兄或未必以其兄之主祔廟，然所以攻殺兄者，不過利其國耳。既奪其國而兄又死，謚典虚名廟享，虚位可以不吝。故既爲立謚必祔廟可知。如祔廟則哀思考當同廟而異室矣。威烈王（四十三世穆）、安王（四十四世昭）、烈王（四十五世穆）、顯王（烈王弟四十五世穆）。烈顯二王，兄弟相繼，則其廟必同廟異室，並祔同祧明矣。慎靚王（四十六世昭）、赧王（四十七世穆）。周自后稷至於赧王凡四十七世，皆父死子繼以爲常，而際其變者五：一則懿孝夷之交也，二則平王洩父桓王之交也，三則匡定之交也，四則靈景悼敬之交也，五則哀思考之交也。余因考其世次而論定其昭穆，如此則變而仍不失其常者也。或疑兄弟同廟異室固可，無疑以孫繼祖而祔其父於廟，必太子未立而死者可也。設太子有罪而廢者，恐不可以罪人而祔廟也。《周禮·冢人職》“死於兵者不入兆域”，王昭明謂刑戮之人惡其毁傷故也，廟制宜亦當如是。然則祖與孫同昭穆，其中虚其一世不亦可使昭穆不紊乎？曰：是不然。死於兵者不入兆域，先王以是間其臣子而不可以加於君父。故魯昭公失國而死，季氏葬之於墓道之南，孔子溝而合諸墓。况宗廟之制又非墓域比，雖厲王之流彘，幽王之被弑，楚穆王弑父自立，皆得祔廟。蓋立廟而祭，孝子順孫所以申其孝養之志也。不以祖父之賢不肖而異也。惟親盡廟毁始論其功德而立不祧之廟，非所論於親廟也。唯歷代帝王廟專以歷數相繼爲次序，亦非所論於親廟也。親莫親於父子，乃以有罪不立，而不使入廟，可乎？且父廢而子得立，《易》所謂“干父之蠱，有子，考無咎”者也。子干父蠱，猶已之悔過遷善也。悔過遷善不失爲全人，子干父蠱則考得無咎，故禹干父蠱而鯀可以配天，蔡仲干父蠱而叔度可爲始祖，又何嫌祔於昭穆之廟乎哉！昔蒯聵得罪出奔，其子輒立而拒其入，孔子以爲不仁。及蒯聵入立仍謚爲莊公而祔廟，君子不以爲非。而謚輒爲孝公，蓋罪者一時之過舉而可贖，父子者千古之大倫而不可廢。擯斥之權，祖父得加之子孫，而享祀之孝，子孫當自盡於祖父者也。惟爲人後者爲之子，父不可二，既以所後者爲父，不得復以本生父爲父，而僅得以伯叔稱之。今既未嘗爲人後，而有所後之父，乃廢其父而不祀，則是無父也。人有無子者，不聞有無父者。無父者其必禽獸乎！禽獸之行而可爲乎？或疑不祔廟而别立廟以祀之，可乎？曰：禮無别立廟之文，昭穆之廟皆親廟也。既爲吾父惡得不入親廟？然則虞舜嗣堯之位，當祀堯爲禰乎？曰：禮同宗則可爲之後，異姓不相爲後。使舜與堯爲同宗，當以堯爲禰，而封其弟象以奉瞍祀。無弟則立瞍同宗之子爲後，亦封之使奉瞍祀。今舜既與堯異姓，故祀堯於功德之廟謂之神宗，而自立高曾祖禰四親廟祀瞍以上，孔子所謂宗廟饗之者，此也。孟子言孝子之至莫大乎尊親，而以天下養生而爲天子父，以天下養没則以爲禰而祭之，所謂追養繼孝者也。曰：後世如周世宗爲郭氏養子，則何如？曰：養異姓爲子非禮也，然其生也，既撫育之，爲子嚴事之，爲父没而禰之，所謂事死如事生者也。似不得以異姓不相爲後之禮繩之矣。酌乎人情以變而通之，同宗爲後之禮可也。'

"蕙田案：'蔡氏推廣萬氏之説，曲鬯旁通，殆無剩義。由是宗廟不易之制，古今事勢之變，經可守而權可達矣。惟天子七廟引《家語》云"自虞至周所不變"，又謂"舜宗堯爲功德廟，而自立四親廟"不知所云。七廟者指堯以上之祖乎？抑瞽瞍以上乎？所謂功德廟者將合親廟爲一局乎？抑分爲兩事乎？合之則宗在堯而祖在瞍，無此兩岐之理；分之則宗堯一廟，而祀瞍四廟不合七廟之文。此尚未深考也。'

"觀承案：'昭穆之説，自漢以來紛然聚訟，至朱子而始有定論。然是乃父子相繼之常經，若有兄弟相及或以伯叔繼統則昭穆紊矣。萬充宗據張子之説，謂兄弟當同廟而異室，而叔則祔於所繼之考廟，始有以通其變而仍不紊其常。蔡德晋因之更爲推廣焉，亦云詳已。雖然禮莫大於宗廟，蓋一舉而尊尊、親親、賢賢、貴貴之義無不盡，固未可以一端論也。夫廟制太祖居上而昭穆分列者，所以尊尊也；三昭三穆以次遞遷而不容少减者，所以親親也；而又有祖有功宗有德祀帝配天百世不遷之廟，則所以賢賢也；諸侯不得祖天子，有以藩侯入承正統者，亦不得顧私親而祔廟，又所以貴貴也。今於尊尊親親之禮可以無憾矣。而賢賢貴貴之道似尚未盡，何也？夫所謂祖有功宗有德者，必其功德在人炳然難掩，則没身而後定謚稱宗已，衆著其爲百世不遷之主矣。而説者論周之文武一似隨例祔廟，茫不知其爲宗者。直至懿孝之世當遷，始覺其不可而爲之立廟，則聖人之垂典則以遺後人者不已疏乎？夫周公制禮於文王既没，特宗祀於明堂以配上帝。東都甫建，又特立文武二廟而不及其餘。則百世不遷當時已有定制，必不以世室大典委諸六七世後不可預知之子孫也，决矣。殷武之詩亦然。蓋高宗没而即立廟，必不遲之又久至武乙時也。《漢書》使顧成之廟稱爲太宗，是文帝在時且有此論。若武帝則原有不滿人意處，故數世之後尚煩集議爾。觀此乃知説者多事後懸揣之詞，而未合於當日之情形也。若夫太子無後而立其弟，則不得祔廟，當如伯邑考太子有後而其子立，不妨追尊祔廟。如周之洩父明之懿文，此固例之可援者也。顧其説曰，太子本宜爲君，故可稱宗入廟，則彼無後而令終之太子，豈不宜爲君者耶？又謂天下無無父之人，則彼同宗之入繼者，獨可爲無父之人耶？是不知君命立其弟則兄弟不相爲後，故不可祔。若立其子則祖孫不可異昭穆，故不得不祔也。與夫旁枝入繼非一脉相承者固不可同年而語矣。至若得罪於父而廢斥以死者，而其子或得立，竟可追崇而祔廟，則有所未安焉。夫天下無無父之人，亦無無祖之人，毋出而與廟絶，則子雖繼位而不可以欺死父，然則獨可以死父而欺其王父乎？非所謂不以父命辭王父命也。説者謂子爲天子，則已能干蠱而父罪可贖，然繼世而立乃承襲之常，而未可遂謂之干蠱也。干蠱如周宣之中興而不敢改其父之謚也，禹之配鯀於郊則鯀但斥於君而未嘗絶於宗也。或更例之孔子溝昭公之葬而合諸墓，然昭公乃君逐於臣，而非父之逐其子也。是所未安於心者也。雖然，苟不祔則將與王父異昭穆，是正所謂不父其父而禰其祖者，而昭穆之次不乃大亂乎？此所以不得已而爲之辭也。然而其意是也，其説非也。當曰父子天性無終絶，既生而斥之使不爲君，則已足以蔽其辜矣，初未嘗没而並欲絶其後也。今而其子既立，則子固不可以無父，而孫亦不可以禰祖。然則追王祔廟固亦義之，可安而爲，王父在天之靈所許者歟！夫如是，則於賢賢貴貴之義固兩無所妨，而其所以尊尊而親親者，亦益以篤厚而不替也已。’”

[7]博士：官名，即太常博士。秦漢時博士名義上屬太常，備諮詢顧問。魏晋時由於國子博士、太學博士專掌經學傳授，參議禮儀制度，遂别置太常博士，掌引導乘輿，擬議王公以下謚號，參議朝廷禮儀典章。六品。

[8]廟室當以容主爲限：容，原本、宋本、殿本作“客”，據中華本改。

[9]全祠七廟之禮：祠，原本、宋本作“拘”，殿本作“成”，據中華本改。

[10]驃騎長史：官名，驃騎將軍府幕僚之長，協助將軍署理相府諸曹。六品。　温嶠：字太真，本書卷六七有傳。

[11]烝嘗：本指秋冬二祭。後亦泛稱祭祀。烝，原本、宋本、殿本作“蒸”，據中華本改。

[12]於經既正：經，原本、宋本、殿本作“繼”，據中華本改。

[13]尊尊：原本、宋本、殿本作“尊卑”，據中華本改。

及元帝崩，則豫章復遷。然元帝神位猶在愍帝之下，故有坎室者十也。至明帝崩，而潁川又遷，猶十室也。于時續廣太廟，故三遷主並還西儲，名之曰祧，以準遠廟。成帝咸康七年五月，[1]始作武悼皇后神主，祔于廟，配饗世祖。成帝崩而康帝承統，以兄弟一世，故不遷京兆，始十一室也。

[1]七年五月：原本、宋本、殿本作“五年”，據中華本改。

至康帝崩，穆帝立，永和二年七月，有司奏：“十月殷祭，[1]京兆府君當遷祧室。昔征西、豫章、潁川三府君毁主，中興之初權居天府，在廟門之西。咸康中，太常馮懷表續太廟奉還於西儲夾室，謂之爲祧，疑亦非禮。今京兆遷入，是爲四世遠祖，長在太祖之上。昔周室太祖世遠，故遷有所歸。今晉廟宣皇爲主，而四祖居之，是屈祖就孫也；殷祫在上，[2]是代太祖也。”領司徒蔡謨議：“四府君宜改築别室，若未展者，當入就太廟之室。人莫敢卑其祖，文武不先不窋。[3]殷祭之日，征西東面，處宣皇之上。其後遷廟之主，藏於征西之祧，祭薦不絶。”護軍將軍馮懷議：[4]“禮，無廟者爲壇以祭，可立别室藏之，至殷禘則祭于壇也。”輔國將軍譙王司馬無忌等議：[5]“禘，諸儒謂太王、王季遷主，[6]藏於文武之祧。如此，府君遷主宜在宣帝廟中。然今無寢室，宜變通而改築。又殷祫太廟，征西東面。”尚書郎孫綽與無忌議同，[7]曰：“太祖雖位始九五，而道以從暢，替人爵之尊，篤天倫之道，所以成教本而光百代也。”尚書郎徐禪議：“禮‘去祧爲壇，去壇爲墠’，[8]歲祫則祭之。今四祖遷主，可藏之石室，有禱則祭於壇墠。”又遣禪至會稽，[9]訪處士虞喜。[10]喜答曰：“漢世韋玄成等以毀主瘞於園，[11]魏朝議者云應埋兩階之間。[12]且神主本在太廟，若今側室而祭，則不如永藏。又四君無追號之禮，益明應毀而無祭。”是時簡文爲撫軍將軍，[13]與尚書郎劉邵等奏：[14]“四祖同居西祧，藏主石室，[15]禘祫乃祭，[16]如先朝舊儀。”時陳留范宣兄子問此禮，[17]宣答曰：“舜廟所以祭，皆是庶人，其後世遠而毀，不居舜廟上，不序昭穆。今四君號猶依本，非以功德致祀也。若依虞主之瘞，則猶藏子孫之所；若依夏主之埋，則又非本廟之階。宜思其變，則築一室，[18]親未盡則禘祫處宣帝之上，親盡則無緣下就子孫之列。”其後太常劉遐等同蔡謨議。博士張憑議：[19]“或疑陳於太祖者，皆其後之毀主，憑案古義無別前後之文也。禹不先鯀，[20]則遷主居太祖之上，亦何疑也。”於是京兆遷入西儲，同謂之祧，如前三祖遷主之禮，故正室猶十一也。穆帝崩而哀帝、海西並爲兄弟，無所登除。咸安之初，簡文皇帝上繼元皇，世秩登進，於是潁川、京兆二主復還昭穆之位。至簡文崩，潁川又遷。

[1]殷祭：盛大的祭祀典禮。

[2]殷祫：天子、諸侯在太廟对遠近祖先的盛大合祭。

[3]文武不先不窋（zhú）：疑爲“文武必先不窋”。《國語·周語上》：“我先王不窋用失其官。”韋昭注：“不窋，棄之子也。周之禘祫文武，必先不窋，故通謂之王。”

[4]護軍將軍：官名，東漢建安十二年（207）曹操改丞相府

護軍爲中護軍，資重者可遷護軍將軍，典武官選舉，與中領軍同掌禁軍。曹魏時四品，西晋時三品。　馮懷：東晋人，歷任太常、護軍將軍、黄門侍郎、侍中等職。

[5]輔國將軍：官名，屬將軍名號，三國兩晋皆置。三品。　司馬無忌：字公壽，本書卷三七有傳。

[6]太王：周文王之祖古公亶父的尊號。周人本居豳，自古公始遷居岐山之下，定國號曰周，自此興盛，故武王克殷，追尊爲太王。　王季：即季歷，周文王之父。

[7]孫綽：字興公，本書卷五六有傳。

[8]墠（shàn）：供祭祀用的經清掃的場地。《禮記·祭法》："是故王立七廟，一壇一墠。"鄭玄注："封土曰壇，除地曰墠。"

[9]會稽：郡名，治所在山陰縣（今浙江省紹興市）。

[10]處士：閑居不仕之人。　虞喜：字仲寧，本書卷九一有傳。

[11]韋玄成：西漢魯國鄒（今山東省鄒城市）人，字少翁。韋賢子，少以父任爲郎。宣帝時以明經擢爲諫大夫，嗣父爵爲侯，歷任河南太守、未央衛尉、太常等職。因侍祀廟堂失禮，削爵爲關内侯。後拜淮陽中尉。元帝時爲少府，遷太子太傅。永光中，以御史大夫遷丞相，封侯故國。

[12]埋兩階之間：埋，宋本作"理"。

[13]撫軍將軍：官名，三國蜀漢、孫吴皆置，爲加官，以示權重。晋沿置，與中軍將軍、鎮軍將軍並爲三名號將軍。三品。殿本無"撫軍"二字。

[14]尚書郎劉邵等奏：清勞格《晋書校勘記》："《宋志》無'郎'字。"

[15]藏主石室：石，原本、宋本作"后"，殿本作"石"，據殿本改。

[16]禘祫：古代帝王祭祀始祖的一種隆重儀禮。或禘祫分稱而别義，或禘祫合稱而義同，歷代經傳，説解不一。通常解釋三年之

祭爲祫，五年之祭爲禘。清秦蕙田《五禮通考》引諸家論曰：

“蕙田案：‘《周禮·大宗伯》宗廟六享，首重肆獻祼、饋食，肆獻祼爲禘，饋食爲祫。《司尊彝》“四時之間祀，追享、朝享”，追享爲禘，朝享爲祫。禘則禘其祖之自出以其祖配之，見於《大傳》。祫則毀廟與未毀廟之主皆合食於太祖，見於《公羊傳》。義本粲如，自春秋時魯禮上僭王章，下替聖人，累書用彰其失。漢儒不達，準魯推周，各據所聞，著爲傳記，紛淆始矣。鄭氏推衍注釋，罔有定見，先儒譏之。更歷後代奉爲典章，諸儒發難，同異蜂起。至唐陸氏據大傳以釋禘，據公羊以定祫，宋儒朱子一遵其說，然後康成之蠶叢攘剔無餘，而大宗伯之六祭昭如日月矣。兹輯禘祫一門，先禮經正義，次傳記異同。凡諸儒辨論以類附，從而歷代典禮亦略該備。其祭祀儀節已具，時享不重出焉。’

“趙匡采曰：‘肆獻祼饋食在時享之上，禘以肆獻祼爲主，猶生之有饗也。祫以饋食爲主，猶生之有食也。’

“蕙田案：‘注以肆獻祼爲祫，饋食爲禘。趙氏以肆獻祼爲禘，饋食爲祫。夫禘取追遠之義，祭始祖所自出，自以祼獻爲重。祫取合食爲義，毀廟未毀廟之主皆陳焉，尤以饋食爲重。陸氏之說先儒多從之，是也。’

……

“黄氏曰：‘先鄭曰：“追享朝享謂禘祫也，在四時之間故曰間祀。”其說是。禘，追祭其所自出，故爲追享；祫，群主皆朝於太祖而合食，故爲朝享。《記》曰：“喪之朝也，順死者之孝心也。”此朝之義，後鄭亦曰追享、追祭、遷廟之主而曰有所請禱，非常禮也。又曰朝享、月朔、朝廟於義通，然月月行之，何以謂之間祀？’

“《山堂考索》：‘禘者，謂追其祖之所自出，故《司尊彝》又謂之追享。禘以祼享先王，其祼也，猶事生之有享也。享以陽爲主，故禘以夏。大宗伯肆獻祼享先王，指禘言之也。祫者，合也。所以合聚群主而食之，毀廟之主陳於太祖，未毀廟之主皆升，合食於太祖，以其自三年之喪畢而朝於廟爲始，故《司尊彝》謂之朝

享，祫以食享先王，其食也，猶事生之有食。食，陰也，故祫以冬，大宗伯饋食之享指祫言之也。'

……

"陸淳曰：'禘者，帝王立始祖之廟，猶謂未盡其追遠尊先之義。故又推尋始祖所出之帝而追祀之。以其祖配之者，謂於始祖廟祭之而便以始祖配祭也。此祭不兼群廟之主，爲其疏遠不敢褻狎故也。其年數或每年一行或三年一行，未可知也。'

"趙匡曰：'不王不禘，明諸侯不得有也。所自出謂所系之帝。諸侯存五廟，惟太廟百世不遷。及其太祖，言及者遠祀之所及也。不言禘者，不王不禘無所疑也。不言祫者，四時皆祭，故不言祫也。有省謂有功往見省記者也。干者，逆上之意，言逆上及高祖也。據此體勢相連，皆說宗廟之事，不得謂之祭天。《祭法》載虞夏殷周禘禮，所謂禘其祖之所自出，蓋禘郊祖宗，並敘永世追祀而不廢絶者也。禘者，帝王立始祖之廟，猶謂未盡其追遠尊先之義，故又推尋始祖所出之帝而追祀之。以其祖配之者，謂於始祖廟祭之便以始祖配祭也。此祭不兼群廟之主，爲其疏遠而不敢褻狎故也。其年數或每年，或數年，未可知也。'

"張子曰：'禮，不王不禘，則知諸侯歲缺一祭爲不禘明矣。夏殷以禘爲時祭，知追享之必在夏也。欲知禘之説，當如趙伯循斷然立義。禘也，祫也，郊也，必歲有之，豈容有三年五年之説？'

……

"楊氏復曰：'《大傳》及《子夏傳》二章皆言大夫祭祖，諸侯又上及其太祖，惟天子禘其祖之所自出。所謂"禮不王不禘"也。'

"方氏慤曰：'"禮，不王不禘"，蓋德愈隆而孝愈廣，位愈尊而祭愈遠故也。此禘也，或謂之間祀，或謂之追享，或謂之大祭，或謂之肆獻祼，何也？以其非四時之常祀，故謂之間祀。以其及祖之所自出，故謂之追享。以其比常祭爲特大焉，故謂之大祭。以其猶是生之有享焉，故謂之肆獻祼。'

“趙氏匡采曰：‘虞氏禘黄帝，蓋舜祖顓頊出於黄帝，則所謂禘其祖之所自出也。夏后氏禘黄帝，義同舜也。殷祖契出自嚳，故禘嚳。周禘嚳義與殷同。’

“馬氏端臨曰：‘先王四時之祭，則有常禮。以常禮爲未足以極其追遠之意，而又爲禘以祭。則及其所出之祖。“禮不王不禘”，“王者禘其祖之所自出”，以傳考之，虞夏者，黄帝之所自出也，故虞夏禘黄帝。商周者，嚳之所自出，故商周禘帝嚳。’

……

“楊氏復曰：‘愚案王肅以禘用繭栗之牲而非祀天，此言是矣。但王肅又以禘爲殷祭，則與祫無異，而不知所謂禘者，禘其祖之所自出，亦未爲得也。愚謂祭天用騂犢，天子、適諸侯、諸侯膳用犢，尊尊之義也。禘者，禘其所自出之帝也。尊而且遠亦用繭栗，尊之如天也。祖考與天本一氣，祖考近而親，故以人道事之。所自出之帝尊而且遠，故以天道事之也。’

……

“《朱子集注》：‘郊祭天，社祭地。不言后土者，省文也。禘，天子宗廟之大祭，追祭太祖之所自出，於太廟而以太祖配之也。嘗，秋祭也。四時皆祭，舉其一耳。禮必有義，對舉之互文也。示與視同，視諸掌言易見也。此與《論語》文大同小異，記有詳略耳。’

“《朱子語録》：‘禘祇祭始祖及所自出之帝二者而已。……’

“《朱子集注》：‘先王報本追遠之意，莫深於禘。非仁孝誠敬之至，不足以與。此非或人之所及也。而不王不禘之法，又魯之所當諱者，故以不知答之。“示”與“視”同，指其掌，弟子記夫子言，此而自指其掌言其明且易也。蓋知禘之説則理無不明，誠無不格，而治天下不難矣。聖人於此豈真有所不知也哉！’

“《朱子語録》：‘禘是祭之甚大甚遠者，若他祭與祫祭止於太祖，禘又祭祖之所自出，如祭后稷，又推稷上一代祭之，周人禘嚳是也。禘之意最深長，如祖考與己身未相遼絶，祭禮亦自易理會。

至如郊天祀地猶有天地之顯然者，不敢不盡其心。至祭其始祖，已自大段闊遠，難盡感格之道矣。今又推始祖所自出而祀之，苟非察理之精微，盡誠之極至，安能與於此？故知此則治天下不難也。此尚明得，何況其他！此尚感得，何況其他！自祖宗以來，千數百年衹是一氣相傳，德厚者流光，德薄者流卑，但法有止處，所以天子衹是七廟。然聖人心猶不滿，故又推始祖所自出之帝，以始祖配之。然已是無廟衹是附於始祖之廟。然又惟天子得如此，諸侯以下不與焉。故近者易感，遠者難格，若粗淺之人，他誠意如何得到那裏？不是大段見得道理分明，如何推得聖人報本反始之意如此深遠？非是將這事去推那事，衹是知得此説時，則其人見得道理極高，以之處他事自然沛然也。'

……

"蕙田案：'禘祭之義，傳記及陸氏朱子諸儒論之審矣。而祭之名曰禘，其説則尚有未盡者。漢張純曰："禘之爲言諦，諦諟，昭穆尊卑之義。"杜預《左氏傳》注："三年喪畢致主於廟，廟之遠主當遷入祧，因是大祭以審昭穆謂之諦。"二説大指略同，然昭穆尊卑人所共見，何須審諦？方性夫曰："禘之爲言遞也，月祭及其親廟而不及祧廟，特祭及其祧廟而不及毁廟，祫祭及其毁廟而不及祖之所自出，至於禘然後及焉。"則所及可謂遞矣。此其所以謂之禘也。然遞及之説，雖有親疏遠近之别而無等級隆殺之分，猶未圓也。今案禘字從祇從帝，帝者，五帝也。禘者，享帝之祭也。何以言之"諸侯不得祖天子，大夫不得祖諸侯"？大夫所祖者公子也，公子有宗道而别子爲祖，故大夫不得祖諸侯，則不得祭諸侯也。諸侯以始封之君爲大祖，始封者諸侯也，以諸侯爲祖而不得祖天子，則不得祭天子也。惟諸侯而有天下則既爲天子矣，爲天子則可以祭天子而爲祖，故有虞氏，舜諸侯也，及爲天子則禘黄帝。黄帝者，顓頊之所自出也，不以幕爲祖而祖顓頊，則可以舉天子之祭禘黄帝也。夏后氏諸侯也，及爲天子乃亦祖顓頊而禘黄帝也。殷始封之祖契，諸侯也，殷以爲始祖，及爲天子乃祖契而禘嚳，嚳，契之所自出之帝也。周始封之祖稷諸侯也，周以爲始祖，及爲天子乃祖稷而禘嚳，嚳，稷之所自出之帝也。故曰禘者享帝之祭也。此之謂“不王不禘”，“不王不禘”者，不爲天子不得祖天子而行祭帝之禘禮也。明乎此而《大傳》《小記》《祭法》之文一以貫之，明乎此，而夫子答或人以不知及治國如指掌之義，亦可想見。諸儒糾紛之説不攻而自破，此蓋以禘之字義合諸經傳，求而得之，不自知其是與否也。’

“宗元案：‘禘字謬解甚多，以禘爲諦者，乃因喪畢吉禘而轉爲諦，視昭穆之諦。夫昭穆自有常班，新主入廟自可循次而升，何待諦視而始定？且於大禘無涉，其解禘爲遞者，則以爲由近而遞及於遠，故及於所自出，亦未免支離牽附也。惟以禘字爲从帝从示則字義的確矣。而近又以帝爲天帝之帝，因指爲宗祀明堂以配上帝之禮，則與康成郊禘皆祭天之説何異哉？愚向者竊以爲商周始祖皆諸侯而所自出之帝，則帝嚳也，即虞夏二代之所禘亦黄帝也，故禘从帝，爲近取即是，何用他求？今得此論而益復豁然，乃知理到確鑿處，即人有同心而别無二解也。’

……

“趙匡采曰：‘鄭玄注《祭法》云“謂配祭昊天上帝於圜丘也”，蓋見《祭法》所説，文在郊上謂爲郊之最大者，故爲此説耳。《祭法》所論禘郊祖宗者，謂六廟之外永世不絶者，有四種耳，非關祭祀也。禘之所及最遠，故先言之耳，豈關圜丘哉！若實圜丘，《五經》之中何得無一字説出？又云祖之所自出謂感生帝靈威仰也，此何妖妄之甚！此文出自讖緯，始於漢哀平間僞書也。故桓譚、賈逵、蔡邕、王肅之徒疾之如仇，而鄭玄通之，於《五經》其爲誣蠹甚矣。’

“楊氏復曰：‘《大傳》所論宗廟之祭隆殺遠近耳，於祀天乎何與？而孔氏引爲祭感生帝。《大司樂》冬至圜丘一章與禘祭絶不相關，而注稱圜丘爲禘祭、法禘、祖宗三條，分明説宗廟之祭，惟郊一條謂郊祀以祖配天耳。而注皆指爲祀天，同歸於誤。其病安在？

蓋讀《祭法》不熟而失之也。夫《祭法》歷叙四代禘郊祖宗之禮，禘文皆在郊上，蓋謂郊止於稷，而禘上及乎嚳。禘之所及者最遠，故先言之耳。鄭氏不察，謂禘又郊之大者，於是以《祭法》之禘爲祀天圜丘以嚳配之，以《大傳》之禘爲正月祀感生帝於南郊以稷配之。且《祭法》之禘與《大傳》之禘其義則一，皆言禘其祖之所自出也。鄭氏强析而爲配天，兩意遂分圜丘與郊爲兩處，昊天上帝與感生帝爲兩祀，嚳配天與稷配天爲兩事，隨意穿鑿，展轉支蔓，何其謬耶！幸而王肅諸儒力争之於前，趙伯循與近代大儒辨正之於後，大義明白，炳如日星，而周公制作之意可以復見，不然則終於晦蝕而不明矣。可勝嘆哉！又曰禮經惟禘禮爲注疏汨壞最甚，夫禘王者之大祭，王者既立始祖之廟，又推始祖所自出之帝祀之於始祖之廟，而以始祖配之見於《大傳》《小記》《祭法》及《儀禮》，子夏傳甚詳且明。如此鄭康成見祭法禘又皆在郊上率爾立論，謂禘大於郊而以禘爲祭天之名，既又以地祇宗廟亦是大祭，復指禘爲祭地祇祭宗廟之名且於《大司樂》注中立爲三禘之説以實之，支離泛濫，不可收拾，諸儒已辨其謬矣。'

"馬端臨曰：'鄭氏注禘其祖之所自出，以爲王者之先祖皆感太微五帝之精以生。祖者，后稷也，祖之所自出者，蒼帝靈威仰也。遂指禘以爲亦祭天之禮，混禘於郊，捨嚳而言靈威仰，其説妖妄支離特甚。先儒多攻之。蓋祖者后稷也，祖之所自出者帝嚳也，郊祀祇及稷而禘則上及嚳，是宗廟之祀莫大於禘，故祭法先禘於郊，以其所祀之祖最遠故耳，於祀天無預也。至楊氏引子夏傳以釋祖之所自出，其説尤爲明暢云。'

……

"鄭氏《司尊彝》注：'追享，禘也。謂追祭遷廟之主，以事有所請禱。'

"孔氏安國曰：'禘祫之禮爲序昭穆，故毁廟之主及群廟之主皆合食于太廟。'

"程子曰：'禘其祖之所自出之帝，以所出之帝爲東向之尊，其

餘合食於其前是爲禘也。'

"陸淳曰：'禘於始祖廟祭所出之帝，便以祖配不兼群廟。'

"陳氏祥道曰：'陸淳謂禘祭不兼群廟，爲其疏遠，不敢褻狎，殆未嘗考之於經也。《詩·頌·長發》："大禘而歌，玄王桓撥，相土烈烈。"則不兼群廟之説，其足信哉！'

"趙氏匡曰：'禘者，王之大祭也王。者既已立始祖之廟，又推始祖所自出之帝祀之於始祖之廟，而以始祖配之也。'

"朱子曰：'以始祖配祭而不及群廟之主，不敢褻也。'

"程先生説：'禘是禘其祖之所自出，"併群廟之主皆祭之所謂禘"之説恐不然。故《論語集注》中止取趙伯循之説。'

"楊氏復曰：'禘祭不兼群廟之主，此非趙伯循之臆説也。《大傳》云，王者禘其祖之所自出，以其祖配之，則不兼群廟之主明矣。《曾子問》曰："祫，祭其太廟，祝迎四廟之主。"又云非祫祭則七廟五廟無虚主。《公羊傳》曰："大事者何？大祫也。"毁廟之主陳於太祖，未毁廟之主皆升，合食於太祖，此皆指祫祭而言，並無一言説禘爲殷祭，則禘不兼群廟之主又明矣。是以朱子疑《長發》爲大祫之詩，疑《雍》爲武王祭文王而徹俎之詩，是蓋以理决之而不爲詩序所惑也。且《詩·頌·長發》大禘但述元王以下而上不及於所自出之帝，《雍》禘太祖無一詞及其譽稷而皆稱述文王、武王，則安得謂之禘詩乎？《詩序》之不足信於此尤可見矣。'

……

"鄭氏《禘祫志》：'太王王季以上遷主祭於后稷之廟，其坐位與祫祭同，文武以下遷主，若穆之遷主，祭於文王之廟文王居室之奥，東面，文王孫成王居文王之東而北面，以下穆王直至親盡之祖，以次繼而東，皆北面，無昭主。若昭之遷主祭於武王之廟武王居室之奥，東面，其昭孫康王亦居武王之東而南面，亦以次繼而東，直至親盡之祖，無穆主也。'

"王氏肅曰：'如鄭玄言各於其廟，則無以異四時常祀，不得謂之殷祭。'

“趙氏匡曰：‘儒者以禘祫俱大祭，祫則於太祖列群廟之主，禘則於文武廟各迎昭穆之主。夫太廟之有祫祭，象生有族食之義。列昭穆齒尊卑，今乃分昭穆各於一廟集之，有何理哉？又《五經》中何得無似是之説？若信有此理，五廟七廟有虚主，《曾子問》篇中何得不該？蓋儒者無以分别禘祫之異，强生此義，又何怪哉？’

……

“劉氏歆曰：‘《春秋外傳》曰：日祭月祀，時享歲貢，終王大禘，則終王。’

“王氏安石曰：‘《大傳》“不王不禘”，不王之王與王者之王其義不同，不王之王謂終王也，王者之王謂天子也。《國語》曰：“荒服終王。”韋昭曰：“終謂世終。”劉歆曰“大禘則終王”，顔師古曰“每一王終，新王即位，乃來助祭，此不王不禘之旨也。”’

“吴氏仁傑曰：‘説禮不王不禘，王如來王之王。四夷之君世見中國，一世王者立則彼一番來朝，故王者行禘禮以接之，彼本國之君一世繼立，則亦一番來朝，故歸國則亦行禘禮。’

……

“蕙田案：‘《大傳》“不王不禘”，明諸侯不得通禘耳。與終王世見無涉。劉歆諸儒誤解於前，安石斗南附會於後，並不可從。’

……

“楊氏復曰：‘此謂大合，毁廟與未毁廟之主於太祖之廟而祭之也。’

“《禮記·曾子問》：‘祫祭於祖，則祝迎四廟之主，主出廟入廟，必蹕。’孔穎達疏：‘當祫之年，則祝迎高曾祖禰四廟而於太祖廟祭之。天子祫祭，則迎六廟之主。四廟舉諸侯言也。出廟者謂出己廟而往太祖廟，入廟謂從太祖廟而反還入己廟。’

……

“蕙田案：‘當七廟五廟無虚主。虚主者，唯天子崩，諸侯薨，與去其國，與祫祭於祖，爲無主耳。’

……

“張氏純曰：‘舊制三年一祫，毀廟主合食高廟，存廟主未嘗合祭。’

“蕙田案：‘《公羊傳》云：“毀廟之主陳於太祖，未毀廟之主皆升，合食於太祖。”漢制祫止毀廟不及存廟，未審所據何經。’

……

“王氏肅曰：‘禘者，毀廟之主皆合於太祖；祫者，惟未毀之主合而已矣。’

“蕙田案：‘一祫祭也，割其半以爲禘，又割其半以爲祫，禘祫之禮於是胥失。’

“賈逵、劉歆曰：‘禘祫一祭二名，禮無差降。’

“王氏肅曰：‘《曾子問》惟祫於太祖，群主皆從而不言禘。臣以爲禘祫殷祭，群主皆合舉祫，則禘可知也。《論語》孔子曰：“禘自既灌而往者，吾不欲觀之矣。”所以特禘者，以禘大祭，故欲觀其盛也。禘祫大祭，獨言禘，則祫亦可知矣。’

“孔穎達《王制》疏：‘左氏及杜氏則皆以禘爲三年一大祭，在太祖之廟。傳無祫文，然則祫即禘也。取其序昭穆謂之禘，取其合集群祖謂之祫。《後漢書》章懷太子賢注：“禘祫俱是大祭，名可通也。”’

“陳氏《禮書》：‘漢時以禘祫爲一祭，故其禮始紊。’

“《山堂考索》：‘《大宗伯》，肆獻祼是禘祭也，饋食是祫祭也。《司尊彝》，追享是禘祭，朝享是祫祭也。既有此別，而賈逵、劉歆以爲禘祫一祭二名，漢平帝祫祭於明堂而張純以爲禘祭。章懷太子注云，是大祭名可通也。《周禮》既曰肆獻祼，又曰饋食，既曰追享，又曰朝享，差別其禘祫也。祫則及毀廟之主，禘則及於祖之所自出也，安得一祭而二名哉？’

……

“胡寅曰：‘禘祫皆合食也，故君子曰禘其所自出之帝，爲東向之尊，其餘合食於前，此之謂禘。諸侯無所自出之帝，則於太祖廟合群廟之主而食，此之謂祫。天子禘諸侯祫，上下之殺也。魯諸侯何以得禘？成王追念周公有大勛勞於天下，賜魯以天子禮樂，使用諸太廟上祀周公，於是乎有禘。所以《春秋》言禘不言祫也。孔子曰“魯之郊禘非禮也”，則知諸侯無禘而當祫，天子無祫而有禘，豈不明白而易知乎？’

“馬氏端臨曰：‘以禘祫爲共一祭而異名，以禘爲合祭祖宗，審諦昭穆之義，漢儒之説也。近代諸儒多不以爲然，獨致堂從之。然《大傳》“禮，不王不禘。王者禘其祖之所自出，以其祖配之”。而即繼之曰：“諸侯及其太祖、大夫、士有大事省於其君，干祫及其高祖。”其文意亦似共，衹説一祭。天子則謂之禘。所謂“不王不禘”，而祭則及其祖之所自出。諸侯則不可以言禘，而所祭止太祖。大夫、士又不可以言祫，必有功勞見知於君，許之祫，則於祫可及高祖。蓋共是合祭祖宗，而以君臣之故，所及有遠近，故異其名。所以魯之禘祭者，即祫也。若《大傳》文“諸侯”之下更有一“祫”字，則其義尤明。’

“楊氏復曰：‘漢儒之論，混禘於祫，皆以爲合食於太祖，則禘祫無辨矣。而又欲勉强穿鑿分别其所以不同，此所以紛紛多端而莫之一也。混禘於祫而禘之禮遂亡，混祫於禘而祫之禮亦紊，可不惜哉！’

“蕙田案：‘致堂謂天子無祫而有禘，正坐誤以禘祫皆合食之，故信齋所謂混禘於祫而禘之禮遂亡，混祫於禘而祫之禮亦紊，正中其弊。《文獻通考》既知鄭氏之爲臆説，又知混禘祫爲一之非，而於致堂之説仍有取焉，可謂信道不篤者矣。近世萬斯同猶述之，異哉！又案天子宗廟之禘祫，當以《周禮·大宗伯》《司尊彝》二職之文爲定，而《司尊彝》之文尤明，其言曰“春祠、夏禴、秋嘗、冬烝，四時之間祀；追享、朝享、祠禴、嘗烝四時之正祭也”。追享即禘祭，取追遠之義，故名追享。朝享即祫祭，群廟之主皆升，合食於太祖，有朝之義，故名朝享。以其間於四時正祭之中，故名四時之間祀。《大宗伯》之職曰“以肆獻祼享先王，以饋食享先王。”肆，陳牲也；獻，獻酒醴也；祼，以鬱鬯之酒灌地，降神也；

饋食，薦黍稷也。肆獻祼以禘祭言，饋食以祫祭言，蓋追始祖所自出，尤以祼獻爲重。祫則陳毀廟之主而合食焉，尤以饋食爲重也。禘祭之禮當以《大傳》之文爲定，曰“禮不王不禘”。王者禘其祖之所自出，以其祖配之。趙伯循謂“禘，王者之大祭”。王者既立始祖之廟，又推始祖所自出之帝祀之於始祖之廟，而以始祖配之也。朱子謂禘止祭始祖所自出之帝及始祖二位，不及群廟之主，是也。故字從衹從帝，禘者天子享帝之祭也。諸侯不敢祖天子，惟王者可以追始祖所自出之帝而祭之，所祭者帝，故曰禘，乃天子之禮也。祫祭之禮當以《公羊傳》之文爲定，曰大事者何？大祫也。大祫毀廟之祖陳於太祖，未毀廟之主皆升，合食於太祖，蓋毀廟之主藏於太廟之夾室，故出而陳之。未毀廟之主皆在各廟，故祝迎之使升於太祖而合食焉。《曾子問》曰：“祫祭則祝迎四廟之主。”諸侯五廟，一爲太祖廟，毀廟之主皆藏焉，故惟迎四廟之主也。天子則迎六廟之主，故曰周旅酬六尸。七廟七尸，始祖后稷發爵不受旅，故旅酬止六尸也。祫有時祫，有大祫。時祫未毀廟之主合食於太祖，大祫則合毀廟未毀廟之主皆升合食。《公羊》所云則大祫也。天子有禘有祫，諸侯無禘而有祫。其禘祫之期亦當以周禮《司尊彝》之文爲定。其文曰：“四時之間祀，間祀者間於四祭之中。”四祭歲歲有之，則間祀亦歲歲有之也。横渠張子曰：“禘也、祫也、郊也，必歲有之，豈容有三年五年之説。”夫天子每歲必郊，每歲必禘祫，可知張子之説爲是。乃鄭康成從禮緯之説，云三年一祫，五年一禘。夫以三年五年禘祫合計之，則第一祫在三年，第一禘在五年，第二祫在六年，第三祫在九年，第二禘在十年，第四祫在十二年，第五祫、第三禘俱在十五年，此唐太常議所謂或比年頻合，或同歲再序，或一禘之後並爲再祫，或五年之内驟有三殷，求於禮經頗爲乖失。禘祫之紊，其由是也。若其祭時，禘以獻祼爲主，陽義也。祫以饋食爲主，陰義也。漢張純曰：“禘祭以夏四月，夏者陽氣在上，陰氣在下，故正尊卑之義也。”祫以冬十月，冬者五穀成熟，物備禮成，故合序飲食也，其義甚精。明集禮移在歲暮於禮意同一揆也。又案《大司馬》職，仲夏教茇舍獻禽以享禴，仲冬教大閱獻禽以享烝，仲春教振旅獻禽以祭社，仲秋教治兵致禽以祭祊。舉方社而祠嘗可知，然則周禮宗廟一歲蓋六祭，仲春而祠，孟夏而禘，仲夏而禴，仲秋而嘗，孟冬而祫，仲冬而烝，所謂四時之間祀蓋不爽也。禘祫正義其著於經傳，而可據者如此至其異同乖剌之，故詳見後方。'

……

"程子曰：'諸侯亦祭祫，祇是祠禴嘗烝之祭爲廟禮煩，故每年於四祭之中三祭合食於祖廟，惟春則祭諸廟也。'

"張子曰：'天子犆礿，祫禘、祫嘗、祫烝，知天子廟春犆礿於太祖，夏禘秋嘗冬烝，並祫祭於太祖之廟。嘗禘祫則天子必親行祭事，故群廟之主皆在太祖之廟，故禮可得而周遍也。若時祭則逐廟行禮，勢必十數日仍不得各爲齋戒，以是容有司行事，乃可以同日而事畢。舊説一日遍祭七廟，勢不可及。雖於《書》有文王騂牛一、武王騂牛一，似一日而祭二廟，然恐二王在一廟而祭之，牲則各異也。又曰天子七廟一日而行，則力不給，故禮有一犆一祫之説，犆則祭一祫則遍祭，如春祭高祖，夏祭群廟，秋祭曾，冬又祫。來春祭祖，夏又祫，秋祭禰，冬又祫。'

"楊氏復曰：'程子之言正解釋天子犆礿，祫禘、祫嘗、祫烝之義。其曰祫合祭也，祇是禴祠嘗烝之祭爲廟禮煩，故每年於四祭之中三祭合食於祖廟，惟春則祭諸廟。此説推明時祭之本意，最爲明白。張子謂禮有一犆一礿之説，正解釋諸侯礿犆，禘一、犆一，祫，嘗祫，烝祫一章，但本文言礿嘗烝三祭皆祫，惟禘一犆一祫。禮文殘缺指不分明，故張子不從其言，又别爲之説曰：春祀高祖，夏禴群廟，秋祭曾，冬又祫。來春祭祖，夏又祫，秋祭禰，冬又祫。雖一犆一祫之説若可通，但言犆祇祭一廟而遺其餘廟，恐於人情亦有所不安。不若前程子之言簡而意備也。又春祠、夏禴、秋嘗、冬烝，周時祭名，《詩》所謂禴祠烝嘗於公先王是也。此云礿禘嘗烝乃記禮者之誤也。又曰祫祭有二，《曾子問》曰："祫祭於祖則祝迎四廟之主。”《王制》云：“天子祫嘗、祫烝，諸侯嘗祫、烝祫，此時祭之祫也。”《公羊傳》曰：“毁廟之主陳於太祖，未毁廟之主皆升，合食於太祖，此大祫毁廟未毁廟之主而祭之也。”祫祭惟有二條，此外無餘禮。漢儒之論又混禘祫而並言之，何其紛紛多端也！’

……

“趙氏匡采曰：‘問者曰：“若禘非時祭之名，則《禮記》諸篇所説其故何也？”答曰：“《禮記》諸篇或孔門後之末流弟子所撰，或是漢初諸儒私撰之，以求購金。漢初以金購遺書，故儒者私撰禮篇鬻之，皆約《春秋》爲之，見《春秋》‘禘於莊公’，遂以爲時祭之名。若非末流弟子及漢初儒者所著，不應差互如此也。見《春秋》唯兩度書禘，一春一夏。閔二年五月，吉禘於莊公，今之三月。僖公八年七月，禘於太廟，今之五月也。所以或謂之春祭，或謂之夏祭，各自著書，不相扶會，理可見也。而鄭玄不達其意，故注《郊特牲》云禘當爲礿祭。義與郊特牲同，鄭遂不注。《祭統》及《王制》則云‘此夏殷時禮也’。且《祭統》篇末云：‘成王追念周公，賜之重祭，郊社嘗禘是也’，何得云夏殷禮哉？遂都不注。”問者曰：“《王制》所云，礿則不禘，禘則不嘗，嘗則不烝，烝則不礿，信如鄭説乎？”答曰：“撰此篇者亦緣見《春秋》中唯有禘烝嘗三祭，謂魯唯行此三祭，遂云爾。若信如鄭注，諸侯每歲皆朝，即遠國來往須歷數時，何獨廢一時而已。又須往來當在道路，如何守國理民乎？”問者曰：“《明堂位》云季夏六月，以禘禮祀周公於太廟。又云夏礿、秋嘗、冬烝，此即以禘爲大祭，而時祭闕一時，義甚明著也。”答曰：“禮篇之中，夏礿、秋嘗、冬烝，庸淺鄙妄此篇爲甚，故云四代之官魯兼用之。又云君臣未嘗相弑也，禮樂刑法未嘗相變也，其鄙若此，何足徵乎？鄭玄不能尋本討原，但隨文求義，解此禘禮，輒有四種。其注《祭法》及《小記》則云禘是祭天，注《詩·頌》則云禘是宗廟之祭，小於祫，注《郊特牲》則云禘當爲礿，注《祭統》《王制》則云禘是夏殷之時祭名，殊可怪也。”問曰：“禘若非圜丘，《國語》云郊禘之牛角繭栗何也？”答曰：“凡禘皆及五帝，五帝太皞等是也。以其功高歷代，兆於四郊以祭之，比之次於天帝。且郊祀稷牛角猶繭栗，則太皞之牛不得不爾，何足疑哉？”’

……

“觀承案：‘虞夏商周所禘者，各禘其一帝耳。趙氏此條謂凡禘皆及五帝，兆於四郊以祭之則又是祭天之説，而混禘於郊矣。其與康成何異而難之哉！此殊不可解。’

“《朱子語録》：‘王制特禴、祫禘、祫嘗、祫烝之説，此没理會，不知漢儒何處得此説來？禮家之説大抵自相矛盾，如禘之義恐衹趙伯循之説爲是。’

“朱子曰：‘正義所解亦難曉。礿祭以春物未成，其禮稍輕，須著逐廟各祭。祫禘之類又却合爲一處，則犆反詳而祫反略矣。又據正義，禘禮是四處各序昭穆，而《大傳》謂禮不王不禘，王者禘其祖之所自出以其祖配之，若周人禘帝嚳，配以后稷是也。如此，則説禘又不可通矣。又云《春秋》書禘於太廟用致夫人，又不知禘於太廟其禮如何。太廟是周公之廟，先儒有謂魯亦立文王廟。左氏載鄭祖厲王，諸侯不敢祖天子，而當時越禮如此，故公廟設於私家皆無理會處。又諸侯礿則不禘一段，是歲朝天子廢一時祭。《春秋》朝會無節，豈止一歲廢一時祭而已哉？不然，則或有世子或大臣居守，豈不可以攝事？’

……

“胡氏寅曰：‘《禮記·大傳》曰禮不王不禘，王者禘其祖之所自出以其祖配之，諸侯及其太祖，大夫士省於其君干祫及其高祖，是天子禘、諸侯大夫士祫之正文也。終《大傳》一篇無舛駁於聖王之教者，此孔氏所傳也。《王制》乃漢儒剌經爲之，出於孝文之世，其言舛駁於聖王之教者多矣，固非孔氏所傳也。《王制》之文曰春礿、夏禘，又曰天子祫禘、祫嘗、祫烝，又曰諸侯禘一犆一祫，又曰諸侯礿則不禘，禘則不嘗。其言紛錯淆亂，莫可案據。鄭氏不能辨正，又曲爲之説，春礿夏禘乃夏殷祭名，周則改之，以禘爲殷祭，且《王制》所載六官之事皆周制也。此惑於漢儒而不通禘義之一也。又曰天子諸侯之喪畢，合先君主於祖廟而祭之，謂之祫，此惑於漢儒不通禘義之二也。又曰天子先祫而後時祭，此惑於漢儒不通禘義之三也。又曰魯禮三年喪畢而祫於太祖，明年春禘於群廟，此惑於漢儒不通禘義之四也。又曰禘殷祭也，五年而再殷祭一祫一禘，又自叛其説，不曉禘義之五也。又曰諸侯祫歲不禘下天子，此又不曉禘義之六也。其釋《大傳》禘祫曰：禘其所自出謂郊天也，此又斷以己意不曉禘義之七也。後世惟《王制》之信憑鄭氏所釋，而不考《祭法》《大傳》及孔子之言，唐遂至夏禘冬祫始知其數而瀆也，不亦失之遠乎！'

"慮氏曰：'《周禮》春祠、夏禴、秋嘗、冬烝，此四時之祭名也。考之《王制》則春曰礿，夏曰禘。《祭統》亦曰春祭曰礿、夏祭曰禘，與《周禮》所言春夏之制相反矣。考之《郊特牲》則曰春禘而秋嘗，《祭義》亦曰君子合諸天道，春禘秋嘗，又與《王制》《祭統》所言春夏之祭相反矣。鄭康成之説以春礿、夏禘爲夏殷之祭，周則改之，亦無明文可據。蓋康成以意揣之也。至於《郊特牲》言春禘，鄭康成釋之曰禘當爲礿字之誤也，意謂《王制》《祭統》既言春礿，則此不當言春禘，故以爲礿字之誤。然則祭義又言春禘，豈有二篇之文皆誤哉？此不通之論也。'

……

"《文獻通考》馬氏曰：'禘之爲時祭。則《王制》"天子祫祭，諸侯禘一犆一祫"之説，《左傳》"烝嘗禘於廟"之説，所載晋人言"寡君未禘祀"之説，皆指時祭而言，無緣皆妄。蓋禘有二名，有大禘之禘，《大傳》所謂"禮，不王不禘，王者禘其祖之所自出，而以祖配之"，《禮運》所謂"魯之郊禘非禮也"是也。有時禘之禘，《祭義》所謂"春禘秋嘗"，《王制》所謂"天子祫禘"，諸侯禘一犆一祫是也。趙伯循必以禘爲非時祭之名，因不信鄭氏而並詆《禮記》《左傳》，其意蓋謂禘衹是大禘，無所謂時禘。然禘之名義，他不經見，惟《禮記》詳言之耳。趙氏所言，亦是因“不王不禘”之説，“魯郊禘非禮”之説，見得禘爲天子之大祀，故不可以名時祭。然《大傳》《禮運》，《禮記》也；《王制》《祭義》，亦《禮記》也。今所本者《大傳》《禮運》，所詆者《王制》《祭法》，是據《禮記》以攻《禮記》也。至於“烝嘗禘於廟”一語，雖《左氏》所言，然其所載昭公十五年禘於武宫，二十五年禘於襄公，定公八年禘於僖公，襄公十六年晋人曰“寡君之未禘祀”，則皆當時之事，今趙氏皆以爲左氏。見經中有禘於莊公一事，故於當時魯國及他國之祭祀，皆妄以爲禘，則其説尤不通矣。安有魯國元無此祭，晋人元無此言，而鑿空妄説乎？蓋魯伯禽嘗受郊禘之賜，則魯國後來所行之禘，其或爲大禘，或爲時禘，亦未可知也。至於左氏所謂“烝嘗禘於廟”，晋人所謂“寡君未禘祀”，則時禘之通行於天子諸侯者，非止魯國行之而已，恐難儕之郊望而例以僭目之也。’

“蕙田案：‘宗廟一歲六祭，仲春而祠，孟夏而禘，仲夏而禴，仲秋而嘗，孟冬而祫，仲冬而烝，肆獻祼饋食著於《大宗伯》，四時間祀詳於《司尊彝》，不易之説也。至《王制》《祭義》《祭統》皆作於漢儒，其言宗廟祭祀多與《周禮》不合。如王制云春曰礿、夏曰禘，礿與禴通，則誤以夏祭之禴爲春祭，又誤以追享之禘爲時祭。又曰天子犆礿，祫禘、祫嘗、祫烝，諸侯祫則不禘，禘則不嘗，嘗則不烝，烝則不礿。諸侯礿犆，禘一犆一祫，嘗祫、烝祫既誤以禘爲時祭，祫爲春祭，又誤以時祭爲祫祭。趙伯循及朱子、胡氏、處氏排之可謂明且切矣。馬氏專據《禮記》《左傳》爲時禘之説，據鄭氏以駁趙氏，非也。又譏趙氏據《禮記》以駁《禮記》，夫《大傳》《小記》雖出戴氏，獨不思《周禮·大宗伯》及《司尊彝》之文豈亦出於戴氏乎？時祫之説，程子、張子亦曾言之，義可並存。至時禘則終未敢遽信也。’

……

“范氏處義曰：‘周以后稷爲太祖。《祭法》曰周人禘嚳，此曰禘太祖，何也？曰：禘其祖之所自出則嚳也，以其祖配之則后稷也。天子七廟，三昭三穆與太祖之廟而七，禘行於宗廟，嚳既無廟，故舉其配而言之。'

"《朱子集傳》：'序以爲此大禘之詩，蓋祭其祖之所自出而以其祖配也。蘇氏曰，大禘之祭所及者遠，故其詩歷言商之先后，又及其卿士伊尹，蓋與祭於禘者也。《商書》曰："茲予大享於先王，爾祖其從與享之。"是禮也，豈其起於商之世歟？今案大禘不及群廟之主，此宜爲祫祭之詩，然經無明文，不可考也。'

"馬復京曰：'陸淳云，禘於始祖廟祭所出之帝，便以祖配。不兼群廟。朱子蓋同陸説。'

"蕙田案：'何氏休《公羊》注，禘所以異於祫者，功臣皆祭也。蓋即據此詩義而言。楊信齋謂何休祫祭不及功臣，禘則功臣皆祭，案祫烝則功臣皆祭，即司勛所謂祭於大烝是也。誰謂祫祭功臣不與享乎？今考禘祭不兼群廟，何緣功臣與享？何休之説非矣。楊氏引司勛"凡有功者祭於大烝"爲祫祭功臣與享之證，然烝亦四時之祭，《盤庚》云"茲予大享於先王，爾祖其從與享之"，孔安國曰："配食於廟，大享烝嘗也。"此詩序以爲大禘，朱子、楊氏以爲大祫，據《周禮》及《尚書》，疏又俱不指禘祫，似孔安國之説爲長。'

……

"陸氏佃曰：'此言冬日至可以有事於上帝，夏日至可以有事於祖，七月而禘。僖公蓋嘗用此秋七月禘於太廟是也。'

……

"蕙田案：'論魯僭禮詳見郊祀門。《論語》：子曰"禘自既灌而往者，吾不欲觀之矣。"'

……

"《朱子集注》：'趙伯循曰，禘王者之大祭也。王者既立始祖之廟，又推始祖所自出之帝祀之於始祖之廟而以始祖配之也。成王以周公有大勛勞，賜魯重祭，故得禘於周公之廟，以文王爲所出之帝而周公配之。然非禮矣。灌者，方祭之始。用鬱鬯之酒灌地，以降神也。魯之君臣當此之時，誠意未散，猶有可觀。自此以後則浸以懈怠而無足觀矣。蓋魯祭非禮，孔子本不欲觀，至此而失禮之中又失禮焉，故發此嘆也。《語録》以始祖配祭而不及群廟之主，不敢褻也。問："禘之説，諸家多云魯躋僖公昭穆不順，故聖人不欲觀，如何?"朱子曰："禘是於始祖之廟推所自出之帝，設虚位以祀之，而以始祖配，即不曾序昭穆。故周禘帝嚳，以后稷配之。王者有禘有祫，諸侯有祫而無禘。此魯所以爲失禮也。"或問："《禮記·大傳》云'禮不王不禘'，王者禘其祖之所自出，以其祖配之。又《喪服小記》曰'王者禘其祖之所自出'，又下云'禮不王不禘'，與《大傳》同，則諸侯不得禘禮明矣。然則《春秋》書魯之禘，何也?"曰："成王追寵周公故也。《祭統》云，成王追念周公賜之重祭，郊社禘嘗是也。魯之用禘，蓋以周公廟而上及文王即周公之所出故也。"'

"趙氏匡采曰：'或問曰："《春秋》書魯之禘，何也?"答曰："成王追寵周公故也。故《祭統》云成王追念周公賜之重祭，郊社禘嘗是也。《仲尼燕居》云：'明郊社其義也。'（郊禘，天子之禮。社與嘗，諸侯所自有撰禮者，見《春秋》。書嘗社以爲郊與禘同，遂妄意言耳。）魯之用禘，蓋於周公廟而上及文王即周公之所出故也，此祭惟得於周公廟爲之，閔公時遂僭於莊公廟行之，（亦猶因周公廟有八佾，季氏遂用之於私庭也。）以其不追配，故直言莊公而不言莊宫，明用其禮物耳，不追配文王也。本以夏之孟月爲之，至孟獻子乃以夏之仲月爲之。（《禮·雜記》云：孟獻子曰"正月日至可以有事於上帝，七月日至可以有事於祖"。七月而禘獻子爲之也。）今備引諸經書之文，證之於左閔二年五月吉禘於莊公，（譏其不當吉，又不當禘於莊。）僖八年秋七月禘於太廟，用致夫人，（譏其非時之禘，又譏致於夫人也。）左氏曰，烝嘗禘於廟。又云禘於武宫、僖宫、襄宫。又晉人以寡君之未禘祀，（時未終喪也。）又云魯有禘樂，賓祭用之。（魯郊多失時，又於諸公用禘禮也。）《論語》曰：禘自既灌而往者，吾不欲觀之矣。”問曰：“《左傳》云‘烝嘗禘於廟’，何也？”答曰：“此謂見《春秋》經前後祭祀唯有此三種，以爲祭名盡於此。但據經文不識經意，所以云爾。又見經中禘於莊公，以爲諸廟合行之，故妄云禘於武宫、僖宫、襄宫，皆妄引禘文而説祭爾。鄭又見吉禘於莊公，禘小於祫，見《毛詩》雍什注，儒者通之云‘三年哀畢，小禘於禰，五年大祫’，自此便三年一禘五年一祫。若禘不迎群廟之主，何謂之大？若迎群廟之主何得於禰廟迎之？又《曾子問》篇中何得不序引文在下，乖謬之甚也。且《春秋》宣八年，《公羊》云‘大事祫也’。毁廟之主皆陳於太祖，（陳者，明素皆藏於太祖廟，今但出而陳之也。）未毁廟之主皆升，合食於太祖。（升者，明自爲本廟而來升也。）《禮記·曾子問》篇云‘祫祭於太廟，祝迎四廟之主’，（明毁廟之主皆素在太廟，故不迎也。）又云‘非祫祭則七廟五廟無虚主’，（義與《公羊》同。）並無説禘爲殷祭處，則禘不爲殷祭明矣。殷，重大之義也。”問曰：“若禘非三年喪畢之殷祭，則晋人云以寡君之未禘祀何也？答曰：此左氏之妄也。左氏見經文云‘吉禘於莊公’，以爲喪畢當禘而不知此本魯禮也，不合施於他國。左氏亦自云‘魯有禘樂，賓祭用之’，即明諸國無禘了可知矣。是左氏自相違背亦可見矣。”或曰：“禘非殷祭，則《論語》云‘禘自既灌而往者，吾不欲觀之矣’，何也？”答曰：“此夫子爲大夫時，當禘祭而往助祭，嘆其失禮，故云爾也。初酌酒灌地以降神之時，其禮易行。既灌之後至於饋薦則事繁，而生懈慢，故夫子退而嫌之。或人因而問其故，夫子不欲指斥君之惡，便云不知也。言其禮難知也。若能知者，則於天下大事莫不皆知，可如掌中之物。言如此者，是禘禮至難知，以隱其前言，非斥之意耳。注家不達其意，遂妄云既灌之後，列尊卑序昭穆爲躋僖公，故惡之。且禘祭之時，固當先陳設座位，位定之後乃灌以降神。《郊特牲》云‘既灌然後迎牲’，明牲至即殺之以獻，何得先裸然後設位乎？先儒不達經意，相沿致誤，皆此類也。”或難曰：“夫子所嘆，若非爲逆祀别致虧禮，則《春秋》何不書乎?”答曰:“《春秋》所紀祭祀皆失時及非常變,故乃云爾。至於懈慢虧失,史官如何書乎?若如此細故盡書,則《春秋》一年經當數萬言,不當如此簡也。述《祭統》者不達此意,遂云明乎郊社之義,禘嘗之禮,治天下其如指諸掌乎。此不達聖人掩君惡之意遂云爾。假令達於祭祀,亦儀表中一事爾。若别無理化之德,何能治天下乎?此並即文爲説,不能遠觀大指致此弊耳。《周禮·大宗伯》‘以肆獻祼享先王,以饋食享先王’,《司尊彝》‘凡四時之間祀追享朝享’,夫肆獻祼饋食在時享之上,追享朝享間於時享之間,則追享禘也。禘以肆獻祼爲主,猶生之有饗也。朝享祫也,祫以饋食爲主,猶生之有食也。古者喪除朝廟,合群祖而祭焉,故祫謂之朝享。以合群祖爲不足,明年又禘其祖之所自出,故禘謂之追享。鄭康成曰,魯禮三年喪畢禘於其廟,然後祫於太廟,明年春禘於群廟。其言喪畢之祫、明年之禘、固合《春秋》之義,其言禘於其廟又禘於群廟,是不知魯之失禮而惑之也。(《左氏》曰“禘於僖宫、武宫、襄宫”,此魯之失。孔子曰“魯之郊禘非禮也”,“周公其衰矣,禘之非禮”,蓋此類歟!)《儀禮》曰:‘學士大夫知尊祖矣,諸侯及其太祖,天子及其始祖之所自出,以其祖配之。’諸侯及其太祖,大夫有事省於其君,干祫及其高祖。是學士大夫知尊祖,而已有時祭而無祫。諸侯及其太祖,而已有祫而無禘。大夫有事省於其君,然後有祫。則周公有大勛勞省於成王,然後有禘。故《禮記》曰以禘禮祀周公於太廟,則禘可施於群廟哉?《春秋》書吉禘於莊公,不特譏吉禘也,兼譏禘於莊公也。晉之有禘,蓋亦僭耳。”’

……

“鄭氏《周禮》鬯人注:‘廟用修者,謂始禘時,自饋食始。’賈公彦疏:‘謂“始禘時”者,謂練祭後遷廟時。以其宗廟之祭,從自始死已來無祭,今爲遷廟,以新死者木主入廟,特爲此祭,故云始禘時也。以三年喪畢,明年春禘爲終禘,故云始也。’

“許氏慎曰:‘《春秋左氏傳》曰:“終禘,終者。”謂孝子三年喪終,則禘於太廟以致新死者也。’

“鄭氏《詩·玄鳥》箋：‘古者君喪三年既畢，禘於其廟而後祫祭於太祖。明年春禘於群廟。自此之後，五年而再殷祭，一禘一祫。’

“楊氏復曰：‘鄭氏訓《王制》《春官·大宗伯》及《詩·殷頌》皆云：魯禮，三年喪畢而祫於太廟。明年春禘於群廟。及注鬯人“廟用脩”又云：始禘自饋食始，信如是言，則喪畢而有祫，祫之前又有禘，自饋食始也。以喪禮考之，大祥禫皆有此祭，猶是喪祭也。喪畢則有吉祭，未聞喪畢既有吉祭之祫，祫前又有吉祭之禘也。自鄭氏注有此説，魏晋後唐睿宗之喪，皆禫後有禘，喪畢有祫，明年春有禘。國朝治平二年，同知太常禮院吕夏卿亦建此議，謂之小禘。後之儒者意在尊信聖經，不知經無其文，乃鄭氏説也。若如疏家謂鄭氏用《穀梁》練爲壞廟之説，爾時木主新入廟，禘祭之此尤非也。禘，吉祭也。練而遷廟之時，遽行吉祭，尤無是理。’

……

“鄭氏《王制》注：‘周改夏祭曰礿，以禘爲殷祭也。魯禮，三年喪畢而祫於太祖，明年春禘於群廟，自爾之後五年而再殷祭，一祫一禘也。’《周禮·大宗伯》注同。

“楊氏復曰：‘鄭氏以禘祫同爲殷祭，抑不知祫者合毁廟、未毁廟之主於太祖之廟而祭之，方謂之殷祭。禘者禘其祖之所自出於始祖之廟，而以始祖配之。此祭不兼群廟之主，爲其尊遠不敢褻也。今乃謂禘爲殷祭可乎？惟其以禘祫皆爲魯禮，又以禘祫同爲殷祭，故後之言禘者皆求之於一祫一禘之中，而不求於禘其祖之所自出，混禘於祫而遂至於不知有禘，遂使二千年來國家大典禮爲所汩壞。是誰之過歟？然義理在人心，終不可埋没。唐大歷間，趙伯循作《春秋纂例》獨得其説於《大傳》《小記》《祭法》之中，以破鄭氏諸儒注疏之謬。學士大夫皆是之。又曰禘祫之禮不同，王者既立始祖之廟，又推始祖所自出之帝而以始祖配之，所謂禘也。合群廟之主於始祖之廟而設殷祭，所謂祫也。先儒皆知祫爲殷祭矣，而又兼以禘爲殷祭，其説何從始乎？蓋自成王念周公有大勛勞，賜以郊禘重祭，聖人已嘆其非禮。然魯之有禘，特祭於周公之廟而上及於文王，以文王者周公之所出也。其後閔公二年僭用禘禮行吉祭，不於周公之廟而行之於莊公之宫，而禘之禮始紊。自僖公八年用禘禮合先祖、序昭穆、用致夫人於廟，而禘禮始與祫混淆而無别。《春秋》常事不書，特書閔公僖公兩禘者，記失禮之始也。文公二年大事於太廟，躋僖公。《公羊傳》曰："大事者何？大祫也。"謂大合毁廟之主於太祖之廟而祭之也。天子有祫，諸侯亦有祫於文公乎？何譏？譏其逆祀，躋僖公也。鄭康成乃謂禘祫皆爲魯禮，夫謂祫爲魯禮可也，魯之有禘行於周公之廟已非禮矣。况僭而行之於莊公之宫，又禘於太廟以致妾母，可以謂之禮乎？禘，宗廟之大祭也。故惟禘禮爲盛觀。《明堂位》之言可見閔僖竊禘之盛禮，以侈一時之美觀，猶周公廟有八佾其後竊而用之於季氏之庭。此聖人之所深惡也。况三年喪畢而吉祭，此禘禮也。閔公喪未畢，竊禘之盛禮以行吉祭，合先祖序昭穆，此祫禮也，僖公竊禘之盛禮以致夫人，禘祫之混自此始也。鄭氏不能推本尋源，以辨禘祫二禮之異正，閔僖僭禘之罪，以明春秋之意，反取《春秋》之所深譏者以明先王禘祫之正禮，又妄稱禘祫皆爲殷祭，三年一祫，五年一禘，二禮常相因並行，且多爲説以文之。案鄭注《王制》及《春官・大宗伯》《詩・殷頌》皆曰魯禮三年喪畢而祫於太祖，明年春禘於群廟，自爾以後，五年而再殷祭，一祫一禘。愚始讀鄭氏三注，意其必有昭然可據之實。及考其所自來，則曰一禘一祫之説出於《春秋》魯禮及緯書。夫溺於緯書之僞而不悟其非，此鄭氏之蔽惑，不足責也。謂出於《春秋》魯禮者並無事實可證，乃專取僖公之禘、文公之祫二事穿鑿傅會，以文致其説而已。夫禘祫二事其源各異，本不相因，僖公之禘未嘗因乎祫，文公之祫未嘗關乎禘也。今其説曰文公二年既有祫，則僖公二年亦必有祫。僖公八年既有禘，則文公八年亦必有禘。事之本無，既牽合影射以爲有，蓋欲明僖公之禘前有祫，文公之祫後有禘，以證一禘一祫之説而已。此其妄一也。夫既取僖公之禘、文公之祫爲證矣，又增宣公八年之禘以明之，謂僖宣八年皆有禘。考於《春秋》宣公八年有事於太廟未嘗有禘文，乃鄭氏駕虚詞以多其證，此其妄二也。文二年《公羊傳》云“五年而再殷祭”，所謂五年再殷祭者，謂三年一祫，五年再祫，猶天道三年一閏五年再閏也。鄭氏乃引之以爲三年一祫五年一禘之證，此其妄三也。二年至八年相去凡七年，與五年再殷祭之數不合也，則爲之説曰魯禮三年喪畢而祫於太祖，明年春禘於群廟，自爾以後五年而再殷祭。夫謂三年喪畢而祫於太祖可也，明年春禘於群廟何所據而爲是説乎？强添此事於五年再殷祭之前，直欲以掩五年七年不合之數耳。後之儒者知其不可則爲之説，曰喪畢之祫，祫之本；明年之禘，禘之本。此其爲説亦巧矣，惜乎其似是而實非也。此其妄四也。且後世之所以信鄭氏者，以其所據者《春秋》也。而鄭氏所據者乃是以無爲有，駕虚爲實，取閔僖僭竊之禮以明先王禘祫之正禮，既三注其説於經，又以此説推演爲禘祫，志注疏盈溢，文不勝繁，故觀者莫辨，諸儒靡然而從之。是皆求其説於鄭注之中，未嘗以經而考注之真僞也。王肅最爲不信鄭氏，亦以禘爲五年殷祭之名，不亦誤乎？自鄭氏之説立，混禘於祫而禘之禮遂亡，混祫於禘而祫之禮亦紊。夫禮不王不禘，王者禘其祖之所自出，見於《大傳》，見於《小記》，見於《喪服》子夏傳，非不甚明。《祭法》首述虞夏殷周四代已行之禮，又信而有證，固有國家者所當講明而舉行也。自漢以來世之儒者皆置之而不論，其故何哉？蓋後之言禘者皆求其説於三年一祫，五年一禘之中，而不求之於禘其祖之所自出，皆由漢儒混禘於祫而遂至於不知有禘，此禘禮之所由亡也，可不惜哉！’

……

“鄭氏《大宗伯》注：‘魯禮三年喪畢而祫於太祖，明年春禘於群廟，自爾以後率五年而再殷祭，一祫一禘。’孔疏：‘周法三年一祫，五年一禘，言魯禮者指《春秋》而言也。《春秋》三年喪畢而祫於太祖，謂若文公二年秋八月，大事於太廟而躋僖公。僖三十三年薨，至文二年秋八月，於禮雖少四月，猶是三年喪畢而爲祫祭也。是魯禮三年喪畢而祫於太祖。太祖謂周公，廟中而爲祫祭也。

云明年春禘於群廟者，此明年春禘雖無正文，約僖公宣公得知矣。案僖公八年及宣公八年皆有禘文，則知僖公宣公三年春有禘可知，何者？以文公二年祫，則知僖公宣公二年亦有祫，僖公宣公二年既爲祫，則明年是三年春禘，四年五年六年秋祫，是三年祫，更加七年八年添前爲五年禘，故僖公宣公八年皆有禘，是明年春禘明矣。故云明年春禘於群廟也。云自爾以後五年而再殷祭者，《公羊傳》文，殷，大也。除明年春從四年已後，四年五年六年七年八年之中，四年五年六年爲三年祫，七年八年添前爲五年禘，是五年再殷祭也。云一祫一禘者，是禮讖文謂五年之中爲一禘一祫也。'

"林氏之奇曰：'禘祫之説，聚訟久矣。其始爲私見陋説，召諸儒之紛紛者，其鄭氏之説與？鄭氏之説曰："魯禮三年喪畢而祫於太祖，明年春禘於群廟。而自爾以後，五年而再殷祭，"一禘一祫。周禮廢絶久矣，鄭氏何據而云？爲之説者曰：周禮盡在魯，鄭氏據《春秋》魯禮則周禮可知矣。僖公薨文公即位，二年秋八月，大事於太廟。大事，祫也。推此是喪畢祫於太祖也。明年春禘雖無正文，約僖公宣公八年皆有禘文可知，蓋以文公二年祫，則知僖宣二年亦皆有祫。僖宣二年既有祫，則明年是三年春禘，四年五年六年秋祫，是三年祫，更加七年八年並前爲五年禘，故禘於群廟也。自後三年一祫五年一禘。嗚呼！鄭氏不知《春秋》，固妄爲此説，後學又不察，故爲所惑也。當《春秋》時，諸侯僭亂，無復禮制，魯之祭祀皆妄舉也。諸侯而郊上帝，禘始祖，罪也。大夫而旅泰山，舞八佾，罪也。《春秋》常事不書，其書者皆悖禮亂常之事。故書郊者九，書禘者二，與夫大事一、有事二、烝二、嘗一之類，無非記其非禮，何反以爲《周禮》而足法乎？使魯之祭祀如周之禮，則《春秋》不書矣。據僖公以三十二年冬十二月薨至文公二年秋八月，喪制未畢，未可以祫也，而乃有事焉，一惡也。躋僖公，二惡也。彼有二惡，春秋譏之。鄭氏乃謂三年喪畢而祫於太祖者，果禮耶？又曰明年春禘，經無三年禘祭之文，何自知之徒約僖公宣公八年皆有禘，而云愈謬也！魯之設祭何常之有？聖人於其常又不書之，何得約他公之年以足文公，而見三年之禘與五年而再殷祭乎？使文公二年不因躋僖公，則《春秋》不書大事；使僖公八年不因用致夫人，則《春秋》不書禘。不書又何準乎？况宣公八年經書有事於太廟，則是常祭也，而以爲禘何耶？誠爲禘祭，經不得謂之有事。且閔公二年春秋書吉禘於莊公，是魯常以二年即禘矣，何待三年與八年乎？閔有禘文而不之據，宣無禘文而妄據之，傅會可見也。取亂世之典以爲治世之制，鄭氏豈知《春秋》哉！諸儒波蕩而從之，歷代祀典咸所遵用，益可悲也。'

"馬氏端臨曰：'"三年一祫，五年一禘"之説，先儒林氏、楊氏，皆以爲鄭康成因《春秋》文公二年有祫，僖公、定公八年有禘，遂依約想像而立爲此説，蓋以魯僭亂之制定爲周禮，以誤後人。然光武建武二十六年詔問張純禘祫之禮，而純奏"《禮》，三年一祫，五年一禘"，然則其説久矣。蓋此語出於緯書，緯書起於元成之間，而光武深信之。當時國家典禮，朝廷大事，多取决焉，故此制遂遵而行之。康成蓋以漢禮爲周禮，非魯禮也。'

……

"徐氏邈曰：'禮五年再殷，凡六十月分中每三十月殷也。曹述初難曰："三年之喪，其實二十有五月，則五年何必六十月？"'

"蕙田案：'徐邈用鄭氏三年一祫五年一禘之説而小變之，曹述初難之，亦仍用鄭氏喪畢而祭之説，其失與徐邈同。'

"陳氏舒曰：'三年一閏，五年祭，八年又殷，兩頭如四，實不盈三。又十一年殷，十四年殷，凡間含二，則十年四殷與五年再殷，其義合矣。'

"蕙田案：'陳舒以十年四殷，發明鄭氏五年再殷之説，更支。'

"何氏休閔二年《公羊注》：'禮，禘祫从先君數，朝聘从今君數，三年喪畢，遭禘則禘，遭祫則祫。'

"蕙田案：'鄭氏注《王制·大宗伯》並云喪畢有祫，注《鬯人》《詩·玄鳥》並云喪畢有禘。説本兩岐。何休"遭禘則禘，遭祫則祫"，較鄭爲近，其爲喪畢之説則同。'

"徐氏彦《公羊》疏：'或以爲禘祫同三年，但禘在夏，祫在秋，直時異耳。'

"孔穎達《周頌》疏：'三年一祫，五年一禘，每於五年之内爲此二禮，據其年端數之，故言三年五年耳。其實禘祫自相距各五年，非祫多而禘少也。'

"蕙田案：'《公羊》徐疏云禘祫同三年，則五年之説贅矣。《周頌》孔疏云禘祫相距各五年，則三年之説又贅矣。'

"杜預僖八年《春秋》注：'禘，三年大祭之名。'孔疏言：'每積三年而一爲此祭。'

"楊氏勛文二年《穀梁》疏：'禘既三年，祫則五年也。'

……

"高堂隆曰：'喪以奇年畢則祫亦常在奇年，偶年畢則祫亦常在偶年。'

"《通典》：'殷間歲奇偶如虞夏。周制天子諸侯三年喪畢，禫祭之後，乃祫於太祖，來年春禘於群廟。爾後五年再殷祭，一禘一祫，所以喪畢有此禘祫者，爲後再殷之祭本也。喪畢之祫，祫之本；明年之禘，禘之本。故從此後各自數，每至三年，則各爲之，故得五年再殷祭。因以法五歲再閏，天道大成也。'

"蕙田案：'高堂隆及《通典》間歲奇偶之説，則是每隔一年行之，以爲此虞夏殷之禮。未審何據？喪畢之祫，祫之本。明年之，禘禘之本。此後各自數，每至三年，則各爲之，此所謂禘祫不相因也。但依此則是三年而再殷祭，又與五年再殷祭之説不符。'

"《山堂考索》：'《禮緯》曰"三年一祫，五年一禘"，而鄭氏徐邈又分爲二説，爲鄭氏之説，則曰前三後二謂禘，後四十二月而祫，祫後十八月而禘。爲徐邈之説，則曰前二後三謂二祭，相去各三十月。駁鄭氏者則曰三年而祫爲月有餘，二年而禘爲月不足。駁徐氏則曰禘在祫前，則是三年而禘。祫在禘後，則是五年而祫。以二説考之，惟鄭氏曰魯禮三年喪畢，祫於太廟，明年禘於群廟，自是之後五年而再盛祭，一祫一禘。由此言之，鄭氏依仿魯禮推明

《王制》，實爲有據。'

"林氏之奇曰：'鄭康成、高堂隆謂先三而後二，徐邈謂先二而後三，矛盾相攻，卒無定論，皆可置而勿辨。'

"楊氏復曰：'祫祭年月經無其文，惟《公羊》"文二年大事於太廟"，傳云"大事者何？大祫也。"五年而再殷祭，夫殷祭乃大祫之祭也。謂五年而再殷祭，謂三年一祫，五年再祫，猶天道三歲一閏，五歲再閏也。於禘祭乎何與？漢儒乃援此以證禘祫相因之説。爲鄭康成之説，則曰三年而祫，五年而禘。爲徐邈之説，則曰相去各三十月。三十月而祫，三十月而禘。唐自睿宗以後，三年一祫，各自計年，不相通數。然至二十七年，凡五禘七祫，其年夏禘訖，冬又當祫。而禘祫同歲，太常議曰："今太廟禘祫，各自數年，兩歧俱下。通計或比年頻合，或同歲再序，或一禘之後並爲再祫，或五年之内驟有三殷。"求於禮經頗爲乖失。國朝宗廟之祭，三年一祫以孟冬，五年一禘以孟夏，蓋用鄭康成之説。其後有司又言，三年喪畢遇祫則祫，遇禘則禘。二説牴牾，不可稽考。慶歷初，乃用徐邈之説，每三十月而一禘。後又以二祭各不相因，故熙寧八年既禘又祫，竟無一定之論。推原其所以然，皆由混禘於祫而皆以爲合食於太祖也。夫既混禘於祫，皆以爲合食於太祖，則禘祫無辨矣。而又欲勉强穿鑿分别其所以不同，此所以紛紛多端而莫之一也。知禘者禘其祖之所自出，不兼群廟之主而惟以其祖配之，則禘與祫異不容混矣。知大祫兼群廟之主，則自太祖而下毁廟、未毁廟之主皆合食於太祖矣。知禘祫之不同，則鄭康成、徐邈之説皆非矣。其間相因、不相因之説皆無謂矣。又何同異得失之足論乎？'

"蕙田案：'楊氏猶惑於五年殷祭之説，非也。祫固歲歲有之矣。'

……

"《通典》：'禘以夏，祫以秋。《詩·閟宫》傳云"諸侯夏禘則不礿，秋祫則不嘗，唯天子兼之"是也。崔靈恩云："禘以夏者，以審諦昭穆，序列尊卑，夏時陽在上，陰在下，尊卑有序，故大次

第而祭之，故禘者諦也，第也。祫以秋者，以合聚群主，其禮最大，必秋時萬物成熟，大合而祭之，故祫者合也。"'

"鄭氏氏曰：'禘以孟夏，祫以孟秋。'

"孔氏穎達《周頌·雍》疏：'此禘毛以春，鄭以夏，不同。'

"徐氏乾曰：'殷應用孟秋，進用孟冬時。'

"孔氏安國曰：'自太和四年已後，殷祭皆用冬夏。'

"《周禮圖》曰：'禘以祼享先王，其祼也，猶事生之有享也。享以陽爲主，故禘以夏。祫以食享先王，其食也猶事生之有食，食，陰也，故祫以冬。'

"《山堂考索》：'禘祭以爲夏四月，其説一也。而於祫祭則或以爲秋，或以爲冬。如毛氏詩解《閟宫》，傳曰諸侯夏禘則不礿，秋祫則不嘗，惟天子兼之。是以祫爲秋祭也。崔靈恩亦云，禘以夏者，以審諦昭穆序别尊卑。夏時陽在上陰在下，尊卑有序，故因次第而祭之。祫以秋者，以合聚群主，其禮最大，必秋時萬物成熟大合而祭之，是亦祫爲秋祭也。若果爲秋祭，則三十九月爲前，二十一月爲後，不若張純之説以祫爲冬祭。其説曰冬十月，五穀成熟，物備禮成，故合聚飲食而祭之。然二説或以秋，或以冬，皆取萬物成熟之時，其時不同其意則一，不如張純以冬十月爲得其正。'

"《通典》：'案《明堂位》夏六月以禘禮祀周公，則今之四月七月日至，孟獻子禘其祖則今之五月。《春秋》文公二年大事於太廟則今之六月。'

"林氏之奇曰：'諸儒論禘祫之制既謬，至其言祭之時亦非矣。《春秋》書大事於秋八月，而彼以爲冬。書閔公之禘於夏四月，書僖公之禘於秋七月，而彼一以爲夏，既本魯禮以行祀典，而又不用其時，是自戾也。'

……

"《山堂考索》：'馬融、王肅以爲禘大而祫小，鄭康成以爲祫大禘小。爲融肅之説者，曰孔子言禘自既灌而往，禘祫大祭而獨舉禘，則祫可知，故於是而以禘爲大。爲鄭康成之説者，曰《公羊傳》云大事於太廟，大事者，祫也。祫者，毀廟之主陳於太祖，未毀廟之主皆升，合食於太祖。至於禘，則云禘於莊公，禘於僖公。既不於太祖則小於祫矣。故於是而以祫爲大。’

“《通典》：‘賈逵、劉歆曰禘祫一祭二名，禮無差降。數家之説非無典據。至於弘通經訓，鄭義爲長。’

“林氏之奇曰：‘禘，天子之祭名；諸侯無禘禮。魯用之，僭也。若夫祫則合食而已，非惟天子有祫，諸侯亦得祫也。詳二祭之名，則禘尊而祫卑，可謂明矣。先儒據鄭氏説，率以祫大於禘，是以諸侯之祭加天子之祭可乎？’

“楊氏復曰：‘禘禮大略雖與祫禮同，然大祫則合毀廟、未毀廟之主而祭之，禘又上及其祖之所自出，則禘又大於祫矣。馬融、王肅皆云禘大祫小，此言是也。鄭玄注經，乃云祫大禘小，賈逵劉歆則云一祭二名，禮無差降。彼蓋不深考《大傳》《小記》之文與四代禘郊祖宗之義，但以禘祫同爲殷祭而不知禘爲祭其祖之所自出，所以徒爲此紛紛也。鄭氏《禘祫志》曰：“祫備五齊三酒，禘以四齊二酒；祫用六代之樂，禘用四代之樂。”賈公彦曰：“祫十有二獻，禘九獻。”此蓋注疏家溺於祫大禘小之説然也。《爾雅》曰“禘，大祭也”。夫禴祀、烝嘗、時祫、大祫，皆宗廟祭也。《爾雅》特言禘爲大祭，則禘大於祫可知矣。《明堂位》言魯以禘禮祀周公於太廟，牲用白牡，尊用犧尊、山罍，鬱尊用黄目，灌用玉瓚、大圭，薦用玉豆、雕篹，爵用玉琖仍雕，加以璧散、璧角。俎用梡嶡，其樂則升歌《清廟》，下管《象》，朱干玉戚，冕而舞《大武》。皮弁素積，裼而舞《大夏》。此蓋王禮也，用之於周公之廟已爲非禮，其後他廟遂僭用之，如閔二年夏五月乙丑，吉禘於莊公。僖八年秋七月，禘於太廟，用致夫人之類是也。荀偃、士匄曰：“魯有禘樂，賓祭用之。”則不惟僭用之於祭，亦僭用之於享賓矣。此何異魯有佾舞、雍徹，而其後亦用之於季氏之庭、三家之堂。故《春秋》特書二禘，所以譏僭禮之始也。而注疏反引之以爲先王之正禮，不亦誤乎？賈公彦曰：“大祫十有二獻，禘大於祫，

其禮尤隆，至於獻數亦當同之。”但禮文殘缺，莫得而見節文之詳耳。’

……

“袁氏準曰：‘祫及壇墠，禘及郊宗、石室，此所及遠近之殺也。虞喜《左氏説》：“古者先王日祭於祖考，月祀於高曾，時享及二祧，歲祫及壇墠，終禘及郊宗、石室。”是爲郊宗之上復有石室之祖。’

“楊氏復曰：‘知禘者禘其祖之所自出，不兼群廟之主而惟以其祖配之，則禘與祫異不容混矣。知大祫兼群廟之主，則自太祖而下毁廟、未毁廟之主皆合食於太祖矣。又何壇墠與郊宗石室之分乎？又曰南北諸儒，論遠祖則以郊宗石室爲言，人之易惑，豈不可嘆！’

“蕙田案：‘諸儒辨禘祫，三年五年之説，可謂詳矣。傳曰仁人饗帝，孝子饗親，夫惟天子之禮合饗帝饗親而兼行之。饗帝則郊祀之禮舉，冬至圜丘，孟春祈穀，夏大雩，秋明堂，故曰郊社之禮所以事上帝是也。饗親而宗廟之禮重，春祠，夏禴，秋嘗，冬烝。《中庸》曰所以事乎其先是也。天，尊也；祖，親也。皆一歲四祭，四祭者不疏不數，尊尊而親親，仁之至義之盡也。是故由天而推，則有五帝、日、月、星、辰、方丘、社稷、山川，或一歲再祭，或一歲一祭，是由尊而降，禮殺而祭疏也。由親廟而推，則有毁廟之主，有祖所自出之帝。毁廟一歲而祫，舉以冬。所自出之帝，亦一歲而禘，舉以夏。是由親而推，亦禮殺而祭疏也。然祭疏而歲必有祭者，舊穀既没，新穀既升，天道一周四時代序，情不自已，理亦宜然。故張子謂禘也，祫也，必每歲有之，豈容有三年五年之事。此精微之極至，聖賢之篤論也。傳記氛如群言，淆亂非類，叙諸儒之説而詳審之，何由撥雲霧而揭日月也哉！’”

[17]陳留：郡國名，治所在小黄縣（今河南省開封市）。　范宣：字宣子，本書卷九一有傳。

[18]則築一室：則，殿本作“别”。

[19]博士張憑議：原本、宋本、殿本脱“張憑議”三字，據

中華本補。

［20］鮌：傳説中古代部落酋長名，號崇伯。禹之父。曾奉堯命治水，因築堤堵水，九年未治平，被舜流放至羽山。

孝武帝太元十二年五月壬戌，詔曰："昔建太廟，每事從儉，太祖虚位，明堂未建。郊祀國之大事，而稽古之制闕然，便可詳議。"祠部郎中徐邈議：[1]"圓丘郊祀，經典無二，宣皇帝嘗辯斯義，[2]而檢以聖典。爰及中興，[3]備加研極，以定南北二郊，誠非異學所可輕改也。謂仍舊爲安。武皇帝建廟六世，祖三昭三穆。宣皇帝創基之主，實惟太祖，而親則王考。四廟在上，未及遷也，故權虚東向之位也。[4]兄弟相及，義非二世。故當今廟祀，世數未足，而欲太祖正位，則違事七之義矣。[5]又禮曰庶子王亦禘祖立廟，蓋謂支胤授立，則親近必復。京兆府君於今六世，宜復立此室，則宣皇未在六世之上，須前世既遷，乃太祖位定耳。京兆遷毁，宜藏主於石室，雖禘祫猶弗及。[6]何者？傳稱毁主升合乎太祖，升者自下之名，不謂可降尊就卑也。太子太孫，陰室四主，儲嗣之重，升祔皇祖，所託之廟，世遠應遷，然後從食之孫，與之俱毁。明堂方圓之制，綱領已舉，不宜闕配帝之祀。[7]且王者以天下爲家，未必一邦，故周平、光武無廢於二京也。[8]明堂所祀之神，積疑莫辨。案《易》'殷薦上帝，以配祖考'，祖考同配，則上帝亦爲天，而嚴父之義顯。《周禮》旅上帝者，[9]有故告天，與郊祀常禮同用四圭，[10]故並言之。若上帝是五帝，《經》文何不言祀天旅五帝，祀地旅四望乎？"侍中軍胤議同。[11]又曰："明堂之制，既其難詳，且樂主於和，禮主於敬，故質文不同，音器亦殊。既茅茨廣夏，[12]不一其度，何必守其形範，而不弘本從俗乎？九服咸寧，河朔無塵，然後明堂辟雍可崇而修之。"時朝議多同，於是奉行，一無所改。[13]十六年，始改作太廟殿，正室十四間，東西儲各一間，合十六間，棟高八丈四尺。備法駕遷神主于行廟，[14]征西至京兆四主及太子、太孫各用其位之儀服。[15]四主不從帝者儀，是與太康異也。諸主既入廟，設脯醢之奠。[16]及新廟成，神主還室，又設脯醢之奠。十九年二月，追尊簡文母會稽太妃鄭氏爲簡文皇帝宣太后，立廟太廟道西。及孝武崩，京兆又遷，如穆帝之世四祧故事。

[1]祠部郎中：官名，又稱祠部郎，尚書省祠部曹長官，掌宗廟祭祀禮樂制度。六品。　徐邈：字仙民，本書卷九一有傳。

[2]辯：原本、宋本作"辨"，殿本作"辯"，據殿本改。

[3]爰及：到了。

[4]故權虚東向之位也：原本、宋本、殿本無"故"字，據中華本補。

[5]事七：侍奉七廟。七，殿本作"亡"。

[6]禘祫：禘，殿本作"帝"。

[7]不宜：原本、宋本、殿本無"宜"字，據中華本補。

[8]周平、光武無廢於二京：清盧文弨《晋書禮志校正》："下一段（文字）亦不可删，今據《宋志》補之：'周公宗祀文王，漢明配以世祖，自非惟新之考，孰配上帝。'"周平王東遷，東漢光武帝建都洛陽，都没有廢原來京城的祭祀。

[9]旅：陳列祭祀供品。

[10]與郊祀常禮同用四圭：原本、宋本、殿本作“與郊祀常祀同周四主”，據《周禮》及中華本改。

[11]車胤：字武子，本書卷八三有傳。

[12]茅茨廣夏：茅屋和大厦。

[13]於是奉行，一無所改：原本、宋本、殿本作“於是奏行所改”，據中華本改。

[14]法駕：天子的車駕。

[15]太子、太孫：原本、宋本、殿本無“太子”，據中華本補。

[16]脯醢之奠：用酒和菜祭奠。

義熙九年四月，[1]將殷祠，詔博議遷毁之禮。[2]大司馬琅邪王德文議：[3]“泰始之初，虚太祖之位，而緣情流遠，上及征西，故世盡則宜毁，而宣帝正太祖之位。又漢光武移十一帝主於洛邑，則毁主不設，理可推矣。宜築别室，[4]以居四府君之主，永藏而弗祀也。”大司農徐廣議：[5]“四府君嘗處廟堂之首，[6]歆率土之祭，若埋之幽壤，於情理未必咸盡。謂可遷藏西儲，以爲遠祧，而禘饗永絶也。”太尉諮議參軍袁豹議：[7]“仍舊無革，殷祠猶及四府君，情理爲允。”時劉裕作輔，意與大司馬議同，須後殷祠行事改制。會安帝崩，未及禘而天禄終焉。[8]

[1]義熙九年：九，原本、宋本、殿本作“元”，據本書卷一○《安帝紀》及中華本改。

[2]詔博議：宋本、殿本作“詔博士議”。

[3]大司馬：官名，八公之一，位在上公之下、大將軍及三公

之上，高級將帥，多爲大臣加官。一品。　德文：司馬德文，晋恭帝，本書卷十有紀。

［4］宜築别室：原本、宋本、殿本無“别”字，據中華本加。

［5］大司農：官名，掌管全國財政和各地的屯田。三品。　徐廣：宁野民，本書卷八二有傳。

［6］四府君：四，殿本作“曰”。　嘗處廟堂：嘗，原本、宋本、殿本作“當”，據中華本改。

［7］太尉諮議參軍：官名，太尉府的屬官，掌咨詢謀議軍事，位在諸參軍之上。　袁豹：字士蔚，本書卷八三有傳。

［8］天禄：即上天所賜之命。此指東晋王朝之運命。

武帝咸寧五年十一月己酉，弘訓羊太后崩，宗廟廢一時之祀，天地明堂去樂，且不上胙。穆帝升平五年十一月己卯，[1]殷祀，以帝崩後不作樂。孝武太元十一年九月，皇女亡，及應蒸祠，中書侍郎范寧奏：[2]“案《喪服傳》有死宫中者三月不舉祭，[3]不别長幼之與貴賤也。皇女雖在嬰孩，臣竊以爲疑。”於是尚書奏使三公行事。

［1］十一月：殿本作“十月”。

［2］范寧：字武子，本書卷七五有傳。

［3］宫中：宋本作“官中”。

武帝泰始七年四月，帝將親祠，車駕夕牲，[1]而儀注還不拜。詔問其故，博士奏歷代相承如此。帝曰：“非致敬宗廟之禮也。”於是實拜而還，遂以爲制，夕牲必躬臨拜，而江左以來復止。

[1]夕牲：祭祀前夕，查看犧牲供品。《漢書》卷七四《丙吉傳》："從祠高廟，至夕牲日，乃使出取齋衣。"顔師古注："未祭一日，其夕展視牲具，謂之夕牲。"

魏故事，天子爲次殿於廟殿之北東，天子入自北門。新禮，設次殿於南門中門外之右，天子入自南門。摯虞以爲："次殿所以爲解息之處，[1]凡適尊以不顯爲恭，以由隱爲順，[2]而設之於上位，入自南門，非謙厭之義。[3]宜定新禮，皆如舊説。"從之。

[1]解息：休息。

[2]由隱：遵從不顯的規定。由：奉行，遵從。

[3]謙厭：謙讓。

禮，大事則告祖禰，小事則特告禰，秦漢久廢。魏文帝黄初四年七月，將東巡，以大軍當出，使太常以特牛告南郊。及文帝崩，又使太尉告謚策於南郊。自是迄晋相承，告郊之後仍以告廟，至江左其禮廢。至成帝咸和三年，蘇峻覆亂京都，[1]温嶠等立行廟於白石，復行其典。告先帝及后曰："逆臣蘇峻，傾覆社稷，毁棄三正，[2]污辱海内。臣侃、臣嶠、臣亮等手刃戎首，[3]龔行天罰。惟中宗元皇帝、肅祖明皇帝、明穆皇后之靈，降鑒有罪，剿絶其命，翦此群凶，以安宗廟。臣等雖隕首摧軀，猶生之年。"

[1]蘇峻：字子高，本書卷一〇〇有傳。

[2]三正：天、地、人之正道。《史记》卷四《周本纪》："今殷王紂乃用其婦人之言，自絶於天，毁壞其三正。"張守節正義："按：三正，三統也。周以建子爲天統，殷以建丑爲地統，夏以建寅爲人統也。"

[3]侃：陶侃，字士行，本書卷六六有傳。

魏明帝太和三年，詔曰："禮，王后無嗣，擇建支子，以繼大宗，[1]則當纂正統而奉公義，何得復顧私親哉！漢宣繼昭帝後，加悼考以皇號。哀帝以外藩援立，而董宏等稱引亡秦，[2]惑誤朝議，遂尊恭皇，立廟京師。又寵藩妾，使比長信，[3]僭差無禮，人神弗佑。非罪師丹忠正之諫，[4]用致丁、傅焚如之禍。[5]自是之後，相踵行之。其令公卿有司，深以前世爲戒。後嗣萬一有由諸侯入奉大統，則當明爲人後之義。[6]敢爲佞邪導諛君上，妄建非正之號，謂考爲皇，稱妣爲后，則股肱大臣誅之無赦。其書之金策，藏之宗廟。"是後高貴、常道援立，[7]皆不外尊。及愍帝建興四年，司徒梁芬議追尊之禮，帝既不從，而左僕射索綝等亦稱引魏制，[8]以爲不可，故追贈吴王爲太保而已。元帝太興二年，[9]有司言琅邪恭王宜稱皇考。[10]賀循議云："禮典之義，子不敢以己爵加其父號。"帝又從之。

[1]大宗：大，原本、宋本作"太"，殿本作"大"，據殿本改。

[2]董宏：西漢人。成帝時嗣爵高昌侯。哀帝即位，帝母定陶傅太后欲求尊號，貴寵其親屬，遂承旨上書議立傅太后爲皇太后。

《漢書》卷八六《師丹傳》云："秦莊襄王母本夏氏，而爲華陽夫人所子，及即位後，俱稱太后。宜立定陶共王后爲皇太后。"

[3]長信：即長信宫，太后所居。後以爲太皇太后代稱。

[4]師丹：西漢琅邪東武城（今山東省諸城市）人，字仲公。元成之世歷任光禄大夫、少府、光禄勛、侍中、太子太傅等職。因反對授哀帝祖母傅太后尊號失帝意，被免官貶爵。

[5]丁：即丁太后，漢哀帝母。　傅：漢元帝皇后，哀帝祖母。　焚如之禍：丁傅二人死後，被掘墳改葬，發傅太后冢時崩壓殺數百人；開丁氏椁時火出炎四五丈。

[6]當明爲人後之義：明爲，原本、宋本、殿本乙作"爲明"，據中華本改。

[7]高貴：即高貴鄉公曹髦，字彦士，曹丕孫，公元254年被立爲帝，260年被殺。　常道：即常道鄉公曹奂，字景明，原名璜。曹操孫，燕王曹宇子，公元260年被立爲帝，265年被廢。

[8]左僕射：官名，即尚書左僕射，尚書省次官，輔助尚書令執行政務，參議大政，諫諍得失，監察糾彈百官。有時尚書省不置令，袛設左右僕射，此時左僕射居右僕射之上。三品。左僕射，原本、宋本、殿本作"右僕射"，依索綝本傳及卷五《愍帝紀》，索綝此時已由"右僕射"升任"左僕射"，中華本亦作"左"，據改。　索綝：字巨秀，本書卷六〇有傳。

[9]太興二年：二，殿本作"三"。

[10]有司言琅邪恭王：原本、宋本、殿本作"有詔琅邪恭王"，據中華本改。